4/22

АКТЕРСКАЯ КНИГА

АКТЕРСКАЯ КНИГА

МИХАИЛ КОЗАКОВ
ТРЕТИЙ ЗВОНОК

ИЗДАТЕЛЬСТВО

зебра е МОСКВА

УДК 821.161.1-94+792.2(470+571)(092)Козаков М.М.
ББК 84(2Рос=Рус)6-4+85.334.3(2)6-8Козаков М.М.
К59

Художественное оформление Андрея Рыбакова
Фотография на обложке Владимира Курышева
Редактор-составитель Елена Тришина

Подписано в печать 05.12.06. Формат 60x90¹/₁₆.
Усл. печ. л. 38.0. Доп. тираж 3 000 экз. Заказ № 4896.

Козаков, М.

К59   Актерская книга. [В 2 т.] Т. 2. Третий звонок / Михаил Козаков. — М.: АСT: Зебра Е, 2007. — 600, [8] с.: 16 л. ил.

ISBN 5-17-040056-X (Т. 2)
ISBN 5-17-013797-4 (ООО «Издательство АСT»)
ISBN 5-94663-362-7 (Т. 2)
ISBN 5-94663-360-0 (Издательство «Зебра Е»)

Михаилу Козакову выпало на долю сыграть роли небывалого диапа-
зона, поставить спектакли, снять фильмы, вошедшие в Золотой фонд
отечественного искусства. И еще написать интересно и вдохновенно о
том, что случилось с ним самим и с его страной.

Перед внимательным читателем его постоянно дополняемой «Актерской книги» предстает сканированная картина целой эпохи — с середины XX до начала XXI века.

«Сцена, эстрада, кино — требуют игры. Мемуарные книги игру
исключают. Мы же не литераторы, не беллетристы, мы всего лишь
люди, избравшие для себя странную профессию актера» — утверждает
Козаков.

Для чего он пишет? Ответ предельно откровенен: «Я себе лжи не
прощаю. Оттого и пишу и публикую о себе далеко не восторженные
признания в своих ошибках и грехах, пытаюсь вымолить прощение
(нет, не у людей, дай Бог хотя бы отчасти быть понятым людьми), а у
своей же больной совести. А ведь сказано, что совесть — это Бог в нас».

Глава первая

В ПОИСКАХ ЗЕМЛИ ОБЕТОВАННОЙ

Что сказать мне о жизни?
Что оказалась длинной...

И. Бродский

В моей причудливой и, возможно, противоречивой судьбе случались воистину неожиданные повороты. Но лишь на первый взгляд неожиданные. Если говорить честно, все мои уходы из театра в театр, «измены» театру с телевидением, которому я отдал годы жизни, расставания с режиссерами, у которых учился, продиктованы, часто интуитивно, лишь одним: желанием быть самим собой и остаться таковым до последнего дня. Я менял театры, города и даже страны...

Боже праведный, ну почему так отвратительно под моими окнами вопят эти твари? Мяучат, визжат, кричат, истерят, сладострастничают. Спасибо, еще не рычат. Засыпаешь и просыпаешься рано утром под этот кошачий концерт. Хорошо еще, если лег спать в нормальном состоянии... А вот если депрессуха, если скребет на сердце и душу словно подгрызает мышь? Сил нет слышать эту многоголосицу. И откуда их столько взялось?! И все плодятся, плодятся, перебегают улицу, грязные, с отвисшими животами, копаются по дворам в черных пластмассовых бачках, ищут объедки, переворачивают бачки на асфальт, забиваются на ночь под спящие автомобили. «Тель-авивские кошки» — хорошее название для не снятого мной фильма о нашем американизированном Баку...

Я люблю этот город по субботам. На улицах — ни души, разве что пройдет принаряженное тихое кипастое семейство в ближайшую синагогу; два черных раввина в меховых шапках прокудахчут о чем-то своем, переходя улицу где придется; прошелестит одинокая машина. Зато на тель-авивском пляже — столпотворение.

Я предпочитаю бывать там в будни. Город с моря смотрится цветной рекламной открыткой. Заплывешь подальше и видишь спичечные коробки роскошных отелей, что веером развернулись по золотому берегу моря на фоне туго натянутого голубого шелкового задника. Цветные пляжные зонтики с рекламой банков и супермаркетов, приморские кафе, белые столики и стулья. После холодного, освежающего душа приятно зайти ранним-преранним утром в кафе, где тебя знают, заказать легкий завтрак, кофе «капуччино», потрепаться с молоденькой официанткой, которая мечтает поступить в театральный институт, раскурить трубку и, раскрыв роль, учить текст, записывая на полях «рыболовными крючками» новые для тебя ив́ритские слова. Забавно думать, что еще четыре года назад я только русскими буквами мог записать в тетради длинный монолог Тригорина, переведенный на иврит. А теперь уже пошли в ход и «рыболовные крючки». «Каждый пишет так, как он может», — сказано у Антона Павловича Чехова в пьесе «Чайка».

Когда находишься на подъеме, пребываешь в эйфории, все происходящее, происходившее с тобой представляется разумным, закономерным и, несмотря на все трудности и превратности пережитого, окрашивается в розовые тона. Преодоленное внушает чувство гордости за себя: не сломался, вынес, добился. В эти минуты подъема даже не тянет писать — и слава Богу! В противном случае записанное не соответствовало бы истинному положению вещей. Анализ всего случившегося был бы неглубок, односторонен, и вместо «тьмы низких» и объективных истин невольно возник бы «нас возвышающий обман». Записывать в дни глубокой депрессии представляется тоже неверным: общая картина будет искажена, далека от истинного положения дел. Плюс поменяется на минус с большим количеством восклицательных знаков. В эти черные периоды браться за перо сил уже не хватает и думаешь лишь о самом страшном — чего одновременно желаешь и боишься. Все кажется трагической ошибкой. В этом состоянии забываешь обо всех преимуществах теперешнего положения. Пережитые здесь радости представляются самообманом. Старость, болезни наваливаются на тебя, грехи и ошибки всей жизни встают, как черные горы... И тут не до писаний. Не до анализа.

Сегодня подходящий момент для попытки что-то записать. Дома, в общем, спокойно, нет панического страха — по крайней мере за ближайшее будущее. Да и в отдаленном что-то светит: московско-израильский совместный спектакль, гастроли в Питере и, как минимум, еще один студенческий спектакль в театральной студии в Израиле. Здоровье? Оно не блестяще, однако держусь. Конечно, все это весьма и весьма эфемерно и, как карточный домик, может рухнуть в любую минуту. Тому уже были примеры в моей четырехлетней израильской жизни.

Боже, сколько планов потерпело крушение! Сколько потраченных усилий, сколько унижений! Кажется, что за всю свою тридцатичетырехлетнюю профессиональную жизнь, начиная со студии МХАТа до предотъездной премьеры фильма «Тень» в Москве, столько не испытал, не пережил и не наунижался так, как всего за четыре с лишним года израильской жизни. И возникает закономерный вопрос: зачем? Во имя чего? И как все это могло случиться со мной? Ведь если эти нравственные страдания, весь этот горький опыт не перевоплотятся во что-то, имеющее отношение к искусству, то зачем он был, этот опыт? Зачем?

Все, если вдуматься, очень просто. В 88-м остался один, испугался одиночества, сошелся с молодой женщиной, родился сын, образовалась семья — сообщество из пяти человек, двое из которых пенсионеры из Кишинева. Я испугался жизни в Москве, испугался за всех, так как главная ответственность ложилась, разумеется, на меня. Жена училась в ГИТИСе на заочном без всяких перспектив на будущее. И, поддавшись страхам, одурев от усталости, бежал в Израиль со всей своей «мишпахой» в надежде... В надежде на что? А вот это мне теперь и самому неясно. Действительно, на что? На русскоязычный театр «Гешёр»? На успех у русскоязычной общины, которая казалась огромной и достаточной, чтобы хотя бы первое время прокормиться за счет концертов? А там, думал я, через год-два посмотрим, куда вырулим и что за это время произойдет в России. В крайнем случае вернемся — все теперь так делают: уезжают поработать «за бугор», увозят детей, а потом возвращаются домой, передохнув и заработав какие-то деньжата в твердой валюте. Ведь не навсегда же мы уезжаем, не в эмиграцию — с концами. Новую, иную жизнь понюхаем, капитализм все-таки, не совок осточертевший...

Девяносто первый год... «Союз нерушимый республик свободных» еще в перестройке. Прилавки пусты, я не в театре, да одним театром и не прокормишься. Теле-кино, которым я занимался, рушилось на глазах, ролей в большом кино тоже не предлагали. Концертная деятельность заглохла, телефон молчал. Вообще было твердое ощущение, что в СССР теперь не до искусства, во всяком случае не до того, которым я всегда занимался. Коммерциализация всего и вся, серый ком бескультурья, видеоклиповщина как принцип потребления и производства, выход на арену новых кумиров: ярмольников, рудинштейнов, алибасовых. (Фамилии можно заменить — суть понятна.) Наиболее сильные и успешные из нашей среды — Рустам Ибрагимбеков, Олег Янковский, Никита Михалков, Андрей Битов, Юрий Башмет (фамилии можно заменить — суть понятна) — строят свою жизнь и на внешнем, валютном рынке, что мне лично было не дано, не светило. Сергею Юрскому светило. Мне — нет. Демидовой это удавалось. Мне — нет. А на мне семья, и главное — годовалый сын.

Вот тогда-то мы снялись с якоря и совершили то, о чем уже пятый год я думаю, думаю почти ежедневно, и нет у меня ясного ответа на сей, видать, неразрешимый, вроде гамлетовского, вопрос. Сотни, тысячи разных ответов возникают в зависимости от положения моих дел здесь, от всеобщего положения дел там, сначала в СССР, потом в СНГ, затем в России, глядишь, в российском княжестве, а единого, ясного ответа нет и, наверное, быть не может. В период депрессии ответ однозначный: произошедшее со мной — трагическая ошибка. В минуты подъема кажется, что уезжать все-таки стоило. Хотя бы из-за Мишки. А теперь и из-за появившейся здесь маленькой Зойки. Ведь они уже часть меня самого. Да и обрыв связи с Россией — пока занавес не опущен — относительный: можно жить здесь и хотя бы иногда работать там. Что-то поставить, сыграть, сняться, напечататься, наконец. И интерес ко мне пока еще кой-какой есть. Старые работы повторяют по телевидению, иногда даже специальные передачи делают — случай-то необычный! Уехал пожилой известный актер и режиссер в чужую восточную страну, без знания языка, и вот, гляди-ка, пока не погиб, не спился, работает по профессии, преподает, ставит, играет. Народил еще одного ребенка, гостей из России у себя в тель-авивском доме принимает и на своей машине их в отель отвозит. Его жена «Русскую антрепризу» держит, из России гастроли театров организует. Есть о чем подумать, во всяком случае, посплетничать от нечего делать.

А что же на самом деле?

В моменты душевного подъема, как правило, всегда связанного с возможностью ставить, играть, преподавать здесь, в Израиле, представляется, что я все-таки не изменил себе, что я все тот же одинокий волк, который, будучи занят борьбой за пресловутое искусство в себе, не изменил ему, искусству. Осознание этой мысли успокаивает, приносит радость и веру в правильность моего решения.

А когда эйфория улетучивается как дым, тогда особенно громко начинают под окном вопить кошки...

————————

Сразу оговорюсь: я не замахиваюсь на научное исследование об исходе 90-х, об алии 90-х, о нашей жизни здесь, на Земле обетованной, где почти у каждого есть обед и ванная. Я не историк, не сионист, хорошо подкованный в теории этой проблемы, не правозащитник и не диссидент. Я даже плохо знаю, точнее, почти не знаю историю культуры идиш в России. Я просто один из многих. Я обыватель. Что-то читал, о чем-то слышал. Читал поэзию Переца Маркиша, разумеется в переводах, любил прозу Шолом-Алейхема, бывал на выставках Шагала, интересовался историей театра Михоэлса, разглядывал эскизы Тышлера и Альтмана.

Мой отец, еврей по происхождению, родившийся на Полтавщине, не знал идиш. Так что же говорить обо мне? Понятие «еврейские корни» для меня, полуеврея, — это скорее ощущение принадлежности к другим, почему-то не вполне своим в России. Даже пресловутый пятый пункт лично меня почти не волновал: в паспорте — по матери-дворянке — я русский, хотя предки ее были обрусевшие греки и сербы, однако ни греком, ни сербом я себя никогда не чувствовал. Евреем? Да нет, скорее подмоченным русским. Я принадлежал к довольно распространенной в художественных кругах России группе населения. Как ее определить — право, не знаю. Галина Волчек, Игорь Кваша, Ефим Копелян, Зиновий Гердт, Александр Ширвиндт, Марк Розовский, Михаил Ромм, Анатолий Эфрос... Фамилии и примеры можно множить вне зависимости от времени и пространства, процента еврейской крови, даже вероисповедания или атеистического направления ума. В так называемом нашем кругу — Давид Самойлов, Юрий Левитанский, Натан Эйдельман, Яков Гордин, Наталья Долинина, Илья Авербах, Андрей Миронов, Александр Володин, Леонид Зорин — никто, насколько мне известно, не знал идиш, не говоря уже об иврите. Английский или немецкий, к примеру, знали, даже французский или испанский знать могли; допускаю, что кто-то мог изъясниться на эстонском или аварском. Идиш знал только Гриша Лямпе, игравший когда-то в театре Михоэлса. Мне не довелось ни от кого из этого круга людей слышать, чтобы он читал Башевиса Зингера или Шолом-Алейхема на идиш.

Кроме общеизвестных слов, «тухес», «поц», «бекицер», я не слышал ни от одного моего товарища или приятеля даже тоста за дружеским столом по-еврейски. Все они, в том числе писавшиеся в паспорте евреями, насколько мне известно, не знали, где в Москве находится синагога. При этом не прочь были откушать мацы или фаршированной рыбы, выпить рюмку холодной водки в еврейский Новый год, если об этом случайно кто-то почему-то вспоминал. При этом среди антисемитов считались стопроцентными евреями, а посему — «настоящими русскими». В своей же, еврейской компании могли делить на евреев и жидов, предпочитая и тому и другому определение «порядочный» или «непорядочный» человек.

Никто из нас на еврействе своем не был зациклен, несмотря на местечковые корни предков, на антисемитские государственные репрессии при Сталине, на разнообразные ущемления по пятому пункту своих прав или прав детей, на частичные или абсолютные запреты еврейской темы в русской культуре в течение десятков лет существования советской власти. Однако это не мешало нам — явно или тайно — гордиться вкладом евреев в мировую культуру, восхищаться живописью того же Шагала, с радостью обнаруживать, что не только Чарлз Спенсер Чаплин, Альберт Эйнштейн и Осип Мандельштам, но и Франц Кафка, и Джордж Гершвин одной с нами крови.

Знаете ли вы, что Лев Николаевич Толстой на старости лет пытался учить иврит? Но это по другим соображениям — высшего порядка. Он же где-то изрек: «Еврея любить трудно, но надо». Так и сказал? Что ж, его отчасти можно понять. Вот с антисемитизмом Гоголя, Достоевского, Блока и в особенности любимейшего Антон Палыча Чехова смириться труднее. Тут всегда случалась закавыка. Когда же к этому списку добавлялся тоже любимейший Михаил Афанасьевич Булгаков, становилось грустно, и разговор спешили перевести в другое русло.

Помню, после окончания победоносной шестидневной войны Израиля по Москве ходил анекдот: «Входит в троллейбус огромный пьяный русский мужик. Ищет кого-то глазами. Находит маленького очкастого Абрамовича. Смотрит в упор и грозно, на весь троллейбус:

"Еврей?" Тот, вжавшись в скамейку, тихо: "Да". — "Уважаю!"»

Как-то в Ленинграде во время съемок фильма «Уникум» я завтракал с И. М. Смоктуновским в ресторанчике второго этажа гостиницы «Европейская», и он вдруг полушепотом обратился ко мне с присущими только ему, неповторимыми, странными интонациями и преувеличенной мимикой:

— Миша! Как ты относишься к победам наших братьев там? — И, не дождавшись от меня ответа (я судорожно соображал, почему Смоктуновский счел нужным именовать себя «их братом»), театральным шепотом закончил: — Не знаю, как ты, а я лично горжусь. Горжусь! Но, разумеется, это тайна. Никому — (он показал своей длинной дланью куда-то на потолок) — об этом ни звука. Тс-с-с!

Смоктуновский много лет прожил со своей женой Суламифью, которая родилась в Израиле, может, поэтому он счел нужным именовать себя братом победивших израильтян.

«Ожидовила его еврейка!» — скажет кто-то. Помню, в Ленинграде, где собирались в нашей столовой все эти Эйхенбаумы, Шварцы, Меттеры, жена Мариенгофа, Анна Борисовна Никритина, шутя, говаривала моей маме: «Ожидовили мы тебя, Зойка!»

Кто кого ожидовил, кто кого обрусил — как в этом разобраться? Да и какие «жиды», если вдуматься, были профессор русской литературы Борис Михайлович Эйхенбаум, драматург Евгений Львович Шварц, поэт-имажинист и драматург Анатолий Борисович Мариенгоф или мой отец, Михаил Эммануилович Козаков, думавший и писавший исключительно по-русски? Однако и я, как и другие, втайне радовался победам маленького Израиля, о котором вообще-то понятия не имел и с трудом бы нашел его на карте. Я, как и другие, не только не скрывал, что во мне есть еврейская кровь, но, как и другие, ненавидел и презирал антисемитизм и антисемитов. Как и другие из нашего круга, спотыкался на юдофобии любимейших Чехова и Булгакова, гордился успехами Майи Плисецкой, Альфреда Шнитке или Иосифа Бродского. Более того, мне было приятно сознание, что сам Джизус Крайст-суперстар хотя бы наполовину «из наших» и что вообще вся эта заварушка, которая длится вот уже две тысячи лет и имеет хотя бы отдаленное отношение к каждой простой русской бабе, живущей в темной избе где-нибудь в Вологодской губернии, началась в деревушке Нацерет под бедным кровом простой девушки Мириам и ее мужа Иосифа-плотника. А потому рассуждения о том, что, мол, «евреи нашего Христа распяли», меня всегда просто смешили.

Я сам, «полужидок» из атеистической семьи, в шестнадцать лет крестился в маленькой церквушке в Питере, в районе Новой Деревни, что неподалеку от Черной речки. Произошло это событие в 50-м году. Еще жив был Сталин, в которого я верил, как в Бога. Я был сначала пионером, потом комсомольцем, никаких особенных сомнений в том, что мне отчаянно повезло родиться именно в Советской стране, победившей фашизм, первой в мире построившей социализм, первой в мире покорившей Северный полюс и вообще — первой в мире, у меня не было, несмотря на все испытания, выпавшие на долю нашей семьи, и в особенности матери, два раза отсидевшей в сталинской тюрьме...

Креститься в 50-м году было, прямо скажем, не модно, более того, отчасти даже опасно. Узнай об этом кто-нибудь в комсомольской организации моей 222-й средней школы, меня бы по головке не погладили. Но врать не буду — страха у меня не было. Почему? Ну, во-первых, я крестился тайно, а во-вторых, какой-то внутренний голос говорил мне, что я хочу стать таким, как все, и в этом нет ничего предосудительного, скорее наоборот. Как все.

Верующим? Нет. Русским. Как моя няня Катя, как ее сестра Настя, как ее племянник Валька. Они-то и были моими крестными в той церквушке около Черной речки. И не только моими. Я убедил креститься вместе со мною девочку из соседней школы, в которую тогда был влюблен, а впоследствии и женился на ней. Именно она стала матерью моих старших детей. Звали ее Грета Таар. Из ее эстонского имени следует, что и она была не из православной семьи. При крещении ей было дано новое имя — Галина.

После совершенного обряда мы вышли в церковный двор, серебрился ночной иней, шел сухой снег; и вся эта атмосфера крещенской ночи в Ленинграде, радость причастия и причастности к чему-то очень важному словно связывала нас с ней обрядом не крещения — венчания и законности нашей платонической любви.

Было ли для меня что-нибудь еще в этом решении стать частью паствы русского православия? Не знаю. Пожалуй, было еще одно смутное чувство: теперь я не один в мире. Я не одинок. Кто-то Большой, Сильный, Добрый взял меня, слабого, трусливого, одинокого, под свое крыло, под свою защиту. И Он, несомненно, поможет мне, поведет меня по жизни, поддержит во всех моих начинаниях и устремлениях. О своем долге перед Ним я, разумеется, тогда не только не думал — даже не догадывался, не знал, что такой долг есть, должен быть и что именно это и есть самое главное и самое что ни на есть трудное, а подчас и мучительное.

Да и откуда было мне все это знать? Ведь тогда, в 50-м, в свои шестнадцать, я был в религиозно-философском смысле абсолютно дремучим пареньком. Я не читал даже Евангелие от Матфея, не помню, слышал ли я от кого-нибудь, что есть еще и другие Евангелия. Для меня Бог, Иисус Христос, воплощался в мозаичной фреске на церкви Спаса-на-Крови, что на канале Грибоедова в Ленинграде, где я жил тогда (именно в Ленинграде, а не в Санкт-Петербурге, не в Питере даже), и к этой большой мозаичной фреске я шел молиться перед экзаменами в школе, просил помощи у нее при поступлении в Школу-студию МХАТ, к ней приходил и позже, уже московским студентом, женихом ленинградки Греты-Гали.

К этой иконе на внешней стене храма, смотрящей на канал Грибоедова, Екатерининский канал, прихожу и сейчас, когда по воле судьбы и случая прилетаю из Тель-Авива в Северную Пальмиру. Стоял около нее тогда, молясь про себя, выпрашивая помощи, молюсь и сейчас, выпрашиваю прощение и умоляю о помощи. Но вот что забавно: тогда Он, изображенный на фреске, был для меня абстрактным большим Богом по имени Христос, который существовал очень давно, а скорее всего — всегда. Теперь Он для меня — Человекобог, Богочеловек по имени Иешуа Га-Ноцри, Иисус из Назарета, невесть какими судьбами переселившийся в Россию, на канал Грибоедова, где прошло мое детство. А сам я, теперешний, окончательно запутавшийся в толстовщине, бердяевщине, достоевщине, повидавший и Вифлеем, где Он родился, и Иерусалим, где Его распяли, начитавшийся философско-религиозной литературы, оставаясь при этом образованием, все еще надеюсь додумать мысль о Боге Едином.

И что Ему вздумалось создать нас такими разными — белыми, черными, желтыми, раскосыми? И почему Будда, Магомет, Христос нас разъединяют, а мы в фанатизме своем враждуем и с их именами на устах убиваем друг друга?.. И я стою на канале Грибоедова перед мозаичным распятием храма Спаса-на-Крови и прихожу лишь к тому, что знал и в детстве: я знаю лишь то, что я ничего не знаю.

И мне остается встать на колени на гранитные плиты набережной, если нет никого вокруг, и, как в детстве, попросить поддержки и защиты, У кого? У фрески?! Нет. У моего Бога...

Будучи полуевреем, я ни разу — ни там ни здесь — не переступал порог действующей синагоги. В силу незаинтересованности и чуждости, даже эстетической. И мечеть на улице Дурова в Москве, рядом с которой я жил, где собирались тысячи татар по мусульманским праздникам, я предпочитал стыдливо обходить стороной в силу той же чуждости. Индии, например, я просто боюсь, мне кажется, я не посмел бы или, во всяком случае, не захотел бы войти ни в один буддийский храм даже из чисто туристского интереса. Католицизм мне много ближе, иногда даже кажется, что ближе православия. В католическом храме как-то просторнее дышится. К тому же, может быть, и римлянин скажет, что жиды распяли Христа, но вряд ли при этом добавит: нашего, итальянского. Хочется верить, что и подумать так — даже и про себя — он не может, хотя кто знает...

Изображали же Мириам-Мадонну на фоне флорентийских пейзажей. А в сознании какой-то части русских прихожан дева Мария — русская Мария, ключник Шимон-Петр — просто Петр. Думаю, мысль о том, что все это, во всяком случае изначально, чисто еврейская история, пусть и божественно-всемирного толка, вызвала бы недоверие, а может быть, гнев и даже злость некоторых русских прихожан: «Значит, даже Господь Бог наполовину ваш, еврейский! А где же наш, полностью наш Бог?!» Может быть, поэтому языческий Перун жив и по сей день в подсознании непросвещенной части паствы христианско-православной русской церкви. И бог Ярило живет не только в «Снегурочке» Островского.

Смутное и мутное сознание темного прихожанина мешает ему принять всемирность учения Спасителя. Он не верит, что несть ни эллина, ни иудея. Мысль о непротивлении злу насилием ему, темному, не близка. Не возжелай ближнему того, чего бы ты не хотел сам, — звучит для него слишком абстрактно. Вот чтоб у соседа корова сдохла —

это ближе. Не случайно русская Церковь, используя внешнюю, театрально-оперную атрибутику, как правило, слаба в проповеди. Проповедь нужно слушать, думать, вникать, трудиться душой — и, не дай Бог, еще задумаешься! А задумаешься — засомневаешься.

Оттого-то Лев Николаевич Толстой с его желанием дойти во всем самому до самой сути раздражал и раздражает сегодня даже так называемую мыслящую часть верующих россиян. Широко распространено убеждение, что Толстой хотел и не мог поверить; что он рационалист, в гордыне своей погрязший, и вообще «мусорный старик». А у современных российских интеллигентских кликуш он вызывает не просто раздражение, а порой активное неприятие.

В 1988 году в Москве мне довелось ставить телеспектакль по религиозно-философской драме Толстого «И свет во тьме светит», пьесе автобиографической, исповедальной, выстраданной (как и его «Исповедь»), которую сам Лев Николаевич называл «моя драма». Я хотел пригласить сыграть в моей постановке прекрасного актера и человека, моего товарища по раннему «Современнику» Владислава Заманского. Владислав — человек верующий. Его жена, в прошлом тоже актриса «Современника», — с годами стала истово религиозна. На мое предложение последовал категорический отказ:

— Владик, — отрезала она по телефону, — не станет играть в этой еретической вещи Толстого.

Впоследствии Алексей Петренко, взявшийся в этом телеспектакле за роль Сарынцева — альтер эго Льва Николаевича, — обмолвился как-то, что до того, как принял решение играть, долго сомневался, думал, советовался с женой. Однако все-таки решился, взвесив все «за» и «против». Уже на съемках я видел, как он что-то преодолевал в себе, прежде чем произнести отдельные реплики Сарынцева — Толстого, в которых подвергались сомнению и Церковь как единственная наследница учения Христова, и само непорочное божественное происхождение Христа, и «все глупости и гадости Ветхого и Нового Завета», и «всевозможные ужасающие нелепости и мерзости», приписываемые Богу, которые вдалбливаются в головы ни в чем не повинных, открытых добру и истине детей. Жить следует, так думает Толстой, по Нагорной проповеди Христа — этому всемирному учению. Жить — буквально исполняя завещанное им, тем самым спасая свою бессмертную душу, чувствуя единого Бога своим Отцом небесным, всем вместе идти к этому свету, который один и во тьме светит. Так полагал Толстой.

Он не просто гений. Для меня он — самый бесстрашный трагический писатель, мыслитель — по крайней мере в русской культуре. Он не останавливается ни перед какой пропастью в упорстве своем додумать мысль о жизни и смерти, развязать самый тугой и запутанный узел. Он, разумеется, не дает окончательного ответа. Толстой сам мучительно этот ответ ищет, и часто его писательский, человеческий гений, вопреки выстраданным убеждениям, приводит и самого писателя, и его героев к трагическому финалу, как это и происходит в драме «И свет во тьме светит» с Сарынцевым. Уже за этот многолетний трагический, мучительный поиск Божественной истины Толстой более чем его ниспровергатели, хулители с крайних православно-церковных позиций, достоин Царства Божьего. Он, если вдуматься, величайший и последний в России религиозно-философский писатель. Последующие — любимейшие Антон Павлович и Михаил Афанасьевич — каждый по-своему отошли в сторону от столбовой дороги, предложенной великим старцем. Чехов в этом смысле скромно затаился, схитрил, скрыл, счел нужным не писать ни о чем таком впрямую, даже в «Черном монахе» — лишь намеки... А Булгаков с его Пилатом, Воландом, Иешуа Га-Ноцри создал прельстительную, пленительную, утешительную великую ересь, скорее гетевского, нежели толстовского толка.

...Роль Иешуа Га-Ноцри в фильме режиссера Юрия Кары по «Мастеру и Маргарите» была предложена Николаю Бурляеву. Мне довелось на съемках, проходивших в Иерусалиме, брать интервью у актера, хорошо известного своей почвеннической ориентацией. Артист с неохотой согласился на интервью и поставил условие: не говорить об исполняемой им роли. Однако куда денешься? Вообще обойти эту тему ни ему, ни мне, естественно, не удалось. Выяснилось, что Бурляев, как ранее Петренко с драмой Толстого, обдумывая предложение играть булгаковского Иешуа, сомневался чрезвычайно долго, советовался со своим духовником и в результате все-таки согласился — при условии значительной редактуры написанного Булгаковым. Так как фильм «Мастер и Маргарита» не вышел на экраны и по сей день, и я его, разумеется, не видел, мне остается лишь догадываться, что именно в прозе Булгакова подверглось коррекции Бурляева. Право на догадки дает мне то, что я сам увидел на съемках сцены с Пилатом и Иешуа в Иерусалиме.

У Булгакова Иешуа человек лет двадцати семи, в разорванном стареньком грязно-голубом хитоне, голова его покрыта белой повязкой с ремешком вокруг лба. В мистическом видении Пилату вдруг мерещится, что у Иешуа другая голова — плешивая, с редкозубым золотым венцом. Но мало этого, Иешуа Га-Ноцри у Булгакова — родом из Гамалы, он не помнит своих родителей, слышал только, что его отец — сириец... Ясно, что булгаковский Мастер не пишет Христа из Евангелия. Ему важна не буква, а дух. Я почти не слышал текста, но видел актера Бурляева, в белом, чистом хитоне, красивые каштановые волосы, разделенные на две части пробором посередине, благостное, словно с олеографии, выражение не лица — лика. Не Иешуа Га-Ноцри Булгакова — Иисус Христос Николая Бурляева... Если вдуматься, коррекция Бурляева — еще большая ересь, чем роман в романе М. А. Булгакова, человека безупречного вкуса.

И нежно мною любимая, большая актриса Екатерина Васильева перед съемками телефильма «Визит дамы» по пьесе Дюрренматта делилась со мной, режиссером, своими сомнениями. И это тоже были сомнения религиозного свойства. Дюрренматтовская Клара, по мнению актрисы, — материализовавшееся зло: ад, который в ней, который она сама. И этот ад она несет людям, вернувшись миллиардершей на родину, в маленький городок Гюллен. Васильева тоже советовалась со своим духовником и согласилась играть в моем фильме при условии, что в сцене венчания Клары с очередным мужем она не приблизится к алтарю. После моих просьб она все-таки согласилась войти в католический храм, но к алтарю подходила уже дублерша, которую снимали со спины.

Конечно, это особые ситуации, когда актеры проявляют такую истовость. Но почему я пишу об этом в моей книге? Да потому, наверное, что я мучительно пытаюсь ответить себе на те же вопросы: о религии, о родине, об убеждениях — или об отсутствии таковых, или лишь о частичном присутствии, чтобы понять, кто же я? С чем я покинул Россию, Москву, мой дом и что за груз я привез с собой в страну, где живу теперь?

———

Итак, Москва, 1991 год. Пустые прилавки, молчащий телефон, страх за семью в пять человек, конечно же, усталость, накопившаяся раздраженность после работы над телефильмом «Тень», едва доснятого на государственные деньги, да и то при поддержке в миллион рублей чудом отыскавшегося спонсора, торопили мое решение отвалить из совка. Хотя бы на время.

— Телефильм наш обошелся в два миллиона рублей, а запустись мы с ним снова, он бы уже стоил все четыре, — сказала мне директриса мосфильмовского объединения.

Четыре миллиона рублей были еще огромной суммой в 91-м году. И, конечно же, никакой спонсор, не говоря уже о государственном телевидении, мне бы таких денег ни на какую «Тень» не дал. И не только на шварцевскую «Тень», а вообще бы не дал. Ни на что. Запустить телеспектакль на телевидении, как я это делал последние десять лет, чередуя телекино «Покровские ворота» с телеспектаклем по пьесе Островского «Последняя жертва», мосфильмовский «Визит дамы» с останкинским «Случаем в Виши» по пьесе Миллера, в 91-м году уже было абсолютно нереально. А ведь телережиссура стала моей едва ли не основной профессией. «Маскарад» Лермонтова, «Фауст» Гете, поэтический спектакль по стихам Бродского, Толстой, Самойлов, Пушкин — все уходило в область преданий.

Кто платит деньги, тот и заказывает музыку! А новые спонсоры (без них уже государственное телевидение ничего серьезного запустить не могло) хотели другой музыки, той, которую мне было не сыграть, даже если бы удалось пересилить себя. Уже ясно просвечивали контуры будущего L-клуба и других ТВ-клубов, вовсю начинало крутиться колесо счастья на поле дураков, и заплакал совковый зритель по судьбе богатых, живущих в фазендах. Я, как говорится, кожей почувствовал нашествие, лавину всего того, чему мы все сегодня в России свидетели, что видим и в Израиле по двум ТВ-программам из России. Спасаясь от этой лавины, я не смог найти даже маленькой ниши. «Столапинская» эпоха времен генсека Брежнева вызывала у меня уже ностальгический вздох, я мысленно искал и не находил для себя выхода в рамках моей профессии: куда податься сироте? Рассчитывать как актеру на большое кино? Но на отмываемые деньги снималась в основном кинохалтура, да и возраст мой в сочетании с внешностью, которая ограничивала меня даже в молодости, не вселяли радужных надежд. Концертная деятельность? Но телефон молчал.

И на вопрос журналиста, почему я уезжаю в Израиль, я ответил односложно: «У меня проблема с детским питанием для маленького сына». Над этой моей фразой долго иронизировал всяк кому не лень: «У известного актера причина оставить родину — детское питание! Смешно, ей-богу, мог бы что-нибудь поумнее придумать». Для меня же в этом «детском питании» сосредоточилась вся униженность моего тогдашнего положения. Кстати, и доставание, и приобретение этого пресловутого питания в том числе. Для «Березок» были нужны «зеленые», которых у меня не было. Первые и последние случайно заработанные «зеленые» в 1989 году в групповой поездке по «воинским частям Америки» уже закончились, а в совковом магазине унижаться в подвальных кабинетах директоров, получать продукт «под лицо», как говорят артисты, становилось невыносимо, да и не всегда удавалось. У нас в магазине на Люсиновке на прилавках — хоть шаром покати, а ты выходишь с черного хода с сумкой, набитой датским «Семилаком», словно обворовал тех мамаш, что в безнадежности бродят по магазину, разглядывая пустые никелированные полки. А ведь и в самом деле обворовал — вместе с директором в грязном белом халате, что милостиво бросил:

— Нина, отпусти артисту для сынка евойного. Тебе чего надо, Михаил?

Волну эмиграции 90-х в Израиле называют «колбасной». Эмиграция 70-х (ватики предпочитают называть ее «репатриацией») была идейной, идеологической, сионистской. Я не против причисления себя к «колбасникам» — в этом, безусловно, есть немалая доля правды. Но у каждого из нас было еще что-то свое, личное. Было и общее: ради детей, хотя каждый из нас вкладывает в это «ради детей» опять-таки что-то свое. Что же было совсем-совсем личным у меня? Что заставило поднять свою старую задницу, распродать вещи, разорить ордынский дом, погрузиться сначала в поезд до Риги, а затем, прибыв рейсом Рига — Тель-Авив, вывалиться из самолета всем семейством, со всеми чемоданами, узлами, корзинками, сумками, с маленьким, одуревшим от переездов-перелетов сынком под мышкой в аэропорту Бен-Гурион и, едва переступив порог входной аэропортовской двери, окунуться в одуряющую и липкую жару тель-авивского июня 1991 года?

Еще три дня назад — премьера, прощание с фильмом «Тень» в московском киноцентре. Наутро после банкета стучало в висках и сохло во рту. Я давал интервью популярному телеведущему Дмитрию Крылову в уже пустой московской квартире, на стенах которой белели следы от снятых и упакованных в чемоданы семейных фотографий, а на полу валялись какие-то теперь уже никому не нужные случайные предметы: молоток, журналы, что-то еще... Так сказать, интерьер к неосуществленному современному телеспектаклю по пьесе Чехова «Вишневый сад». Затем проводы, прощание с ближайшими друзьями и родственниками на Рижском вокзале. И тут был глаз телекамеры ведущего «Кинопанорамы» Виктора Мережко и прозвучал сакраментальный вопрос: «Почему?» с односложным ответом: «Устал».

Оба телеинтервью — слезы прощания, похмельное и опохмеленное мое лицо, уходящий поезд, жена и я машем оставшимся на перроне — мы увидели уже в Тель-Авиве. Увидели и, честно говоря, охренели от того, что сделали с интервью оба прославленных ведущих. Крылов — тот хоть сам смонтировал и откомментировал, как ему Бог на

душу положил или совесть подсказала. А уж Мережко...
Тот вовсе фортель выкинул: отдал снятый на перроне в
последнюю минуту моего пребывания в Москве материал для «комментария» политикану и шоумену Владимиру
Познеру. И этот последний, сидя в красных деревах своей московской квартиры, при свете хрусталя, в элегантном костюме из Нью-Йорка или Парижа, проповедовал
о Ро́дине, осуждал мой поступок, а затем, закончив «экспертизу», в бежевом элегантном плаще взлетел на трибуну очередного митинга протеста или одобрения этаким
улыбающимся фертом, очень довольный собою и происходящим вокруг на площади, и победно помахал поднятой рукой, что и зафиксировал телеглаз господина Мережко. Такой эффектный возникал контраст: с одной
стороны, российский гражданин (кстати — и американский — по праву рождения. Познер родился в Нью-Йорке), борец за счастье и демократию, уверенный в себе
Познер, и с другой — сбившийся с правильного пути,
жалкий недоумок Козаков.

Мало этого — Мережко еще привлек в ту же «Кинопанораму» моих товарищей и коллег: Анастасию Вертинскую, Игоря Костолевского, Валентина Гафта, и они порассуждали на заданную тему — Родина или чужбина. Хорошо, что мои «боевые» товарищи совсем уж конкретно
обо мне не говорили, а то бы мне в Тель-Авиве плохо пришлось. Однако радости мне оба предотъездных телеинтервью доставили мало. И заставили крепко задуматься:
что же это у нас за страна такая, если люди одной профессии, одного круга интересов, которым все доподлинно известно — и про положение дел с телекино, и про зыбкость существования в театре почти каждого из нас, и
моего в частности, и про то, что не от хорошей жизни я
бежал, и тем паче не на легкие хлеба себя обрекаю, могут — ничтоже сумняшеся — такие передачи вслед уехавшему делать или в таковых участвовать, зная, что я уже и

ответить публично не могу? Если свои на такое идут, так чего уже от чужих ждать?..

Сейчас, когда пишу про все это, не счеты запоздалые свожу, да и обида уже прошла, а к слову пришлось, в строку встало для информации к размышлению. Один замечательный актер старшего поколения, той самой пресловутой национальности, фронтовик, прошедший Отечественную, часто говорил: «Запомни, Миша! Мы в России — в гостях. Запомни: в гостях! И перестань чему-либо удивляться». Я возражал: «И это говоришь ты, фронтовик? Актер, которого любят миллионы?» — «Да, все это так, Миша, и все-таки мы в гостях».

Признаться, я так не думал, по крайней мере тогда, лет пятнадцать назад, когда впервые услышал от него эту фразу. А вот сравнительно недавно задумался. Начал раздумывать, как это ни парадоксально, когда началась горбачевская перестройка, которая вылилась в ельцинскую вольницу. И задумался не на шутку. А потом и сам нечто вроде афоризма сочинил: «Лучше быть полурусским в Иудее, чем полуиудеем в России».

Этот вопрос (или ответ) далеко не однозначен при теперешнем положении дел в России; в России, которая пытается то ли возродиться вновь, то ли вернуться назад к триединству: «Самодержавие, Православие и Народность». А может быть, прийти к чему-нибудь пострашнее? А ведь говорят: «Есть ли право у людей с нерусской кровью вмешиваться в этот процесс?» Не достаточно ли уже вмешивались? А теперь получают одни упреки и проклятья — за разрушение православных храмов, за расстрелянную царскую семью, за пресловутый интернационализм, за карающую власть ЧК — КГБ, за смуту в умах, за заговор сионских мудрецов, за жидомасонство, за прикосновение к религиозно-философской православной мысли и учению Христа. Не оттого ли и Александра Меня — топором по голове? Правда, сын юриста в Думе скандалит на весь мир и, глядишь, еще в президенты попадет. Однако, случись такое, не дай Бог, и натвори он дел, опять-таки скажет: «Да это потому, что папочка-то его юриспруденцией увлекался». Так-то! Вопрос! Евреев в России не останется, вопрос всегда будет! Но жили и живут в России сотни тысяч «лиц еврейской национальности», говорят по-русски, думают по-русски и будут жить, даст Бог, еще долго.

Не хочется заниматься такого рода математикой, но справедливости ради следует отметить, что сегодня, к примеру, в московских театрах по крайней мере пять-шесть главных режиссеров — евреи. Много евреев работают в кино, на телевидении, в консерватории, на эстраде их предостаточно, во всех жанрах — от разговорного, традиционно еврейского, до так называемого оригинального. Хорошо известны драматические актеры с еврейскими фамилиями, и, насколько я знаю, никто их ни в чем не ущемляет, по крайней мере сегодня. Михаил Михайлович Жванецкий — «любимец всея Руси», как тут недавно объявил ведущий телеконцерта Эльдар Александрович Рязанов, А какое телешоу сегодня обойдется без Ширвиндта, Арканова, Мишина? Без непременных гостей телеэкрана: Юлия Гусмана, Яна Арлазорова, Андрея Урганта? И они развлекают и развлекаются, презентуют и презентуются, чествуют и чествуются, словом, тусуются на глазах многомиллионной аудитории несчастных, растерянных и озабоченных выживанием россиян.

А кто-то из деятелей культуры и в политику пошел. И никто, никто из вышеназванных, насколько мне известно, в Израиль не собирается. Разве что на гастроли, в командировку или в гости ненадолго.

В начале горбачевской перестройки встретился я в самолете с Владиславом Листьевым. Во время полета разговорились, и я, еще преисполненный перестроечной эйфорией, предложил ему устроить поединок между Игорем Шафаревичем и мною. Тогда, в 88-м, мне казалось, что стоит только поговорить по душам с теоретиками этого толка, и телеаудитория сама все сообразит — настолько очевидной мне представлялась моя правота. Листьев скептически посмотрел на меня, усмехнулся и сказал: «Михаил Михайлович, даже если бы эта встреча состоялась у нас в студии, вам бы пришлось несладко. Игорь Шафаревич сделал бы вас одной левой». Покойный Листьев был прав, и не только потому, что я в вопросах теории много слабее Шафаревича, но и по другим, более важным причинам.

Что есть возрождение национального самосознания и как его понимать, если уже понятие интернационализма отметено вместе с коммунистической идеологией, будь она неладна?! Казаки с невесть откуда взявшимися Георгиевскими крестами, служители церкви, освящающие открытие митингов и офисов, бывшие коммунисты, осеняющие себя крестным знамением, благоговение по случаю приезда из Испании толстого мальчика-цесаревича с толстой мамой-испанкой — русской Великой княгиней. Красно-коричневые, бело-голубые, черно-красные. Какие-то Дворянские собрания с новыми графьями Садальскими, Киркоровыми, стоны по прекрасному и далекому прошлому, по России, которую потеряли и которой вообще-то никогда не было в том смысле, какой представляется Говорухину...

Не стану утверждать, что к моменту моего решения об отъезде мне было видение обо всем том, что я увидел потом по телевизору, о чем прочитал в газетах, услышал от приезжающих из новой России, что позже наблюдал сам в Питере и в Москве, куда поехал спустя три года поработать. Сразу оговорюсь: у меня нет однозначного — ни положительного, ни отрицательного — отношения к происходящим в России мучительным историческим процессам. Я российский обыватель, живущий теперь за границей. Не более того. И как всякий обыватель, я не знаю выхода из трагического тупика. Не берусь судить ни об экономике, ни о политике, ни об идеологии. Я в состоянии лишь констатировать, переживать, мучиться вопросами и не находить определенных ответов ни на один, мной же самим перед собою поставленный.

Но это не отменяет импульсивных чувств. Когда я вижу митинги и разгул красно-коричневых, тогда я тут же вспоминаю о маленьком Мишке и повторяю словно заклинание: «Лучше быть полурусским в Иудее, чем полуиудеем в России», куда меня, конечно же, тянет и по которой душа тоскует, без которой мне жизни нет. Однако жить в России и делать вид, как будто не видишь, что творится вокруг, мне кажется, я бы не сумел. А активно вмешиваться в происходящие там новые процессы — страшновато, ибо никогда до конца у меня лично не возникло бы на это внутреннего права в эпоху возрождения русского национального самосознания, как единственного выхода из тупика, куда завели матушку Русь. Кто? В том числе евреи. И с этим, увы, трудно не согласиться, даже если очень хочется не соглашаться...

———————

Но прежде чем спуститься с небес на грешную, пусть и Святую землю — Израильщину и начать (пора! пора!) путешествие, в котором нахожусь уже четыре с половиной года, прежде чем решиться описать его, — еще кое-что о прошлом, о еще не выговоренном до самого конца, без чего причины моего отъезда останутся непонятны мне самому.

«Иных уж нет, а те — далече», — как часто, живя в России, к месту и не к месту мы повторяли это вслух и про себя! Каждый, покидавший Россию в 70-е, по своей или не по своей воле, и потом, в 80-е, разрушал «экологию» существования оставшихся. Словно мы все держали, как атланты, некую огромную давящую плиту — и вдруг на одного становилось меньше и груз ложился на плечи оставшихся. Одним, другим, третьим меньше — тяжесть становилась невыносимой!

Выбравшихся из-под этой плиты никто не упрекал, скорее наоборот, вздыхали: и этот теперь «далече», как-то он, что с ним теперь?

В начале 70-х уезжал Лев Збарский. Было ему тогда около сорока. Талантливый театральный художник, востребованный книжный график, своя огромная мастерская в центре Москвы, деньги, машина, лучшие женщины — модный художник, модный человек. Я задал ему тогда сакраментальный вопрос: «Почему, Лева?» Он: «Да, у меня здесь есть если не все, то многое из тобой перечисленного. Более того, не знаю, что меня ждет там. (Збарский уезжал в Израиль, потом уже переехал в Америку, где и живет по сей день. — М. К.) Но как бы тебе это поточнее... Понимаешь, это кино мне уже показали. Остается только его досмотреть. А вот того я еще не знаю». И уехал Лева, и его товарищ, художник Юра Красный, отвалил, да мало ли кто еще из нашего близкого и дальнего круга! У каждого были свои причины, свои объяснения и обоснования. Но тех, кто «далече», становилось с каждым днем все больше и больше. Экология разрушалась. Плита пригибала к земле.

Уже после выдворения Солженицына я провожал кого-то в Шереметьево. И вдруг увидел поэта Наума Коржавина и тогдашнего свояка Солженицына. Кажется, по фамилии Штейн, Оба моих знакомца были возбуждены (тоже, видать, кого-то проводили), говорили громко (или мне тогда от страха так показалось):

— А ты, Миша, не думаешь об отъезде? Это просто необходимо, пока есть щель, пока выпускают. (Щель действительно образовалась тогда — в какой-то период конца 70-х; Брежнев ее на время приоткрыл под влиянием внешнеполитических причин. — М. К.) Мы твердо решили валить и тебе советуем. Нечего тут делать. Решайся!

Помню, что я не только испугался их пламенных речей, но успел еще подумать про себя: «А на хрена мне, собственно, валить? Мне и тут пока неплохо: играю, ставлю. И вообще — чушь все это!» А ответил им так:

— Ребята, во-первых, потише, а во-вторых, может быть, вы и правы, но каждый решает для себя сам. Я уж тут останусь. Там мне делать совсем нечего. — Ответил вполне искренне.

Не то чтобы я не понимал преимуществ просвещенного капитализма. Да и что тут не понять? Достаточно было мне, 23-летнему парню, еще в 1957 году побывать на шекспировском фестивале в Канаде и увидеть всю сногсшибательную разницу между «разлагающимся» капитализмом и строящимся коммунизмом, подышать запахом этого «разложения», как все стало ясно. Да и потом, во всех поездках, на гастролях с театром по всевозможным франциям, германиям, италиям я убеждался в этой сногсшибательной разнице вновь и вновь. Вот только не дано мне было тогда понять, что капитализмы-то канадский, французский, итальянский и меж собой различны, а уж к русскому человеку имеют весьма отдаленное отношение, если этот русский в России родился, будь он хоть трижды евреем. Я и не вникал тогда в суть проблемы, а мыслил просто и однозначно: я актер, не знающий, кроме русского, ни одного языка, и единственно возможное для меня место полноценной работы — Россия. Все. Точка.

Будь я Нуриевым или Ростроповичем — было бы о чем подумать. Ну ладно, не Ростроповичем, а хотя бы Лексо Торадзе или Володей Виардо. Да, слинявших становилось все больше и больше. Виардо и Торадзе были уже из ближайшего моего круга. Вот и они оказались за бугром. Не говоря уже о Викторе Некрасове, Васе Аксенове — подлинно близких друзьях из 60-х. Рушилась, рушилась экология. Оставшиеся еще шутили: «Нам не надо Тель-Авива, Пярну — лучший город мира...» «И зачем же нам кибуцы, разве нет у нас колхозов?» — писал в шуточном послании Дэзик Самойлов еще жившему тогда в Союзе своему другу Леве Копелеву.

Но вот и Копелев, не вняв шутливым увещеваниям, выбрался из-под плиты. Остававшиеся подхватывали камень и принимали всю тяжесть на себя. Им оставалось лишь это, да еще раздумья. Додумывать и обдумывать, что же все-таки происходит, отчего отвал, словно снежный ком, превратившийся в лавину, набирает и набирает скорость и неудержимым потоком устремляется по разным направлениям и на разные широты? Процесс, начавшийся еще в 70-х, к концу 80-х принял формы массового психоза...

После смерти Давида Самойловича Самойлова я беседовал с его вдовой Галиной Ивановной. Я тогда еще не созрел для отъезда, но, видать, созревал. Кому-то, как в том анекдоте, нужно было только сказать: «Падаем».

— Была некая ниша, — сказала Галина Ивановна, — где все мы, такие, в сущности, разные, жили долгие годы. У нас была некая система ценностей и приоритетов. За порогом ниши был чужой, враждебный нам мир. То, что он был чужд и враждебен, способствовало нашей консолидации, при всех наших внутренних противоречиях и несогласиях. Но то, что лежало вовне, было еще опасней. Так мы жили, и временами даже очень неплохо. Теперь, Миша, все изменилось. Сменяется эпоха, ниша рухнула, связи внутри нее прервались, мы растерялись, разъединились... Все, как это ни грустно, ясно. Судьба, рок.

Я согласился с этой очевидной истиной. Но от этого не делалось ни веселей, ни понятней, как жить дальше. Уходили в безвозвратное прошлое все наши пярнуские посиделки, культурабенды, поэтические вечера — не только в Политехническом, но где бы то ни было. Сменялась эпоха, умирали друзья. Те, некоторые, были «далече», а «иных» становилось все больше и больше.

В конце 80-х я проводил в последний путь вслед за Ильей Авербахом, Андрюшей Мироновым, Юрием Богатыревым сначала — Арсения Тарковского, затем Натана Эйдельмана, затем Давида Самойлова, и вот-вот должен был уйти из жизни мой друг, режиссер Борис Галантер. Круг моих московских друзей становился все уже. Но, сужаясь, он, увы, не становился теснее. И это тоже была примета нового времени. Озабоченные и растерянные, мои друзья метались в поисках стабильности, просто-напросто — заработка в новых условиях перестройки и начавшихся экономических перемен. Мы теперь встречались в основном на похоронах и поминках, лишь иногда дома на кухне. Реже, чем раньше, еще и потому, что добраться друг до друга или принять кого-то хлебом-солью становилось для таких, как мы, серьезной проблемой. О том, чтобы, как в старину, пригласить в ресторан Дома кино или Дома литераторов компашку близких и закатить банкет на 10–15 персон, и речи быть не могло! Да и разговоры наши, когда встречались, делались все озабоченней и грустней. Иногда складывалось впечатление, что собрались поныть и поплакаться друг другу в жилетку. Рвались, видоизменялись теплые, дружеские связи. Последние нити, связывающие меня с Москвой, ослабевали. И, как неотвратимо стареющий, предчувствующий конец жизни князь Болконский, искавший, где ему постелиться на ночь, избегая привычного дивана, кровати, угла под образами, в страхе обрести там смертный одр, я стал искать место — если уж нельзя было изменить время, — где я смог бы избежать затухания, окисления, депрессии.

И вот в декабре 1990 года возник соблазн примкнуть к группе Арье — Мальцева, в порядке пробы поехать с ними на разведку в Израиль, поглядеть, что там и как; понять для себя, что это за русскоязычный театр они придумывают, и смогу ли я в нем работать. Сказано — сделано.

Эта первая проверочная поездка в Израиль была бы вполне хороша, успешна, все было бы изумительно-замечательно: и Иерусалим, и Стена плача, и море, и природа, и банкеты, и вкусная еда, и дешевая водка, и встречи со старыми друзьями, поселившимися там двадцать лет назад, — словом, все-все было бы «бэсэдер» (в порядке), если бы не одно маленькое обстоятельство. Мне за эти две недели пребывания нужно было прийти к окончательному решению: ехать сюда или оставаться в Москве? За эти две недели концертов-спектаклей, которые собрал и организовал режиссер Евгений Арье, за эти 14 дней впечатлений, застолий, разговоров с людьми, обсуждений со своими — с Гришей Лямпе, с Леней Каневским, — которые, как и я, еще только решались (Валя Никулин и Люда Хмельницкая уже решились), несмотря на липкую жару, чужой пейзаж, абсолютно иной, пугающий меня язык — вязь надписей на нем этими рыболовными крючками над витринами магазинов и в огнях неоновых реклам, — следовало решить, дать ответ себе и другим на вопрос: способен я, в свои 56 лет, круто изменить жизнь в попытке обновления? Или просто вернуться в Москву, привезти домашним израильские сувениры, туристские рассказы о земле их предков и на этом окончательно поставить точку, продолжая предопределенный мне судьбой привычный путь?

«Но путь куда? Куда?» — вновь и вновь я спрашивал себя, ворочаясь ночью на влажных простынях в номере маленькой тель-авивской гостиницы, где меня и Никулина разместил директор будущего «Гешера» Слава Мальцев, Путь куда? Это кино мне, как и Збарскому, уже показали, и я ведь его посмотрел почти до конца. И последняя часть не предвещает ничего хорошего. Так неужели остаться только ради того, чтобы увидеть надпись «fin» по-русски,

не решась начать что-то новое и, может быть, весьма интересное в жизни? А уж как обрадуются жена и ее родители, если решусь! А маленький сын, навсегда избавленный
от вечных прелестей совка? А детское питание, которого
здесь, в Израиле, навалом?

И вот так каждый Божий день — утром я решался на
отвал, но уже вечером понимал всю абсурдность этой гу-
бительной затеи. Ночью я принимал смелые и ясные решения примкнуть к молодому театру Арье — Мальцева, но
уже при свете дня, разглядывая восточную архитектуру
Тель-Авива, я так же решительно говорил себе и другим:
«Нет, это не для меня». Мой сосед по номеру, Валя Никулин, только вздыхал, выслушивая мои гамлетовские сомнения, — он-то уже прошел ОВИР, его лишили советского
паспорта, его жена уже продала московскую квартиру, и
возможности к отступлению у моего старого товарища по
«Современнику» не было.

Перед самым отлетом в Москву я все-таки сказал твердое «да» Мальцеву и Арье, и мы условились, что они могут рассчитывать на меня, а я так же определенно могу
рассчитывать на место в их новом русскоязычном театре
в Израиле. Мне гарантировали скромную зарплату (речь
шла о тысяче долларов), возможность режиссуры в театре. Мы взяли взаимные обязательства в случае изменения решения с той или другой стороны сообщить об этом
друг другу как можно раньше. Но несмотря на то, что я
обнародовал мое решительное «да» в Израиле и даже
позвонил домой в Москву жене и оглушил ее — к вящей
радости ее родителей — этим судьбоносным и хмельным
решением, оставалось еще целых полгода московской
жизни — окончания съемок, монтажа фильма «Тень», бес-
конечных разговоров, споров, сомнений, раздумий, стра-
хов, истерик — до того июля 91-го, жаркого 26-го дня, когда я, хмельной и, безусловно, психически нездоровый,
слезливый, злобный, бесконечно усталый и издерганный,

затерроризировавший жену, ее перепуганных и тоже вусмерть уставших родителей, с маленьким Мишкой на руках прибыл в Израиль.

———————

Абсорбция. Что это за слово? И почему его терпеть не могут все «олим хадашим» — вновь поднявшиеся? В Израиль, надо сказать, не эмигрируют, не прибывают, а поднимаются, удостаиваются чести подъема на Синай. И вот, когда поднялись, начинается абсорбция, растворение, вхождение в новую среду, новую жизнь. Легко сказать: «раствориться». Человек не сахар, который растворяется в горячем какао. Как сообразить, с чего начать, как сразу же не ошибиться, не просчитаться в этой неизвестной, непонятной стране, где поначалу решительно все, любая мелочь, вчерашний пустяк, представляет для тебя невероятную трудность, когда ты словно ребенок, который учится ходить. Только в отличие от ребенка, для которого этот процесс естествен, беспрерывно ощущаешь унизительность своего положения. Без посторонней помощи ты парализован, не можешь шагу ступить. Еще вчера ты качал права в московском или ташкентском ОВИРе, ссорился на таможне, закупал в полет водку в кооперативном ларьке и шутил с киоскером, а через несколько часов уже не способен без посторонней помощи спросить: где тут у вас туалет, позвонить по автомату, купить ребенку мороженое... Так начинается абсорбция. И у каждого она своя — и похожая, и непохожая.

Я был в наивыгоднейшем положении: меня встретил друг моего детства на собственном рафике, куда мы погрузили нехитрые пожитки. К тому же театр «Гешер» отправил в аэропорт Бен-Гурион своего завпоста, чтобы встретить вновь прибывшего актера из Москвы. Завпост объяснил мне, что Арье и Мальцев чрезвычайно заняты и поручили ему препроводить нас в Тель-Авив и поселить — разумеется, временно — в квартире, где проживают артисты «Гешера» Женя Додина и Наташа Войтулевич с мужем. Они сами переночуют где-то в другом месте, а завтра объявится директор театра Мальцев и что-то для нас придумает.

Мы оказались в двухкомнатной квартире на центральной и шумной улице Дизенгофф. Беспомощно бродили по двум комнатам, где развешаны сохнущие колготки, стоит невымытая посуда и наспех свернуто постельное белье. Здесь же — наши чемоданы, сумки, узлы, под ногами путался и хныкал приболевший Мишка, которого надо чем-то накормить и напоить...

Наутро действительно появился Слава Мальцев и предложил нам временно переехать в другой город — Натанию, пока мы не утрясем наши дела в Тель-Авиве: не получим нового гражданства, «корзину абсорбции» — единовременную помощь государства — и пока сами не снимем себе в Тель-Авиве устраивающую нас квартиру. Ничего не поделаешь, Натания так Натания. И вот мы на месте в Натании (40 минут езды от Тель-Авива, если на дорогах нет пробок), в малюсенькой квартирке, которую на время любезно предоставила театру «Гешер» милейшая женщина по имени Рита.

Над нами сжалился друг моего детства Борис Поляк, который встречал нас в аэропорту, и увез к себе, в Нес-Цион — другой маленький городок в часе езды от Тель-Авива и часе езды от Натании. Так мы и прожили первую неделю абсорбции, на колесах, как бы в трех городах одновременно. Каждый день в пять утра (пока нет пробок) Борис отвозил нас сначала в Тель-Авив, где мы оформляли необходимые бумаги, получали деньги и занимались поисками квартиры. Ближе к вечеру он доставлял нас в Натанию — навестить родителей и больного Мишку, — и уже поздно ночью мы возвращались, опять-таки на Борисе, в его несционский гостеприимный дом, чтобы назавтра снова продолжить наше круговое движение.

Еще в Москве, заканчивая съемки фильма «Тень», в течение полугода до отъезда, я связывался с руководством «Гешера», подтверждал предстоящий приезд и настоятельно интересовался: не изменились ли их планы в отношении меня. Я нервничал, дергался, когда они исчезали, звонил моему несционскому другу, просил его связаться с «Гешером». Время торопило меня: приближался срок отъезда. Уже победно закончилась операция «Буря в пустыне», и Израиль зажил обычной мирной жизнью. До меня доходили слухи, что спектакль Евгения Арье «Розенкранц и Гильденстерн мертвы» с триумфом показан тель-авивско-иерусалимской публике, что по поводу этого русскоязычного спектакля (постановка шла в синхронном переводе) есть превосходная ивритская пресса и что, слава Богу, все идет даже лучше, чем ожидалось: поддержка общественности, помощь сионистского форума, властей. Одним словом, «Гешер» есть и пребудет дальше.

А я тем временем обрубал концы в России, распродавал вещи, давал интервью о предполагаемом переезде в Израиль и при этом находился в неуверенности, нужен ли я там. Откуда мне тогда было знать, что уже и Людмила Хмельницкая, которая, как сестра Натана Щаранского, немало сделала для возникновения и самого существования театра «Гешер», была почему-то отстранена от театра, да и дни старика Никулина в театре были сочтены? Он оказался вне «Гешера», предоставленный самому себе и собственной абсорбции...

Услышь я в Москве, что мой ожидаемый приезд в «Гешер» сопровождается шутками типа: «вот ужо приедет наша нетленка», — не думаю, чтобы я решился рубить канаты и поднимать якоря. Тогда я списывал отсутствие звонков, проявление невнимания на иракскую войну, на отсутствие денег, на невероятную занятость. В этом, безусловно, была часть правды — однако лишь часть. В чем мне, к сожалению, пришлось скоро убедиться.

Дело не в том, что меня не встретили, как положено, так сказать, не расстелили красную ковровую дорожку, не выпили со мной в день приезда рюмку водки, не в том даже, что — допускаю — будучи сверх меры заняты, не сочли нужным индивидуально побеседовать со мной сразу по приезде, — а в том, что мне почти сразу же стало ясно, что все мои заготовленные еще в Москве пьесы, поэтические композиции, моноспектакль по Бродскому оказались вне интересов руководства театра «Гешер». Когда я попал на собрание коллектива театра в самом начале моей недельной абсорбции, я впал в угнетенное состояние духа, выслушав два коротких доклада-сообщения Мальцева—Арье, и понял, что, во-первых, о моей режиссуре и речи не идет и, во-вторых, как актер я (как, впрочем, и другие) только «обязуюсь, обязуюсь и обязуюсь...» Мне было предложено в двухнедельный срок заменить артиста Бориса Аханова и начать свою актерскую карьеру в «Гешере» с ввода в «Розенкранца и Гильденстерна», так как Борис Аханов — в прошлом артист театра Русской драмы в Риге — оставил «Гешер», подписав контракт с ивритоязычным театром «Хан» в Иерусалиме.

Я сел и от руки переписал роль с режиссерского экземпляра, который мне вручила помощница Евгения Арье. Она же должна была и осуществить этот ввод.

Все происходящее со мной в эту первую неделю казалось мне сюрреалистическим и дурным сном! Все свалилось одновременно: жара, жизнь на колесах, эти министерства внутренних дел, бесконечные анкеты, процедуры, интервью русскоязычным газетам, когда в голове у меня был «сумбур вместо музыки», — и вот тут-то на моем пути возник змий-искуситель в облике некоего Юрия Хилькевича.

В нашем московском кинематографическом кругу знали одного Юрия Хилькевича — одесского режиссера, постановщика «Трех мушкетеров», «Опасных гастролей» и других боевиков. Поэтому когда за три дня до нашего отъезда из Москвы, в последние, уже судорожные дни раздался телефонный звонок и Юрий Хилькевич стал расспрашивать о моих делах и творческих планах, я объяснил одесскому кинорежиссеру, что в связи с моим отбытием в Израиль я, к сожалению, не могу даже выслушать его предложений.

— Зашиваюсь, Юра, извини — сам понимаешь.

— Так я про Израиль с тобой и говорю. Не съемки, а театр, не «Гешер», а тель-авивский Камерный, не по-русски, а на иврите: роль Тригорина в «Чайке» в постановке Бориса Морозова.

— Какой иврит? Какой Морозов? Какая, к черту, «Чайка» — о чем ты, Юра?! Ты Юра или не Юра? Хилькевич или не Хилькевич?

— Я — Юрий Хилькевич, в прошлом — замдиректора Малого театра, ныне работающий в дирекции тель-авивского государственного Камерного театра.

Разобравшись наконец во всей этой путанице, я рассмеялся:

— Юра, спасибо тебе, но, по-моему, все это абсурдно. Я в иврите ни в зуб ногой.

— Ну и что? — последовал спокойный ответ. — И Ирина Селезнева еще полгода назад была ни в зуб ногой. А сейчас играет моноспектакль на иврите и даже приз за исполнение роли получила, израильской звездой стала, а ты чем хуже? Кстати, она твоей партнершей, Ниной Заречной будет, и Боря Морозов очень рад твоему будущему участию в его израильской «Чайке».

Такой, стало быть, разговор еще в Москве состоялся. Разумеется, мне все это тогда показалось смешным и несерьезным. Я вежливо отказался от лестного предложения израильского гражданина Юрия Хилькевича. Поговорили — я и думать забыл. Но вот в Тель-Авиве змий-искуситель сразу же напомнил о себе и предложил мне вкусить от древа то ли добра, то ли зла — по сей день не разберу. Договор, предложенный мне Камерным, обеспечивал зарплату на год, всевозможные отчисления на пенсию и прочие материальные блага, показавшиеся мне, по сравнению с «Гешером», сказочными...

И вот я сижу в кабинете замдиректора Камерного, у человека по имени Ори Леви, и Юрий Хилькевич переводит мне с иврита условия договора. «Камерный театр обязуется, обязуется, обязуется...» Все это звучит как песня. Если б не одно, несколько смущающее меня обстоятельство: через какое-то время я должен буду изобразить писателя Тригорина на иврите и сделать вид, что понимаю, что говорю, если мне каким-то чудом и удастся выучить и выговорить на пугающем меня «ирокезском наречии» «текст слов» упомянутого господина.

Словно в гипнотическом сне, я подчинился воле Хилькевича, доверил ему вести на иврите переговоры с серьезным лысым израильтянином, неодобрительно поглядывавшим на меня через очки. Если я неожиданно встреваю с какой-нибудь русской репликой, почему-то мне постоянно слышится слово «мудак», обращенное Ори Леви явно в мой адрес, «Юра, а почему он меня мудаком называет?» — робко спрашиваю я, хотя, вероятнее всего, господин Леви был не так уж не прав — раз я вот-вот собираюсь подписать соблазнительный договор, который может обернуться для меня прямой погибелью и позором. «Вот уж тележку под меня подвели», — почему-то вспомнилась мне реплика из «Ревизора»...

Оказалось, что господин Леви вовсе и не думал оскорблять меня, так как, во-первых, слова «мудак» он, разумеется, не знал, а во-вторых, «муд'аг» на иврите означает «озабочен». Леви почувствовал мое «муд'агчество» и вполне доброжелательно хотел выяснить у Хилькевича, чем таким особенным озабочен этот сидящий перед ним русский артист.

А на самом деле, чем? Всего-то надо — выучить с помощью учителей, которых предоставит и оплатит Камерный театр, лишь одну, и не самую главную, роль в «Чайке», которая, надо полагать, не в новость русскому артисту. Три месяца до первой репетиции в театре — срок более чем достаточный, чтобы всю пьесу выучить наизусть, никаких других обязательств у артиста не будет... Ну, срепетировать и сыграть только останется; режиссер — русский, партнерша основная — русская. Акцент? — так и пьеса-то русская, простят, здесь не в новинку такое. Вся «Габима» с русским акцентом шпарила когда-то, но зато какие актеры были! Сердца потрясали! А этот, как его, Козаков, сидящий сейчас в кабинете, судя по рекомендациям, тоже был в России не из последних. Эмигранты его знают, даже те, кто лет двадцать назад приехал, помнят его, абонементы и билеты приобретут — прямая выгода, опять же «помощь руководства Камерного театра в абсорбции алии из России»... Ну а не выучит роль — тоже не беда, заменим, времени до премьеры предостаточно, с деньгами риск не велик, театр на дотации, и министерство абсорбции денег на «олима» выделит. Так чего он, собственно, «коль ках муд'аг», этот ваш протеже? Пусть подписывает хозе (договор) и не путает хозе с хазе (договор с женской грудью).

И протеже подписал-таки прельстительную бумагу. Змий-искуситель добился своего.

По обоюдному согласию, без скандалов и ссор, было покончено с «Гешером». На совмещение Арье не пошел, да и мне уже это было непросто — две роли на двух языках... Я, правда, честно предложил, но они отказались, полюбовно расстались, развелись, не поженившись. Помолвка расстроилась. По чьей вине? Абсорбция, едри ее в корень!

———————

Неблагодарное это занятие — описывать мое состояние, когда долбил я роль Тригорина на иврите. Да и стоит ли? Кому интересны все эти адские муки, припадки страха, бессонные ночи, истерики, депрессии и вся абсурдность и опасный авантюризм предпринятой затеи. Но когда теперь, спустя четыре года, я вспоминаю первые пять месяцев до премьеры « Чайки», именно эти чувства заполняют собой все пространство воспоминаний. Ни дивный просторный пентхаус на улице Баруха Спинозы, в двух шагах от театра, ни море в двенадцати минутах ходьбы от дома, ни все эти йогурты, сосиски, колбасы, сыры, торты и прочие гастрономические прелести, ни сигареты разных марок — кури-не-хочу! — ни кофе, с лимоном и без, ни разные сорта дешевой водки и пива, ни шмотки, ни даже все это детское питание — нет, не эти «радости» ассоциируются с этими первыми месяцами абсорбции.

Страх и паника, сонная одурь, когда сидишь за столом и долбишь, долбишь, долбишь; в сотый, тысячный раз переписываешь от руки транскрибированную по-русски роль Тригорина, а главное — тоска, Боже праведный, какая давящая тоска! И постоянный, бессмысленный вопрос себе самому: зачем все это? Кому это надо? Как это могло с тобой случиться?

Не знаю, испытали ли нечто подобное Ирина Селезнева, Борис Аханов, а потом и остальные актеры «Гешера», когда они переходили на иврит... Я испытал. И Боже сохрани меня посоветовать кому-либо еще из моих русских коллег повторить мой опыт. Как говорится, и врагу не пожелаю.

Тогда же, при долбежке пространных монологов Тригорина о превратностях писательской судьбы, мне пришла в голову такая сценка-метафора. Давайте представим, фантазировал я, объясняя мое состояние кому-либо из русских, что я знаменитый и многоопытный пианист. Меня спрашивают: «Вы могли бы выучить бетховенский концерт?» — «Конечно, — отвечаю я, — сколько времени вы мне дадите?» — «Три недели». — «Немного. Впрочем, я готов». — «Отлично. У вас есть своя скрипка или воспользуетесь нашей?» — «Позвольте, при чем тут скрипка?» — «Бетховенский концерт — скрипичный». — «Вы что, меня разыгрываете? Я пианист, понимаете, пианист!» — «Но вы же музыкант, и музыкант, как мы слышали, знаменитый. К тому же Бетховена уже исполняли». — «Ну и что? Сорок лет я бегал пальцами по клавиатуре — я в руках скрипки не держал!» — «Все новое для художника страшно интересно. Вам предстоит узнать еще не познанное! Это продлевает жизнь!» Тут-то и закавыка — продлевает или сокращает? Во всяком случае, не украшает — это уж точно.

Приведу лишь обрывочные записи из дневника лета 91-го года...

Четырнадцатое июля: «Я в стране ровно 18 дней. Знаю наизусть все пять тригоринских фраз из первого акта, где он молчит как рыба... но дальше его понесет монологами. Боже!»

Двадцать второе июля 91-го, 13 часов дня, после 12-го урока с учительницей Ларисой: «Что я знаю из роли? Пять первых фраз говорю почти свободно. Пытаюсь интонировать со смыслом, тогда забываю слова. Есть акцент. Если посмотреть оптимистично, то и всю громаду роли освоить, в принципе, можно. Мне ставят в пример Селезневу, между прочим, чисто русскую, приехавшую сюда с мужем-евреем, но она до своего моноспектакля на иврите как-никак проучилась в ульпане три или четыре месяца. Она моложе меня, как говорят евреи, "на субботу", несомненно, более способна к языкам и, конечно, целенаправленней, чем я. Я же показываю Хилькевичу и другим видеокассету "Тень", моноспектакль по Бродскому, веду деловые пока бесполезные разговоры про режиссерскую работу, прихалтуриваю русскими концертами (куда денешься — семья!), ищу выходы и опоры в новой стране, в которой я еще меньше месяца, к тому же, как это ни грустно, я лишен настоящего тыла и дома. Мы живем в роскошных условиях, в пентхаусе, но все это временно, в долг; это аванс, за который мы заплатим сполна, и расплата будет ужасной. Бедный, бедный Мишка-маленький! Главный мой страх — за него. Что делать и кто виноват? Виноват я — струсил и бежал из России в поисках лучшей жизни. Что делать?! Бороться, как Иаков».

Перечитываю дневник. Даже августовский путч в Москве 91-го для меня, в сущности, ничто в сравнении с неподдающимся абзацем роли на иврите! Выученная и произнесенная вслух без ошибок сцена с Аркадиной — победа не меньшая, чем победа демократов у Белого дома. Может, я наговариваю на себя ради красного словца? Нет, своя рубашка ближе к телу.

И хотя все мы читали газеты, смотрели телевизор, перезванивались друг с другом и связывались с Москвой, где у всех друзья, родственники, все происходившее там воспринималось мной уже «через здесь». Когда показывали «Лебединое озеро», я невольно думал о том, как же вовремя мы слиняли. Нет, в России в корне ничего не может измениться к лучшему, там всегда будет «неопределенность, зыбь, болото, вспышки дурных страстей. Это в лучшем случае. В худшем — фашизм», — прочел я потом у Юрия Нагибина. Нечто подобное думал и я. И в августе 91-го, и в октябре 93-го. Да что врать-то — увы! — продолжаю так думать все четыре с лишним года, когда смотрю новости из России по двум каналам телевидения.

Однако Бог милостив — тогда, в 91-м, единение народа, к нашей всеобщей радости, остановило танки путчистов, и я вновь вернулся к моим абзацам на ненавистном мне ивритском языке...

Как это у Чехова в «Чайке»? «Каждый пишет так, как он хочет и как может». А на иврите? «Коль эхад котев лефи рецоно укфи ехольто». Похоже, не правда ли?

Когда я услышал впервые тригоринскую реплику первого акта из уст моей учительницы Ларисы, у меня похолодело в животе.

— Записывайте!

— Как?

— Разумеется, русскими буквами.

— Лариса, с таким же успехом я могу сейчас записать звук проходящей за окном машины.

Однако записал, а потом и выучил наизусть все эти «зхует ха-адам» — права человека, «ха-иньяним нидгальгелю» — дела обернулись и «вэхулей, вэхулей, вэхулей» — и прочее, и прочее, и прочее...

«Ани эбадети чек дахуй» — я потерял отсроченный чек. Каково? Ну просто музыка для русского уха.

— Вам повезло, что вы должны играть Тригорина не на арабском, — сказала мне моя другая учительница, замечательная Бэллочка Хасман.

— А что, тот язык еще матерней?

— Во много раз! — утешила она меня.

Успокоенный таким образом, я продолжал записывать русскими буквами ивритские абзацы тригоринской речи. Составлял словари, выяснял у Бэллочки значение каждого слова, надиктовывал ивритский текст на магнитофон, снова учил, учил, учил, как попка-дурак повторял, повторял, повторял вслух сотни, тысячи раз одно и то же. Стал предметом раздражения моей жены, которой осточертела моя бубнежка, обозлил знакомых, насилуя каждого, кто мог проверить меня и помочь мне.

Даже бывая в Иерусалиме, в храме Гроба Господня, я не мог молиться, просто тихо ставил свечу. «Твоя молитва к Богу — твой текст на иврите», — сказал один мой знакомый. Я никогда не мог понять, как это, например, Зяма Гердт вел «Необыкновенный концерт» на всех языках мира, как умудрился Игорь Костолевский выучить роль на датском, Олег Янковский — сыграть во Франции роль на французском. Что же я — самый бездарный и бестолковый? Однако если зайца долго бить, то и он научится спички зажигать.

Четвертое октября 1991 года, когда в Камерном театре состоялась первая репетиция «Чайки», которую вел московский режиссер Борис Морозов, я выпалил весь текст роли Тригорина наизусть, да еще и с выражением. И тогда я удостоился первых моих в Израиле аплодисментов на иврите...

«Каждый пишет так, как он хочет и как может». «Каждый пишет, как он слышит, каждый пишет, как он дышит». Каждый дышит, как он может дышать, насколько ему дышится — привольно и естественно в той атмосфере, которой он окружен, которую он выбрал, в которую попал. Я попал в атмосферу израильского государственного Камерного театра. В центре Тель-Авива, на углу Дизенгофф и Фришман, стоит большое здание. Оно чем-то напоминает Пассаж. Там, на первом этаже, и размещены, как в Пассаже, магазины одежды, очков, компакт-дисков, книг. А на втором и выше находится Камерный, со всеми служебными помещениями, мастерскими, кассами, бухгалтериями, а главное, с роскошным залом на девятьсот с лишним мест. Есть гримерные, буфет, большой репетиционный зал, где иногда идут камерные спектакли, — именно там мне суждено будет поставить и сыграть «Любовника» Гарольда Пинтера, сначала на русском, а затем и на иврите. Но это потом, потом.

Еще в декабре 90-го, в свой первый приезд в Израиль, на фасаде Камерного я увидел витрину с рекламными фотографиями. Я тогда даже не знал, что он называется Камерный. Мы наш спектакль-концерт играли в подвальном театре «Габима», однако цветные рекламные фотографии на Фришман привлекли мое внимание. Подошел и стал разглядывать яркие «фотки»: плохо приклеенные парики и бороды, неестественные выражения лиц. Все преувеличено: улыбка — так до ушей, удивление — так брови у темени. Во всем что-то уже виденное на театральных фотографиях восточной провинции 40-х и 50-х годов где-нибудь в Ташкенте. Были и костюмы типа русских, отдаленно напоминающие чеховское время, тоже какие-то невсамделишные, актеры в них смотрелись ненатурально, и вся витрина — аляповатая, безвкусная.

Я не стал задумываться и пошел себе по своим делам. Но неприятное послевкусие осталось. Я не знал тогда, что Камерный уже возил в Москву один из рекламируемых на этой витрине спектаклей — «Шира» — по роману классика и лауреата Нобелевской премии Шая Агнона, поставленный режиссером Йорамом Фальком, с которым спустя еще два года мне придется столкнуться в работе над инсценировкой другого романа Шая Агнона — «Вчера, позавчера».

Но не будем опережать события. Полезней сейчас вспомнить впечатления от одного-единственного израильского спектакля, который мне удалось увидеть еще в Москве, до моей эмиграции в эту цветную и аляповатую витрину Камерного. Прославленная «Габима» показала в 89-м году в Москве два спектакля: «Закат» Бабеля в режиссуре гражданина Израиля Юрия Петровича Любимова и еще один, кажется, «Полосатый тигр», который мне удалось увидеть воочию в здании новой Таганки. «Тигр» показался мне скучным, средненьким спектаклем без актерских и режиссерских удач. Запомнился настоящий песок на сцене, по слухам, доставленный со Святой земли.

Помню в фойе Таганки израильских теле- и радиокорреспондентов, выискивающих популярные русские лица. Один — Йоси Таэор, говоривший по-русски, — обратился и ко мне, но я отвертелся и о своих впечатлениях промолчал. Потом, так уж случилось, я был на банкете в честь «Габимы». В еще не сгоревшем клубе ВТО на Горького мы устроили израильским актерам маленький прием.

Все это не стоило бы воспоминаний, если бы я не писал эту книгу, сидючи, в Тель-Авиве, пытаясь теперь разобраться в израильском менталитете и обстоятельствах, в которые меня угораздило вляпаться по самые уши. Мог ли я предположить, что артист, игравший в «Тигре» и чем-то отдаленно, чисто внешне, напоминающий нашего Рубена Николаевича Симонова, — один из самых-самых в Израиле — Йоси Банай, и что израильская пресса задаст спустя два-три года читателю вопрос: «Что бы вы подумали, если бы Йоси Банай решился бы в его возрасте и при занимаемом им положении уехать из Израиля и начать все с начала в другой стране? А вот господин Козаков именно так и поступил, переехав из России к нам в Израиль».

Да, вот как я умело распорядился своей актерской судьбой. Но тогда в Москве на всех этих приемах, банкетах я чувствовал себя еще самим собой и думать не думал об этих «лестных» параллелях с израильскими звездами первой величины. В несгоревшем, любимом актерском клубе в ВТО мы выпили с Йоси Банаем рюмку водки, и переводчик перевел ему мои ничего не значащие слова, объяснив, кто я такой, что, разумеется, ему было вполне безразлично...

Живя в Москве, я не был знаком с израильским искусством: я не видел ни одного фильма, не читал ни одной книги, переведенной с иврита, понятия не имел об израильской музыке, живописи, балете, опере, не читал ни одной израильской пьесы. Мало того, я не проявлял интереса ни к московскому театру «Шалом», ни к какому-либо другому еврейскому театру из советской провинции. Это не было проявлением снобизма, отнюдь. Услышь я от кого-нибудь, что спектакль «Шалома» талантлив и всерьез заслуживает внимания, я не преминул бы его посмотреть. Но таковых рекомендаций не поступало, и я предпочитал замечательную «Поминальную молитву» Марка Захарова в оформлении Шейнциса спектаклю на идиш.

Американский мюзикл «Скрипач на крыше» с Хаймом Тополем в роли Тевье — это да! Тевье — Ульянов — конечно! Слава Стржельчик в роли старика Соломона в пьесе Миллера «Цена» в БДТ — прекрасно! Сам поставил на телевидении в 89-м году «Случай в Виши» Артура Миллера и сыграл там еврея Ледюка, мечтал поставить «Блуждающие звезды» Шолом-Алейхема. И «семь сорок» в ресторане плясал, и «хава нагилу» — пожалуйста. Но что она означала, эта «хава нагила», понятия не имел. Впрочем, наверное, не один я.

Андрей Гончаров, узнав, что я уехал в Израиль, сказал: «Но это же просто смешно — как он там будет Тригорина играть на идиш?» Не только Андрей Александрович, думаю, и многие другие даже не догадываются, что в Израиле на идиш не только почти не играют, но общаются на нем лишь старики, которых становится, увы, все меньше и меньше. И хотя в Тель-Авиве есть площадь имени Михоэлса, но спросите прохожего: кто он, этот Михоэлс, — сомневаюсь, что прохожий сумеет дать вам правильный ответ. Ныне покойный Григорий Моисеевич Лямпе, приехав в Израиль, сокрушался, что прекрасный идиш и идишская культура в современном Израиле обречены на вымирание. Гриша еще успел поиграть на идиш в одном-единственном в Израиле идишском театре, где половина израильских актеров, не зная идиш, выучивают на нем роли точно так же, как мы на иврите.

Поразительная страна Израиль! Здесь можно прожить жизнь, не зная вообще ни одного языка, кроме своего родного, каким бы он ни был: румынским, русским, польским, французским. Об английском уже не говорю. Договоришься, разберешься как-нибудь. Всегда и всюду найдется кто-нибудь, кто знает твой язык и поможет, переведет. В ходу анекдот: «Какой язык в Израиле скоро будет объявлен вторым государственным? — Иврит». Имеется в виду, что первым станет русский. Каждый пятый в Израиле из России. Добрались мы и до театра, до Камерного в том числе. Юрий Хилькевич первый прорвал оборону, и вот в гримерном цехе, в пошивочной, в буфете за стойкой — везде родная русская речь. С появлением Селезневой и Морозова, Бэллы Хасман, переводчицы Бориса и моей училки, меня в «Чайке» великий и могучий зазвучал и в репетиционном зале национального Камерного, созданного когда-то в полемике с «русской» «Габимой». Вот уж правда: «нам нет преград ни в море, ни на суше, нам не страшны ни льды, ни облака!..»

Но это еще не все. Выяснилось, что некоторые израильские актеры Камерного театра разумеют нашу мову. Откуда? Оказалось, один из Болгарии, другой из Польши, третий из Румынии. Ну а вы-то, дорогой Натан Коган, откуда у вас такое блестящее владение русским? «Мишенька, голубчик, я знаю еще семь языков, а русский выучил в Баку, где провел несколько лет в далеком детстве, и ужасно рад, что теперь могу на нем с вами попрактиковаться. Ах, что это за язык!» И милейший, восьмидесятилетний старик что-то процитировал из Пушкина. Любимая его присказка, когда он ругает дирекцию Камерного: «Я положил на них дом, дачу и кое-что в придачу». Ну а уж «лэх кэбе-немат» — это знает каждый израильский школьник еще от своих предков, пионеров государства Израиль.

Так что еще вопрос, кому надо пожелать счастливой абсорбции. Когда же по театру разнесся слух о приезде на постановку Марка Захарова и Олега Шейнциса, мы услышали знакомое словосочетание, пока еще звучащее весьма беззлобно и шутливо: «русская мафия». Крестным отцом ее, разумеется, можно считать Юрия Хилькевича, который, видимо, не шутя решил устроить в Камерном русские сезоны, добиться успеха и стать в этом театре незаменимым руководителем. Я оказался — не скажу пешкой, но не более чем слоном в его шахматной партии...

———————

Спустя четыре с лишним года, прошедших с репетиций и премьеры морозовской «Чайки» в тель-авивском Камерном, я силюсь вспомнить что-то из происходившего тогда, достойное описания, напрягаюсь и — не могу! А ведь каждый готовящийся к показу спектакль, в том числе и наша «Чайка», — это споры, мучения, столкновения амбиций, самолюбий, искания, волнения. Разумеется, все это имело место быть и у нас. А что в результате? Морозовская «Чайка» добросовестно пересказала сюжет этой загадочной комедии Антон Палыча, все было более чем обычно культурно, грамотно, актеры произносили текст, плакали, кричали, ссорились на сцене, делали вид, что сгорают от страсти, и носили свои пиджаки и галстуки. Нина Заречная объявила, что станет великой актрисой, а Константин Гаврилович Треплев застрелился. Доктор Дорн попросил Тригорина увести Ирину Николаевну Аркадину. На премьере хлопали, русские бабушки принесли нам с Селезневой уйму красивых букетов. Борис Морозов выходил на поклон. Потом в театральном буфете отметили первый спектакль (официальная премьера в Израиле бывает спустя несколько спектаклей), выпили водки и вина из бумажных стаканчиков и разошлись по домам. Сыграли мы нашу «Чайку» всего 45 раз. И сезона не отлетала наша «Чайка»... Но в Израиле это не провал. Вот когда «Отелло» в «Габиме» прошел шесть раз и был снят —

это действительно провал. А ведь в нем были заняты два «народных артиста» Израиля — Йоси Поллак и Йоси Банай, уже появившийся на страницах моей книги. А что же тогда настоящий успех в Израиле? Когда все ломятся на спектакль, говорят о нем, очереди стоят ночами, рецензии во всех газетах, поздравления и зависть коллег?! Такого здесь не бывает. Я, по крайней мере, не видел ни разу, даже не слышал о чем-либо подобном. Зато время от времени возникают так называемые шлягеры (в иврите есть это слово, как и другое, русское — халтура, в привычном нам значении «приработок»).

Шлягер по-израильски — когда кроме зрителей по абонементам (система абонементов в драматическом театре — главная надежда и опора дирекции) люди покупают перед началом билеты по коммерческим ценам и заполняют зал. Если спектакль держится два, три и более сезона, он становится шлягером. Шлягер покупают другие города — Иерусалим, Беэр-Шева, Хайфа и включают в свои абонементы. Шлягер — это не обязательно хороший спектакль, скорее наоборот. Чудовищный спектакль Камерного «Проверяющий страны» по мотивам гоголевского «Ревизора» шел несколько сезонов и стал шлягером. Помню, что, когда я смотрел этот китч — сочетание самой дешевой эстрады и провинциальных хохм, сделанный как бы по сюжету Гоголя, перенесенному в наше время в маленький городок израильской провинции, — я испытал чувство жгучего стыда за то, что служу в таком театре. Но ведь местная пресса отнеслась к этой пошлости вполне доброжелательно.

Хотя кое-кто из участников этого шлягера не без стеснения смотрел мне в глаза за кулисами. А может, притворялись, делали лицо. Ведь спектакль-то как бы по русскому классику... Да суть не в Гоголе. Если такое становится шлягером — дело плохо. Я слышал, правда, об «Отверженных» (американский мюзикл режиссера Тревора Нанна), перенесенных в Тель-Авив помощником Тревора Нанна. Этот шлягер шел три года, дал Камерному фантастическую прибыль и был, если верить слухам, хорошим спектаклем. Не знаю, не видел.

Израиль не назовешь ни театральной Меккой, ни кинематографической державой. Балет, в нашем понимании, здесь не существует. Опера... В центре Тель-Авива недавно торжественно открылась оперная сцена в огромном роскошном модерновом здании-дворце. Первым спектаклем стал «Борис Годунов» с Паатой Барчуладзе. Дирижировал россиянин Марк Эрмлер. Постоянный дирижер, ватик, тоже выходец из России — Гарри Бертини. Хор, оркестр, дорогущие декорации, билетов на открытие не достать. Меня пригласил кто-то из русских музыкантов оркестра, и я сидел на самой верхотуре, откуда, правда, все было видно и слышно. Я впервые увидел в Израиле роскошно одетых дам и мужчин в смокингах. Признаться, я даже не предполагал, что такое возможно. По случаю открытия нового здания и премьеры в фойе бесплатно угощали шампанским. Присутствовали тогдашний мэр, по прозвищу Чич, Ицхак Рабин, Шимон Перес и многие другие важные лица. Поставил «Годунова» модный немецкий режиссер, получивший, по слухам, несметный гонорар. Тяжеловесный и неритмичный спектакль с диким количеством перестановок и антрактов тянулся и громыхал, как несмазанная телега по каменной дороге в горах. И хотя режиссура немца претендовала на модернизацию оперы Мусоргского, черно-белые декорации, костюмы, массовки, как на теперешних митингах в Москве, стражники, отдаленно напоминающие современных омоновцев, — все это не спасло спектакль от провала. Уже в первом антракте часть публики покинула театр, во втором — началось бегство. Ни Барчуладзе, ни другие, приглашенные из Англии и Америки прекрасные оперные голоса, ни полурусский-полуизраильский хор, ни хороший оркестр не изменили ситуацию и не уберегли великую оперу от неуспеха в Израиле. Уже наутро во всех газетах пресса единодушно ругала все и вся, в том числе и само здание много лет строившегося оперного театра. Однако билетов на «Годунова» и на следующий день было не достать.

В беседе с Эрмлером я спросил его: зачем было приглашать этого немца, когда в Израиле живет русский режиссер Юрий Петрович Любимов, у которого значительный опыт в оперном искусстве? Марк с грустью объяснил, что не только в Израиле, но и в Европе, по его мнению, дело с оперной режиссурой обстоит не блестяще. Чем руководствуется театр, приглашая режиссера, чаще всего модернистского толка и, как правило, с гомосексуальными наклонностями, — необъяснимо. Он заверил меня, что Израиль в этом смысле не исключение. Однако оперу здесь любят. Билетов не достать — и на хорошие, и на плохие спектакли. Поют, оформляют, ставят, как правило, гастролеры из других стран.

На драму в Израиле народ тоже ходит. Пока ходит. Дирекция «Габимы» и Камерного, двух государственных театров Тель-Авива, которые получают дотации от правительства, борются за продажу абонементов, тратят огромные деньги на рекламу в газетах, по радио, развешивают афиши и транспаранты по всему городу. Все упирается в проклятые «бабки». Все поверяется только ими. Они начало всему и конечная цель всего. Дирекция Камерного (про «Габиму» не ведаю) пытается выкачать деньги из американских евреев. Группу американских сионистов приводят в Камерный и устраивают им в Малом зале показы отрывков из спектаклей, убалтывают потенциальных спонсоров рассказами об истории Камерного, давят на все болевые точки, лишь бы те расщедрились и выписали чек.

Мы с Ириной Селезневой не раз были привлекаемы в качестве абсорбируемых, знаменитых в прошлом в России актеров театра и кино. Принимая участие в этой соковыжималке, играли из «Чайки», из «Любовника» на «хибре» — так американцы называют иврит. А в доказательство, что мы действительно русские, я читал что-нибудь из Пушкина или Пастернака.

Мой израильский Тригорин был сыгран честно, грамотно, на две-три реплики зал реагировал, даже смеялся, как и было мной рассчитано. В газетах меня особенно не ругали, скорее наоборот, отмечали приличный иврит, израильские коллеги после премьеры за кулисами поздравляли, как, впрочем, всегда поздравляют на премьерах. Словом, рубикон был перейден, большая роль на иврите была освоена. Обо мне даже сделали фильм, который показали по телевидению. В американской «Нью-Йорк таймс» появилась статья председателя сионистского форума израильтянина Натана Щаранского, в которой он трогательно изложил историю одной необычной абсорбции известного русского артиста, которого ему, Натану, ребенком довелось знать еще там, в России, — словом, все было бы чудненько и славненько, если бы...

Если бы я сам не знал всему истинную цену. В моих собственных глазах это была пиррова победа по многим причинам. Во-первых, какой ценой далась мне она? «И что, — думал я, — вот так бороться до конца жизни с ивритом?» Даже если я проживу в Израиле всю оставшуюся жизнь и каждый день буду учить иврит и совершенствоваться в нем, как это делает Ирина Селезнева, все равно он не станет для меня родным, мыслить на нем я никогда не сумею. Лишь язык матери способен создать чувственную связь между оттенком, теплотой слова, раскатом звуков, ритмом фразы и актером, человеком, произносящим текст роли на сцене. Этого-то не произойдет ни с кем из нас уже никогда! Ни со мной, ни с актерами «Гешера», ни даже с нашим флагманом Ириной Селезневой, проживи она тут хоть еще тысячу лет.

Мне скажут, что это пустое. В конце концов, какая разница, на каком языке играть? Да хоть на эсперанто! В театре много важней, что актер чувствует, как существует на сцене, как движется и каким образом это все сопряжено с режиссерской трактовкой, визуальным рядом спектакля и т. д. и т. п. И приведут десятки, сотни примеров, когда французский актер такой-то замечательно играл в американской ленте на английском, итальянская актриса такая-то потрясла своей игрой на французском. Да, да, тысячу раз да. Все это так. Но... Как это у Марины Цветаевой в эмигрантском стихотворении: «Тоска по родине. Давно разоблаченная морока... Не обольщусь и языком родным, его призывом млечным...» Вот именно — млечным. Молочным, материнским. Вот и ответ. Слово многозначно. А ведь именно оно и было в начале всех начал.

Марк Захаров, посмотревший «Чайку» в Камерном, сказал, что, когда он увидел нас с Селезневой, разговаривающих на иврите, он испытал нечто вроде шока. Зиновий Гердт зашел за кулисы. Я понял, что весь спектакль его раздражил, и Зяма едва нашел в себе силы поздравить меня с премьерой. Что ж, как это ни больно, я и сам знал всему цену. Строго судя других, я готов принять чужой суд. «И как вы хотите, чтобы с вами поступали люди, так и вы поступайте с ними».

Самым огорчительным для меня был не людской суд. Меня убивала бесперспективность всей затеи в принципе: до конца жизни играть на чужом языке в чужой эстетике чуждого мне театра. Как я ни гнал от себя все эти мысли, они не давали мне покоя ни днем ни ночью. На каком-нибудь двадцатом-тридцатом спектакле «Чайки», когда я уже весьма свободно произносил монологи Тригорина, обращенные к Нине, или вымаливал, требовал у Аркадиной дать мне свободу, отпустить меня, когда я уже почти не думал о словах, о правильности произношения и прочем, когда создавалась иллюзия, что я такой же актер, как и остальные участники «Чайки», когда я почти получал удовольствие от пребывания на сцене, стоило мне только, отыграв сцену, спуститься в гримерную и зайти в буфет, я вновь становился немым и беспомощным пожилым эмигрантом, который не знает, как спросить у костюмерши про забытый галстук или подтяжки.

Мне вспомнилось, что Сергей Юрский, вернувшийся из Парижа, где он с успехом принимал участие в спектакле на французском языке, на мой вопрос завистливого москвича, слегка подумав, ответил так:

— На сцене все было недурно, но за кулисами пошутить не с кем.

— Позволь, а как же тонкий французский юмор?

— Он, может, и тонкий, — ответил Сергей, — но французский.

О том, чтобы пошутить на иврите, и речи еще не шло. Тогда я еще не задумывался о пресловутом менталитете. Какое там... Понять бы, что от меня хочет сосед по гримерной или когда завтра выезд на спектакль в какой-нибудь Арад, чтобы не опоздать на явку. Я мог говорить только фразами из роли. Я даже боялся использовать уже известные мне по роли отдельные слова, вырывать их из текста. Вынешь кирпич, думал я, все здание рухнет. А сколько душевных мук, когда смотришь их спектакли! Мало того, что ничегошеньки не понимаешь, так даже подремать всласть не удается, в голове только одна маниакальная мысль: я даже так никогда не смогу! Никогда. Вот и спектакль посредственный, и актеры — не гении, и вообще — Нахичевань, а мне даже и так не дано сыграть. Эти темпы и легкость здесь не про меня.

А уж если спектакль был вдруг хороший, вроде «Гамлета», поставленного Риной Ерушальми на малой сцене, то я впадал в настоящую депрессию от сознания своей полной ничтожности и непригодности в новых, невыносимых для меня обстоятельствах. И снова, и снова: «За что?», «Кто виноват?», «Что делать?», «Как это могло случиться со мной?!» — как затертая пластинка, как неутихающая боль в затылке. «Как будто душу подгрызает мышь», и ни водка «Абсолют» или поступающая регулярно в банк зар-плата, ни чудное море и жизнь в пентхаусе, ни даже счаст-ливый вид улыбающегося маленького Мишки — хотя бы на короткое время, на час-другой, не более, не могли меня отвлечь от жутких постоянных мыслей, от этой умствен-ной жвачки одного и того же, что крутилось у меня в под-сознании, что, видать, было написано у меня на лице и раздражало моих близких. Что я с собой наделал? Когда это все началось? Когда я в 88-м году остался один и вновь женился и родился малыш? Когда испугался России? Ко-гда молчал телефон? Когда? И так по кругу, по кругу, по кругу, пока не забудешься тяжелым спасительным сном, а едва проснешься, откроешь глаза, сразу мысль: «Боже! Ну зачем я проснулся? Неужели опять все сначала?! Бедный, бедный Иов...» И хотелось бежать. Сбежать в мое прошлое и скрыться там навсегда,

И я сбегал туда: забрасывал все эти бесполезные заня-тия ивритом, не подходил к телефону, не включал телеви-зор, вызверялся на всех окружающих, отгораживался от них, даже от маленького сына, не обращал на него никако-го внимания, гнал его от себя, забирался в комнату, брал белые листы бумаги и смывался ото всех, а главное, от себя теперешнего в еще недавнее счастливое прошлое. В обозри-мую даль.

Писался «Растрепанный рассказ» о Самойлове запо-ем. И, признаться честно, сопровождался запоем. Ну, по-ложим, слово «запой» подразумевает нечто другое. Как когда-то шутил Аксенов: «С утра выпил — и целый день сво-боден». Нет, с утра я прибегал только к спасительному пиву, потом садился за стол и запойно писал, целый Божий день.

А дни стояли тогда и впрямь Божьи. Шел Песах — еврейская Пасха. Доносилось пение из соседней синагоги, а я сидел на балконе нашего пентхауза и, несмотря на все религиозные запреты, с упоением работал. Да и работал ли я? Можно ли назвать работой то, чем я занимался? Работа — это сидеть в ульпане и долбить иврит, чесать концерты по городам и весям, как той, необъятной, так и иной, величиной с подмосковный уезд, зарабатывая деньги для семьи. («Что будете делать завтра?» — «Осматривать Израиль». — «Ну, это понятно. А после обеда?») Работать — это выдавать на-гора уголь, строить дома, озеленять пустыню, сажать деревья, на худой конец — играть на сцене «Чайку» на иврите. А мои писания — не работа. Хобби. Кейф, кайф. Кеф, как произносят это слово на иврите. Бегство в себя от себя самого и от того, что окружает наяву. Побегу очень способствует отрадное похмелье, «осенней стужи друг» помогает, как выяснилось, и весной. Главное — не перебрать раньше времени. Вот ближе к ночи, когда уже отмарал страниц десять–пятнадцать, с чувством законной гордости можно приступить к возлияниям.

Мой театр и ульпан, где я уже грыз гранит науки, долбал «хибру» в компании еще сорока таких же, как я, олимхадашим, в Песах, слава Богу, закрыты. И несколько пасхальных дней я, презираемый моими близкими, расслаблялся. Пил и вспоминал, марал бумагу и пил. Однажды утром я не услышал звуков синагогального пения. Праздники закончились.

Ульпан. В восемь утра в классе сидят тридцать–сорок взрослых людей, чуть не сказал: разных национальностей. Национальность как бы одна, но люди, безусловно, разные: полный смешливый господин, похожий на актера Филиппа Нуаре — из Прованса; жгучая брюнетка, которая усердно перекатывает все с классной доски в свою тетрадь, молчит даже во время переменок и злится на русских, которые достают учительницу постоянными вопросами, —

из Аргентины. Клерку-американке легче: наша «мора» — учительница — знает английский, и они легко находят контакт. Среди великовозрастных учеников, сидящих за партами, как послушные школьники, попадаются и другие, знающие английский. А вот что делать тем, которые знают только русский или туркменский? Ведь наша мора ведет уроки исключительно на хибре. И не только наша. Таковы правила во всех израильских ульпанах. Исключений не бывает: умри — но пойми, что тебе втолковывает учительница! И она старается, как может. Это какой-то полугипнотический сеанс — все средства хороши, лишь бы эти переростки схватили суть и хоть что-нибудь запомнили. Мора пританцовывает, бьет в ладоши... Не урок — пантомима. Мел в ее руках, словно белая птичка, порхает по доске, «рыболовных крючков» и знаков прибавляется, прибавляется, в глазах рябит, пальцы, отвыкшие держать перо, деревенеют, глаза слипаются, голова не работает. Боже, когда же переменка?!

Высыпаем на переменку, пьем кофе, курим во дворе, Все почему-то друг с другом на «ты» — в иврите, как и в английском, нет «вы». Наш русский оле извлекает из изучаемого языка именно это правило и охотно переносит и использует его в родной русской речи.

— Миша, ты понял, чего она там в конце урока про прошедшее время объясняла? — достает меня вопросами словоохотливая парикмахерша Соня из Ростова-на-Дону, которая по возрасту годится мне в дочки. — Ты извини, что я на «ты», тут все так. Так что она там натараторила, Михаил?

Я пытаюсь, как могу, объяснить Соне из Ростова то немногое, что сам с трудом понял.

Меня окружают наши олимы. Они все еще не могут привыкнуть, что в их классе сидит известный немолодой актер, которого раньше у себя в Полтаве или Бендерах они видели исключительно по телику. Его-то в Израиль каким ветром задуло, чего ему в его Москве недоставало? Небось и машина, и дача...

— Миша, когда я еще в школе в пятом классе училась, мы с девчатами после «Амфибии» все спорили: кто красивей — ты или Коренев. Я тогда за тебя была. Наверно, чувствовала, что ты тоже еврей. А что Вертинская, сейчас в Париже живет? Я тут в русских газетах читала...

— Между прочим, мне лично Ельцин нравится меньше, чем Руцкой, — басит кто-то.

— А у Руцкого мать — еврейка. Он сам в интервью тут намекал. И в кипе у Стены плача сфотографировался. Я в газетах снимок видела.

— Политика это все. Когда они сюда приезжают, они все евреев любят, а там...

— Ну зачем ты, Саша? Я, между прочим, сама русская. У меня только муж еврей!

— Михаил Михайлович, извините, — обращается ко мне дама, скорее всего, моя ровесница. — А вы тут только на иврите будете играть или можно рассчитывать на спектакли и по-русски? Мы с мужем — москвичи, старые театралы. Помним вас в охлопковском «Гамлете» и «Двое на качелях» в «Современнике» помним. Бедный Евстигнеев! Как это с ним произошло?

— Миша, кто ставил по телику пьесу про евреев, где ты врача играл? Мы ее поглядели и твердо решили отваливать!

Речь шла о пьесе Артура Миллера «Случай в Виши», где я действительно играл врача-психиатра в телеспектакле, который сам и поставил. «Виши» часто вспоминают новые израильтяне в связи со своим решением отвалить на историческую родину. Стало быть, добавил я абсорбированных своей постановкой, увеличил население Израиля на какой-то малый процент,

— Товарищи, дайте артисту отдохнуть! Устроили, понимаешь, творческую встречу! Миш, ты с них шекели бери! Бэсэдер? — И все весело смеются. Смеюсь и я — куда денешься?

И снова «рыболовные крючки» мелом, и повторение хором новых слов, и дурацкие вопросы, и запись домашнего задания «со страницы 135 по страницу 144». Значит, еще и дома надо часа два-три помучиться над этой китайской грамотой. Наши пальчики устали, мы читали, мы писали... Ох, как же устали наши пальчики, наши бедные головки! Как болит поясница, а главное, душенька болит, нет ей, душеньке, покоя. Нет ей веселья и радости почему-то.

Бреду с ранцем домой жаркими улицами Тель-Авива, на витрины уже не смотрю, спрягаю на ходу глагол «ходить» — «лялехет». «Ани олех, ат олехет, анахну олхим, хем олхот». «Я иду по ковру, ты идешь, пока врешь, мы идем, пока врем, они идут, пока врут...»

— Михаил, извини, что отвлекаю, ты видел вчера по телику, как Валентин Гафт в новом фильме играл? Класс! Не видел? Посмотри, его, наверно, еще повторят! — догнал меня мой сосед по парте и пристроился прогуляться со мной до ближайшей автобусной остановки.

Да, хотел бы я посмотреть на Гафта или Квашу в моих предлагаемых обстоятельствах, в моем израильском телесериале. Но они-то в нем отказались играть, даже и не собирались! Умные, бля!

В каждом телесериале или фильме, если режиссер не мрачный мизантроп, зануда и комплексант, занятый лишь самим собой, расковыриванием своих ран и полагающий, что лишь его внутренний мир, строй мыслей и художественных образов и его взгляд на происходящее вокруг способны поразить публику, должны быть светлые, счастливые и смешные куски. Ну, хотя бы по закону контраста. Ведь жизнь, как известно, полосатая. Чего стоил бы великий Феллини без чувства юмора или сарказма? Бывают ли великие без юмора?

В моем невыдуманном израильском телесериале просто необходимы светлые сцены. Да их и не может не быть, хотя бы потому, что он документален.

Маленький Мишка — очарование, он блаженствует в нашем дворце, и я, глядя на него, испытываю настоящее счастье и полноту бытия. Этого никогда, что бы дальше ни произошло, не следует забывать.

И в то же время, как всегда, чувство поразительной грусти: ведь все это временно, но ведь и сама жизнь временна. Хотя бы ради этих счастливых мгновений стоило менять жизнь последних московских лет, полную тоски, несмотря даже на творческие радости, очень кратковременные к тому же.

«Чайка» сыграна. Сделан и показан по телевидению документальный фильм «Я должен играть» — обо мне. Сняли для России тележурнал, где я ведущий, читаю там хорошие стихи: Пушкин, Тарковский, много из Бродского. Сыграно два десятка литературно-драматических концертов. Лучшие — в Иерусалиме и Тель-Авиве — как по успеху, так и по публике (в основном москвичи, ленинградцы — интеллигенция). Возникало ощущение 60-х годов, как где-нибудь в Политехническом или ленинградском Дворце имени Первой пятилетки. Так вот где она, та, моя публика! А я в Москве думал, куда она подевалась.

Мной озвучены для России пять фильмов компании «Уорнер Бразерз», лучший среди которых «Садовник» («Будучи там»), где я озвучил самого Садовника. Показал с успехом мою «Тень» в разных городах Израиля. Заработал в несколько раз больше, чем все, что получил за постановку «Тени» на «Мосфильме».

Смотрю спектакли в «Габиме», в Камерном и русскоязычном «Гешере», который вот-вот перейдет на иврит. Из понравившихся — «Гамлет», эксперимент в малом зале на 80 человек, «Розенкранца и Гильденстерна» уже видел в Москве, подождем на иврите, остальные спектакли мне не нравятся. «Гешер» приступает к булгаковскому «Мольеру», пока на русском, поживем — увидим.

И люди, люди, люди, московские и здешние! Сколько гостей я уже принял у себя в пентхаусе, сколько интересных разговоров! Марк Захаров и Олег Шейнцис, Зиновий Гердт, Сережа Юрский с Наташей Теняковой, Лазарев с Немоляевой, Окуджава с женой, Саша Калягин с женой, Гундарева с Шакуровым, Юра Башмет, Валера Гергиев, Юрий Темирканов, Юлик Крелин, Илья Баскин и Людка Штерн из Штатов... С моим американским другом Рафиком Бароном ездил по стране: Вифлеем, Иерусалим, Мертвое море, бедуины, Кинерет, Назарет и прочее. Мой фотоальбом закончился, надо заводить новый. Ведь Израиль как бы шестнадцатая республика несуществующего Советского Союза. «Все флаги в гости будут к нам». И слава Богу, есть с кем почесать язык.

Что ж, разве первые восемь месяцев можно считать пустыми и безрадостными? Ведь за каждой, даже короткой записью — жизнь, взлеты и падения, радости и огорчения. Как сказано у моего любимого Арсюши Тарковского: «Жизнь хороша, особенно в конце».

Когда-то в «Литературной газете» я вычитал эпиграмму, приписываемую Пушкину. Разговаривают двое, юноша и старик.

Юноша: О независимость, ты друг, ты идол мой. Души богатство не возвысит. Что деньги?

Старик: Деньги что? От денег, милый мой, и независимость зависит!

Стремясь к независимости, как ни относительно это понятие, я в России, тогда еще в Советском Союзе, пытался ее достичь, вкалывая и крутясь волчком. Театр-кино-телевидение-радио. Главное: «нет больших ролей, есть маленькие ролики». Они-то, эти маленькие ролики, еще с незапамятных времен «Убийства на улице Данте» и «Человека-амфибии», выручали. Ноги в руки — и с творческими вечерами по городам и весям нашей необъятной. Вкупе с московскими гонорарами это и составляло в месяц в среднем рублей семьсот — сумму по тем временам приличную. Конечно, на эти заработки ни дачи, ни шубы или камушков для жены не купишь. Машины — тоже. Правда, если сильно экономить, не ходить в ресторан ВТО, не ездить время от времени отдыхать на Пицунду или в Пярну, не принимать гостей — на «москвичок» можно поднатужиться. А если еще при этом не строить кооперативную двухкомнатную квартиру и не платить алименты многочисленным женам! Однако страха не заработать вообще и помереть с голоду не было. Эти ролики и концерты от общества книголюбов, гонорары за фильмы и за озвучивание чужих картин («курочка по зернышку клюет») обеспечивали желанную независимость. «Независимость... Словечко-то ерундовое, но уж больно сама вещь хороша! » — как говаривал тот же Александр Сергеевич.

Подзаработав, можно было позволить себе поставить на телевидении «Фауста» или «Маскарад» за символический гонорар, а получив его, даже отправить целиком в помощь Чернобылю или приобрести путевку в Испанию и насладиться картинами Эль Греко, поглазеть на корриду. Словом, жили. Крутились, вертелись, вкалывали, каждый как мог. Однако было чувство этой пресловутой стабильности. И все в рамках своей профессии, я подчеркиваю — своей! А если еще народного СССР получить — к «Кремлевке» прикрепят, а потом и на Новодевичье свезут. На Ваганьковском уж точно место обеспечено.

И тут грянула перестройка, которую так долго мы ждали и готовили собственными руками. Обрушилась, как Берлинская стена, и под ее обломками оказались многие из тех, кто не чаял, что доживет до перемен. Ведь не всем дано открыть L-клуб на телевидении, торговать нефтью, покупать алмазы или продавать редкоземельные металлы. Не каждый актер или режиссер способен кланяться в ноги новым денежным тузам, пить с ними, развлекать за столом, паясничать, чтобы они расщедрились и отслюнявили отмытое на фильм, спектакль, телепередачу. Да и не на всё дадут! Кто платит, тот и музыку заказывает. В погоне за независимостью, в тайной надежде обеспечить ее, занимаясь только своей профессией — ничем иным более! — я и оставил свой дом на Ордынке, свою очень-очень малую родину.

А как живет израильский актер? Трудно. Так же крутится волчком, так же вкалывает: театр, радио, озвучание американских мультиков, халтура на ТВ, в кино... Лучше всего — у американцев сняться, если позовут, когда они что-нибудь снимают в Израиле. И реклама, реклама, реклама! Везде, где придется, вожделенная реклама, за которую платят по вышке. Молодежь, особенно студенты, подхалтуривают официантами, нянчат чужих малюток, устраиваются как кто может. Это израильтяне, с детства говорящие на иврите, для них и английский — не проблема. А мы? Нам-то без иврита и зверушку не озвучить. У нас остается только великий и могучий. Не улицы же мести, в самом деле, или офисы сторожить! Правда, я встречал здесь актеров из России, из бывшего Союза, которые работали и охранниками, и помещения убирали.

Летом 1991 года вновь прибывшие русские перепиливали свои скрипки, виолончели и контрабасы на всех центральных улицах и площадях Тель-Авива, дудели в трубы и плакались саксофонами, шпарили на гармошках, раздували мехи аккордеонов, пели под гитару. В старом Яффо одна дама играла на арфе. Не город — музыкальный фестиваль. Лишь избранные играли в оркестрах и пели в оперном хоре. Правда, этих избранных было довольно много: в маленьком Израиле любят симфоническую музыку, и каждый более или менее уважающий себя город содержит свой оркестр. Наши собирались в трио и квартеты, организовывались в ансамбли скрипачей, устраивались в музыкальные школы, давали частные уроки. Хочешь жить — умей вертеться.

Разумеется, я не веду речь о музыкальных именах вроде скрипача Венгерова. Хотя, скажем, лауреат многих премий Владимир Бак не нашел себя в Израиле и через год, оставив историческую, двинулся дальше, в Америку. Да и замечательные музыканты и педагоги, московские консерваторцы, пианистка Дина Иоффе и ее муж, скрипач Михаил Вайман, с очень талантливым и перспективным пианистом-сыном, предпочли Англию или Японию Земле обетованной, где у них была работа по профессии. Почему предпочли? Это уже другой разговор.

А почему валит из Израиля коренной израильтянин? Почему молодой паренек, всерьез мечтающий посвятить себя кинематографу, уезжает учиться в Америку в надежде остаться там? Ведь в израильском университете есть кафедра кино, есть даже маленькая киношкола. А сколько израильтян трудится в Голливуде, ставит спектакли в Германии или Австрии. Из четырех с лишним миллионов жителей около миллиона израильтян живут за границей. Как я слышал, очень любят свою родину, свой дом... Но предпочитают жить в Штатах. Поди пойми...

Что, только презренный металл? Не думаю. Дело в том, что молодой стране было не до искусства. Были дела в тысячу, в миллион раз поважнее театра и кино. Это понимает каждый ребенок. Каждый израильтянин вправе гордиться своей маленькой, но грандиозной страной. И он гордится ею: строит, благоустраивает, озеленяет и защищает. А кино?.. Что ж, более чем достаточно того ослепительного, что предлагает рынок, от Феллини и Бергмана до Стива Спилберга и Никиты Михалкова. Мои студенты расспрашивали меня об Андрее Тарковском. Кое-кто видел что-то еще, «Москва слезам не верит», «Такси-блюз». Но, разумеется, на израильском рынке русское кино не лидирует. Как и местное, израильское. Телевидение? Здесь хороши только детские передачи. Целый канал отдан детям. Есть свои любимцы среди телеведущих и у взрослых — но это, как правило, ток-шоу, приперченное музыкой.

О шоу-бизнесе говорить и писать неохота. Шоу-бизнес — он, видать, и в Африке шоу-бизнес. Побеседуем о театре. Он наш кормилец и поилец, только там можно — пусть и с чудовищным акцентом — что-то изображать на чужом языке и получать зарплату. В Камерном и «Габиме» — регулярно, в «Гешере» — увы, не всегда. Мне зачли 34 года работы в России и присвоили 12-ю категорию, в переводе на русский — первую. Не высшую, но вполне почетную. Если играешь 20–25 спектаклей в месяц, зарабатываешь около двух тысяч долларов. Звучит красиво для русского уха, не так ли? А на самом деле, учитывая, что Израиль довольно дорогая страна, совсем не так уж много. И потом, 25 спектаклей в месяц сыграть почти не удается. Для этого надо участвовать в шлягере или быть занятым в нескольких спектаклях одновременно. Мне сие пока не удавалось в силу многих обстоятельств — и в силу многих причин, думаю, не удастся, Ну не хочу я играть что попало, в чем попало и у кого попало! Ну хоть убей меня. Можно убежать из страны, но от себя-то не убежишь... Был одиноким волком, таким и сдохну.

Побегал я почти в массовке в «Ричарде III», поставленном режиссером Омри Ницаном, в ролях всех католических священников одновременно, поучаствовал сразу в двух больших ролях двух раввинов в спектакле Йорама Фалька «Вчера, позавчера» по роману Шая Агнона и сказал себе: «Хватит, Миша, достаточно! Если ты ехал в Израиль, чтобы угодить в сумасшедший дом, — считай, что ты уже почти достиг желаемого».

71

Мне доводилось играть в России в разных театрах и разных спектаклях, большие и очень маленькие роли. В том числе и в молодом «Современнике». Да ведь и я тогда был молод, и «Современник» существовал по студийным законам. Мы с Галей Волчек не то чтобы гордились, но особого унижения не испытывали, когда выезжали на фурках в спектакле Бориса Львова-Анохина «Старшая сестра» и в качестве членов приемной комиссии решали судьбу володинской Нади Резаевой, произнося наш нехитрый текст из двух-трех реплик. А на следующий день Лиля Толмачева — Надя Резаева — отплясывала безмолвную фрейлину в «Голом короле», где у меня была роль. А еще раньше я переиграл всех воров, алкашей, цыган и вредителей в комедии Николая Погодина о Беломорско-Балтийском канале. Я даже в «Гамлете» поначалу играл не только самого принца Датского, но и стражника, когда Гамлетом был Е. В. Самойлов. И через это пришлось пройти в школе Охлопкова.

С тех пор минуло почти сорок лет. Согласитесь, непросто пожилому артисту, который мог бы в Москве претендовать на роль самого Ричарда III, произносить свои скромные реплики на иврите, облачившись сначала в сутану, а потом — в солдатской униформе — участвовать в массовке, даже если это обеспечивает постоянную зарплату в полутвердой валюте и отчисления на пенсию! Ох, непросто. Сознание же того, что «Ричард III» в Камерном — помпезное и бессмысленное зрелище, к тому же слизанное с какого-то английского модернового спектакля (израильские режиссеры не прочь лишний раз съездить в Англию или воспользоваться видеокассетой), тоже профессиональной гордости не прибавляло. Однако смирял себя, учил иврит в ульпане, за кулисами, практиковался в театральном буфете, в гримерках, надеялся на будущее и регулярно получал зарплату. Будущее обернулось двумя раввинами в спектакле по Шаю Агнону, и вот тогда я действительно запел Лазаря!

Представьте себе, что вы иностранец, прибыли в Россию из Эстонии и вам предстоит выучить сразу две роли, не на русском даже, а на старославянском. Или освоить текст Андрея Белого, или вологодскую речь Василия Белова, или кого-то еще... Вы, эстонский или датский актер, в стране всего полтора года, начали учить русский только по приезде, а вам дают монологи деда Щукаря или притчи из «Прощания с Матерой» Валентина Распутина. Представили? О'кей. Бэсэдер.

Вы освоили и это. Ура! Вы приходите на репетицию с выученным текстом и попадаете в кружок художественной самодеятельности имени Клары Цеткин при жэке номер пять. Я не преувеличиваю ни на йоту. Я преуменьшаю. Мне приходилось участвовать в очень слабых спектаклях, ужасных спектаклях и, соответственно, плохо в них играть, испытывая ощущение жгучего стыда. Софроновский «Человек в отставке» в режиссуре Дудина, охлопковский маразм — «День остановить нельзя», ефремовские «Большевики», эфросовская «Дорога», дунаевские «Не от мира сего», панфиловский «Гамлет»; кажется, я вспомнил самое ужасное, что случалось со мной за сорок лет моего пребывания на святых подмостках — так вот, все это заоблачная высь по сравнению с режиссурой Йорама Фалька!

Три месяца репетиций продолжался этот сладкий кошмар. Декорации, костюмы, множество действующих лиц — и у каждого зарплата, — музыка, рабочие сцены, дикое количество париков, бород, усов, фотореклама в аляповатой витрине, в газетах, по радио, — все, все коту под хвост. Спектакль, проданный по абонементам, прошел всего 19 раз и тихо сошел со сцены. Даже не провалился, а так тихо-тихо, сопровождаемый сопением и похрапыванием дремлющей в зале публики (уже на втором спектакле зал был заполнен на три четверти, а дальше и того меньше), без скандалов, без разносов в газетах спектакль исчез, растаял в тель-авивской жаре, ушел в песок. Два моих личных раввина, две моих личных бороды, две пары пейсов списаны за ненадобностью. Это был один из моих самых счастливых дней в Израиле! Избавление от участия в этом позоре, сделанном из философской и, судя по всему, хорошей книги лауреата Нобелевской премии Шая Агнона «Вчера, позавчера», в которой идет речь о первой алии, о таких, как мы, только много лет назад.

В спектакле играли ведущие актеры Камерного: «народный артист Израиля» Йоси Ядин, талантливые молодые, мы с Ириной Селезневой, она — главную женскую, я — две достаточно большие роли. Никакой Лоренс Оливье, Михаил Чехов или Сальвини, попади они в этот спектакль, не спасли бы положения, так что уж говорить о нас, грешных. Позор кончился. Однако постоянного заработка я лишился.

Так как же в Израиле делать деньги? Ведь семью-то надо кормить и жить где-то тоже надо, в съемной или своей квартире, и одеваться, и лекарства покупать, да и гостей принять тоже хочется. Вот тут-то на помощь приходит прошлое. Полжизни ты работаешь на имя, оставшуюся половину имя работает на тебя, даже в чужой стране.

В Израиле банковская система. Банков много, один из них — «Дисконт». Все заинтересованы в клиентуре, все рекламируют себя. В «Дисконте» есть специальный рекламный отдел, с офисом и штатом. Когда грянула наша многочисленная алия, потенциальной клиентуры прибавилось. Ее только надо умело привлечь. И «Дисконт» развернул мощную рекламную кампанию; там прослышали, что самыми популярными людьми у многотысячной алии из России слывут диктор телевидения Марина Бурцева и артист Михаил Козаков. И, разумеется, нас с Мариной вовлекли в рекламную кампанию. Так я заработал свои первые и, надо сказать, приличные деньги в новой стране. Заработал, не скрою, легко — легче не бывает. Всего лишь один день рекламных съемок у себя в пентхаусе: я, я с женой и сыном, я с сыном, я с женой. И запестрели в газетах, на полиэтиленовых пакетах, на афишных тумбах размноженные тысячными тиражами идиллические картинки. «Я выбираю банк "Дисконт"!» — просто и ясно. Уже выбрал. И вам, дорогие соотечественники, того же желаю. Не пожалеете! А чего жалеть-то, мне, во всяком случае? Гонорар за рекламу составил мою годичную зарплату в Камерном театре. Я работал всего один день... и всю предыдущую жизнь.

Судьба со мной щедро рассчиталась, вернула недоплаченное ранее в твердой валюте. Среди банков я выбрал «Дисконт», среди многочисленных сортов кофе отдал предпочтение фирме «Элит». Реклама, как говорят, возымела действие даже в России. А я за один съемочный день получил гонорар, во много раз превысивший гонорар за двухсерийный фильм «Покровские ворота». Судьба расплачивалась по векселям.

Приближались выборы. Партия «Авода», возглавляемая Ицхаком Рабином, решила повалить на обе лопатки дискредитировавший себя «Ликуд» Шамира и Ко. Долго стоящая у власти партия «Ликуд» осточертела не только израильтянам. «Ликуд» не смог справиться с хлынувшим многотысячным потоком из Союза. Люди жили в караванах — в вагончиках, стоящих на жаре, в полях и предгорьях, без работы, в жутких условиях. Изобретение ликудовца генерала Шарона напоминало бараки сталинских времен. И никакие исторические ссылки на пионеров репатриации из России 20-х годов, которые жили в тысячу раз хуже и не жаловались (что чистая правда!), никакие уговоры про временность такого расселения и обещания не устраивали нашу «колбасную» алию. Заманили — и бросили. Кормите обещаниями о светлом будущем! Довольно! Это мы уже проходили в совке!

Алия абсорбировалась трудно. Рабочих мест не хватало. «Рабин — это перемены! Рабин — это мир! Рабин —

это колбаса!» И «Ликуд» рухнул. Я лично подложил взрывчатку и сам нажал на кнопку механизма, выступив в рекламном ролике по израильскому телевидению, которое смотрела тогда вся страна. Десять минут моего эффектного выступления — текст его был коллективно сочинён и тщательно продуман заранее — стал последней гирькой. Чаша весов «Аводы» взлетела вверх, Рабин победил, а Шамир потерпел сокрушительное поражение.

Почему Жуков выиграл войну? Почему рухнула Берлинская стена? Почему Ельцин победил путчистов? Почему Кутузов разгромил Наполеона? «Когда созрело яблоко и падает, отчего оно падает? Оттого ли, что тяготеет к земле? Оттого ли, что засыхает стержень? Оттого ли, что сушится солнцем, что тяжелеет, что ветер стрясает его? Оттого ли, что стоящему внизу мальчику хочется съесть его? Ничто не причина. Все это только совпадение тех условий, при которых совершается всякое жизненное органическое стихийное событие» (Лев Николаевич Толстой, «Война и мир»).

В истории падения «Ликуда» и победы «Аводы» я и был этим мальчиком, который слегка потряс дерево. Потом я сам читал в газетах, что мое телевизионное выступление обеспечило «Аводе» перевес в четыре решающих мандата в кнессете. Мой старый друг юности Шура Ширвиндт в своей книге «Былое без дум» с присущим ему остроумием заметил: «Козаков уехал в Израиль и сменил там, не зная языка, все руководство страны. И это он сделал в трезвом уме и в твердой памяти. А если, не дай Бог, он сорвется и напьется, то моментально присоединит к Израилю Иорданию, а Голанские высоты — с безумных глаз — отдаст Голландии». Александр Анатольевич преувеличивает мои скромные заслуги в политическом процессе на Ближнем Востоке, однако, разразившись блестящим пассажем в мой адрес, в главном прав: в трезвом уме и твердой памяти. Ум у меня действительно трезвый, и моя израильская «Память» меня вполне устраивает.

Напиться мне, правда, пришлось. И как тут было не напиться, в дни всенародных гуляний по случаю победы, к которой я имел некоторое отношение? Мое прошлое, наработанное годами имя обеспечили мне право и возможность говорить, обращаясь к многотысячной аудитории. Я сказал то, что сказал, и сегодня об этом ни секунды не жалею. В своей массе алия стала жить много лучше. Да и не только алия. Рабинские перемены коснулись всех. Не станем преувеличивать и впадать в эйфорию, проблем много, иногда кажется, что они вообще неразрешимы на Ближнем Востоке, изначально неразрешимы. Как, впрочем, в Югославии, в России, как во всем мире. Апокалипсис... Он наступает не одномоментно, он происходит во времени, и кто знает, не в нашем ли уже. Сказал же Бродский, что, возможно, мы живем в эпоху постхристианства. Страшно звучит, по крайней мере для человека христианской культуры. Однако живем, пока живем и даже радуемся иногда.

Вот и я, порадовавшись победе Рабина, сорвался и выпил. Судьба щедро оплатила мне еще один вексель, и я смог внести взнос на оплату уже собственной тель-авивской квартиры. На один актерский заработок квартиры в Тель-Авиве не купишь, а бесплатных квартир и дачных участков здесь артистам не раздают. Даже если они очень популярны, остроумны и «вась-вась» с властями. Здесь нужно делать деньги. Правда, желательно в рамках своей прямой профессии, но иногда приходится изменять этому золотому правилу. Однажды изменил и я. Что поделаешь, слаб человек. Опять же семья, детки малые.

Почти сразу по приезде я раскрутил концертную деятельность. В моей башке много поэтических программ. В России они были моим капиталом, который я наживал годами и трудами. Так я полагал. И вдруг выяснилось, что у меня вместо капитала, вместо денег — белые бумажки, вроде тех, что подбросил Воланд и на которые ничего нельзя приобрести. Поэтические программы, от Державина до Бродского, от Пушкина до Самойлова, все эти бесчисленные композиции, литературные монтажи, басни Крылова и блюзы Хьюза никому, кроме меня самого и иногда моих друзей, оказались не нужны. Все эти концерты от общества книголюбов, филармонические концерты в Библиотеке Ленина, в Политехническом, где бы то ни было еще, накрылись медным тазом! Сменилась эпоха, и под ее останками было погребено, как это называлось встарь, «искусство художественного слова». Произошло не вдруг — просто горбачевское детище, перестройка, как огнедышащая ракетная турбина, придала всем процессам космическое ускорение.

Публичное исполнение стихов и прозы, которому когда-то еще Гоголь предсказывал в России невиданный расцвет («мы ведь привыкли все делать сообща», — писал он), в последние десять лет и так дышало на ладан. Ни Юрский с прозой Зощенко, ни я с поэзией Самойлова, ни Алиса Фрейндлих с Цветаевой, ни Алла Демидова с Ахматовой спроса уже не имели. Того спроса, что когда-то был на Яхонтова, Качалова, Журавлева, Антона Шварца и на сотни гораздо менее известных и мастеровитых.

Однажды я спросил Окуджаву:« Как ты полагаешь. Булат, если бы ты не пел, а только читал свои стихи, ты, Володя или Саша, вам удалось бы стать окуджавами, высоцкими, галичами?» «Разумеется, нет», — ответил он. Вопрос был задан, конечно, риторический. Барды потеснили на эстраде не только чтецов поэзии, но и самих поэтов. А актеров-эстрадников обошли писатели-сатирики Жванецкий, Александр Иванов, Задорнов, с портфелями и без, — заполнили собой все средства массовой информации. Они стали собирать стадионы. Юрскому — исполнителю Жванецкого — стадион во сне не снился. Даже Хазанову в последнее время стало слабо. Филиппенко с рассказами Зощенко уже просто деваться некуда, а мне со стихами Бродского надо вообще помалкивать.

А тут во всю мощь хлынул видеоклиповый поток, лавина шоу-бизнеса, уже не сдерживаемая никакими плотинами и заслонами. Обрушилась Ниагарским водопадом. И «закружились бесы разны, словно листья в ноябре! Сколько их?» Все это запело на разные голоса, затанцевало, задергалось, обнажилось до причинных мест спереди и сзади, заголубело до посинения... Казалось, вся матушка Расея сорвалась с цепи! Да что там — от финских хладных скал до пламенной Колхиды сплошная вакханалия: пэтэушники, лимитчики и лимитчицы, офицерские жены и генеральские золовки, министры и министерши, шахтерки и шахтеры, шулера и шулерихи, дети всех народов бывшего Союза. Последнее, что их объединило, — приступ меломании!

Моей наивной иллюзии, что евреи все-таки хоть чем-то отличаются от других, суждено было рассеяться, как дым от сигареты «Мальборо». Наша алия — всего лишь скол бывшего Советского Союза. Да и ватики, и сионисты, и правозащитники сюда тоже не из Кембриджей и Сорбонн приехали. У нас тут, как в Греции, все есть. Все. Даже свои антисемиты, свои Гайдары и Жириновские, свои новые русские. Попадаются и любители изящной словесности.

Бродский считал, что настоящих любителей поэзии в мире всего один процент. Если судить по нашей израильской публике, он прав. Этот процент и впрямь любит поэзию и театр, покупает на последние гроши дорогие книги, эти чудаки и чудачки приобретают билеты на концерты Юрия Башмета, Исаака Перельмана, несут цветы Булату Окуджаве и Сергею Юрскому. Они слушали «Реквием» Ахматовой и «Золотого петушка» в моем исполнении, интересовались моей книгой «Рисунки на песке», волновались, когда я лежал в больнице. Но все тот же, один-единственный процент. Собственно, так и должно быть. Так во всем мире. Помню, когда-то давно в Англии мне рассказали, что знаменитый театральный актер Майкл Редгрейв читает с эстрады английскую поэзию. У него большой успех. В зале присутствовало на концерте аж... 120 человек. Но мы-то, русские, к такому успеху были непривычны. Я помню времена, когда Дмитрий Николаевич Журавлев читал «Даму с собачкой» в переполненных залах на 500–600 человек. Что ж, теперь и мы приблизились к западным стандартам. И глядишь, станем первыми, как всегда и во всем.

Сегодня в Израиле русский фестиваль нон-стоп. Легче назвать того, кто еще здесь не побывал. Откройте русскоязычную газету, и вы прочтете, что одновременно в один день в крошечной стране минимум пять-шесть гастролеров, эстрадных коллективов или спектаклей из России. Все — от Майи Плисецкой до Кашпировского. Группа «На-На» и Владимир Спиваков, Ширвиндт–Державин и колдун Огнев. Все, что есть в России, есть у нас. Все флаги бывшего совка — здесь. Или будут здесь.

На русском рынке Израиля толкучка. «Кинотавр» и КВН, «Любэ» и Киркоров, Вознесенский–Евтушенко–Ахмадулина. Все это на семьсот тысяч русскоязычных. Хорошо, на миллион! Даже если все парализованные старики и вновь народившиеся малютки, все бухарские евреи и когда-то принявшие иудаизм русские крестьяне и крестьянки в деревенских платочках купят билеты, то и тогда спрос не покроет предложения.

Вопрос на засыпку: что делать, скажем, народному артисту РСФСР Валентину Никулину с его литературной программой на этом русскоязычном рынке, на этом нашем восточном базаре, изобилующем российскими яствами? Удавиться? Уехать обратно в Россию? Пить мертвую? Выучить иврит и тем самым удрать с русского рынка, с этого непрекращающегося фестиваля? С русскоязычным населением не более чем в городе Сочи?!

Как русскому актеру выжить в Израиле? Да не в Израиле, в совке! Попали мы из совка в совок, со всеми вытекающими отсюда последствиями. На русскоязычном радио РЭКА работают, естественно, русские. В основном из города Баку. Все мои предложения почитать там стихи, прозу, разыграть что-нибудь — нет, не для денег даже (сто шекелей не деньги, сегодня пачка сигарет 9 шекелей стоит), а так, в кайф, — звучат для них наивно. Они на РЭКА используют эфирное время грамотно. За скрытую рекламу надо платить «под столом», как говорят в Израиле, «в лапу», как было принято говорить в совке. В этом берут от местных импресарио «под столом в лапу» и лишь тогда делают радиоинтервью с приехавшим из того совка популярным гастролером.

Время — деньги, эфирное время — хорошие деньги. Работа непыльная. То же в русскоязычных газетах: статья заказывается, за нее платят. Поддержать своих? На словах — да! На деле — а не пошел бы ты, свой, подальше! Да и кто тут кому свой? Все свои, родные, совковые.

Но, несмотря ни на что, мы успели сделать и прокатать два спектакля по-русски для русских. Точнее, три. Первый — в рамках Камерного — «Любовник» Гарольда Пинтера, так сказать, пробный камень. Скромные декорации, два актера — Ирина Селезнева и я, музыка. Эта пьеса — самая, на мой взгляд, демократичная из пьес Пинтера. Когда играли один из премьерных спектаклей в помещении театра «Бейт Ционей Америка», был аншлаг. Спектакль смотрел приехавший из Москвы Олег Янковский. Он заметил: «Имеешь успех. Успех в городе Сочи». Что ж, прав мой друг.

Катали спектакль по городам Израиля сначала по-русски, потом уже перешли на иврит. Стоили мы Камерному недорого, спектакль принес прибыль. Ободренные успехом, решили продолжать. И я поставил пьесу немца Пауля Барца «Возможная встреча», уже в рамках «Русской антрепризы Михаила Козакова».

Были и радости, были! «Чествование!» Бернарда Слейда на русском языке. В городе Реховоте, где институт Вайцмана, зал на 700 мест — переаншлаг. В зале хорошо одетая публика, как в Москве на шикарной премьере. Продаются отличные программки с цветными портретами артистов и сценами из спектаклей моей «Русской антрепризы». Все очень чинно. После спектакля — разъезд публики на своих автомобилях. Этот разъезд чем-то напомнил разъезд на машинах в «шашечку» с зелеными огоньками на площади Маяковского, когда мы в старом здании «Современника» ночью сыграли общественный просмотр спектакля «Двое на качелях» в 1963 году. Напомнил и интеллигентной публикой, и количеством машин, а главное, атмосферой и успехом.

Спектакли «Русской антрепризы» мы играли по всему Израилю. Не всегда бывало как в Реховоте, но в целом — удачно. Иногда чувствовали себя полноценными актерами, творцами, как когда-то в Москве, в спокойной ночной Москве, где можно было отпраздновать успех в несгоревшем ресторане ВТО, а потом поймать такси и поехать допивать к кому-нибудь, не боясь быть ограбленным по дороге или изувеченным в подъезде собственного дома.

Мы даже возили оба спектакля в зарубежную Латвию и с успехом играли там в Рижском театре русской драмы. Но вот беда — по скольку раз мы сыграли каждый из этих спектаклей? Для Израиля много — по сорок раз. «Процент» был охвачен. Остальные 99 процентов предпочли, естественно, Филиппа Киркорова или Аллу Борисовну Пугачеву.

«Но ведь в России тоже самое», — скажет мне кто-то. Но Россия чуть больше русскоязычного Израиля, и «процент» там, соответственно, весомей, чем здесь. Опять же спонсоры.

А мы с женой ставим спектакли на свои собственные деньги. Сначала занимаем, потом отдаем, отчаянно рискуем. Если успех — мы даже получаем доход, очень небольшой. Новый спектакль на эти деньги не поставишь. На новый нужно опять занимать. Словом, сказка про белого бычка.

И зритель наш избаловался. Тут тебе и «Современник» — привезли спектакли «Крутой маршрут» и «Трудные люди», декорации, все как в Москве, весь актерский состав, массовка, звезды. Какой-то московский банк вложил в эти гастроли сто тысяч долларов, местный импресарио ничем не рисковал. А дальше пошло-поехало: Ленком, БДТ, Комиссаржевка, Сатира. Куда мы, местные, рядом?

И я снова стал перед неразрешимой задачей: как в рамках своей профессии сделать в Израиле деньги? Как зарабатывать, попросту говоря, оставаясь самим собой, занимаясь своей профессией, хорошо бы еще и с удовольствием при этом, как когда-то, в благословенные 70-е! Полные залы, нарядная публика, успех, цветы и сумма прописью. Хотя всяко бывало.

———

«Если выпало в империи родиться, лучше жить в глухой провинции, у моря». Прошли годы, и живу я теперь у моря, между прочим, у Средиземного. Моя израильская аудитория в середине этого стиха после вышеприведенной строки смеется и хлопает. А вот не лучше ли всем нам было жить в той империи (по крайней мере, мне), где ЦДЛ, Политехнический, «Современник»? Ведь не всегда же я мотался по сахалинам! «У вас есть ностальгия?» — задал мне вопрос Андрей Караулов в телеинтервью. «Безусловно, по прошлому, по молодости, по той России, где "что пройдет, то будет мило", даже если тебя обманула жизнь или ты сам, по собственной глупости, в ней обманулся, вольно или невольно».

Познай самого себя... Всю жизнь пытаюсь. Всю жизнь задаюсь вопросом — кто я? О тебе думают и говорят разное, ну а ты сам-то, столь строго судящий людей, ты-то кто? Наверное, поэтому я столько графоманил, вел дневники, пытался остановить мгновения и осмыслить их.

Наградой за труд мне всегда была возможность новой работы. Я в этом смысле владимовский Верный Руслан, для которого высшей наградой за службу была сама служба. Меня в равной степени в актерстве интересовали театр, кино, телевидение, эстрада. В режиссуре — телетеатр. Чтение вслух поэзии — для меня «и труд, и мука, и отрада». Тут реализуются мои музыкальные склонности, чтение стихов — музицирование.

Главная черта характера? Склонность к рефлексии. На каждый вопрос нет однозначного ответа. Ненавижу безапелляционность и упертость в ведении спора, люблю пластичное мышление и обсуждение в разговоре. Если собеседник не вовсе дурак или подлец, всегда интересно выслушать и вникнуть в противоположное мнение, может быть, оттого, что я — Весы.

Люблю своих детей. Они полагают — недостаточно. Наверное, правы. К женщинам поостыл. Глаз ценит — сам спокоен. Люблю, с каждым днем все больше, свой дом. К деньгам отношусь, в общем-то, равнодушно — были бы. Но страсти к накопительству нет. Теперь иногда страх за будущее.

Граждански и художнически считаю себя человеком смелым и резким. Но испытываю страх перед физической болью, поэтому, увы, смелым, бесстрашным себя назвать не могу.

Верую в Бога, но в церковь хожу не часто, хотя иногда испытываю настоящую потребность, и тогда — иду.

Отца любил нежнее, чем мать. Может быть, оттого, что по характеру слишком похож на нее. Любимое кладбище — где отец. Матерью всегда восхищался и поражался ее силе. Я — слабак рядом с нею, нытик и зануда. На родителей, мою няню, бабу Катю, повезло, тут я вполне счастливый человек. В друзьях тоже счастлив.

Люблю золотую осень. Я не игрок, не спортсмен, не охотник, не рыболов, не грибник. Без города, телефона скучаю. Вот, пожалуй, главное о себе.

Значит, ни деньги, ни секс, ни власть — эти три кита — не про меня. Тогда что же? Искусство? Это было бы слишком красиво. Честолюбие и тщеславие? Вот оно. А бывают ли актеры не честолюбивы? Тщеславие с годами уходит — я имею в виду мелкое тщеславие. Суетное тщеславие, худший его вид, мне вообще не было свойственно. А с годами и не мелкое стало исчезать. Это в молодости, когда тебе 22–23 года, приятно, к примеру, что шепчут твою фамилию вслед, потом к этому привыкаешь, и это становится безразличным. Но вот вопрос: а если бы это ушло совсем и на тебя бы вообще перестали обращать внимание? Не стало бы тревожно? Да, такая уж у нас профессия, древнейшая. Первая, вторая, третья... К чему эти мелочные счеты?

Честолюбие? Тут тоже не все так просто. Все эти звания... Им цена — две копейки — ведро. Пресса? Критика? — с этим тоже все ясно. Меня не интересует мнение евнухов о любви. О мировом серьезном признании ни один наш актер всерьез мечтать не может. Что же остается? Самоиспытание. Эксперимент, мнение друзей, уважение публики. Значит, работа. Об этом я уже кратко высказался выше: Верный Руслан.

Актер — не профессия. Актер — это диагноз. Актер зациклен на себе. Он — как женщина, которая беспрерывно смотрится в зеркало и примеряет платья. Это идет, а это не очень. В этом я буду привлекательна, а это отложим до официальных визитов. Ведь женщина хочет нравиться. Актер тоже. Он должен нравиться публике, его должны полюбить. Женщинам-актрисам вдвойне тяжко, они мучительно переживают старение, ищут переходно-возрастные роли. Не всем это удается. Некоторые бросают профессию и скрываются от посторонних глаз, предпочитая остаться легендой. Грета Гарбо, Брижит Бардо. Иные бьются до конца, прибегают ко всевозможным подтяжкам лица, к супердиете, занимаются аэробикой и балетным станком. Кокетничают возрастом: мне 60, а хоть девочку играй!

Диагноз. В какой-то мере это относится и к мужчинам. Не от этого ли многие из нас хватаются за режиссуру и педагогику, идут в министры, теперь в политики. Кто-то пьет мертвую, прибегает к наркотикам, кто-то безобразно жрет. Даже великие: Марлон Брандо, например. Некоторые ищут спасения в Боге, в церкви. Да мало ли!

Я пытаюсь спастись тем, что пишу. Это заменяет мне психоаналитика. На Западе, да и в Израиле, актеры, даже студенты, часто прибегают к помощи врачей. Мы не привычны к этим «западным штучкам», да и какой доктор сможет понять и разобраться в нашей актерской психологии! Мы сами психологи и выполняем их функции на сцене. По крайней мере, должны, призваны выполнять. И те, кому это вполне удается, счастливы своей профессией до конца жизни. Им никакой возраст не страшен.

Игорь Ильинский играл на сцене, пока его ноги носили. Сослепу не мог найти выход за кулису. А играл! Умереть на сцене... Легендарным Добронравову, Хмелеву, Миронову это удалось вполне. Но во сто крат важнее для мыслящего актера, для того же Добронравова, Евгения Леонова, или Жени Евстигнеева, или Андрюши Миронова, или того же Даля, играть на сцене, быть, жить на сцене! Для чего? Ради чего? Ради успеха? Конечно. Но не только. Была у каждого из них своя сверх-сверхзадача. Они не просто играли, они рассказывали про что-то свое, им одним ведомое. Они чувствовали, знали, что это «ихнее» может стать общим, по крайней мере, в России, у россиян. Они знали болевые точки своей публики. Они знали, что ее может рассмешить, что может заставить плакать, как заставить ее задуматься, как дать ей по морде, как потом утешить и примирить с жизнью. Это, по Константину Сергеевичу Станиславскому, и есть сверх-сверхзадача спектакля, роли и искусства вообще. Это относится к реализму, декадансу, символизму, модернизму, постмодерну. К любому «изму» и любому жанру, к любому времени и политическому строю. Разумеется, если мы ведем речь об искусстве, а не о конъюнктуре.

И абстрактная живопись, и додекафонная музыка, и искусство для искусства — если оно искусство, существуя в полемике с чем-то иным, преследует свою сверх-сверхзадачу и в конечном итоге использует те же болевые точки публики и, фраппируя, шокируя ее, все равно стремится к катарсису. У всех видов, жанров искусств есть некие общие законы. И непременным условием при достижении контакта с публикой — а не к этому ли стремится так или иначе любой художник, даже самый элитарный, самый независимый от толпы, презирающий любое мнение, повторяющий вслед за Пушкиным: «Ты — царь, живи один!» — так вот, с нашей точки зрения, необходимым условием для этого контакта, для участия в процессе, является общая мифология. Одни и те же мифы у художника и его зрителя.

Разумеется, есть нечто общечеловеческое, что объединяет японца с финном, индуса с негром, араба с чукчей. И все-таки, когда Евгений Леонов играл еврея Тевье в спектакле Марка Захарова в Москве конца 80-х — игра великого русского актера, весь спектакль задевал, заставлял плакать и смеяться, думать и сопереживать, развлекал и доставлял чисто эстетическое удовольствие потому, что был поставлен и шел именно в Москве конца 80-х.

В начале спектакля Евгений Павлович Леонов выходил на сцену Лейкома в джинсах и картузе, на руке часы, долго смотрел в зал, где сидели мы, его многолетние зрители, знавшие даже, что он недавно еле выкарабкался с того света и вернулся почти «оттуда»... И актер предлагал нам помолиться. И мы все — и знавшие его лично, и незнакомые ему, и вообще в первый раз видевшие его — знали, про что, за что и почему Леонов, Горин и Захаров предлагают нам, православным и евреям, коммунистам и демократам, пьяницам и гомосексуалистам, помолиться в Москве конца 80-х.

У нас было о чем вместе вспомнить, когда мы смотрели «Поминальную молитву» в Ленкоме, о чем подумать вместе с театром, у нас позади были одни мифы, одно историческое прошлое. Каждый из сидящих в зале мог по-разному относиться к прошлому, по-своему его оценивать — но общая мифология нас так или иначе объединяла. Мы, разумеется, о ней не думали. Мы смеялись, глядя на отличную игру Саши Абдулова или Севы Ларионова, восторгались изяществом и остроумием, с которыми были поставлены еврейские танцы, затихали, слушая звук православного пения, балдели от красоты декораций и костюмов, задавались вопросом, как это Захарову удалось поднять на сцену живую белую лошадь, — словом, мы были непосредственной и простодушной публикой, которая купила билеты и пришла в Ленком получить удовольствие и развлечься. Даже отвлечься от мерзости и проблем повседневной жизни.

Театр это знал, учитывал наши эстетические интересы и наш опыт, соответствовал нашим зрительским потребностям. Но театр знал также и что-то другое — наши болевые точки, угадывал наши подспудные мысли и затаенные тревоги. Театр был с нами. Он и был нами. А мы были с ним, с Евгением Леоновым, с его Тевье, и готовы были помолиться вместе с ним за покидающих Россию евреев, за остающихся в ней русских, за то, чтобы Господь — еврейский, русский, какая разница! — спас нас от общей и неотвратимо надвигающейся на мир катастрофы — от конца света.

Вот в чем был — не побоюсь этого слова — пафос захаровского спектакля. И он достигал цели. Все то же, скрупулезно перенесенное тем же Захаровым и Шейнцисом в тель-авивский Камерный, как это ни печально, прозвучало здесь совершенно по-другому: вызвало недоумение, неприятие, а порой и возмущение не только критики, не только части зрителей, но и самих актеров, занятых в спектакле «Молитва».

Тут настала очередь впасть в недоумение мне. За четыре с лишним года израильской жизни я не видел спектакля даже приближающегося к уровню захаровского. Ни лучшие спектакли «Гешера», ни «Гамлет» Рины Ерушальми на малой сцене Камерного, ни спектакли в «Габиме» драматурга и режиссера Ханока Левина (самой сенсационной личности театрального Израиля), ни даже гастроли англичан не идут ни в какое сравнение с постановкой Марка Захарова. Исключением, как всегда, представляются спектакли Питера Брука.

Конечно же, в Камерном нет актера масштаба не только Леонова, но даже Всеволода Ларионова. Разумеется, Александр Абдулов во много раз органичней и выразительней актера, игравшего в Камерном ту же роль в его рисунке. И все-таки Захарову удалось создать ансамбль, привести актеров двух театров (спектакль был совместной продукцией Камерного с хайфским Драматическим) к единому знаменателю, объединить стилем и заставить работать на полную катушку. Мало этого, тель-авивская «Тфила» («Молитва» — эпитет «поминальная» выпал) была в чем-то щедрее московской. Массовка больше, живой оркестр, живой хор пел православные мотивы. Бывшие солисты балета Москвы, Киева и Баку отплясывали в хореографии Аллы Сигаловой не хуже драматических артистов Ленкома. Олег Шейнцис, добросовестно и ответственно работая, добился на сцене Камерного отличного выполнения декораций, костюмов, световая партитура была превосходна. И белая живая лошадь, и натуральное сено, и маленькие дети — все было. И переполненный премьерный зал...

План Юрия Хилькевича, план «Барбаросса», должен был сработать на все сто и, однако, обернулся наполеоновским Бородином. Победа оказалась поражением. Спектакль прошел 75 раз и сошел. В чем тут дело. Об этом стоит задуматься. Временно отбросим в сторону дороговизну спектакля (каждый подъем занавеса влетал в копеечку), дорогие билеты публика покупать вскоре перестала. Почему? Ведь три года тот же зритель раскошеливался на «Отверженных» Тревора Нанна! И спектакль принес Камерному фантастический доход. И все-таки дело не в дороговизне. «Отверженные» тоже были очень дорогим спектаклем.

Пьеса? Горинский «Тевье» — одна из лучших инсценировок этого романа. Почему же этот спектакль не только не нашел дороги к сердцам зрителей, как это было в Москве, но оставил зал холодным, равнодушным, а какую-то его часть раздражил и даже возмутил? «Запад есть Запад, Восток есть Восток, и им сойтись нельзя, пока не придут на Страшный суд Небо и Земля», — как писал Киплинг? Но кто Запад, кто Восток — в нашем случае решить сложно. Но мысли сие не отменяет. Менталитет, мифы, опыт — все разное. Отношение к политике, религии, к самому Богу, наконец, другое!

В израильских декорациях Шейнцис и Захаров, вняв советам и уговорам, убрали только одну деталь: белый силуэт православной церкви с золотящимися маковками.

Снег падал в пустом черном проеме, где должна была, как и в Москве, в Ленкоме, красоваться маленькая белая красавица с золоченым крестом.

Не в символике суть. Не в ней проблема. Разные болевые точки у еврея из Москвы и еврея, предки которого из Египта или Марокко. Или даже из Польши. Все другое. Сантимент другой. Современному израильскому зрителю не знакомо, что такое чемоданное настроение и грусть расставания как отъезжающих, так и остающихся. Ну не понимают они, что нарушается экология в стране исхода! Плевать им на это! Из Израиля сегодня никто не исходит, слава Богу, кроме тех же русских, устремляющихся дальше, в Америку, Канаду или Австралию в поисках счастья. И израильтяне едут в ту же Америку поработать и живут там без всяких особых комплексов. И экология в Израиле почему-то не нарушается. Демография? Это серьезно. Поэтому встречают с радостью, во всяком случае поначалу, многотысячную русскую алию.

Другие мифы, другие болевые точки. Даже чувство юмора иное. Вспомните Юрского с его парижским наблюдением: «За кулисами и пошутить не с кем...» За кулисами еще ладно, а на сцене? Израильтянин другому смеется.

«Разве у еврея нет рук, внутренних органов, частей тела, чувств, привязанностей, страстей? Разве не та же самая пища питает его, не то же оружие ранит его, не те же болезни поражают его, не те же средства лечат его, не так же знобит зима, не так же греет лето, что и христианина? Когда нас колют, разве из нас не течет кровь? Когда нас щекочут, разве мы не смеемся? Когда нас отравляют, разве мы не умираем?» — вопрошает шекспировский Шейлок.

Если пощекотать — да, все смеются. Но галутский юмор, танцы на идиш, к тому же в русской хореографии, — это нечто совсем иное.

Молиться вместе с православным священником зритель-израильтянин не желает. Он и вообще-то в массе своей не слишком религиозен. Да, да, не удивляйтесь. В стране, где на первый взгляд столько «пейсатых», особенно в Иерусалиме, где десятки религиозных праздников, где по шабатам на улицах пусто и не работает транспорт (добирайся как хочешь), где блюдут кошер даже в ресторанах и самолетах, и так далее и тому подобное, — полно людей, скептически относящихся не только к любой, но в том числе к иудейской религии. Страшно сказать — к самому Создателю! В Израиле, где слово «Бог» грешно произнести или написать, где используют, говоря о Всевышнем, десятки слов, в само Его существование верят лишь носящие кипу. Левая интеллигенция, к которой принадлежат и актеры, как правило, склонна к атеизму, иногда даже «воинствующему». Они иронизируют, вступают в политическую борьбу с партией верующих — в Израиле есть и такая политическая партия. Актриса, превосходно сыгравшая Голду, жену Тевье, сказала мне:

— Я не полюбила этот спектакль.

— Почему? — недоумевал я. — Вы превосходно в нем играли!

— Спасибо за комплимент. Более того, господин Захаров настоял, чтобы именно я играла эту роль. И был мной доволен. С моей стороны, наверное, неблагодарно так говорить, но я не любила играть в этом спектакле.

— Почему? Почему? — восклицал я. Мы заспорили.

— Вы не любите Шолом-Алейхема? Вы читали книгу? Разумеется, она читала на иврите.

— Хорошая книга. А вот спектакль не полюбила.

— А фильм с Тополем? Американский фильм с Хаймом Тополем, где он сыграл Тевье?

— Это другое дело — мюзикл.

— Что ж, нельзя играть в другом жанре?

— Можно, — ответила она. — Но не так.

Мы бились час, чтобы хотя бы понять друг друга. Поняли. Разные мы. Я, к примеру, в поисках Бога, она нет, я романтик, мой сантимент ей чужд; и сантимент Захарова, и Горина тоже. У нас с ней разные болевые точки, разный человеческий опыт, разные взгляды на мир. Хочу заметить, что мы с ней в отличных отношениях и очень симпатизируем друг другу. Она хорошая актриса, добрый человек, ей нравится русская литература, Толстой, Чехов, фильм Никиты Михалкова «Механическое пианино», даже я в роли Тригорина. А вот «Молитву» она не любит и не принимает. В нашем понимании — не понимает.

Мне скажут: что ты зациклился именно на этом спектакле? И в Москве неповально все принимают искусство Захарова и пьесу Горина. Верно. Однако даже не принимают по-другому, даже ругают за другое и по другим причинам — как эстетическим, так и смысловым. Вряд ли кто-нибудь из ленкомовских актеров в Москве заподозрит своего художественного руководителя в антисемитизме. А актер, игравший Менахема Менделя в Израиле, считает, что Захаров и Горин — концептуальные антисемиты. Абсурд. Но это обсуждалось в ивритских газетах. Поразительно! В то же время на сцене Камерного идет «Венецианский купец» Шекспира. Когда-то в Москве я мечтал сыграть Шейлока, но как быть с антисемитским звучанием этой великой пьесы? Опасность быть истолкованным именно так, безусловно, существует. Недаром английские газеты упрекали в подобном спектакль с участием еврея Дастина Хоффмана. Не удалось Хоффману избежать антисемитских мотивов в комедии Шекспира, как он ни старался. Не удалось. А вот в Израиле на сцене Национального Камерного идет «Венецианский купец», и злодей Шейлок в кипе требует кусок христианского мяса. Зал простодушно радуется и хлопает, когда побеждает добро, а порок в лице жида — Шейлока наказан. И никаких проблем! Газеты даже не обсуждали концепцию, просто обсуждать было нечего — не было никакой концепции. Ну может быть, режиссер Омри Ницан слегка поиронизировал и над христианами, мол, тоже всего лишь люди, не ангелы во плоти, один гомик, другой развратник, но не более того. Не напрягся режиссер в преодолении, в переосмыслении. Не постарался. Рассказал сюжет в пышных декорациях и костюмах, с музыкой и прочее. Никаких упреков прессы в антисемитизме, как в захаровском случае, не было.

Над разным плачем, по-разному смеемся. Хотя все евреи, все равноправные граждане государства Израиль, все хотим одного — сделать хороший спектакль, но мы — актеры и режиссеры из России — здесь, в Израиле, всегда будем блуждать в потемках. Нам не дано узнать их болевые точки. Не просто умом понимать их проблемы, а пупком чувствовать то, что чувствуют они и их зрители. Хоть тресни, этого не может произойти с нами, ни с одним, как ни старайся, как ни напрягайся, хоть кипу надень, хоть израильскую драматургию ставь.

Ты можешь добиться успеха, тебя будут хвалить все газеты, ты можешь получить национальную премию и поехать от Израиля на международный фестиваль, тебя сделают национальным героем, ты будешь знать иврит, как русский, ты станешь богатым, купишь виллу и вывесишь на ней израильский флаг — но ты никогда не запоешь, как птица. У тебя другое мироощущение, данное тебе от рождения. Ты будешь лишь вычислять, искать путь и ориентиры в потемках. Ты — актер, режиссер, творец — лишен свободного дыхания. Словом, «жить будете, петь — никогда».

...Мне резонно возразят: а театр «Гешер», который, перейдя на иврит, стал, по утверждению многих газет, лучшим израильским театром? Наконец, есть же и общечеловеческое. Вообще у театра свой язык, язык театра. Верно. Но есть некая граница.

Вы можете вычислить, как поставить спектакль «Идиот» Достоевского для израильтян, и иметь шумный успех.

Но вы, русский художник, приспосабливаете Достоевского к ивритскому менталитету. Вы учитываете при этом, что может быть им близко, понятно, от чего нужно отказаться, инсценируя религиозно-философское сочинение русского классика. Вы вольно или невольно адаптируете роман и адаптируетесь сами. Вы создаете некий комикс. Не так ли и в России? Разве Товстоногов, Юрий Еремин в Театре Армии, Вахтанговский театр, Иван Пырьев в кино не поступали точно так же? Спектакль «Идиот» Евгения Арье вполне можно поставить в ряд названных мной. Если иметь в виду чистое ремесло — безусловно. Духовно — по большому счету, конечно же, нет. Христианская идея Достоевского, глубина и подоплека романа не интересовали Арье хотя бы потому, что он ставил спектакль в расчете на израильского зрителя. И тогда упрощались даже слова. У Ганечки Иволгина оказывалось не «опрокинутое», а просто «кислое» лицо. Может быть, дело в переводе? Но, предположим, приличный перевод комедии Шварца «Голый король» у вас в кармане. «Ах, король, ах, умница!» — грозит пальцем первый министр (так и хочется дописать: Игорь Кваша) королю (и вновь дописать — блистательному Евстигнееву), желая польстить, подластиться к диктатору из сказки Андерсена — Шварца. Как это объяснить моим израильским студентам? Вообще-то крайне просто. И они это легко схватывают. И вот спектакль. Ты ждешь на эту реплику смеха в зале? Напрасно. Это у русского зрителя в генах и российское самодержавие, и Ленин со Сталиным, и Хрущев с Брежневым. А тут...

У них тут свои проблемы, своя историческая память, свои ассоциации. Ромео и Джульетта? Монтекки-израильтяне и Капулетти-арабы? Им ближе. Нам дальше.

Русскоязычный зритель, даже выучивший иврит, не любит, как правило, израильский театр. Как ни стараются абсорбироваться, образоваться, узнать и полюбить его.

Чем больше узнают, тем меньше любят. Даже русские ватики, которым долгие годы просто ничего другого не оставалось, как ходить в Камерный или «Габиму», сегодня предпочитают ивритоязычный «Гешер», угадывая в нем что-то свое, родное, или переориентируются на спектакли, привозимые из России.

Впрочем, русские ватики заслуживают отдельного разговора.

Памятуя наше правило, постараемся избежать обобщений: все русские, все евреи, все олимы, все ватики... Поколения делятся не по горизонтали, а по вертикали. За умным идет умный, за дураком дурак, за подлецом подлец, за порядочным — порядочный. Наша «колбасная» алия неоднородна. Неоднородны и «поднявшиеся» 70-х годов. Я дружен с некоторыми репатриантами тех лет. Среди них есть замечательные ученые, лингвисты, врачи, юристы, музыканты. Просто прекрасные люди. Из художественной интеллигенции по крайней мере два имени громко звучали в Союзе: музыканта Рудольфа Баршая и кинорежиссера Михаила Калика. Баршай получил здесь оркестр. Но недолго музыка играла. Уехал из Израиля. Миша Калик живет в Иерусалиме по сей день.

История с Мишей мне представляется драматичной. Прекрасный, тонкий режиссер, автор знаменитых картин «Человек идет за солнцем», «До свидания, мальчики», «Любить» — мужественный человек, правозащитник, отсидевший в тюрьме. Человек кристальной души. Он мечтал, живя в России, снять «Палату номер шесть», бился, бодался, но лбом стены не прошибешь. Снял телефильм по пьесе Миллера «Цена», где старика Соломона играл Лев Наумович Свердлин, — положили на полку. Калик был одним из самых идейных, убежденных сторонников репатриации, борцом.

Встречали его в Израиле с почетом. Мы в Союзе жадно собирали информацию о Михаиле Калике, слушали разные «голоса». Как-никак он был первым крупным режиссером, отвалившим за бугор. Слух: Калик снимает «Мальву». Не Шолом-Алейхема, не Бабеля, не Фейхтвангера — Горького! Стоило ли уезжать, чтобы ставить основоположника соцреализма? Захоти — ему и в совке бы никто не отказал. Поставил. «Мальва» настоящего успеха не имела. И Калик вынужденно замолчал на долгие годы. Он работал, преподавал, снимал короткометражки, фильмы для телевидения, жил в Иерусалиме, вырастил двоих прекрасных детей. Но большое кино ему, серьезному режиссеру, удалось снять только во времена горбачевской перестройки опять-таки в России. Фильм получился хороший, с ним режиссер побывал на многих мировых фестивалях, был удостоен премий. Но если не ошибаюсь, и деньги на фильм Калик нашел в основном в России. В израильском прокате его фильма пока не было. Может, еще появится? Сомневаюсь. Случай весьма показательный. Я уже где-то обмолвился, что Израиль трудно причислить к кинодержавам. Национального кинематографа в серьезном понимании здесь нет и быть, к сожалению, не может. Четыре, ну пусть пять миллионов жителей страны, понимающие на иврите, — не киноаудитория, способная вернуть деньги, потраченные на фильм. Вернуть можно, но и бюджет фильма не должен превышать одного миллиона долларов. Снять можно и за меньшие деньги, но какой это будет фильм? Исключения бывают, но редко. А конкурировать приходится с американским кинематографом. Израильский массовый зритель уже привык к американскому или, по крайней мере, европейскому размаху. Постановочное кино, звезды первой величины, реклама.

Как выжить сегодня национальному кино суверенного государства Грузии или не менее суверенной Литвы? И российское-то кино сегодня в кризисе. Те же неразрешимые проблемы — бюджет, производство, конкуренция с засильем американских боевиков... Сегодня даже сразу двоим Михалковым не снять фильм масштаба «Война и мир» с размахом одного Бондарчука. Были времена, прошли, былинные. Но хоть были!

В Израиле их не было вовсе. И не будет. Никто никогда не замахнется на «Иудейскую войну» Лиона Фейхтвангера или «Иосифа и его братьев» Томаса Манна. Куда там! И роман Шая Агнона снять денег не хватит. Пять, десять, от силы пятнадцать фильмов в год на мизерный бюджет. Михаил Калик снял в России, глотнул воздуха. Что с ним будет дальше? Опять искать деньги в России? Но там свои в простое. А кто-то начатое доснять не может. Например, Леонид Филатов, Алексей Герман, да мало ли?! Задыхается русское кино.

А как другие ватики из художественной интеллигенции? Сценарист Эфраим Севела, например, из алии 70-х, он как бы всюду — в Америке, в Европе, в той же России, иногда в Израиль заглядывает. «Фигаро здесь, Фигаро там...» Книги издает, сценарии пишет, кино снимает. Где? В Америке? В Израиле? Нет, в России. Какое кино? Какое может. Писатель Григорий Свирский назвал Израиль «проклятым» и отвалил в Канаду. Почему? Он об этом сам написал, почитайте, если угодно, лень пересказывать. Толя Якобсон удавился. Веселая картина складывается из здешней жизни художественной интеллигенции прошлой алии. Правда, писатель Юрий Карабчиевский в России себя порешил. Не здесь.

Позволю себе позаимствовать кое-что из эссе Бенедикта Сарнова под названием «Кто мы и откуда». Чрезвычайно талантливо и убедительно написано. Он размышляет на ту же тему в России, что я здесь в Израиле. Суть одна.

Как говорится, готов подписаться под каждым словом. Я ведь тоже родился в мифической стране Гайдара, разумеется, Аркадия, не Егора, «Папа у меня русский, мама румынская, а я какой? Ну угадай». — «А ты — ты советский. Спи, Алька, спи!» — Аркадий Гайдар.

«Шел он, Юрий Карабчиевский, — пишет Сарнов, — однажды мимо Кремля. И живо представил себе, как с этих зубчатых стен или других, белокаменных, льют смолу-кипяток на татаро-печенежских захватчиков наши добрые, в красных кафтанах молодцы. И вдруг он с необыкновенной остротой почувствовал... "что столь важное для меня понятие "Россия" ограничено для меня и временем, и системой знаков. И вот эти, лившие кипяток и смолу, явно не мои, чужие предки. И не чувствую я по отношению к ним никакого сродства, ни особой жалости, ни особой гордости. Они мне не ближе и важнее, интересны не более, чем какие-нибудь саксы, защищавшие Англию от десанта норманнов"».

А потом он, Юрий Карабчиевский, попал на другую, свою, как принято говорить в таких случаях, историческую родину. «Целый год, — пишет Карабчиевский, — я жил в удивительной, ни на что не похожей стране, где никто не мог сказать; давай проваливай! Это все не твое! Это все наше! А напротив — все наперебой говорили: оставайся, приезжай насовсем. Это твое. И показывали мне развалины крепости, где наши будто бы общие с ними предки почти две тысячи лет назад три года защищались от римских захватчиков. Девятьсот человек моих предков против скольких-то там десятков тысяч осаждавших. И я стоял на огромной скале и живо представлял себе тех людей, и грешно сказать — но и к ним тоже не чувствовал никакого сродства. Не свои мне ни дружинники в кольчугах, ни те полуголые мужики с ножами-кинжалами. Никто мне из них не друг, и никто не родственник. Вся моя принадлежность лишь в настоящем и ближайшем прошлом. И если сейчас она распадется во всеобщем российском хаосе, то и останусь я, значит, один, вне истории и географии».

Юрий Карабчиевский свел счеты с жизнью. Сын его живет в Израиле, зовут его Аркан Карив, он блестяще знает иврит, пишет в русскоязычные газеты, растолковывает нам, несчастным олимчикам, как слово «трахаться» звучит на ивритском сленге. Бен Сарнов живет в России, и свое эссе он заканчивает следующим пассажем: «...Я не хочу подвергать сомнению ни искренность тех советских евреев, которые ударились в православие, ни столь же безусловную искренность тех, кто решил обратиться к иудаизму. Но каким бы искренним ни было это их обращение, одно для меня несомненно — они тоже обломки великой катастрофы, такие же беженцы из страны Гайдара, случайно уцелевшие после крушения этой новой Атлантиды, как и те, кто не в силах ощутить свое родство ни со стрельцами, ни с защитниками древней крепости Моссада. Все мы жертвы гигантского, провалившегося эксперимента, последствия которого будут расхлебывать не только дети наши, но и внуки».

Я часто беседую с друзьями-ватиками, и что бы они ни говорили, ни рассказывали, хорошее или дурное о стране исхода или о стране, где мы живем, я чувствую всю правоту слов Бенедикта Сарнова. За последний год мы пару раз сиживали с моим старым другом и замечательным писателем Васей Аксеновым за чашкой кофе в Тель-Авиве, а потом в московском баре, где потягивали вино.

— Знаешь, Миша, — говорил мне американский ватик Вася. — Сижу в Вашингтоне, в моем профессорском доме, и считаю дни до отпуска, когда опять поеду в Россию. Приезжаю сюда — а потом думаю: ну чего я здесь, собственно, делаю? Пора обратно.

В Америке художественной интеллигенции поболее. И повесомее, чем в Израиле, не числом — уровнем. Бродский, Аксенов, Коржавин, Лосев, другие. Сергей Довла-

тов много лет там прожил. Писатель целительный, исце-
ляющий. Я только раз видел его, случайно, на радио «Свобода». Он мне опохмелиться дал. А я, признаюсь, тогда, в
89-м году, к своему стыду, еще строчки его не читал. Знал
бы, с кем говорю, — большой запой мог случиться.

У нас на Израильщине русскоязычных писателей много — литературы нет. Почти нет. Дина Рубина хорошо пишет, иногда даже очень хорошо, об Израиле лучше многих, на мой взгляд, — лучше всех. Есть и другие хорошие
писатели и поэты, есть литературоведы, есть все. Даже
союз русскоязычных писателей есть. Но литературы нет.
Пока нет. Будет ли?

Газет много, даже слишком. Тонны газет. «Газетных
тонн глотатели» — деньги платят? Чего же не открыть еще
одну? Пишут туда все кому не лень. Как? Думают, что по-
русски. Что пишут? А что угодно. Про театр тоже. Я читать
перестал. Даже когда хвалят. Когда ругают — тем паче. Как-
то прочитал, что Самойлов — не поэт, фикция, Бродский —
«настоящий царь Мидас, до чего бы он ни дотрагивался,
все обращается в банальность», Лев Толстой тоже где-то
что-то не так и не то сказал. Скучно.

У русскоязычной израильской газеты, как когда-то у
«Правды», есть одно несомненное достоинство: более
пяти минут она у тебя не отнимет. Есть и другое достоинство: стоит недорого. Иногда что-то перепечатывают стоя-
щее из Москвы, иногда даже интересное. Но редко. Может, и там, в Москве, писать разучились или здешние от-
бирают по собственному вкусу?

Газетчик-ватик учит нас, «колбасников», жить, поуча-
ет, наставляет. Словом, вымещает свои комплексы.
В России он ничего из себя не представлял, о нем никто
там не слышал и никогда бы не услышал, а здесь он — кум
королю, брат министру.

А уж как любят иностранные слова! Чем слово трудней, заковыристей, труднопроизносимей — в статью. Уче-

ность показать, эрудицией блеснуть — самое милое дело. Смесь французского с нижегородским.

Зритель в России на рецензии никакого внимания не обращает, сбор от этого не зависит. Между прочим, то же самое происходит на израильском рынке, мнение прессы о спектакле почти ни на что не влияет. Слух — много важнее. Это не Америка, где разгромная статья в «Нью-Йорк таймс» может уничтожить спектакль, раздеть продюсера догола. Уровень критики в Израиле, судя по рассказам моих коллег по Камерному, тоже невысок и в театральном мире мало что значит. Понятие «актер — властитель дум» в том смысле, каким это было, скажем, в России качаловского времени, — не знакомо ни израильскому зрителю, ни самим актерам. Театр не играет роль кафедры и никак не влияет на общественный процесс. Настоящей актерской карьеры в Израиле сделать нельзя. Здесь можно стать очень популярным, даже любимым, но вот что поразительно: Арик Айнштейн, например, обаятельный актер кино и телевидения, шансонье, которого любят не только взрослые, но и дети (Арик сделал замечательную кассету для ребятишек, которая есть в каждом доме), может сидеть в кафе, где полно народу, и никто не только не бросится к нему за автографом, а просто не обратит на него внимания.

Я сам не раз наблюдал такое; идет по улице самая популярная ведущая детского канала по имени Михаль — мой сынок Мишка балдеет: «Папа, папа, смотри, Михаль, подойдем к ней!» А израильтяне, у которых телеведущая Михаль в гостях с утра до ночи, идут себе мимо.

Наверное, поэтому мои коллеги по Камерному, видя внимание, которым меня балуют наши русские: цветы, автографы, в общем, все то, к чему мы привыкли дома, недоумевают и, может быть, втайне завидуют. Нам странно одно, им — другое. Они поражаются, когда я им рассказываю о моей «Русской антрепризе» в Израиле. «И что, ходят? — спрашивают. — И сколько? Пятьсот мест — и полно? И сколько раз вы играете спектакль? Сорок? Ты счастливый человек! Хороший заработок!»

Если бы они для интереса заглянули на концерт Аллы Пугачевой, когда она поет у них под носом в самом центре Тель-Авива, в филармоническом зале на две с лишним тысячи мест... Не заглянут. Не любопытны. Они и спектакли друг друга почти не смотрят. Разумеется, из каждого правила есть исключения. Однако когда мы с Ириной Селезневой играли «Любовника» на иврите (я повторяю: на иврите!) в помещении Камерного театра, ни один актер Камерного не заглянул в Малый зал. Даже из любопытства. Чем это объяснить? Пренебрежением, нелюбовью к нам? Нет! Не любопытны.

Я пытаюсь поставить себя на их место. Предположим, что в «Современнике» или на Малой Бронной два недавних эмигранта из Испании вознамерились бы в моем театре сыграть на русском языке пьесу на двоих. При этом я слышал бы, что у себя в Испании они считались хорошими актерами. Так неужели я не нашел бы времени, ну хотя бы просто из любопытства, посмотреть на этих наглецов, осмелившихся играть у меня в стране на моем языке?!

Сначала меня такое отношение поражало, даже обижало, потом понял — обижаться не стоит, — менталитет такой. Не у всех, конечно, некоторые мои израильские студенты (я преподаю в театральной школе Нисана Натива) читают Станиславского, Толстого на иврите, смотрят спектакли «Гешера», но студенты — они на то и студенты, это нечто другое. Посмотрим на них, когда станут актерами. Однако на студенческие спектакли актеры, выпускники Нисана, приходят. Традиция. Приходят и главные режиссеры смотреть молодежь: был и Евгений Арье. Две мои студентки теперь в его «Гешере» работают.

Преподавание актерского мастерства на иврите — это моя гордость, главное достижение здесь, в Израиле. В этом нет и тени компромисса. Я на своем, все еще плохом иврите («моя-твоя пошла») объясняю им довольно сложные вещи. Они, судя по всему, меня понимают. Я очень хочу отдать, объяснить, а они — понять, взять. Затем они уже на своем родном языке воплощают наш общий замысел. Это имеет успех у израильтян, а главное — в них что-то останется, я надеюсь.

Как и все молодые, они очень трогательно относятся к пожилому педагогу из России. Когда я заболел и лежал в больнице, они каждый день меня навещали. Когда я уезжал ненадолго в Россию — они просили меня не остаться там навсегда и радостно встретили по возвращении.

Многолетний хозяин студии, режиссер и педагог Нисан Натив (студия — его детище), — редкий тип педагога — фанатика своего дела. Нисан замечательно владеет многими европейскими языками, когда-то учился и работал во Франции. Чехов и Гоголь — его слабость, все ученики его студии проходят через «Чайку» и «Ревизора», играют сцены из этих пьес — это закон. Именно Нисан буквально уговорил меня преподавать. Из-за недостаточного владения ивритом я жутко сопротивлялся. Нисан во всем идет мне навстречу, во всем меня поддерживает, он платит мне, как педагогу высшей категории, он согласился на ранее невиданное здесь — разрешил мне целиком поставить «Чайку», пьесу его любимого Чехова. Если я решусь ставить «Ревизора», он пойдет даже на это. Я могу обратиться к Нисану по любому делу, попросить о любой помощи, не сомневаясь, что этот очень пожилой человек с безупречными манерами, педант и сухарь, как говорят про него студенты, сделает для меня все от него зависящее.

Каждое утро в одно и то же время он завтракает в кафе Дица, читает газеты. Кафе расположено в центре Тель-Авива, как раз напротив Камерного театра. Там очень вкусный кофе и очень низкие цены. Это что-то вроде актер-

ского клуба. Там назначаются деловые встречи с журнали-
стами и телевизионщиками. Там можно, взяв чашечку
кофе, сидеть целый день и учить роль или писать статью —
никто не помешает. Кафе открывается очень рано, но рано
же и закрывается: после спектакля выпить свои сто граммов туда, к сожалению, не зайдешь.

В Тель-Авиве есть сотни других кафе, пабов, рестора-
нов, где гуляют всю ночь. У каждого актера свой любимый.
Общего нет. Нет ни нашего гадюшника — ресторана ВТО,
ни змеюшника — Дома кино, где можно всегда встретить
знакомых и отвести с ними душу. Здесь нет актерских клубов, практики творческих вечеров для коллег. Есть актерский профсоюз, куда платишь членские взносы, но толку
от этого, как я понял, как от козла молока. Можно состо-
ять его членом, а можно и выйти из него — что я и сделал.
Никаких общих актерских сборищ, праздников типа российской «Золотой маски» с последующей трансляцией по
телевидению. Такого здесь нет. Есть, правда, общеизра-
ильский «Оскар». Русская «Ника» — это Канн по сравнению с израильским праздником.

После официальной театральной премьеры в фойе
бывает нечто вроде приема — «а-ля фуршет». Жратвы, водки, вина — от пуза. Толкучка как в вагоне метро в час пик,
актеры чувствуют себя абсолютно посторонними на этом
«празднике жизни»: члены кнессета, чиновники из разных
министерств, спонсоры, друзья театра, кто угодно! Можно напиться с товарищем по театру, стоя в углу, в стороне...
Но сделать это следует очень быстро, так как прием длится не более часа, от силы — двух.

Израильтяне, и актеры в том числе, любят поесть и
поговорить о еде. Еда — одна из любимых тем для обсуж-
дения во время перерывов на репетициях, в антракте спектакля. «Где был вчера? В каком ресторане, чем кормили?
Сколько все это стоит?» Делятся впечатлениями, реко-
мендуют, обсуждают способы приготовления пищи.

Иногда едят и пьют кофе во время репетиций, режиссер в том числе. Заглатывая питу с салатом и запивая соком или колой, постановщик «Ричарда III» объясняет актерам сцену Ричарда и леди Анны. Его помощница, давясь огромным гамбургером и положив ноги в кедах на стол прямо под нос режиссеру, делает карандашом пометки в помрежском экземпляре. Не занятый в этой сцене актер, исполнитель роли лорда Бэкингема, дремлет, лежа на полу, на мате, в ожидании своей сцены. Споров на репетициях я почти не слышал, с ролей не снимают, режиссеров не заменяют. Премьеры не откладывают. Ее день известен заранее, билеты продаются за несколько месяцев.

Принцип отбора репертуара чем-то напоминает наш. На одном-единственном общем сборе труппы звучат два доклада — директора и худрука. О финансовом положении, о гастролях, о правонарушениях, об изменении порядков и прочих директивах — директор, о творческом плане — о репертуаре — худрук. Столько-то пьес современных израильских авторов на современную тему, столько-то классических пьес, непременный Вильям Шекспир (национальный драматург Израиля), Гольдони, Мольер, Чехов. Еврейская тема в творчестве американских драматургов — Артур Миллер, Нил Саймон, Камерные пьесы для выездных спектаклей. Оле хадаш Миша Козаков поставит с Селезневой «Любовника» в Малом зале. У нас будут ставить приглашенные режиссеры из-за рубежа — американец такой-то.

Для наших мэтров (следуют фамилии) пьесы такие-то. Конечно, будет поставлена пьеса нашего выдающегося драматурга Ханока Левина, на сей раз он сам не будет режиссировать. После долгих переговоров договорились с грузином Робертом Стуруа. Итого в репертуарном портфеле пятнадцать-семнадцать названий. Актеры узнают о распределении ролей по ходу работы. Вопросы есть? Вопросы бывают. Иногда о чем-то заспорят, и кто-нибудь вдруг сорвется в крик, но крайне редко.

План «Барбаросса» Юрия Хилькевича, его «Русские сезоны», к сожалению, серьезного успеха не имели: и «Чайка» недолго полетала, и «Молитва» не помогла. Наш «Любовник» выпускался уже без Хилькевича, он оставил Камерный и ушел в русскоязычную газету «Время». «Любовник» ставился мною на русском и для русских. Это была своего рода блесна. Дирекция Камерного рассчитывала, что новые русские репатрианты раскупят абонементы, коль будет объявлен спектакль с участием Козакова. Ставил я спектакль бесплатно, работал с Ириной Селезневой полтора месяца. Изящные декорации Николая Свиридчика стоили гроши, костюмы для двух актеров — не проблема, реквизит, музыка Михаила Агрэ (из олим) тоже копейки.

Так, на пионерском энтузиазме, мы с Ириной, без помрежа, без всякой посторонней помощи сделали спектакль. Только за три-четыре дня перед премьерой у нас появились осветители, реквизитор — она же костюмерша, помощник режиссера и звуковик. А ведь мы играли нашего «Любовника» и в самом Камерном, пару раз даже в Большом зале на 900 мест.

Однажды, выйдя на сцену, я увидел на пуфике молоток, забытый рабочими сцены. В другой раз... Ах, лень перечислять! Все время проката нашего несчастного спектакля что-то портилось, ломалось, чего-то не хватало, музыка звучала не вовремя или вообще не звучала, декорации во время переездов приходили в негодность, дверь не открывалась или не закрывалась, Ирина плакала, я орал на рабочих, они недоумевали: «Миша, почему ты кричишь? Что это — конец света? Ну ошиблись, ну исправим. Ну подремонтируем». Уже на следующем спектакле все повторялось. Все наши хождения в дирекцию и слезные жалобы запосту дела не меняли. Обещания, заверения, «ихъе бэсэдер» — все будет в ажуре, и дальше все то же самое.

Израильтяне любят повторять слово «савланут» — терпение. Я даже не предполагал, что у меня так много этого савланута. В Москве мне хватило бы двух таких накладок в спектакле, чтобы я или добился порядка, или ушел из театра, хлопнув дверью. Но «ты не в Чикаго, моя дорогая». И я мучился дальше — хлопнуть дверью я тут не мог. Уйти мне было некуда. Мои представления о капитализме, во всяком случае израильского розлива, претерпевали некоторые изменения. Я матерился, ругал всех «козлами», заискивал, пил с ними водку — напрасно! Как напрасно было многое другое, гораздо более существенное.

Любое сверхщательно продуманное мною предложение по постановке какой-либо пьесы не просто отвергалось, но выслушивалось вполуха. Я уже мог сам все объяснить на иврите: почему мне представляется интересным и важным поставить «Случай в Виши» Артура Миллера или сделать веселый музыкальный спектакль, комедию Оливера Гольдсмита «Ночь ошибок», и как она разойдется по актерам. Десятка полтора обдуманных или уже поставленных мною когда-то пьес я пытался всучить, уговорить прочитать по-английски или — еще проще — увидеть на видеокассетах, специально привезенных из России: «Визит дамы», «Безымянная звезда» и другие. Пьесы не прочитывались, кассеты не просматривались. Я терял последние силы, кончался мой израильский «савланут», и я впадал в очередную черную депрессию.

Я проклинал себя и тот день и час, когда решился на отъезд, и начиналось все по кругу: кто виноват и что делать? Вернуться? А как же жена, ее родители, Мишка, а теперь еще и Зойка? Тащить их с собой назад? Да есть ли у меня право срывать всех с обустроенного места и, подвергая детей риску (криминогенность и экология, etc.), из-за своих актерских амбиций, ввергнуть их обратно в московский быт, от которого они, да и, признаться, сам я, уже успели отвыкнуть? И я с удвоенной жадностью смотрел по телевизору обе российские программы, читал перепечатки из московских газет, выспрашивал приезжающих оттуда. Пишу о себе, но знаю, что подобных мне в Израиле сотни, а может быть, и тысячи. Да и в Америке попадаются. Может быть, эти черные депрессии и называются красивым словом «ностальгия», но ведь ностальгия — это что-то вроде березок, пельменей по-сибирски, маковок церквей на Пятницкой, заснеженных полей или желтого клена над могилой моего отца на Введенском кладбище в Москве.

————

Тысяча девятьсот девяносто второй год. Актер Леонид Филатов сидит у меня в тель-авивской квартире. Мы знакомы еще с тех самых, 60–70-х, таганских. Говорим, говорим и не можем наговориться. Нас с Леонидом многое объединяет: любовь и отношение к театру, кино, поэзии. Я помню его еще в любимовском «Товарищ, верь!» и знаменитую пушкинскую реплику из «Годунова», которой Филатов завершал спектакль. Не произносил вслух, а безмолвно, одними губами артикулировал: «На-род без-молв-ству-ет».

Сегодня народ не безмолвствует. Вся Россия громко кричит, во весь рот, во все горло. Мы сидим с Леней у меня дома, и я пытаюсь понять, что случилось в Театре на Таганке. Почему Филатов с Губенко, а не с Юрием Петровичем? А Петрович-то, Юрий Петрович Любимов, недалеко, всего в четырех часах езды от моего тель-авивского дома, но, судя по всему, Леня ему звонить не намерен. Да и Учитель такого звонка от него не ждет.

Мы говорим о недоснятом фильме Филатова, обо всех этих спонсорах, которые посулили и бросили, о беспомощности обедневшего Госкино, о чернухе в кинемато-графе, о развале кинопроката, о литдраме на телевидении, где мы оба когда-то трудились. Словом, обо всем, о чем могут говорить два московских актера, которые давно не виделись. Легко догадаться, что разговор наш получился не слишком веселым и оптимистичным. Он рассказывал — я слушал, лишь иногда задавая вопросы.

Потом мы поехали на Ленин концерт в тель-авивскую синематеку, где артист читал стихи, исполнял монологи и показывал фрагменты своего фильма «Сукины дети» из жизни актеров одного московского театра в суровые времена застоя. Один, не предавший Учителя, в конце умирал, и гроб с телом его товарищи выносили из театра. Хороший концерт, добрая грустная картина.

Не раз я смотрел по телевидению передачу Леонида Филатова о знаменитых, популярных, покойных ныне актерах, об их судьбах, об их уходах. Зеленое поле и портреты со знакомыми лицами, как на свежевырытых могилах. Кладбище талантов.

Филатов — автор и ведущий этих невеселых передач, Леонид взвалил на свои плечи нелегкую ношу. Когда-то я записывал на радио повесть Льва Николаевича Толстого «Смерть Ивана Ильича». После каждой записи у меня тряслись руки. Я не шутя боялся заболеть тем же, от чего скончался герой повести Толстого.

Исполняя ту или иную роль, мы, актеры, вольно или невольно погружаемся в атмосферу происходящего. Потом уже я услышал, что Леонид Филатов заболел. Инсульт. Спустя какое-то время я вновь увидел его в качестве ведущего этой передачи. Сказать: постарел — ничего не сказать! Это был другой человек. Довелось мне услышать интервью с Филатовым. Потом были слухи, что Леня вдруг подался то ли к коммунистам, то ли к русофилам, то ли еще к кому-то из этой братии. Я не удивлен. Хотя можно было бы и удивиться: резкий, вольнолюбивый, ироничный, интеллигентный, талантливый киногерой 80-х, режиссер «Сукиных детей», автор аллегорических сказок в стихах... Нет, и все-таки не удивлен.

Владислав Заманский, фронтовик, совесть молодого «Современника», кристальной души человек, актер Алексея Германа, друг Самойлова и Окуджавы, христианин... Достаточно? Окуджава рассказал мне в один из своих приездов в Израиль, что до него донесся слух, будто бы Влад стал писать и печататься в красно-коричневой прессе. Булат позвонил своему другу и задал вопрос: «Это правда, Влад?» — «Да», — ответил Заманский. Окуджава повесил трубку...

Талантливый актер Владимир Гостюхин на митинге принародно топчет пластинку Окуджавы, совершая акт духовного вандализма. Николай Бурляев, актер Тарковского, во второй половине 80-х снимает фильм «Лермонтов». На балу у Николая Первого мы видим и Лермонтова (Н. Бурляев), и его убийцу Мартынова. Режиссер акцентирует наше внимание на отчестве Мартынова — Соломонович... Но мало этого. Гоголь (тот же Бурляев) на балу у Николая Первого, где он просто-напросто и быть-то не мог — он видел Николая всего два раза в жизни, и то издалека, — слушает пространные рассуждения о том, что шинкари-евреи споили русский народ, и согласно кивает головой.

Гостюхин и Бурляев артисты хорошие. Наверное, люди темные. Но вот Филатов, Заманский — это же совсем другие люди. Как тут не задуматься, если даже и они... Кто не растеряется, не сломается, не перепутает берега реки Чернобыль, правый, левый? — не возненавидит вчерашних друзей-единомышленников, если на развалинах Третьего Рима, под обломками помпейских колонн корчатся и задыхаются одни, а вокруг мародерствуют и наживаются другие, делят пирог власти, присваивают чужое, не моргнув глазом.

«Пир во время чумы» — эта пушкинская фраза стала расхожей. Как тут не перепутать, кто свой, кто чужой? Как разобраться, если один вчерашний друг-единомышленник, твой партнер по театру или кино, заделался министром, другой стал совладельцем здания и ресторана Киноцентра? А по ленфильмовским коридорам разгуливает ветер, а на «Мосфильме» скоро запорхают одни летучие мыши. Снимать там будут или рекламные видеоклипы, или чужие дяди из-за бугра, из-за океана. И выясняловка, выясняловка, выясняловка, сплошная, поголовная выясняловка отношений! На всех уровнях — от Думы до маленького театра — выясняют отношения народы и театральные коллективы, руководители вчера братских республик и два партнера, сидевшие в одной грим-уборной. Что поделаешь, время такое. Снявши голову, по волосам не плачут.

Трудно смириться и принять новый уклад, если ты не можешь доснять фильм, если тебе нет места в чернушном кино, если ты не умеешь приватизировать и продавать, если не в твоих правилах выступать на митингах, якшаться с политическими лидерами всех мастей, рвущимися к власти. Уехать? Некуда; да и почему ты, актер, должен потерять свою страну, свой язык, свою публику? Отойти в сторону и тихо переждать не удается. Пережидать вообще не в твоих правилах, да и ждать придется долго, а время торопит, время уходит. Возраст у тебя не детский. И вот тогда заносит. Один делит со своим Учителем театр, другой пишет в газету «Сегодня» или «Завтра». Трудно обрести душевную гармонию. И тогда ты обращаешься к прошлому, и на твоем русском поле, твоем грустном поле чудес пестрят портреты недавно ушедших, которых сломали или которые сломались. И твое положение, и твое душевное здоровье ничуть не лучше, чем у твоего вчерашнего коллеги, который сидит в Тель-Авиве и водит пером по бумаге, пытаясь разобраться, что к чему.

Характер у нас с тобой, Леня. А характер — это что? Правильно! — судьба. И беги не беги, хоть на край света, от характера своего ты никуда не убежишь.

Ты как черепаха, что тащит свой дом на себе. Твой Учитель, Леонид, живая легенда твоего и нашего русского театра, живет в Иерусалиме с видом из окон на библейские места. Семья. Сын Петя прекрасно говорит на четырех языках, и на иврите в том числе. Юрий Петрович только по-русски. На нем и ставит спектакли, в Москве, в Англии, в Греции. Ставит всюду, кроме Израиля. Ему иврит ни к чему. В Москве с Губенко он выясняет отношения на хорошем, полнокровном, я бы сказал, избыточном русском. Губенко с Учителем тоже в выражениях не стесняется, словом, пищу газетчикам и телевизионщикам дают который год. Это не упрек. Время такое.

И МХАТ на женский и мужской разделился. Склок, дрязг было предостаточно, на радость щелкоперам всех мастей. И пошла писать губерния! Гласность, новый взгляд. Куда денешься — новый стиль, бомонд! Оставайтесь с нами! Коррида! «Тореадор, смелее в бой!»

А мы прилипаем к теликам. Раньше бы по тому же телику фильм-спектакль женского или мужского МХАТа показали, чтобы мы сами могли судить обо всем. Спектакль Губенко по Салтыкову-Щедрину, «Медею» Любимова. Раньше... Сегодня — нет. Сегодня телевизионное время — это чьи-то деньги. В лучшем случае фрагментом порадуют, иллюстрацией к телевизионной корриде, к бою быков. Сидючи в Тель-Авиве у телевизора, судить трудно. Да и не надо мне судить. Пока я сидел в России и держал эту плиту, как все, пока не смылся из-под нее, я очень раздражался, помню, когда по тому же телику выслушивал суждения и поучения от парижанина Владимира Максимова, «немца» Войновича или «американца»... Впрочем, «американцы» не поучали, ни Бродский, ни Аксенов, ни Довлатов. Солженицын — так на то он и

Солженицын, поэтому вернулся на родину обустраивать Россию.

Я много раз давал себе слово не уподобляться тем, кто меня самого, тогда жившего в России, раздражал поучениями. И слово свое держу. И, даст Бог, сдержу. Покойный Юрий Нагибин в последней главе повести «Мрак в конце туннеля» упрекнул евреев-эмигрантов в рабьей любви к оставленной мачехе-родине. А куда нам деться? Может быть, дети, внуки избавятся — не мы. Поэтому интересуемся, вникаем.

Я хочу понять и тебя, Леня, и Губенко твоего, и Учителя вашего, Петровича. Не судить — понять хотя бы. Однако понять трудно, невозможно. У каждого своя правда, у каждого своя логика и характер. Ефремов, Любимов, Эфрос. Каждый из них — эпоха. Легенда. Мы жили рядом с ними, восхищались ими, учились у них. А потом — судьба разводила нас, они оставляли нас, мы покидали их. Кто сегодня властвует умами? Какую современную пьесу и современный спектакль ну просто нельзя не посмотреть?! Билеты непросто купить на многие хорошие спектакли. Актеров, знаменитых, замечательных, любимых, много почти в каждом театре. Есть звезды всех поколений, в том числе и совсем молодые. Россия талантами богата — это со стороны мне еще отчетливее видно. И театральная жизнь России, несмотря ни на что, удивительна. На любой вкус: и тончайший Петр Фоменко с Островским, и Роман Виктюк с его новшествами, и Юрский с Ионесско. Да мало ли! Говорить об упадке не приходится. Трудности — есть, но упадка — нет. Москва, вопреки всему, театральная Мекка.

И вот один-единственный вопрос, вопрос в стиле времен застоя: а есть хоть одна русская современная пьеса на современную тему, которая бы властвовала умами? Ну хотя бы как когда-то пьесы Володина, Вампилова? Я такой пьесы не видел, не прочитал. Даже мой дорогой долгожитель —

«Современник», где есть хорошие спектакли, поставленные Галиной Волчек и приглашаемыми ею режиссерами, не может похвастаться современной отечественной пьесой, как когда-то взрывной пьесой Аксенова «Всегда в продаже» или «Восхождением на Фудзияму» Чингиза Айтматова.

Но, быть может, это не обязательно? Талантливый Григорий Горин, как некогда Шварц, сочиняет пьесы-притчи, пишутся современные инсценировки и ставятся отличные спектакли по мотивам Гоголя или Достоевского, я уже не говорю о переводных или классических пьесах. Бывают времена затишья, застоя в драматургии. Однако перерыв отчаянно затянулся, чтобы за десять последних лет не было написано ни одной стоящей современной пьесы на современную тему — такого в истории русского театра не случалось, по-моему, еще никогда! И это тоже примета времени.

Актер — властитель дум... Кто он сегодня? Неужели только Алла Борисовна Пугачева? Я думал об этом, принимая у себя в гостях еще одного гостя из России, великого актера и великого труженика Олега Ивановича Борисова.

Олег... Этому имени повезло. Олег Ефремов, Олег Табаков, Олег Янковский, Олег Басилашвили, Олег Даль, Олег Меньшиков, Олег Борисов. Мы говорили с Борисовым, и я, даже записывая с его разрешения беседу на магнитофон, словно чувствовал, что вскоре мне останется слушать его живую речь только в записи. Мы вспоминали нашу Школу-студию МХАТ, его Киев, его первую роль в кино в комедии «За двумя зайцами», Пашу Луспекаева, товстоноговский театр, его поразительного принца Гарри в «Генрихе IV», роль в спектакле «Два мешка сорной пшеницы» Тендрякова, его Григория Мелехова...

Нам было что вспомнить и о ком поговорить. Алексей Герман, в картине которого играл Борисов, Вадим Абдрашитов, трижды снимавший его в своих фильмах, Олег Ефремов — мхатовский период актера. Доктор Астров — единственная чеховская роль за всю жизнь тончайшего чеховского актера! Конечно же, в нашем разговоре всплыла фамилия Льва Додина, не могла не всплыть.

— С ним я мечтал бы работать, — сказал Борисов. — И он зовет! Но как, Миша? Другой город, и силы не те, я ведь живу с семьей на даче, мы с сыном свое хозяйство наладили, трудимся. Алена моя — хозяйка отменная. А Юрка головастый, ты видел нашу «Пиковую даму»? Нет? Жаль. Юрка сочинил весь спектакль. Там и лекция Фрейда, и танцы Аллы Сигаловой, музыка Шнитке. Ве-ли-ко-леп-ная!

— А ты? — встреваю я.

— Я от Пушкина, и за графиню, и за Томского.

Олег рассказывает, цитирует, проигрывает мне куски из «Пиковой дамы», рассказывает и о других работах, которые он сделал с сыном: «Мефисто-вальс» по Гете, «Человек в футляре». Он привез с собой в Израиль телевизионный фильм-спектакль «Бенефис» по классике, где играет все не сыгранные им роли: Хлестакова, Гамлета, Мефистофеля. Мы вместе — я в первый раз — смотрели этот спектакль-бенефис, который придумал и поставил для него сын, Юрий Борисов. А партнером Олегу был его брат, Лев Борисов. Олег смеется:

— Семейный подряд!

И жена ему друг настоящий. Все к нему пришло по заслугам. И не испортило его. Каким я его помню почти сорок лет назад — серьезным, подлинным, лишенным показухи, таким он и остался, при всех своих регалиях. Он привез в Израиль пушкинскую программу. Только бы наши олимы поняли, кто к ним приехал, только бы пришли на встречу с большим актером, властителем дум! Собственно, для этого я и диктофон включил, чтобы написать в газеты. Написал, напечатали. Но нет, не пришли. Ажиотажа не было.

А тут еще приступ болезни у актера грянул... Олег Иванович был болен давно. В этот приезд приметы болезни явственно проступили на его лице. Но ни одной жалобы: он хотел жить и работать. Не знаю, был ли он общим властителем дум, — моим был. Давно.

В 1986 году я увидел «Кроткую» Льва Додина во МХАТе. Как бы и не во МХАТе. Спектакль за два года до этого был показан в Москве на гастролях БДТ. Но поставил его не глава БДТ Г. А. Товстоногов, а Лев Додин с Борисовым и Шестаковой в главных ролях. Татьяна Шестакова — жена Додина, тоже не актриса Товстоногова. Я тогда на спектакль не попал, а только слышал самые восторженные отзывы: «Единственное, что стоит смотреть у Товстоногова». Я-то как раз видел спектакль «Амадей» по Шефферу, который москвичи замечательно принимали, и, каюсь, не пошел отчасти поэтому на «Кроткую» с Борисовым, так как спектакль «Амадей» мне не слишком понравился. Но когда я увидел «Кроткую» в филиале МХАТа, перенесенную сюда с Малой сцены БДТ, это превзошло все мои ожидания. Игру Олега Борисова можно, на мой взгляд, определить как игру гениальную, великую игру великого трагического актера наших дней. Мои самые сильные впечатления от игры на сцене — Пол Скофилд в «Гамлете» и «Лире», Оливье в роли Отелло, — впечатление от игры Борисова в Достоевском — той же сокрушительной силы,

Я впервые видел режиссуру Льва Додина. Очевидно, правы те, кто считает его сегодня лучшим режиссером нашего театра. Тончайшая, глубокая режиссура безупречного вкуса, разбор, фантазия, образность, умение создать ансамбль, найти единственно верный тон, и так далее, и тому подобное. Но чудо этого спектакля — Олег Борисов.

Два часа он говорит, говорит, говорит длиннющие монологи романа Достоевского. Монологи трагической, трагикомической личности на грани паранойи; откровенность, переходящая в откровение. Игра Борисова гипнотизирует, она виртуозна технически и поражает сиюминутной трагической наполненностью. Он живет на сцене и на наших глазах создает Образ. У меня сжалось сердце, текли слезы, а голова при этом отмечала безукоризненность его искусства. Он правдив настолько, что его игру можно фиксировать одним бесконечным крупным планом кинокамеры. При этом не пропадает ни одной буквы, ни одного нюанса и перехода из одного душевного и интонационного регистра в другой, соседний, часто противоположного состояния. Он не оставляет за два часа ни одного зазора. Игра его совершенна. Его герой — это герой Достоевского. Нет, временами это сам Достоевский! Он делается на него физически похожим, он находит краски чернейшего юмора, он беспощаден к себе и к людям, он вызывает сострадание и отвращение у зрителя к самому себе.

Борисов удивительно пластичен. Он то уродлив, то красив, то Смердяков, то Чаадаев, он богоборец и христианин одновременно. Если бы Ленинская премия имела хотя бы первоначальное значение, обладала той силой, какой была во времена Улановой, Шостаковича, то сегодня ее следовало бы дать Борисову, а потом не давать никому из актеров долго, до следующего подобного свершения в театральном деле. Я помню альтовую сонату Шостаковича, то впечатление от игры Рихтера и Башмета в Большом зале Консерватории. Я испытал двойственное впечатление от этой последней вещи Шостаковича тогда, в Большом зале: полной выпотрошенности и полного восторга перед искусством. То же чувство от Борисова в спектакле Додина. И еще одно сравнение — Джек Николсон в «Полете над гнездом кукушки» Милоша Формана. Так же меня потряс Олег Борисов. Мы с женой зашли за кулисы, как могли, выразили свои чувства Олегу. Он сказал:

— Знаешь, актеры обычно говорят: вот жаль, что ты не был на прошлом спектакле, сегодня не то. Врать не буду:

сегодня, Миша, ты видел хороший спектакль. И хорошо, что вы увидели его в период его зрелости.

Борисов всегда меня интересовал. Его принц Гарри в спектакле Товстоногова «Генрих IV» мне очень понравился. Это было еще в мою бытность в «Современнике». Помню, мы с Игорем Квашой устроили в «Арагви» банкет. Копелян, Вадим Медведев, Олег Борисов. Я очень расстроился, что на наш банкет не пришел Сережа Юрский. Копелян сказал: «Сережа человек отдельный!» И тема была закрыта.

Олег Борисов очень нравился мне в картине Абдрашитова «Парад планет» и в других его картинах. Всегда и всюду я видел хорошего, серьезного актера. И вот сегодня полная, великая реализация личности и судьбы Олега Борисова, ибо есть в его судьбе, особенно в начале, злая обида на среду театральную и околотеатральную. Обида на пренебрежение к его возможностям и скрытым резервам его дарования. И вот взрыв в роли, которую он играет глубоко лично. Это не просто слияние роли и человека. Человек Борисов, артист Борисов выше роли, это ясно. Он творит Образ — высшее достижение любого художника. Я счастлив, что видел это воочию.

———

В Израиле памятников не ставят вообще. Ни поэтам, ни писателям, ни полководцам, ни государственным деятелям. Ни в бронзе, ни в граните, ни в мраморе. Вы не увидите ни одной скульптуры, ни одного бюста когда-то жившего великого человека. Не найдете, не увидите даже на иудейских кладбищах. Не принято. Запрещено иудаизмом. Не в традиции. Есть памятные плиты, абстрактные скульптуры: павшим воинам, людям, погибшим от террора. Но в отличие от Европы, России, Америки ни на площадях, ни в скверах, ни на бульварах нет объемных изображений человека, напоминающих о прошлом. Бронзовая пушка в Старом Яффо, останки броневика на Иерусалимской дороге, где шли бои, танк на постаменте...

Именами поэтов и писателей называются улицы, площади. Аэропорт носит имя Бен-Гуриона. Одно время я жил на маленькой улице философа Баруха Спинозы, теперь живу на еще меньшей — улице Энгеля. Спросите у таксиста, кто такой Энгель? Понятия не имеет. А это ведь известный некогда композитор, В каждом городе или городке Израиля есть улицы или бульвары Ротшильда. Как в Союзе не было ни одного населенного пункта без улицы Ленина.

Именовать города, площади, синагоги, театры, аэропорты, кибуцы, детские сады — сколько угодно. Древнее «не сотвори себе кумира» к слову как бы не относится. Еще при жизни любавического ребе и с его согласия именем его была названа большая синагога. Если прилетающий из Москвы гость может уличить меня в неправде, наткнувшись на мраморный бюст Бен-Гуриона, который сразу же бросится ему в глаза в здании аэропорта, то смею заверить — это одно из очень немногих исключений. Значит, религиозный контроль не проник в здание аэропорта или в какой-нибудь кибуц, где может стоять памятник герою Варшавского гетто. Но, повторяю, это лишь исключения, подтверждающие правило.

Когда Александр Македонский, завоевавший древний Иерусалим, пожелал увековечить себя в мраморе, первосвященник отговорил его. Он сказал ему, наверное, так: «Зачем вам, Саша, памятник? Придет следующий, такой же, как вы, и грохнет по вашей мраморной головке чем-нибудь тяжелым. Вам будет приятно такое? Так давайте лучше назовем вашим, неиудейским светлым именем всех младенцев мужского пола, которые родятся в этом году. Поверьте, так будет надежней. Евреи любят и хранят тра-

дицию, и ваше, Саша, имя сохранится на века». Первосвященник слово, данное великому македонцу, сдержал. Именем Александра Великого и сегодня называют вновь наро-
дившихся младенцев, родители которых могут быть из
Марокко, Эфиопии и Йемена. Александр. Сандер. Саша.
Наши русские Александры здесь именуются Алексами,
впрочем, так было до недавнего времени. Наша алия, в
отличие от ватиковской, предпочитает родное звучание.
И курносые Тани, Саши, Миши, Даши строчат на иврите
как из пулемета и начинают забывать грамотную русскую
речь. Мой сын, шестилетний Мишка, которого я научил
читать и писать по-русски, все же предпочитает уже играть на иврите не только со своими ивритскими друзьями
по школе, но и с Митей, родители которого архитекторы
из Питера. Однако своих имен уже почти никто из нашей
алии не изменил.

Лет пять назад еще меняли. Однако ненадолго. Грянула
наша более чем полумиллионная армада и всколыхнула не
только многие устоявшиеся представления и традиции
ватиков, но и сам сравнительно небольшой Израиль.

Представим себе, что в восьмимиллионную Москву
вдруг почти одновременно влилось еще два миллиона, скажем, не казахов, не чеченцев, не японцев даже, а русских,
проживавших в Канаде, которые родились там, для которых английский — родной язык. Не только для них, но и
для их дедов и прадедов. И традиции, и привычки у них
уже другие. Прибавим, что лет двадцать назад из той же
Канады уже был значительный десант и в Москве теперь
каждый четвертый или пятый — канадец. Представили себе
сей невероятный факт? Собственно, прецеденты в истории
бывали: Рига, Таллин, Баку. Если вы представили, получи-
те нашу израильскую ситуацию. Да, поначалу приехавшие
были запуганы, у них не было жилья, работы, они не говорили на языке страны, не знали правил, традиций, но прошло всего пять лет — и ситуация начала меняться.

Помните старый анекдот, как еврейского мальчика отправили жить к русскому священнику, чтобы ребенок научился хорошему русскому языку? Что из этого вышло? Через год батюшка картавил.

В редакцию русскоязычной газеты «Вести» пришел пятнадцатилетний мальчик и на чистом русском языке, правда, с небольшим одесским акцентом, обратился с просьбой о помощи. Семья выгнала его. Мальчику негде жить. Он увлекся балетом, театром и чтением стихов. Это вызвало приступ ярости родителей, и подросток вынужден был оставить семью. «Что у тебя за семья такая, мальчик?» Семья хорошая, есть братья, сестры. Нормальная семья. Из Марокко. Сам-то мальчик родился пятнадцать лет назад в Израиле и посещал ивритский детский сад, школу, но с приездом нашей алии увлекся сначала балетом, пошел в русский кружок, обзавелся друзьями-одесситами, стал писать и читать по-русски. Ребенок забросил фалафель и перешел на жареную картошку. И вот это уже оказалось чересчур. Папа, марокканский еврей, потребовал покончить со всем этим безобразием. В статье об этом парне я прочел, что русский журналист, ватик, не поверив ребенку, устроил ему экзамен на знание иврита. Журналист получил двойку.

Понятно, что приведенный мною факт — из ряда вон, однако мальчик, живущий в Москве, теоретически говоря, мог бы увлечься американской культурой и предпочесть гамбургер винегрету в столовке. Абсорбция? Скорее, диффузия. Сложный и порой мучительный процесс для обеих сторон.

В нашей алии, как я уже писал, есть все и вся. Полагаю, что и у предыдущей дело обстояло так же. Не все же приехавшие двадцать лет назад ватики были убежденными сионистами, правозащитниками и борцами. И их алия была неоднородна по национальному составу. Многие из них тосковали по оставленному совку и, не найдя себя в

Израиле или Израиля в себе, устремлялись отсюда куда подальше в поисках счастья и благополучия. И их алия была достаточно многочисленной для того времени.

Нас почти миллион вместе с ватинами в пятимиллионном Израиле. Мы притащили с собой все хорошее и дурное. Что станет с Израилем от нашего нашествия? В том числе, к сожалению, и от нашего жулья, ворья на всех уровнях, в любых профессиях, от заправщика на бензоколонке до политика-профессионала? Что сотворит наша совковая шлюха, ублажающая раввина в массажном кабинете или блистающая люрексом и бриллиантовыми серьгами на правительственном приеме? Сережки — подарок израильского воротилы, люрекс — наследие проклятого совкового прошлого.

Дайте срок, мы скупим заводы и фабрики, мы создадим новую партию и рассядемся в кнессете на почетных местах, не сумлевайтесь! «Новые русские» из России поддержат нас. И старые русские тоже! Они обеспечат нам еще одну массовую алию оттуда своими экономическими реформами, устроят очередной дефицит колбасы и лекарств, будут смотреть сквозь пальцы на разгул красно-коричневой чумы, и те, кто сегодня пока еще заверяет, что никуда не собирается, завтра хлынут сюда, когда к власти придет какой-нибудь сын юриста или внучатый племянник Пуришкевича.

Они вольются в наши стройные ряды. Среди них, разумеется, как и в прежние времена, тоже будут свои серьезные ученые и музыканты, математики и хирурги и просто много-много хороших, порядочных, добрых и трудолюбивых людей всех профессий, которые существуют на свете. Они, как и мы, должны будут абсорбироваться и найти свое место в новой стране. Они, как и мы когда-то, станут оглядываться уже на нас, ватиков. И среди них будут свои воры и шлюхи, жулье и алкаши, наркоманы и торговцы наркотиками. Будут ли среди них артисты? Будет ли хоть один, кто, подобно мне, в пожилом возрасте, оставив дом, друзей, театр или кино, своих коллег, свою привычную среду обитания, решится на все то, в чем я пытаюсь разобраться и все скриплю и скриплю коготком по белому листу бумаги?..

Кто-то скажет мне: что тебя заносит? Учи свой иврит, ставь, играй, где хочешь, — там ли, здесь ли... Смирись, гордый человек, принимай все проще! Как это говорят американцы: take it easy! Рад бы, но что поделаешь, если все так тесно связано в один тугой узел. Трудно абстрагироваться от общих вопросов там ли, здесь ли, хотя бы потому, что даже в своей конкретной и узкопрофессиональной деятельности я, как и многие, зависим от обстоятельств и от теперешних правил общежития. А обстоятельства и правила этого общежития зависят от конкретных людей — они диктуют правила нынешней игры. Они и тут и там платят деньги и заказывают музыку. Они — держатели акций, они спонсируют театры, оркестры, фильмы, спектакли. Без них никуда — ни тут ни там.

Зубин Мета, большой музыкант, большой дирижер тель-авивского оркестра, — даже он ищет спонсора и фотографируется с любым, готовым дать денег на оркестр. И мне бы так — и тут и там. Но нет, не могу. И часа не могу высидеть за столом с человеком, который, сам признаваясь, что не умеет ни читать, ни писать на иврите, печатно рассуждает о Торе. А восхищаться им, пить с ним, если хочешь, чтобы он спонсировал твой скромный спектакль...

«Новые русские», от которых артист сегодня зависим в России, они теперь и здесь. Они скупают миллионные дома, ездят на «кадиллаках», гуляют в дорогих ресторанах, творят что хотят, как и повсюду в мире. Такой пригласит тебя в ресторан, подарит тебе пиджак от Валентино, но попроси его подписать чек на пять тысяч долларов для вновь готовящегося русскоязычного спектакля, он начнет подсчитывать, сколько он получит дивидендов. А поскольку дивидендов с гулькин нос, то он не расщедрится и на доллар.

А ты выплясывал перед ним, веселил его компанию за столом, терпел все его нуворишское хамство и делал вид, что веришь в его гениальные способности торговать нефтью и хлопком, лечить СПИД, строить города и управлять банком. А если к тому же тебе отказано в субсидии, потому что выклянчивать — это особое искусство, которым ты не владеешь, то уходишь как оплеванный и зарекаешься не подходить к этим «новым русским» на пушечный выстрел.

Но спектакль-то ставить нужно! Твои русскоязычные коллеги, которым и этот нищенский заработок необходим, смотрят тебе в глаза с надеждой: когда начнем хоть что-нибудь новенькое? Дело для них даже не в деньгах — на эти деньги все равно не проживешь, а в воздухе, в кислороде! В подобии творчества. А что ты можешь им на это ответить? Что очередной поход в ресторан ничего, кроме мерзкой отрыжки, тебе не принес? Что хоть ты вчера и заманивал русскоязычного магната бриллиантовой биржи, сулил ему золотыми буквами вписать его имя в афишу, — он будет еще по крайней мере год морочить тебе голову («свяжемся через неделю»), а потом все равно откажет.

Никакие израильские министерства просвещения, абсорбции, внутренних и внешних сношений в твоих русскоязычных спектаклях не заинтересованы, это уже ясно. Это пройденный этап. Вообще многие этапы уже пройдены, а света в конце тоннеля по-прежнему не видать. Да и наш русскоязычный зритель требует звезд, только звезд, и как можно больше. Чтобы все как в Москве, в Ленкоме или «Современнике», чтобы все вместе, в декорациях, в костюмах, и Ширвиндт, и Державин, и Гурченко, хорошо бы, чтобы еще и Папанов, и Миронов. Вот тогда раскошелимся, наденем вечерние платья, костюмы и галстуки, опрыскаем себя французскими духами и придем, дорогие, и вас посмотреть, и себя показать.

И вот смельчаки и таланты из наших новоиспеченных соломонов юроков решаются на невиданное — едут в Москву и правдами и неправдами ищут там спонсоров и везут в Израиль «Современник» — в полном составе, Ленком — в полном составе, БДТ — в полном составе. Разумеется, с декорациями, светом и звездами в полном обмундировании. И ты, живущий здесь, понимаешь, что и тебе ничего не остается, как ехать в Москву, идти теперь уже к тамошнему «новому русскому», набиваться к нему в друзья, сидеть у него за столом, рассказывая байки про Израиловку, веселить его, выплясывать перед ним в надежде, что он подпишет чек на спектакль, который ты хочешь поставить с российскими звездами и привезти его потом к нам в Израиль, уже как московский режиссер и актер, как иностранная штучка для своего брата олима и кума ватика.

Но, может быть, послать это все подальше и... И что? В том-то все и дело. Что дальше не будет ничего, будет все то же. Независимость? Покой и воля? «Перестаньте сказать! И пишите вашу книжку! Тут вы, пока пишете, независимы. А дальше — а дальше вам, наверно, захочется ее издать? Или я ошибаюсь?»

————

Для чего наш брат актер пишет мемуарные книги? Не только мемуарные — многие писатели и впрямь вышли из актеров — Шукшин, к примеру. О поэтах уже не говорю, один Высоцкий чего стоит. Да ведь и Саша Галич начинал как актер, даже Вика Некрасов актерствовал. А драматурги? Ну, скажете вы, это традиция: Шекспир, Мольер — из вашего цеха. Правильно. Но мемуары зачем? У Станиславского — понятно, «Моя жизнь в искусстве» — часть его учения. У Михаила Чехова тоже так. У великого чтеца Закушняка — учение об искусстве звучащего слова. Ну а вот я, например, зачем? Качалов и Москвин книг не писали, они играли, а я?

Я отвечу — не за всех, за себя: если что-либо пережитое не сыграно, не поставлено, не охвачено хотя бы на страницах дневника, оно как бы и не существовало вовсе. А так как актер и даже режиссер — профессия зависимая, зависящая от пьесы, сценария, денег на фильм или спектакль, то некоторым из нас ничего не остается, как писать: кто что и как умеет. Доиграть несыгранное, поставить непоставленное, пропеть, прохрипеть, проорать, прошептать, продумать, переболеть, освободиться от боли. И каждый в своей книге увидит себя, как в зеркале. Сам не увидит, другие помогут разглядеть. Ведь в книге ты уже не актер, на режиссера свой провал не свалишь, на плохую пьесу не сошлешься, на бездаря партнера, на дуру публику тоже. В книге ты весь как на ладони. Актер, даже самый что ни на есть талантливый, — он все-таки чужие слова говорит. Про череп шута Йорика, про шапку Мономаха, про все на свете. И режиссер ему музыкой помогает, светом, монтажом и мизансценой.

Актер может быть необразован, неумен, некультурен и даже плохо воспитан. Но на сцене или на экране он бывает Богом. А может быть и совсем наоборот — и умен, и образован, и воспитан, а выйдет на сцену — и куда это все подевалось? Актер думает спинным мозгом. Как это сказала Раневская: «Талант как прыщ, может вскочить на любом лице». Что за странная профессия, право? Актерами рождаются — папа с мамой произведут на свет дитя, у которого неизвестно отчего с возрастом будут именно такие черты лица, глаза, голос, мужественность, сексуальность и обаяние, и все это в сочетании с текстом роли, поступками и чувствами изображаемого им персонажа даст невиданный эффект. Он в жизни может быть дурак дураком, но автор написал ему монолог о дураках, и — глядишь, на сцене умница и иронист. Он прочитал в жизни две книжки, одна из которых — его сберегательная, а на сцене — профессор, рассуждающий о природе подсознательного. В жизни тряпка и барахло, на сцене — король Лир.

Даже в профессии гораздо более интеллектуальной, в режиссуре, подобный разрыв не слишком очевиден. Режиссеру фильма или спектакля достаточно почувствовать образ создаваемого произведения, его графику, темпоритм, пластический строй, и, пренебрегая знаниями времени и места, мировым опытом, наплевав даже на культурные и религиозные ценности страны, где происходит действие пьесы или сценария, — он поставит спектакль или снимет ленту, которую назовут гениальной и даже объяснят, почему она таковой является. Режиссер ведь не придумывает сюжет, не пишет текст — за него это уже сделал автор.

Еще и поэтому у режиссеров такая тяга к классикам — писали лучше. Автор, его талант, ум проверены временем. Драматургу, если он дурак, темен и необразован, скрыть сие обстоятельство много труднее, чем режиссеру. Автор, как он это ни маскируй, тут или там, репликой или шуткой, обнаружит свои тайные пороки и свойства своего характера. Даже очень талантливый автор. Даже если у него замечательное чувство юмора и публика подыхает со смеху — настанет момент, и чуткий зритель или читатель пресытится и этим. От писателя-лирика, высокого поэта читатель подсознательно ждет разрядки в иронии или шутке, от смехача — глубины и лирического монолога. Классики это просекали на раз — а кто не сек, пылится на полках библиотек.

Гоголь в поэме «Мертвые души» завидовал поэту, что пишет лишь о высоком, и лукаво жаловался на тернистый путь сатирика, копающегося в низких людских пороках. Сегодня как раз можно позавидовать талантливому сатирику: высокий строй мысли не в моде. Чистому лирику много труднее пробиться к читателю и зрителю. То же и в актерских книгах, хочешь широкого читательского успеха — шути на всю железку, бай байки, трави баланду, если ты к тому же популярный актер — побольше своих фотографий со знаменитыми друзьями; очень хорошо, если кто-нибудь из них подарил тебе фото с надписью и нарек тебя «блистательно талантливым», — не брезгуй, помести в книгу. Читатель это уважает. Больше имен и как можно больше сплетен и баек.

Помнишь заповеди: не укради, не убий, не прелюбодействуй, не возжелай жены ближнего своего... Вспомнил? Так вот, поступай с точностью до наоборот. Укради мысль, убей хамской эпиграммой врага или друга, что одно и то же, прелюбодействуй с чужой женой или хотя бы на бумаге напиши, что прелюбодействовал, — кто проверит? Одну заповедь — новую! — выучи: не утоми! Назови свою книгу: «Похождения дрянного мальчишки» или лучше так — помнишь? — «Я — Пеле», «Я — Эдичка», «Я — Шурик». А ты еще короче: «Я — говно». Но главная заповедь — «Не утоми». Читатель сегодня и так утомлен, у него и без твоей писанины забот хватает, он не для того свой последний рубль, шекель, доллар, грош отдал тебе, мерзавцу, чтобы ему скулы воротило! Ты понял? Не утоми! Мыслью — не утоми! И тираж тебе обеспечен.

Дальше реклама, презентация твоей книги, желательно с трансляцией по ТВ. Пригласи модных людей, больше знакомых физиономий, чтобы все пели, шутили и танцевали. Не забудь сексуальные меньшинства всех направлений: от них сегодня многое зависит. И спонсоры, спонсоры, спонсоры. Любые, но богатые. Новые русские и старые евреи — все, что угодно, — старые русские и новые евреи. Главное, чтобы они пришли с подарками, хорошо бы с ключами от «мерседеса» или «вольво»; если «фольксваген» — пускай тащат прямо на сцену. Пойми: видеоряд, визуальность, видеоклип — прежде всего. Отлично, если сможешь привезти на презентацию в коляске свою внучку или внучку сына. Очень трогает! Тетя Маня простит тебе даже «мерседес». Бедные любят поплакать.

Никаких политических деятелей, учти — ни детей юристов, ни внуков детских писателей. Никого! Или, если без этого не обойтись, тогда всех разом: и Горбачева с Ельциным, и Руцкого с Черномырдиным. Без скандала с мордобитием сегодня не обходится ни одна приличная презентация. Если уж решился делать, то делай по-большому: бомонд так бомонд.

Очень хорошо освятить твою книгу молитвой патриарха. Откажется — зови муллу. Можно даже раввина, еще лучше — всех троих разом. Сотворите намаз черной икры на белую мацу под «Распутина» — обалденно! Очень эффектно глядятся сегодня казаки с погонами и портупеями.

Устрой аукцион одного — ты понял, одного-единственного экземпляра твоей книги и заяви тут же вслух, что остальной тираж ты сожжешь, а пепел прилюдно съешь. Гости за твою книгу передерутся. Мэр Лужков подарит тебе за нее здание Моссовета вместе с театром того же имени.

Матрицу книги пришли в Израиль, и я «перепру» ее на иврит, потом «перепрем» снова на русский, и, клянусь, ты не узнаешь собственного сочинения. Мы издадим твою книгу под новым названием: «Говно — я!» и устроим большой телестеб. Шалом, ариведерчи, привет, алан, бай — твой коллега по ремеслу.

Как становятся актерами? И почему, казалось бы, нормальные мальчики и девочки, которые могли бы проектировать дома, лечить людей, строить самолеты или корабли, словом, приносить людям реальную ощутимую пользу, идут в актеры? Не идут же они в крестьяне или в рабочие! Не слышал я ни от одной городской девочки, чтобы она сказала:« Вот вырасту и пойду в крестьянки!» И не идет. А вот деревенские пацаны, бывало, заявляли своим родителям, что поступят в актеры, и никакой ремень отца тут не действовал. Из дома сбегали и ехали в город поступать на сцену. Что в них говорило тогда? Жажда славы, успеха, красивой и богатой жизни? Ну девчонкам не давала спать мечта о своем лице во весь экран, но мальчишки?! Или в нашей профессии заключено женское начало и каждый актер — немножко баба?

Я стал актером просто потому, что ничем другим заняться не мог. Или не получалось, или было лень потрудиться, преодолеть себя... Одно время хотел стать хирургом. Пошел в морг, где трупы режут, — вырвало. Думал пойти в химики — отравился хлором. Проводил опыты в химическом кабинете, забыл открыть вытяжной шкаф — и угодил в больницу. Писателем никогда не хотел быть: видел перед собой пример отца и что у него была за жизнь. Учился я в школе ровно — плохо по всем предметам. Единственный урок, который мне нравился, — литература. Устная. Письменная — нет. Надо было грамотно писать, учить правила, а я этого не любил с детства — учить. Запоминать наизусть — это да, вот это мне всегда легко давалось. И потом, какая радость перед своим классом выпендриться, стих прочесть, а уж если что-нибудь смешное — басня, это и вовсе мирово. И, очень ленивый от природы, боящийся какого бы то ни было физического труда, барчук, избалованный моей любимой няней Катей, я твердо решил поступить в артисты, «чтобы иметь святое право вовек уж никого на свете не любить» , кроме самого себя. Страстно ненавидя любой труд и избегая его всеми силами своей души, не зная при этом, как же заработать на хлеб насущный, не шевельнув пальцем, я поступил в артисты, уверенный, что мое место там, где весело развлекаются на сцене, где пьют водку после спектакля, поют песни, читают стихи и лазят артисткам под юбки.

Ну а какого рожна, с чего, скажите, ради Христа, человек идет в писатели? «Поэтом делаются или рождаются?» «Сначала поэта делают, а потом его рожают» — так ответил на этот вопрос поэт-имажинист Анатолий Борисович Мариенгоф.

Так какого рожна человек, что мог бы приносить реальную пользу другим, таким же, как он, почему-то выбирает ремесло щелкопера, которое когда-то и ремеслом не считалось? Трудно ответить — я не писатель, не литератор, я только записываю за собой от нечего делать, когда потрепаться не с кем. А еще — кто станет слушать мою трепотню? Для этого нужны время и силы, а люди, как правило, больше любят сами поговорить, и все больше про свое, что у них на сердце, порассуждать человек любит — и чтобы его послушали.

И тогда те, кому кажется, что они лучше других знают, почему Наполеон сбежал из горящей Москвы и что именно чувствовал Кутузов, когда получил об этом известие, и даже что он сказал и как перекрестился, — не треплются об этом по телефону, не выбалтывают в ресторане за рюмкой водки, не поверяют этого даже жене (зачем утомлять, ей детьми надо заниматься, а не глупости мужнины слушать) — садятся за стол и беседуют сами с собой, пользуясь при этом гусиным пером или шариковой авторучкой. И когда книжка выходит, то иногда, лишь иногда и далеко не у всех, выясняется, что Левушка хоть и зануда и мусорный старик, но однажды за обедом нудил не зря; что Александр был-таки хоть отчасти прав, когда ни с того ни с сего проснулся, зажег свечу и стал скрипеть пером от гуся. Вот князь Павел прочитал в журнале — и Сашу похвалил. Только денег за это маловато платят... Жаль...

Приведенные выше счастливые случаи с великими — редкость. На то они и великие. Как правило, все обстоит намного примитивнее. У меня, например. Бумагомарание — это, как известно, тяжкое заболевание. Его следует лечить, как геморрой или чесотку. Больной в данном случае настаивает на обратном: он утверждает, что его геморрой и чесотка проходят, когда он пишет, а деньги он клянется заработать чем-нибудь другим! Подучив иврит, он поступит в распространители билетов на ивритские спектакли и тогда, отделавшись от своих ошибок и заблуждений, купит обещанный сыну четырехколесный велосипед, а дочке — серебряную бутылку с золотой соской — и день и ночь отныне будет говорить с ними только про бабушку и дедушку, их репку и морковку, из чего они готовят цимес для их бедной усталой дочки, которую угораздило выйти замуж за бесчувственного эгоиста и никакого отца, который даже не может построить дом, который уже построил Джек...

Актерские книги. Мы все разные, разные и наши книги. Я же, как и Сергей Юрский, к тому же режиссер, и книги наши отчасти режиссерские. Режиссер монтирует книгу, как фильм. По всем законам монтажа сейчас требуется эффектный израильский эпизод, какая-нибудь бомбежка, кровь, террор, политический митинг, Голаны, национальная вражда, взорванный автобус номер пять, которым я езжу каждый день в Камерный театр, или гимн мелиораторам, что превратили пустыни Израиля в сады, летчикам, молодым солдатам, в числе которых уже и русские, хорошеньким солдаткам с автоматами «узи», что здесь на каждом шагу: в кафе, на пляже, в дискотеке. А может, что-нибудь про все климатические пояса, что есть в маленьком и удивительном Израиле — Мертвое море и снега горы Хермон, про библейские и христианские святыни, про Песах и Пасху или про веру, которую я бы исповедовал, родись я здесь... Какую — иудейскую, христианскую?

Нет культуры вне религии. Но и выбор религии зависит от культуры, данной тебе от рождения вместе с большой или малой родиной. Что для молодого, родившегося здесь парнишки Иисус Христос? Не более чем Иешуа из Нацерета. Он для него — что для русского паренька Гришка Отрепьев, который, возмечтав о троне московском, объявил себя народу убиенным царевичем Дмитрием и привел чужие полки на свою родину. Иешуа — самозванец, что нарушил древний закон Моисеев, закон предков, закон Бога единого и много бед навлек на свой народ. Именем Иешуа-Христа творилось много разрушений, горя, и реки крови пролились народа Авраамова во всех коленах его. Это он знает с детства. Только потом этот израильский паренек открывает для себя чужую культуру, культуру христианского мира, которую изучает, начинает уважать и обнаруживает, что Иешуа из Нацерета — Иисус из Назарета. Что для миллионов, живущих на земле, он сын Бога и сам Бог.

Молодой израильский парнишка, даже если он сверхлюбознателен и взял себе за труд вникнуть, изучить новозаветную литературу на чужом языке, вряд ли уверует в чужого Бога, даже если этот Бог по крайней мере наполовину — еврей. Он будет уважать чужую веру, но ждать от него, что он примет душой и сердцем эту веру, было бы по меньшей мере странно. И он останется при своей, будет изучать свой Закон, который лишь реформировал Иешуа из Нацерета. Он будет чтить и соблюдать святую субботу и жить в традициях своих предков. Живя в этом прекрасном и яростном мире, он может разувериться и в своем Боге, отойти от Закона, невзлюбить своих раввинов и ультрарелигиозных, но вряд ли он при этом примет другого Бога, другую веру. Он, скорее всего, не станет воинствующим атеистом и будет уважать любые традиции, но с долей скепсиса и недоумения посмотрит на тебя, еврея из России, для которого Иешуа — Иисус Христос — Вера, Надежда и Любовь.

Так что родись я в Израиле и воспитывайся здесь, ходи тут в детский сад, школу, университет, пройди я здесь армию, хлебни все, что хлебнули молодой израильский паренек и его родители, деды и прадеды, будь они даже из России, полагаю, что в христианскую веру меня могло бы обратить лишь чудо.

Я задаю себе вопрос: изменились ли мои взгляды, убеждения, претерпела ли моя христианская вера какие-либо существенные изменения с тех пор, как я живу на Святой земле?

В главном, безусловно, нет. Если говорить высоким штилем, я так же занят поисками Бога в себе и пытаюсь бороться с дьяволом — опять же в себе. Я так же, как и в России, не блюду постов, отношусь к служителям церкви в зависимости от того, с кем лично веду беседы, я так же часто перечитываю Новый Завет и притчи Ветхого Завета и постоянно, постоянно обращаюсь к Толстому и его книгам. Прочтя здесь книги Бердяева (я припозднился), вновь стал перечитывать что-то из Достоевского — «Идиота», «Бесов», «Карамазовых», пытаясь понять, почему философ Бердяев полагает, что «Великий инквизитор» — это вершина вершин в постижении религиозной истины не только у Достоевского, но и вообще в духовной русской литературе. Но в который раз я тем не менее отдаю предпочтение мучительным исканиям еретика Толстого.

Нет, в главном все по-прежнему. В частностях, наверное, изменения есть. Здесь время как-то сплющивается. Дохристианское, древнее, проступает явственнее, а христианское, приблизившись и обретя реальные черты, кажется произошедшим чуть ли не вчера. Здесь делаешься как-то терпимее к происходящему в мире, внимательнее вникаешь в разные доводы даже политического толка, наблюдая происходящее в израильском ли кнессете или в российской Думе, вслушиваясь во всевозможные теледиспуты и телеспоры.

Два молодых актера из России (не стану называть их имен) с одинаковой истовостью углубились в религию. Оба евреи. Один, православный, все более и более подчиняет свою жизнь законам православной Церкви и ее учениям, требованиям, установкам. Другой с неменьшим рвением блюдет субботу, изучает каббалу. Я же, любя их обоих (впрочем, и они дружны между собой), живу, тружусь и верую по-своему, как умею, как могу.

...Писал я эти заметки быстро, меньше месяца. Ведь многое было написано раньше и ждало своего часа. И вот я собрал книгу. Что-то не вошло, не попросилось встать в монтаж. В собранном, смонтированном, во вновь написанном я, наверное, опять кого-то обидел, задел, не был объективен. Если я не прав, простите меня. А я заранее прощаю вас за любой суд надо мной.

Простите мне обиды, вольные и невольные; знаю, что не раз еще упаду и опять грехи, как черные горы до неба, встанут надо мной, а я сам сожмусь в комок, боясь открыть глаза и начать новый день. Все это мне хорошо знакомо по прежней и по теперешней моей жизни. И страшно, и тоска. Боже мой, какая тоска!..

А бывает и так: проснешься и увидишь, как жена кормит маленькую Зойку, Зойку третью, — ей сегодня два месяца, она уже мне улыбается, — и станет весело на душе. А Мишка-маленький, Михаил третий, чистит зубы и что-то напевает при этом то ли по-русски, то ли на иврите. Сейчас мы сядем в машину, и я отвезу его в школу. Потом смотаюсь на пляж и поплаваю всласть. Выпью вкусный кофе в приморском уютном кафе, где официанты уже меня знают и мне не составит никакого труда обменяться с ними на иврите парой ничего не значащих фраз. Я раскурю свою трубочку и стану думать о какой-нибудь хорошей пьесе или роли, которую неплохо было бы сыграть, о Шейлоке, о

Лире. Скорей всего, я их никогда не сыграю, но думать о них интересно. А еще здорово, что вечером меня ждет свидание с другом из Москвы, и мы всласть сможем потрепаться с ним «о Шиллере, о славе, о любви», сидючи у меня на открытом балконе, и рюмкой доброй водки помянуть ушедших друзей и выпить за ныне здравствующих.

И я, конечно же, не удержусь и почитаю ему стихи, первые, что придут в голову, а он посмотрит на меня и скажет: «Все-таки ты чертовски счастливый человек, Мишка!» И будет прав. «Стыдно быть несчастливым» — как писал еще один наш общий друг, и хотя жизнь быстротечна, и вся-то она — моя, по крайней мере, самое главное в ней вместилось в мою не слишком объемистую книгу, но как не процитировать известное: «Что сказать мне о жизни? Что оказалась длинной». Как будто даже она была не одна, а их было много.

Какое у меня право не чувствовать себя счастливым, если я повстречал всех, о ком написал — пусть бегло — на этих страницах! А сколько хороших, интересных людей, которые осчастливили меня иногда мимолетной встречей или удостоили своей многолетней дружбы, остались за пределами моих заметок? Но ведь они были, были, эти люди.

> Жизнь ведь тоже только миг,
> только растворенье
> нас самих во всех других.
> Как бы им в даренье.
>
> *Б. Пастернак*

А я ведь слышал живой голос написавшего это — разве не чудо?!

Когда я впервые увидел устрицы в парижском ресторане «Куполь», мне вспомнился другой голос, тоже слышанный мною, глуховатое, ровное контральто:

Свежо и остро пахли морем
на блюде устрицы во льду.

А. Ахматова

Я читал вслух стихи про Гвадалквивир, сидя в кафе на берегу Гвадалквивира, болдинские стихи Пушкина я читал болдинцам, сахалинские записки Чехова — на острове Сахалин. Я, как и написавший про храм Баграта Арсений Тарковский, бывая в Грузии, «входил в расколотый кувшин, в пустынный храм Баграта». Я, прикоснувшийся к текстам Гоголя, увидел его прекрасное «далеко», его Италию, своими собственными глазами. Я слушал любимые джазовые мелодии, когда их играли черные джазмены в Гринвич-Виллидж, и органные фуги Баха в костеле его города; я наслаждался картинами Эль Греко в его доме в Толедо; я видел гранитную усыпальницу Наполеона и скромную могилу того, кто сумел объяснить нам не только про Бонапарта, а про все, что с трудом поддается объяснению.

Рюмка водки, выпитая с бывшим политическим зэком в Норильске, меня радовала не меньше, чем виски с содовой в нью-йоркском ресторане Роберта Де Ниро в компании с Михаилом Барышниковым. Радость от стремительного спуска на лыжах по уральским горам в деревне Черной, когда ноги в валенках и другие мальчишки несутся рядом, ни в чем не уступает веселью на празднике испанского фламенко в Барселоне. Ночь с польской девчонкой так же греховно-сладостна, как с длинноногой кинозвездой России. Аплодисменты в Сыктывкаре радуют точно так же, как на фестивале в Эдинбурге. Можно жить в апартаментах «Хилтона» и наслаждаться комфортом «Шератона» в Вене, но ночь на сеновале, запах сена и ночные звезды в глухой деревне Богоявление, где пьют самогон из граненых стаканов и где голодный медведь однажды забрался в амбар и, сломав самогонный аппарат, напился допьяна и уснул неподалеку, — оставляет такое же яркое воспоминание.

Можно почувствовать себя гением, когда в тебе рождается живое актерское чувство на провинциальной сцене в Полтаве, и испытать чувство щемящей пустоты и ничтожества на прославленной сцене МХАТа. Приятно, когда тебе вручают премию в Георгиевском зале, но вдвойне приятно, если свой фильм ты смотришь без стыда спустя годы. Искусство тем и замечательно, что оно зеркально явлению, зеркально творцу.

Ты можешь обмануться сам, обмануть миллионы людей, получить все звания и премии мира, от грамоты школьной самодеятельности до американского «Оскара», тебя вознесут и коронуют при жизни, — но зеркало навсегда сохранит оставленный тобою след, и его уже ничто не исправит и не испортит. Оттого так страшно и мучительно, вступив в соревнование с самим Создателем, творить иную реальность. Но нет ничего и слаще этого соблазна.

И хотя в кайф прочесть «Сретение» Бродского в самом Назарете или читать Пушкина на Святых Горах, но в конечном счете — не все ли равно, где молиться Богу, в иерусалимском ли храме или под иконкой в деревенской избе. Важно, чтобы молилась душа и чтобы молитва твоя была услышана. Вот когда душа молчит, а небеса пусты — страшно. Тогда тебе остается лишь суд людской, и нет тебя ничтожней на земле.

Пишу — и понимаю, что банален в своих доморощенных умозаключениях. Чувствую, что пора остановиться и опустить наконец занавес: сейчас, секунда, еще реплику! Крутятся какие-то чужие строчки, не мной придуманные:

Но пока мне рот не забили глиной,
из него раздаваться будет лишь благодарность.

Да, близко, но не так, не так следует закончить мою книгу. А как? Как?? А никак. Вот и ответ. Никак. Поставь многоточие, вези сына в школу, потом ступай на море, выпей свой кофе, поезжай в магазин и купи водки и жратвы, чтобы достойно встретить московского друга.

И смотри, счастливчик, не напивайся до зеленого змия — годы уже не те.

1995 г.
Тель-Авив

Глава вторая

СТРАНСТВИЯ

Вот так бы
всю оставшуюся жизнь маяться

Как и следовало ожидать, я вернулся на доисторическую родину, не мог не вернуться. Произошло это в 1996 году. Меня часто спрашивают во всевозможных интервью:

— Вам что, Израиль не понравился?

— Нет, — отвечаю, — Израиль мне понравился, я сам себе в Израиле не понравился.

— Вы жалеете об отъезде туда?

— Нет. Я вообще ни о чем не жалею.

Во-первых, я за очень многое благодарен Израилю. Во-вторых, это был необходимейший опыт, который мне пригодился и еще пригодится в моей дальнейшей жизни.

Еще живя в Израиле, я много раз выезжал со спектаклями или концертами в разные страны Европы и Америки. То же продлилось, когда я вернулся в Россию.

Я всегда веду дневники, это уже вошло в привычку. Кое-что из написанного, мне кажется, достойно опубликования.

У меня был на редкость счастливый май. С нашей антрепризой мы месяц провели в Америке, путешествуя с двумя спектаклями по разным городам: Нью-Йорк, Вашингтон,

Чикаго, Сан-Франциско, Лос-Анджелес и далее везде... Ездили большой группой: в спектакле по комедии Ноэля Коуарда «Цветок смеющийся» заняты 11 актеров, и лишь в спектакле-концерте для голоса и саксофона по стихам И. Бродского нас только двое — Игорь Бутман да я. Правда есть еще декорации, свет, звук, реквизит, так что на самом деле нас больше. А еще моя жена Анна — продюсер моей антрепризы, да двое наших детей: девятилетний Мишка и трехлетняя Зойка, которых мы таскали за собой: самолеты, автобусы, гостиницы, закулисье, рестораны после спектаклей, музеи и посещение мюзиклов на Бродвее...

Мне понравился спектакль с хореографией Боба Фосса «Чикаго», или мюзикл о самом Фоссе — и естественно «Питер Пен» или «Чарли Браун»... Я застревал в музее Метрополитен у картин Ван Гога, дети разглядывали муляжи рыцарей на конях в латах... Потом все вместе любовались картинами Рембрандта. Особенно «Славянским царем». Зойке нравилось, что он красивый царь в тюрбане, Мишке — его золотая мантия, о себе промолчу. Фамилию Рембрандта дети запомнили, и на том спасибо. Веласкеса мы не выучили...

Вообще, доложу я вам, в моем почтенном возрасте путешествовать с детьми — двойной кайф: ты очень многое воспринимаешь через них, смотришь на мир их глазами, к тебе возвращается способность удивляться, непосредственность и незамутненность восприятия природы, архитектуры, живописи, музыки. Реакции и оценки, разумеется, разнятся, но под час и дополняют друг друга. Мишка через меня, через мои восторги, воспринимал хореографию Боба Фосса, я оценил «Чарли Брауна», когда он отсмотрев его дважды, стал петь мелодии и песни из этого детского мюзикла. Зойка засыпала в надежде, что к ней первой прилетит Питер Пен. А утром наряжалась в синее платьице с белой блузкой, как Дороти из страны Оз (по нашему из «Волшебника Изумрудного города»), и воображала себя ею. Наш замечательный джазмен музыкант-саксофонист Игорь Бутман играл дважды в Нью-Йорке с их прославленными звездами: трубачем Уинтеном Марсалесом и вибронистом Джо Локком. В обоих случаях возникал квинтет потрясающих музыкантов. В каждом клубном концерте игрались три сета. С перерывами. Примерно три часа серьезной джазовой музыки, по виртуозности, изощренности и духовности современный джаз не уступает классике.

Серьезный джаз, в силу высоты, становится все элитарнее. Тут явно уместно произнести как «увы», так и «слава Богу». Слушают и восхищаются этой музыкой в основном «очкарики» и яйцеголовые всех возрастов. Или дети. Как оказалось, в том числе и мои собственные. Зойка, разумеется, до третьего сета не дотягивала, засыпала под звуки мощного дуэта саксофона Бутмана и трубы Марсалеса, как несколько веков назад отправлялся в объятия Морфея граф Кайзерлинг, слушая гольдберовские вариации Баха. Девятилетний Мишка был много выносливее. Он, увлекшись игрой, даже напросился к Марсалесу на прослушивание в его музыкальную школу. В силу нереальности его мечты дело ограничилось автографом маэстро и совместной фотографией. «Учись у Бутмана. Он пока менее известен, но не менее грандиозен», — сказал Марсалес. Что вполне подтвердилось. Игорь играл в нью-йоркском «Сохо» три сета с ансамблем Джо Локка. И имел необыкновенный успех. К нашему ужасу, во время исполнения темпераментная Зойка выскочила на сцену и подошла к виброфонисту Джо. Я приготовился к скандалу... НО НЕ ТУТ-ТО БЫЛО! Джо Локк взял ее ручки в свои и продолжал вместе с ней играть на виброфоне. Публика была в восторге от мастерства музыканта. Мы с женой облегченно вздохнули... Это актерское «цирковое» дитя (мы ее прозвали «наш реквизит»), путешествуя с нашей труппой, взяло манеру, отсмотрев спектакль, выходить с нами — актерами на аплодисменты...

Так случилось и в полуторатысячном здании бродвейского Таун Холла, где мы играли комедию Ноэля Коуарда «Цветок смеющийся». Аплодисменты полуторатысячного зала длились по времени семь минут, — такого в своей жизни не упомню. Прошу простить хвастовство, но актер Леонид Сатановский снял все это безобразие любительской видеокамерой не для показа на ТВ, а исключительно, чтобы мы все — С. Немоляева, О. Остроумова, А. Балтер, А. Мордвинова и др. не думали, что видели коллективный бродвейский сон. На видеопленке и Зойка (на руках у меня) раскланивается на сцене Таун Холла... Каково ей потом, когда станет взрослой, будет смотреть на дела давно минувших дней? Всякому умилению — свое время.

Три старухи

Две старухи без зубов
Толковали про любовь.
Они обе влюблены:
Та картошку, та в блины...

Сейчас речь пойдет о трех американских старушках, которые остались одним из самых впечатляющих воспоминаний этого американского мая. Две из них — старухи нью-йоркские, третья — бостонская, почти столетняя и самая мощная из них. Однако по порядку. Город Нью-Йорк — самый живой, разнообразный и ежеминутно меняющийся город мира. Его можно не выносить или обожать, как впрочем все на этом свете, но отрицать его мощь, разнообразие, его круглосуточный живой пульс — глупо. Город, да нет, страна Нью-Йорк — лишь подремывает (или делает вид?) от силу два часа в сутки — с 3 до 5 утра. Ночью он напоминает светящийся огнями громадный воздушный и легкий замок-великан, а его мосты — ну чисто бриллиантовые брошки и ожерелья. Днем небоскребы торчат, как от укола. В нем все стоит. Он весь мощный, потентный, как юноша-атлет. Употребим сегодняшнее модное клише: город секс-символ, город мегазвезда. Город контрастов? Разумеется. Есть роскошная 5-ая Авеню, и есть Гарлем, Манхэттен и Брайтон-Бич. Но надо понять, что далеко не всякий обитатель черного Гарлема захочет его оставить, и далеко не каждый русский с Брайтона, где даже вывески по-русски, будет уютно себя чувствовать ежедневно на 42-й стрит Манхэттена. Там всегда можно очутиться, спустившись в метро — «сабвейку» через полчаса от силы 40 минут. Кстати сказать, все ужасы про «ихнее» метро сильно преувеличены. Проверил лично. Нормальное, отлично разветвленное метро с подробными указателями, кондиционерами, с газетами, и мороженым. Я, любитель и частый пассажир московского метро (привык с юности), утверждаю, что прекрасно себя чувствовал в нью-йоркской подземке. После 2-х часов ночи в любом метро ты не от чего не застрахован.

Гулять одному по цветному Гарлему, особенно ночью, человеку с белой кожей, разумеется, небезопасно. Но если учесть, что жена в Москве почти 10-летнего сына Мишку в школу одного теперь не отпускает, то придем к выводу, что все относительно, как сказал старик Эйнштейн.

Город контрастов... В этом смысле Нью-Йорк не исключение. Он — выдающееся исключение лишь в том смысле, что в нем есть все и вся! На любой вкус, интерес, менталитет, характер и на твое сегодняшнее и даже сиюминутное настроение. Пресловутая американская бездуховность? Чушь собачья! А для кого эти бесчисленные книжные магазины? Многосотентысячные CD диски с любой музыкой в битком набитых огромных павильонах, которые даже трудно назвать магазинами. Хочешь запись концерта конца 40-х выдающегося ленинградского пианиста Софроницкого? Пожалуйста. Хочешь Рихтера, Гилельса, самого Рахманинова? Ради Бога. Все вплоть до Аллы Пугачевой. Плати деньги. Не можешь, — о'кей! Пойди в музыкальную библиотеку и возьми, перепиши себе. Только не распространяй, не продавай — это карается законом, а закон там чтут. И правильно делают. Замечательно, когда страна управляется законами, а не людьми. Нам бы так. У нас она управлялась и управляется людьми, часто в обход законов.

В центральном парке страны Нью-Йорк есть все, вплоть до маленького зоопарка. А на свободе, посреди деревьев и на них, бесчисленное количество белок. Ими развлекаются дети, кормят их прямо из рук. Надоело? Катайся на каруселях, качайся на качелях, играй в баскетбол или во что-нибудь другое. Загорай, раздевшись на травке, катайся на лодках, даже на лошадях или в карете. Про разнообразие еды и вкусностей — промолчим, ведь мы о духовном. Там, в Центральном парке — единая театральная установка — нечто вроде средневекового замка. Актеры для гуляющих в парке представляют пьесы Шекспира, оркестры играют Моцарта для рассевшихся на зеленой лужайке... В раковинах парка звучат духовые оркестры, как когда-то у нас в Питере в Летнем саду. Рядом с огромнейшим парком в самом центре мегаполиса Нью-Йорк — десяток станций того же метрополитена. Приезжай из любой точки города и выходи там, где тебе надо к любой части огромного парка. Дальше твое дело, чем ты там станешь заниматься сам или развлекать своих детей. А в 10 минутах от парка — музеи: Метрополитен, Модерн-Арт, тут же неподалеку — бродвейские театры, кино и Карнеги-Холл со многими залами. В нем, опять же, — все на любой вкус. Кливлендский симфонический — Исаак Перельман, Оскар Питерсон... Это те, кого приглашает Карнеги сам. Эти в программках и афишах — черным шрифтом. Сиреневым — те, кто сам снял этот Холл, этот роскошный зал — Генна-

дий Хазанов, русские американцы, чтобы отметить двух-
сотлетие Пушкина, наш российский концерт при участии
Сергея Лейферкуса, Сергей Юрский...

Кстати, о бездуховности. В этом году в столице Америки, городе Вашингтоне, знаменитом скандалом с Моникой
Левински, американцы установили памятник нашему Алек-
сандру Сергеевичу. В Москве, между прочим, я не нашел па-
мятника не только Фолкнеру, но и Уильяму Шекспиру, пьесы
которого всегда укрепляли репертуар московских театров в
течение последних ста лет. Нам, разумеется, не до Шекспира, у нас и Державину Гавриле Романовичу на памятник не
хватило. Правда, Крупской отгрохали. И какая там Надя —
красавица! Куда Инессе Арманд до нее! И Клавдия Шиф-
фер не потянет... Ну раз мы о женщинах, пора уже о трех
старушках поведать. В порядке, так сказать, поступления.

Старуха за номером один

Бродвей. Роскошный разнообразный Брод. Как мы
говорили в нашем стиляжном детстве: «Прошвырнемся по
Бродвею, по Броду». Это означало — прогуляемся по Нев-
скому, или по улице Горького (ныне Тверской). И еще тогда в конце 40-х была шуточная песенка:

На Бродвее шумном
Чистил негр ботинки
И блестят у Джека
Лишь белки у глаз.
Он влюбился в ножки
Маленькой блондинки
Машинистки Полли
Фирмы Джеймс Дуглас...

Так вот, на настоящем Бродвее, где цветные афроаме-
риканцы никому теперь ботинок не чистят, а за слово «ни-

гер» дадут по зубам (и правильно сделают — это мы «жи-
дами» и «черножопыми» разбрасываемся безо всякого
риска) — сидит на углу Брода и 55-ой улицы одна расчу-
десная старая художница по имени Берта Харгсон. Сидит, рисует и продает тут же свою нехитрую продукцию.
Вокруг роскошные витрины, небоскребы, где-то в подне-
бесье гигантские цветные рекламные щиты и чего там
только не изображено, а наша старушка выставляет на
скромный импровизированный прилавок маленькие картинки на холсте. На них одно и то же изображение как на
детском рисунке: женская головка статуи Свободы разными красками и детским почерком маслом надпись на
рисунке «Нью-Йорк вас любит, желает мира и счастья.
Любите Нью-Йорк». Что-то в этом роде я прочитал на
своем ужасающем английском. Но его хватило, чтобы ра-
зобрать суть. Сидит эта самая Берта на низеньком стуль-
чике, малюет безо всякого мольберта одно и то же и продает за 25 зеленых свой нехитрый сюжет. А на прилавке
лежит разрешение от мэрии делать ей этот арт-бизнес.
Диплом в рамке. Тут же ксерокс из старых газет, где, судя
по всему, фото молодой еще госпожи Харгсон и какая-то
заметка. И еще ксерокс с фотографией, где почему-то
группа улыбающихся нью-йоркских полицейских. Может,
кореша старухи? Сама Берта в потертом плаще, седые
волосы подкрашены чем-то рыжим. Голова старушки предательски трясется — глаза умные. Ну точь-в-точь Наина
из нашего «Руслана»:

> Глазами впалыми сверкая,
> С горбом, с трясущей головой,
> Печальной ветхости картина.
> Ах, витязь, то была Наина!..

Но почему-то в отличие от пушкинского Финна я не
ужасался, а, напротив, взирал на это зрелище почти уми-

ленно. Это надо же: в центре утреннего Нью-Йорка, средь шумного бала мчащихся роскошных машин и ярких автобусов сидит себе десятки лет постепенно состарившаяся девушка с газетной фотографии и рисует, рисует, рисует про то, что Нью-Йорк вас почему-то любит... Нет, нет, я отдаю себе отчет, что правомерен диаметрально противоположный взгляд на вещи...

«Небоскребы, небоскребы, а я маленький такой...»

Маа-лень-кий, никому не нужный на этом празднике жизни, ничтожный, отчаявшийся. Или лимоновский Эдичка, голый, на балконе 32 этажа — тоже отчаявшийся и обозленный на весь мир. Но я-то, гастролирующий московский актер, живущий около Бродвея на 56 улице с женой, детьми, с моими коллегами и друзьями, знающий, что вечером у нас аншлаг на Бродвее — мне пока приходить в отчаяние, слава Богу, не от чего.

Оттого мне мила эта старуха с ее «Нью-Йорк вас любит, будьте счастливы». И ты будь здорова, нью-йоркская Наина, и малюй себе детскую головку статуи ихней «свободы».

Старуха за номером два

Позавтракав, стою на улице на ступеньках нашего маленького отеля с красивым названием «Да Винчи», покуриваю трубочку, мимо идут утренние прохожие. Разные. Одеты кто в чем. Нью-Йорк в этом смысле также прост и демократичен, как наша Москва. На мюзиклы ходят в джинсах и кроссовках. Правда, тут же — мужчины в дорогих костюмах и дамы даже в вечерних платьях. Впрочем, при этом могут оказаться тоже в удобных кроссовках, пожилым ногам в них удобнее. В оперу не надевают смокинги. А на улице — кто в чем, особенно с утра. У многих в ушах «бананы» — наушники от плееров и радиоприемников. Мимо крылечка нашей «Да Винчи» идет-бредет старуха. По виду ни дать ни взять старьевщица-бомжиха. Цветная до синьки. Губы ярко накрашены. Во рту 4 зуба. На голове ярко-красная вязаная шапка. Выцветший плащ, из-под которого — спортивные брюки и кеды красноватого же тона. Идет мимо. Видит, что я курю. Попросила огоньку. Я щелкнул зажигалкой. Она, сказав «сенкс», о чем-то меня спросила. «Сорри, мэм, ай донт спик инглш». Она спросила в смысле, на каком я «спикаю». Отвечаю, что из Москвы, русский. И тут она: «рашен.. зэтс о'кей. Ай эм вери лайк Набоков!» Я чуть со ступенек не сверзился: «Набоков?! Ю лайк Владимир Набоков?!» И тут она пустилась в рассказ про то, что в юности играла Лолиту в школьном драматическом кружке. Вот тебе и бомжиха-старьевщица... Несколькими днями позже в этом огромнейшем Нью-Йорке, в огромнейшем Центральном парке, мне было суждено увидеть мою беззубую Лолиту в другой раз. Она сидела на скамейке с одним белым-белым старичком-пенсионером в очках, что-то ему рассказывала. Наряд ее был тем же, но шерстяная шапка была теперь ярко-зеленой и из-под плаща высовывалось тоже что-то зеленое. Она что-то плела белому старичку, он хохотал, кашлял от смеха и отмахивался от нее руками. Затем они встали и под руку зашаркали по аллее Центрального парка. Будь здорова и ты, моя старенькая цветная Лолита, помянувшая русского автора.

Любимая старуха

Она хорошо знала моих родителей, а меня чуть ли не до моего рождения, как гласит надпись на подаренной мне в этом американском мае ее книжице стихов, которые были сочинены и опубликованы Надеждой Филипповной Крамовой в 1992–98 годах уходящего века. Ее дочь, мою ровесницу, Людмилу Штерн, тоже прожи-

вающую в Америке, я знаю с тех пор, как помню себя с
еще довоенных ленинградских времен. Люда — писатель-
ница, а теперь и англоязычная журналистка, муж ее Виктор Штерн — американский ученый. Каждый раз, бывая
в городе Бостоне, я встречаюсь с этой замечательной
семьей. И каждый раз мой первый вопрос про Надежду
Филипповну. И немудрено — в декабре этого года ей должно исполниться ровно 100 лет. Просто обязано исполниться. Впрочем, сама Надежда Филипповна просит
судьбу об обратном, что как бы вполне естественно. Хотя
Гете и сказал, что старость — лучшая пора человека, но,
скажем, Анатолий Борисович Мариенгоф в своих мемуарах сказал: «Не верьте этому старому болтуну!» Старость не радость, — как говориться в пословице. И поэт
Крамова вторит:

> Как трудно стало жить,
> Вставать, сидеть, ходить...
> Все превратилось в сверхзадачу,
> А если уж постель стелить, — я чуть не плачу.

Или еще так:

> Умереть бы мне скорее,
> Не роптать, не маяться,
> Чтоб не видеть как стареет
> Моя дочь-красавица.

Не правда ли, сильно? Здорово и неожиданно по по-
вороту. Надежда Филипповна Крамова — актриса, писа-
тельница, переводчица, родилась 15 декабря 1899 года в
Санкт-Петербурге в семье инженера. Училась в прославленной гимназии Стоюниной и в Школе Русской драмы, посещала поэтический семинар Николая Гумилева.
В 20-е годы Надежда Крамова играла в знаменитом в то

время петербургском театре «Балаганчик» и снималась в главных ролях во многих фильмах, в том числе «Наполеон», «Минарет смерти» и др. В качестве журналистки и переводчицы Надежда Крамова работала в Берлине, перевела с немецкого несколько книг: «Дух Рильке», «Карл, где ты ?» и др. Она автор пьес «Змея», «Корабль Арго», «Дети подземелья», поставленных в свое время в разных городах бывшего Советского Союза. В вышедшей в 1989 году отличной книге «Пока нас помнят» Н. Ф. Крамова рассказывает о людях, с которыми столкнула судьба и связала дружба. Среди них — Максим Горький, Анна Ахматова, Михаил Зощенко... В стихах сборника, есть и такие, посвященные Иосифу Бродскому, который бывал в их доме в Питере:

Не подругой была, не сверстницей,
Я на сорок лет его старше.
Но заслышав шаги на лестнице,
Бормотание под дверью нашей,
Я кидалась бегом в переднюю,
Будто бы к источнику света,
Чтобы в квартиру немедленно
Впустить молодого поэта.
А поэт, побродив по комнатам,
Постояв у книжного шкафа,
Говорил приглушенным голосом:
«Я пришел почитать стишата».
И от окна до двери
Шагами комнату меря,
Начинал спокойно и строго,
Но вскоре, волненьем объятый,
Не замечал он, как строчки
Вдруг наливались набатом,
И дрожали тарелки со снедью,
И в стенку стучали соседи.

Тут все, для тех, кто знал Бродского, удивительно точно. И бормотанье, и «стишата», и стук соседей от набата и напора голоса молодого питерского рыжего Иосифа.

Читая эти, да и другие стихи Надежды Филипповны, как-то забываешь, что написаны они женщиной после девяноста. И как трогательно сказанное ею недавно:

Когда моя смерть постучит у порога,
Ее попрошу: «Подожди-ка немного,
Сейчас от стола не готова я встать —
Еще одну строчку прошу дописать».
И гостья, видимо, от удивленья
Присядет на лестничные ступени.
И скажет, махнув мне костлявой рукой:
«Ну ладно, я завтра приду за тобой».

Нет, не завтра, не послезавтра! Моя главная американская «старуха», дорогая Надежда Филипповна! Я мечтаю прилететь в Бостон на Ваше столетие, отмечать Ваши славные даты и дальше. Как говорят на Земле обетованной: «Живите до 120 лет!»

Легенда. Михаил Чехов

Легенда... Как часто мы теперь разбрасываемся словами: легендарный эстрадный певец такой-то, певица такая-то — тоже живая легенда, актер-классик... А уж эпитет «великий», раздаваемый на каждом юбилее от 40 до 75 — просто расхожая монета. Этот идиотский стиль и манера возникли, как мне кажется, в последние 10 лет, и слова потеряли первоначальный смысл, попросту стерлись.

А воистину легендарный русский актер Михаил Чехов, родившийся в России в 1891 году и покинувший страну в 1928, в списке наших популярных «легенд» не значится.

Судьба его сложилась непросто. В возрасте 37 лет он покинул Россию и дожил на чужбине до 64-х. Скончался в Лос-Анджелесе в сентябре 1955 года и похоронен там же.

Стало быть, 27 лет работал в чужих странах, на чужих языках, что для театрального драматического актера, пусть и отмеченного гениальностью, в профессиональном смысле — трагично. Да, Чехов создал в Америке театральную школу. Да, он немного снимался в голливудском кино. Он написал книгу о нашем ремесле. Дружил с Рахманиновым и Шаляпиным. Может быть, даже был по-своему счастлив вдали от сталинщины, царившей в нашей стране и в нашем театре. Наверняка просто сохранил себе и своим близким жизнь. Легко предположить, что Чехова с его особыми взглядами, убеждениями и особенностями характера могла постичь участь Мейерхольда или талантливейшего актера Художественного театра Юрия Кольцова, загремевшего в Магадан на десятки лет. Так что, я далек не то, чтобы от осуждения (и тени нет!), но и от стопроцентной уверенности в правильности моих размышлений о профессиональной трагедии Михаила Александровича. Но сдается мне, что любимому актеру русских театралов первой трети нашего столетия, сыгравшему Хлестакова, Гамлета, Эрика XIV, Облеухова и т. д., актеру и режиссеру МХАТа второго, сподвижнику Станиславского и Вахтангова, было, мягко говоря, тесновато и душно работать в Риге, Берлине и даже в огромной Америке. Ему, Чехову, не светил ни Бродвей с его драматической сценой, ни судьба в Голливуде Марлен Дитрих, не говоря уже о Чарльзе Чаплине. А ведь Михаил Чехов, судя по тому, что передает о нем легенда, был актером и личностью, не уступающей никому из мною перечисленных в качестве примера. Иное дело — музыканты, балетные, даже большие писатели: Набоков, Бунин, Бродский. Драматический актер вне стихии родной речи, родного менталитета — личность, которой не может светить ничего хорошего. По себе знаю. И, хотя Михаил Чехов — гений и легенда, полагаю, что и он не мог быть до конца удовлетворен своей профессиональной судьбой в «ихних Палестинах».

Когда я оказался в мае в Лос-Анджелесе, решил обязательно навестить могилу М. А. Чехова. Но это оказалось не так-то просто, гораздо сложнее, чем положить цветы к памятнику Станиславского на Новодевичьем в Москве. Кладбище мне указали. Мы с моим лос-анджелесским другом, кстати сказать, киноактером Ильюшей Баскиным («Москва на Гудзоне», «Самолет президента», «Полицейская академия» и др.) поехали туда. Это оказалось огромным и красивым, расположенным на зеленых холмах местом — приютом вечного покоя. Спросили в кладбищенской конторе: «Где Чехов похоронен?» После долгих объяснений и выяснений про Чехова, про меня, грешного, нам, наконец, назвали номер участка. И вот, представьте себе: зеленая огромная гора (холм), среди прочих кладбищенских холмов, ни одного возвышающегося надгробия (таковы правила данного кладбища), об указателях или опознавательных знаках я уже и не говорю. На холме-горе в зеленой травке сотни — тысячи одинаковых маленьких плит с надписями: имя-фамилия, родился тогда-то, скончался тогда-то. И вот, пойди найди среди всего этого бронзовую плиточку Михаила Чехова. Однако каким-то чудом наткнулся! И даже сфотографировал. И вспомнил, как наш мхатовский педагог Борис Ильич Вершилов тогда, в самом начале 50-х, почти шепотом рассказывал нам — студентам об эмигранте Михаиле Чехове, который был гением сцены. Давным-давно Борис Ильич работал вместе с Мишей Чеховым и Вахтанговым. Он пересказывал нам их разговоры, споры об искусстве, шутки, розыгрыши. Он же, Борис Ильич, пришел в 55-м году в аудиторию, когда мы — четверокурники (Таня Доронина, Володя Поболь, Олег Басилашвили, я и др.) репетировали в его спектакле «Идиот» по Достоевскому. Пришел грустный, пришибленный какой-то, с опрокинутым лицом и тихо сказал: «Не стало Миши Чехова»... Теперь, в мае 1999-го, на кладбище в Лос-Анджелесе я мог установить даже дату того запомнившегося дня моих юных лет — 30 сентября 1955 года.

Что и говорить, американский май этого года был для меня выдающимся, насыщенным впечатлениями маем. Вот так бы всю оставшуюся жизнь маяться. Да где там! Хорошего понемножку...

1999 г.

Дом,
который построил Том

Я наслаждался только что купленной в Москве книгой всех интервью моего любимого Иосифа Бродского. Там и вычитал: «Нельзя войти в одну и ту же реку. И на тот же асфальт дважды не ступишь. Он с каждой новой волной автомобилей другой... На место преступления преступнику еще имеет смысл вернуться, но на место любви возвращаться бессмысленно. Там ничего не зарыто, кроме собаки».

Однако я все же поехал в вымечтанный Стратфорд...

Казалось бы, всего лишь гастроли нашей антрепризы по «воинским частям» русскоязычной Канады. Никого сегодня этим не удивишь. Да и для нас самих это уже не в новинку. За последние десять лет мы в пятый раз на американском континенте. Однако то, что случилось со мной в Канаде этой весной, что называется, перевернуло душу. И дело, конечно, не в том, что наши спектакли игрались с удовольствием и имели успех. Просто в мае этого года в Канаде я встретился со своей юностью. И тут необходимо отступление в благословенные пятидесятые, точнее, в 1957 год.

Мне было двадцать два. Я только что снялся в нашумевшей картине Михаила Ильича Ромма «Убийство на улице Данте» и сыграл на сцене театра Маяковского Гамлета в спектакле Николая Павловича Охлопкова. Веяло весной, которую вскоре назовут «хрущевской оттепелью», железный занавес слегка приподнялся и началась пока еще робкая циркуляция идей и культурные обмены с Западом. В Москву приехала киноделегация из Италии с кинодивой Сильваной Пампанини. Незадолго до этого с невиданным успехом прошел ее фильм «Дайте мужа Анне Заккео» (в нашем прокате «Утраченные грезы»). Однажды у меня в квартире на Пятницкой раздался телефонный звонок.

— Товарищ Козаков? С вами говорят из Министерства культуры. Вы, наверно, знаете о визите итальянских кинематографистов в Москву?

— Конечно.

— Так вот, предполагается ответный визит в Рим, и вы включены в состав делегации.

У меня чуть ноги не подкосились. Тогда, в пятидесятые, попасть в Рим, все равно что сейчас — на Юпитер.

— Скажите, а вас Охлопков отпустит на десять дней?

— Конечно, я умолю его.

— Вот и отлично. Нам нужен окончательный ответ дня через три, не позднее, чтобы успеть с оформлением ваших документов. Вот вам номер телефона в министерстве. Через три дня ровно в десять утра ждем вашего звонка.

В назначенный день я накручивал телефонный диск до посинения указательного пальца. Занято, занято, занято... Глухо в течение часа! Наконец, удалось. Женский голос:

— Вас слушают.

— Это Козаков, еле дозвонился. Охлопков разрешил, так что все в порядке. Что я должен делать?

— Простите, кто это говорит?

— Козаков. По поводу поездки в Италию. Михаил Козаков.

— Миша, что ли?

— Да.

— Привет, это Лиля Юдина.

— Какая Лиля?

— Юдина, из Малого театра. Это ты мне позвонил.

— Лиля, я звоню в министерство целый час...

— И я дозваниваюсь целый час...

В общем, мы с Лилей пали жертвой розыгрыша актера и остроумца Никиты Подгорного и битый час названивали друг другу в надежде попасть в Италию...

(Никите я потом отомстил, как и положено, тоже розыгрышем: вызвал его телеграммой из Киева, где он был на гастролях с театром, на пробы к С. Ф. Бондарчуку на Мосфильм. Пустяк, конечно, но приятно...)

Примерно через месяц на Пятницкой опять раздался телефонный звонок:

— Это Михаил Козаков? С вами говорят из Министерства культуры.

— Слушаю вас, «министерство», — сказал я тоном стреляного воробья.

— Речь идет о вашей поездке в Канаду на Шекспировский фестиваль...

— Значит так, «министерство», а не пойти ли вам... — напрягите фантазию, прибавьте сарказма, и вы сами закончите эту фразу. Я повесил трубку.

Звонок:

— Простите, это номер телефона Михаила Козакова?

— Да.

— Это из Министерства культуры по поводу Канады...

На сей раз это был не розыгрыш, и в августе 1957 года я, Михаил Иванович Царев (игравший в Малом театре роль Макбета) и переводчик Никита Санников вылетели в Канаду на Шекспировский фестиваль, который уже традиционно, пятый год подряд с мая по декабрь проходил в канадском Стратфорде.

Стратфорд. Озера с непугаными лебедями, зеленые лужайки, по которым белки скачут наперегонки с ребятней…Уютная, чистенькая глушь…Здесь хорошо доживать свой век, удаляясь от дел, писать мемуары, или забрасывать удочку и охотиться на зайцев.

Представьте себе маленький городок (в 57-м всего на 16 тысяч жителей) в кольце девственных лесов неподалеку от Торонто. Рай для пенсионеров! Но для тех, кто еще не достиг возраста созерцательного размышления, Стратфорд таил немалые проблемы. Его экономика держалась на механических мастерских по ремонту локомотивов. Когда в конце сороковых дизель вытеснил локомотив, стратфордское благополучие рухнуло в одночасье. Город находился на грани банкротства, и те, кто связывал с ним свою судьбу, задумались о перспективах. Проектов было немало, в том числе и амбициозных — например, открыть в Стратфорде международную хоккейную школу, но все упиралось в отсутствие денег. Думал о перспективах родного города и о своих собственных в нем и Том Паттерсон. Ему было уже под сорок, — не мальчик, но до возраста глубокомысленного созерцания предстояло еще прожить целую жизнь. За плечами Тома была война с Гитлером. Он служил в канадской авиации, успел повидать разрушенный Ковентри, добрался до Стратфорда на Эйвоне, где и узнал, что английский тезка его родного города знаменит на весь мир как родина великого Шекспира. Это и решило дело. Том предложил превратить свой родной Стратфорд в международный культурный центр северной части американского континента. Ход его рассуждений был гениально прост: английский Стратфорд на Эйвоне гремит по всему миру, а наш известен не всем даже в самой Канаде. А чем мы хуже?

Этот молодой энтузиаст и прекрасный авантюрист попросил у мэрии сто долларов для поездки в Нью-Йорк, где возмечтал встретиться с находившимся там на гастролях сэром Лоренсом Оливье для консультации, как наладить в канадской провинции Шекспировский театр по подобию английского! Мэр заметил нашему герою:

— Том, пожалуй, со ста долларами в Нью-Йорке ты многого не достигнешь. Я дам тебе сто двадцать пять.

Но и эта внушительная сумма не помогла: сэр Ларри был целиком поглощен собственными проектами, и провинциальный городок в Канаде его не заинтересовал. Тогда Том нашел актрису, которая в молодости выступала на лондонской сцене и была знакома с режиссером Тайроном Гатри. Они позвонили ему в Лондон, связь была плохая, но главное Гатри уловил.

— Когда вы хотите, чтобы я приехал? — спросил режиссер.

— Завтра! — последовал немедленный ответ.

— Значит, театр уже готов?

Тому повезло: он не успел ответить, связь прервалась. Когда через два месяца Тайрон Гатри впервые приехал в Стратфорд, он понял, что проект, о котором ему говорили по телефону — полная авантюра, и если бы читал Ильфа и Петрова, то с полным правом мог бы назвать канадский Стратфорд Нью-Васюками. Но он не читал советскую классику, а главное — Гатри и сам был из породы авантюристов. Он поговорил с Томом, встретился с отцами города, и они поклялись, что театр будет! Гатри поверил, и стал создавать художественную программу. Он привлек известного театрального художника и конструктора Таню Моисеевич к разработке проекта здания и уговорил величайшего английского актера Алека Гиннеса принять участие в первом же спектакле. Первый сезон играли под шатром шапито, но уже через два года Том, как и обещал, построил театр. И какой театр! На две тысячи зрителей! Точную копию елизаветинской сцены, ничем не уступающую прославленной сцене английского Стратфорда. Здесь играли Алек Гиннес, Пол Скофилд, Кристофер Пламмер. Кроме шекспировских спектаклей давали симфонические концерты. Джаз представляли Дюк Эллингтон, Джерри Моллиган, трио Тедди Вильсона... Но откуда здесь появилась публика? Со всей Канады. Из Америки. На машинах. На поездах. На самолетах. Город ходил ходуном. В ночных кафе, клубах выступали многочисленные студенческие коллективы, клоуны оккупировали площади, это был фестиваль non-stop... А руководил им уже ставший всемирно известным гигант ирландец, работавший и с сэром Оливье, и с сэром Ричардсоном, а вскоре и сам ставший сэром, Тайрон Гатри.

Когда в 1957 году я познакомился с Томом Паттерсоном, и он представлял нас с Михаилом Ивановичем Царевым Тайрону Гатри, Майклу Лэдхему, поставившему в тот сезон «Гамлета» с Кристофером Пламмером, когда в этой удивительной компании мы в течение десяти дней проводили время, я, должен признаться, не до конца понимал, с кем мне посчастливилось общаться.

Я вернулся в Москву, по насмешливому, но точному выражению М. И. Царева, «угоревшим от Канады». Я готов был рассказывать всем и каждому об увиденном мною чуде, и часто замечал, что люди слушают меня с недоверием. Но время шло, я вновь с головой окунулся в интереснейшую тогда московскую театральную жизнь, и даже мне стало казаться, что Стратфорд — это всего лишь прекрасный сон. Как вдруг у меня на Пятницкой раздался телефонный звонок! Это Том Паттерсон, проездом оказавшись в Москве, решил справиться о моих делах. Мы дома наварили картошки, напекли блинов, раздобыли в ресторане черной икры и, конечно, много-много «Столичной». Какой же это был вечер! «Даст Бог, свидимся», — вот и все, что мы могли сказать друг другу на прощание...

И вот, спустя 43 года, попав в Канаду, я решил навестить городок, память о котором хранил почти полвека. Здесь, на Ниагаре, где мы с женой Аней и маленькими детьми Мишкой и Зойкой жили в номере с видом на фантастический водопад и глазам своим не верили, что все это происходит с нами на самом деле. Два часа пути на машине, и при подъезде к Стратфорду мое шестидесятипятилетнее сердце забилось от волнения и предчувствий. Каких? Бог ведает...

И вот театр. Фестиваль в разгаре. Полно народу, как и 43 года назад. Так же неподалеку в раковине играет студенческий оркестр. Так же на зеленых лужайках бегают дети, внуки тех детей...

Мы зашли в здание, я представился молодому менеджеру. Показал фото тех лет и со страхом спросил про старых знакомцев. Оказалось, Том Паттерсон жив! Ему уже 80, он, конечно же, приехал на фестиваль. Живет в пяти минутах езды в отеле «Альберт Холл».

Когда мы вошли в холл отеля, то, увидев сухонького старичка, я сразу узнал в нем того Тома, а он тоже (я это понял мгновенно) увидел во мне того, из благословенных пятидесятых... Мы обнялись. Мы усердно и долго хлопали друг друга по спине, пытаясь скрыть охватившее нас волнение, не разнюниться вконец на глазах детей.

Том перенес операцию на горле и говорит только через аппарат, который приставляет под подбородком. Почти поет слова, чтобы было понятнее. Мы поехали к театру, сели на скамейку у озера с лебедями, и начались воспоминания и рассказы про пролетевшие года. Он прожил их здесь, работая для фестиваля, а недавно его именем назван еще один театр, построенный им всего восемь лет назад — Театр Тома Паттерсона. И над входом установлен его бюст-барельеф. Вот такая жизнь...

Мы завезли Тома в отель, и он еще долго стоял в дверях и махал нам вслед. Как все-таки странно устроена жизнь. Всего десять дней в Канаде, потом пару-тройку дней в Москве, перерыв длиной в чью-то прожитую жизнь и встреча на таком накале эмоций? Со мной понятнее: он для меня —

мои 23, кудрявая голова, первый выезд в мир, Гамлет на стратфордской сцене. А для него? Всего лишь эпизод в его насыщенной трудами жизни? Но я видел, чувствовал, что эта встреча для него тоже что-то значит...

Что и говорить, — на таких, как Том, если не земля держится, то уж Его Величество Театр без таких и дня не проживет. Искусство — дело романтиков и подвижников. Без них — это всего лишь шоу-бизнес. Тоже неплохо. Но не для нас.

Май 2000 г.
Стратфорд, Канада—Москва

Глава третья

МОИ ПОЭТЫ

«Вот и все, смежили очи гении...»

Стихи всегда давали мне чувство независимости. От театра, от кино, от телевидения, от всего... Прокормиться ими сложно, но с голоду не сдохнешь. Всегда найдется тот один процент населения, который готов (пока готов) слушать поэзию в моем исполнении.

Кормильцы — Пушкин, Лермонтов, Тютчев, — трое любимейших в XIX веке. Четвертый — Иван Андреевич Крылов. Ахматова, Мандельштам, Пастернак, Самойлов, Тарковский, а главное, Бродский — меня пока не подвели. Тут я никому не подражал, не заимствовал ни одной интонации. К себе я более чем строг. Тысячи раз пробую стихотворение, его тон, ритм, темп, цвет и запах. Запишу на радио или на пластинку — вроде бы недурно, а проходит время, и хочется многое переделать, переписать.

Что касается века XX, то как бы мои вкусы и привязанности ни менялись, неизменной всегда оставалась квадрига: Ахматова, Пастернак, Мандельштам, Цветаева. «Четыре разных темперамента России», как подметил Бродский в одном телеинтервью. Недолго был Блок. Когда сильно пил, читал Есенина. Увлекался Заболоцким, сначала «Столбцами», затем мудрым, поздним. Заносило в сторону Маяковского. Редко, но заносило. Умозрительно ценил Твардовского, как и Некрасова. Плохо знал Ходасевича. Оценил позже. Через Ахматову заинтересовался Иннокентием Анненским, но не заторчал, как и на Кузмине, впрочем. Отдельно ото всех — Н. С. Гумилев. Я много читал и перечитывал его. Больше о нем. Он и сейчас в моем сознании стоит одиноким холодным белым памятником, а иногда — теплым человеком сегодняшнего дня. Хлебников? Не случилось. Поэт для поэтов. Хотя понимаю, какую роль он сыграл для движения, формирования поэзии XX века. Позевывал на Бальмонте, уснул на Брюсове. Прочитал Волошина, стихи Бунина, Набокова и многих других знаменитых поэтов Серебряного века. У каждого, даже у Георгия Иванова, находил отдельные отличные стихи, строки, образы. Но... бикфордов шнур, загораясь, вскоре начинал тлеть. Взрыва не происходило.

С детства и навсегда полюбил Самуила Яковлевича Маршака. К нему у меня благодарность как к родному человеку, как к моей драгоценной няне Кате, как к бесценной мамочке Зое. Она и подарила мне в начале 40-х «Английские баллады» в переводах Маршака. Я знал всю книгу наизусть. И по сей день в концертах их читаю, а моим маленьким детям и внукам — его детские стихи. Да ведь и сонеты Шекспира (графа Рэтленда и Елизаветы Сидни) я узнал и полюбил тоже благодаря Самуилу Яковлевичу.

Судьба была ко мне многообразно щедра на знакомства с поэтами. Вот и Маршака я видел и слышал, и Заболоцкого, несколько раз Анну Андреевну.

Б. М. Эйхенбаум написал книгу об А. А. Ахматовой в начале 20-х годов, уже тогда признав в ней большой талант. Мне посчастливилось сразу после войны видеть Анну Андреевну в квартире дяди Бори и слышать, как она читает стихи. Ахматова была еще совсем не так грузна, не так величественна, как в последние годы своей жизни, когда я встречал ее в Москве у Ардовых или в Комарове, где она жила и где написала многое из того, что уже теперь стало классикой русской поэзии...

> ...И отступилась я здесь от всего,
> От земного всякого блага,
> Духом-хранителем «места сего»
> Стала лесная коряга.
>
> Все мы немного у жизни в гостях,
> Жить — это только привычка,
> Слышится мне на воздушных путях
> Двух голосов перекличка.
>
> Двух? А еще у восточной стены,
> В зарослях крепкой малины,
> Темная свежая ветвь бузины...
> Это — письмо от Марины.

После войны, вернувшись в Ленинград из Ташкента, она была худа, выглядела усталой, и мне было странно слышать, что взрослые называли ее красавицей, как-то по-особому глядели на эту женщину и говорили с ней крайне почтительно. Не помню я и стихов, которые она тогда читала, — было мне лет одиннадцать-двенадцать. Помню только ощущение значительности происходящего и ее ровный голос без интонаций. А в последний раз я видел А. А. Ахматову в начале 60-х — она читала стихи у Ардовых, в Москве, — я был в гостях у Бори Ардова и слышал ее. Теперь она стала грузной, величественной, как Екатерина Вторая.

> А в зеркале двойник бурбонский профиль прячет
> И думает, что он незамним,

Что все на свете он переиначит,
Что Пастернака перепастерначит,
И я не знаю, что мне делать с ним!

Мы, молодежь, резвящееся дурачье, даже тогда до конца не могли понять, что за счастье нам выпало...

Моя мать знала Ахматову еще с 20-х годов, когда была «серапионовой сестрой» «Серапионовых братьев». После маминой смерти в 1973 году я обнаружил ее записи, к сожалению, немногочисленные: так и не собралась написать, хотя знала очень многое и очень многих. Я позволю себе привести здесь отрывок из ее воспоминаний:

«...Я сговорилась с Анной Андреевной, что заеду за ней, чтобы отвезти в БДТ на вечер памяти Блока. Когда я приехала, Анна Андреевна, подкрашивая губы, диктовала Раисе Беньяш стихотворение "Он прав, опять фонарь, аптека...", и та большими буквами записывала его, чтобы Анна Андреевна смогла в театре прочесть стихи без очков.

Надевая свои лучшие вещи, раздобытые для нее Ольгой Берггольц по лимитам, на которые она формально не имела прав — черное платье, чернобурая лиса, — Ахматова попутно посвящала нас в бытовые детали этого дела, радовалась, что она сейчас более-менее одета, и тут же вспомнила, что в Пушкинском доме, в музее, выставлена часть кабинета А. А. Блока, в том числе папироса, которую он не докурил и оставил в пепельнице. "Боже! До чего это противно! Нельзя делать культ вещей", — сказала она и тут же вспомнила о своей последней встрече с Блоком на вечере в БДТ. Блок читал стихи. Анна Андреевна шла с испанской шалью на плечах. "Посмотрев на меня, Блок сказал: "Вот и испанская шаль. Вам не хватает только розы в волосах..."

Затем мы отправились в БДТ, где Анну Андреевну встретили как королеву, и когда она вышла на сцену, чтобы прочесть стихи, театр встал и долго ей аплодировал. Это был апогей ее славы перед постановлением, перед "решениями", перед всем дальнейшим»...

...Когда мне становится особенно паршиво на душе, стыдно за все грехи моей жизни, я пытаюсь сбежать в детство. Так уж, видать, устроен человек, если он, конечно, любил свое детство. Но ведь и там были, я их тоже вижу, если не грехи, то грешки, пусть детские или отроческие разного рода «вины»: соврал, струсил, был недобр, нетерпим, истеричен. Кто за собой, ребенком, не знает, не помнит такого?

Так вот, утешением мне, грешному, служит одна идиллическая, но, судя по всему, правдивая история. Поминали Анну Андреевну Ахматову в одну из годовщин ее смерти. После молебна в ее любимой церкви Всех Скорбящих Радости собрались в доме Ардовых на Ордынке. Еще была жива Нина Антоновна, вдова Ардова, за столом сидели Наталия Ильина, Глен, Вольпин, Женя Рейн, братья Ардовы-Баталовы. Читали стихи, вспоминали. Мой бывший соученик по ленинградской 222-й школе Толя Найман, как обычно, подтрунивал надо мной, он этим с успехом занимался еще в детстве, но вдруг, под влиянием то ли винных паров, то ли значительности момента, вызвал меня в соседнюю комнату, которая в семье Ардовых называлась «ахматовской».

— Михаил, однажды я при старухе, — он кивнул на портрет Анны Андреевны, — отозвался о тебе не слишком лестно. Так вот, она меня перебила и сказала примерно следующее: «Толя, никогда при мне не говорите плохо о Мише. Мне достаточно того, что я видела, как он пережил смерть своего брата».

За этот рассказ я простил Толе все на свете, в том числе и все плохое, что он говорит, пишет и даже думает обо мне. Слово Ахматовой, к сожалению, не индульгенция, но моя робкая надежда. На что? Сам не знаю... Но очень хочется оправдать ее слова, насколько хватит сил, а главное, духа...

А потом начались мои собственные «поэтические» знакомства. Собственные, потому что знакомствам, скажем, с Корнеем Ивановичем Чуковским, Ольгой Берггольц, Николаем Заболоцким, Марией Петровых и многими другими я обязан моим родителям. Луи Арагон научил меня, боявшегося воды, плавать, когда они с Триолешкой (как взрослые называли его жену Эльзу Триоле) приезжали в Комарово. Хвастовство можно продлить списком самых выдающихся служителей изящной словесности.

Собственные начались а начале 50-х, когда я стал студентом Школы-студии МХАТ. Как-то у нас в студии устроили вечер «смычки» со студентами Литинститута. Нам, будущим артистам, раздали на выбор стихи студентов Литинститута, с которыми мы должны были встретиться на планировавшемся вечере, с тем чтобы мы прочли их в присутствии поэтов. Я выбрал какие-то гражданские стихи про «оттепель» Роберта Рождественского. Почему? Случай. Сейчас мне странно, что не выбрал я тогда Володю Соколова, как помнится, уже аспиранта Литинститута и действительно превосходного поэта. Была на том вечере Белла Ахмадулина, но, кажется, ее стихов нам не предлагали. Она уже была замужем за Евтушенко, а вот училась ли в Литинституте — не помню. Не помню на том вечере и Андрея Вознесенского. «Смычка» была так давно.

Потом Женя Евтушенко долго подсмеивался надо мной за тогдашний выбор. Но именно я в 1956 году обратил внимание своей матушки на стихи Роберта об «оттепели», и они были напечатаны в альманахе «Литературная Москва». Матушка моя была секретарем этой самой «ЛитМосквы», и кое-что сохранилось в ее архивах. Меня поразили обнаруженные в них стихи Бориса Пастернака с правкой... Маргариты Алигер! Это были его стихи о Блоке, те, что стали классикой русской поэзии. Главный редактор альманаха Эммануил Казакевич и члены редколлегии событийной по тем временам «ЛитМосквы» искренне хотели, чтобы стихи Пастернака украсили их альманах. И вот Алигер из лучших побуждений недрогнувшей рукой правит Пастернака! Ужас! Уму непостижимо! Разумеется, Борис Леонидович с этой правкой категорически не согласился, и его стихотворений ни в одном сборнике «Литературной Москвы» не оказалось. Зато стихи Роберта Рождественского были благополучно напечатаны.

Сегодняшнему молодому читателю все это понять трудно. Однако было, было... Осуждать кого-либо из них теперь глупо и, так сказать, неисторично. Но правка Алигер стихов Пастернака потрясла меня именно фактом своего существования.

Кстати, сам я видел Б. Л. Пастернака всего раз в жизни, когда мы с мамой развозили долги покойного отца. Борис Леонидович тогда сильно выручил нашу семью, дав папе взаймы, причем предложил деньги сам, узнав о наших трудностях. А деньги по тем временам были немалые, десять тысяч рублей. Встретил он нас на пороге своей переделкинской дачи приветливо.

— Зоя Александровна, здравствуйте... Это сын ваш? Очень, очень приятно с вами познакомиться. Я знал вас совсем маленьким... Ну что ж вы, Зоя Александровна, стоите на крыльце? Поднимайтесь, у меня как раз гости.

— Спасибо, Борис Леонидович. Мы буквально на минуточку. Мы с Мишей развозим деньги. Вот возьмите, Борис Леонидович, и спасибо вам за Мишу-старшего...

— Зоя Александровна, как вам не совестно, право... Никаких денег я от вас не приму.

— Борис Леонидович, что вы! Это же Мишин долг, да и сумма — десять тысяч...

— Подумаешь, десять тысяч, я же теперь очень богатый, — загудел Пастернак. — Я вообще про них забыл... Идемте, идемте наверх, а деньги, будь они трижды прокляты, спрячьте, спрячьте... — гудел Пастернак.

Но мать настояла на своем, хотя нам пришлось долго уговаривать Бориса Леонидовича, который всерьез не хотел брать денег. В тот раз я услышал, как он сам читает свои стихи. Особенно запомнилось, как прочел «Август». А из дома его был виден «имбирно-красный лес кладбищенский, горевший, как печатный пряник...».

Он провидчески описал предстоящий ему обряд похорон. «Шли врозь и парами... Только вот посторонних и ненужных людей было слишком много...»

Ушло поколение великих могикан...

> Вот и все, смежили очи гении.
> И когда померкли небеса,
> Словно в опустевшем помещении
> Стали слышны наши голоса...
> Тянем, тянем слово залежалое,
> Говорим и вяло, и темно.
> Как нас чествуют и как нас жалуют.
> Нету их. И все разрешено, —

написал Давид Самойлов. Лучше не скажешь.

Арсений Тарковский

В то время я уже дружил с Арсением Александровичем Тарковским. Нет, не то чтобы «сек» в его замечательной поэзии, ее я понял и оценил позднее. Просто дружил с ним и его семьей: женой Татьяной Алексеевной Озерской и ее сыном Алешей. Андрея Тарковского, его сына от первого брака, я узнал позже.

Арсений Александрович Тарковский. Арсюша. Называю его так не из фамильярности — от нежности. Познакомились мы с ним в 50-м году на Рижском взморье, в Доме творчества в Дубултах. Мне было 16 лет. Арсений Александрович всегда казался мне очень красивым. Даже тогда, на Рижском взморье, когда я мало что смыслил в истинной красоте и даже не знал, чем занимается этот красивый необычной красотой человек на протезе. То есть знал, что он переводит какие-то восточные стихи, а его жена — английскую прозу. Но знакомство наше, перешедшее в дружеские отношения, мою бесконечную любовь и преданность поэзии Арсения Александровича, чтение его стихов с эстрады, совместные выступления на его творческих вечерах, началось с пляжного знакомства на Рижском взморье.

Тарковские любили гульнуть в ресторанах «Корсо» и «Лидо», которые мне тогда казались заграничными, да и им, по-моему, тоже. Насколько мне известно, ни Арсений Александрович, ни Татьяна Алексеевна не могли в те годы бывать дальше Прибалтики. Они часто прихватывали меня в эти очаги разврата в 50-м и 52-м, когда мы снова отдыхали на взморье. Угощали меня ужинами в этих самых «Корсо» и «Лидо». Иногда мы даже совершали поездки в Ригу, и уже в столичных ресторанчиках я выпивал с ними две-три рюмашки водки.

Вскоре я стал москвичом и начал бывать у Тарковских в доме на Аэропортовской. Там было довольно просторно и наряду с другими предметами обстановки стояли многочисленные телескопы разных размеров. Тарковский увлекался астрономией. В его поэзии это чувствуется: небо, созвездия, Орионы, Стрельцы...

В 56-м году вышла первая небольшая книга его стихов, которую он мне подарил. Теперь у меня есть все книги Арсюши, и все с добрыми словами, обращенными ко мне и моим женам. Жены мои менялись, а наша дружба оставалась неизменной. Только одна жена — Регина разделила со мной любовь к поэзии, и в частности к стихам Тарковского и к нему самому. Арсений Александрович полюбил Регину. Он вообще всегда был дамским угодником, джентльменом в поведении с женщинами — в этом смысле он напоминал мне Эйхенбаума, старого Эйха.

Помню чрезвычайно острое чувство жалости, которое я испытывал перед его уходом. Он уже почти не слышал, взгляд его был обращен внутрь. Я запомнил его на вечере Александра Шереля, проходившем в малой гостиной ВТО по случаю презентации Сашиной книги «Рампа у микрофона», — старик был очень красив, благороден, элегантен. На вечере я читал его стихи. Читал все, что знал наизусть. Александр Шерель под гром аплодисментов представил малочисленной вэтэошной аудитории

Арсения Александровича, именуя его великим поэтом нашего времени.

— И вот парадокс, — сказал Саша. — Нет, не парадокс, а просто-напросто хулиганство, что стихи Тарковского за сорок лет ни разу не исполнялись по радио.

А ведь он фронтовик, инвалид Отечественной войны, имевший боевой орден Красной Звезды. И вот, поди ж ты... Я вижу две, по крайней мере, причины, почему руководство Гостелерадио категорически запрещало исполнение стихов Тарковского по радио. Несмотря на то что я не раз обращался к нему. Да что я, сам Роберт Рождественский, уже официально признанный поэт эпохи, просил за него, но и это не возымело действия! Первое — сомнительная (для руководства) направленность и стиль поэзии Арсения Тарковского. Социально чужд, эстетство, много про Бога, ничего про строительство нового общества, упадничество и унылость, упоминания всяких там Ван Гогов, Эвридик и Одиссеев. И вообще, кому это все нужно? И второе обстоятельство: фамилия. Тарковский — это тот, который снял «Андрея Рублева»? Ах нет, это его отец? Но ведь все равно Тарковский... Нет, сегодня это пока не пройдет, извините...

Дети, как известно, не несут ответственности за грехи родителей, но оказывается, что родители несут ответственность за грехи детей.

Когда Андрей Тарковский поставил в Театре имени Ленинского комсомола «Гамлета» с Толей Солоницыным в заглавной роли, мы с женой зашли к Арсению Александровичу поделиться впечатлениями. Нам показалось, что спектакль, который не понравился залу, был по-своему интересен. Тарковские жили уже на Садово-Кудринской, недалеко от площади Маяковского. Эта их квартира была меньше аэропортовской, где они жили раньше. В этой квартире телескопы уже не умещались, но помню стеллажи с книгами и пластинками, пластинок больше, чем книг, хотя и книг было предостаточно. Музыку классическую Тарковский знал и любил чрезвычайно.

> Сел старик на кровати,
> Заскрипела кровать.
> Было так при Пилате,
> Что о том вспоминать?

Эти его строчки пришли мне в голову, и кажется, что я их тут же процитировал, когда увидел Арсения Александровича в пижаме, без протеза, сидящим на кровати. Он извинился перед Региной, что в таком виде принимает даму, но был очень весел и возбужден. Мы рассказывали о своих впечатлениях, о «Гамлете», хвалили даже с преувеличениями, зная, как старик любит и гордится своим талантливым сыном-режиссером. Как душа его тосковала по Андрею!

После «Иванова детства», после «Рублева», после «Зеркала» помню премьеру «Сталкера» в Доме кино. В те летние дни шел Московский международный кинофестиваль, и все бегали по разным точкам. Мы встретились с Тарковским у кинотеатра «Мир» и заговорили о «Сталкере» Андрея.

— По-моему, это гениально, — сказал отец.

Хотя и мне эта картина чрезвычайно понравилась, но утверждение Арсения Александровича показалось несколько преувеличенным. Однако в его устах оно прозвучало просто и серьезно: «По-моему, это гениально» — как само собой разумеющееся, и помню, что меня это не раздражило, а даже умилило. «Имеет право!» — подумал я.

Двадцать пятого июля какого-то очередного года, когда Тарковскому-отцу исполнилось 70 лет, я был приглашен в Дом творчества Переделкино, где старик в столовой, просто в столовой, отмечал свой юбилей. Народу было человек двадцать. «А где Андрей, почему его нет?» —

«Где-то снимает. Он должен позвонить». Отец очень переживал, что в этот день сына не было рядом. Я даже точно не помню, снимал ли тогда Андрей, или просто готовился к съемкам, или почему-то не смог, или не захотел приехать. Но отцу явно его не хватало.

> Сел старик на кровати,
> Заскрипела кровать.
> Было так при Пилате...

Ему было, судя по всему, интересно и приятно послушать наш рассказ о «Гамлете», поставленном его сыном, но мысли его были заняты другим. Глаза весело блестели.

— Миша, — сказал он. — Тут вдруг Господь ниспослал мне радость, озарение, что ли. Благодать на меня снизошла. И вот написал быстро и легко. Прочтите это с листа. Поэмка — небольшая, не пугайтесь. Прочтите вслух, сейчас.

— Арсений Александрович, да как же я могу, дайте хоть глазами пробежать!

— Не надо. Вы сразу разберетесь. Вы же меня много читали. Он дал мне отпечатанную на пишущей машинке поэмку, страничек на восемнадцать — двадцать. Кое-где машинопись была еще исправлена от руки автором, и чернилами были вписаны новые строки. Успев пробежать первую страничку глазами и почувствовав стиль и ритм, я сначала робко, осторожно начал чтение с листа, потом вошел и начал музицировать смелее. «Чудо со щеглом» — это истинное чудо. Вспомнилось мандельштамовское: «До чего щегол ты, до чего ж щеголовит!»

Месяца через два на творческом вечере Тарковского в битком набитом зале Политехнического в присутствии автора я читал эту поэму. Читал, боясь забыть, еще держа перед собой подаренный машинописный текст. В этой поэме Тарковский поднялся до высокого лиризма, до грома державинской оды, до ламброзовской чертовщины и одновременно насмешки над ней. Многое нас связывало с Тарковскими. С отцом во много раз больше, чем с его знаменитым сыном. Андрей лежал в парижской больнице, когда я навещал Тарковских зимой в Доме ветеранов кино в Матвеевском. Старик очень сдал.

— Миша, говорите, пожалуйста, громче, Арсюша стал очень плохо слышать, — сказала Татьяна Алексеевна.

Уже тогда мне показалось, что глаза у Арсения Александровича были обращены внутрь. Я поинтересовался у Татьяны Алексеевны, знает ли отец, что Андрей серьезно болен. По счастью, как я понял, он отталкивал от себя какую бы то ни было любую мрачную информацию. То ли из чувства самосохранения, то ли от какого-то странного недопонимания трагической ситуации с сыном. И понял я, что причиной тому — не старческий эгоцентризм, а нечто другое, лишь летним солнечным днем 19 июля 1986 года.

Мы с Сергеем Юрским на фирме «Мелодия» записали пластинку со стихами Осипа Мандельштама. На конверте будущей пластинки нужно было написать слово об Осипе Эмильевиче. Редактор захотела, чтобы это сделал Арсений Александрович Тарковский, у которого есть прекрасное стихотворение о Мандельштаме «Поэт», давно читаемое мной с эстрады:

Эту книгу мне когда-то
В коридоре Госиздата
Подарил один поэт.
Книга порвана, измята,
И в живых поэта нет.
Говорили, что в обличье
У поэта нечто птичье
И египетское есть.
Было нищее величье
И задерганная честь.

С моим другом Игорем Шевцовым мы поехали в Матвеевское. Предварительно я говорил с Татьяной Алексеевной по телефону о возможности визита, изложив суть дела. Разговор с ней меня встревожил:

— Арсюша неважно себя чувствует, Миша. Сейчас тут люди, я не могу говорить.

— Сердце? — спросил я.

— Не только. Скорее даже не сердце. Мне неудобно продолжать разговор. Позвоните в конце недели.

Я не стал перезванивать, решили ехать. Когда подъехали к Дому ветеранов кино, я сразу увидел знакомую фигуру в сером костюме, которая, опираясь на костыль и палку, поднималась из матвеевского садика к дому.

— Арсений Александрович! — окликнул я старика.

Я крикнул достаточно громко, зная, что старик стал плохо слышать. Он услышал и обернулся. И стал напряженно вглядываться, пытаясь разглядеть, кто это вылезает из «жигуленка». Обрадованный, что увидел его на своих двоих, пусть при помощи подпорок, но гуляющим по улице, я подошел с шутливым боярским низким поклоном — рукой в землю. Шага за три он узнал меня и ответил шутливым же восточным приветствием: приложил руку ко лбу, к губам и протянул ее в мою сторону, давая понять, что рад мне. Расцеловались. Арсений Александрович с утра был чисто выбрит, в свежей рубашке при галстуке, от него пахло одеколоном. Я представил ему моего друга.

— Таня еще спит, — сказал Арсюша. — К нам нельзя.

— А мы, Арсений Александрович, посидим с вами здесь, во дворе, если это не нарушает ваших планов.

Планов мы не нарушили. Как потом выяснилось, их у него не было совсем. И, судя по всему, уже не будет никогда.

После расспросов о здоровье, о том, как здесь живется, как кормят и т. д., я рассказал, что недавно на концертах в Ленинграде читал его стихи и их прекрасно принимали. Его это заинтересовало и, как мне показалось, слегка обрадовало. В Ленинграде я по случаю купил его пластинку, где Арсений Александрович сам читает свои стихи «Я свеча, я сгорел на пиру» – запись 80-го года, и попросил мне ее надписать. Он надписал: «Дорогому Мишеньке на добрую память с неизменной любовью. 19 июля. А. Тарковский». Потом сказал: «Надо же и год вписать». И над строчкой вписал: 1986.

Минут через пятнадцать его взгляд вновь случайно упал на пластинку:

– Это что тут, мои стихи?

Мы с Игорем переглянулись.

– Конечно, Арсений Александрович. Я же говорил вам, что приобрел пластинку в Ленинграде. Вы же мне ее надписали!

Достаточно было провести с Арсением Александровичем полчаса, чтобы понять, что идея статьи к нашей с Юрским пластинке со стихами Мандельштама обречена. Но я все же сделал попытку:

– Арсений Александрович, – сказал я, набравшись духа, – расскажите о Мандельштаме!

– Что?

Мы попытались постепенно, очень деликатно, раскрутить старика на подобие рассказа, который бы я сумел потом записать и дать ему на подпись. Стали задавать ему вопросы: как вы увидели его в первый раз, как полюбили его стихи, как и когда он вам подарил книгу в Госиздате, как он сам читал стихи?

Увы, все было напрасно... Передо мной лежит один-единственный листок с несколькими невнятными полуфразами и четверть–мыслями, которые он повторял по три-четыре раза после огромного душевного напряжения.

Он попросил закурить по секрету от жены. Я курил тоже, стряхивая пепел на землю. Арсюша несколько раз сказал: «Миша, не стряхивайте пепел на пол!» Сам при этом аккуратно тряс пепел в цветочницу, стоявшую на крыльце дома.

Что же это за фразы, которые я сумел тут же записать за поэтом о поэте другом, который оказал, как мне кажется, немалое влияние на молодого Тарковского, в чем его не раз упрекали?

— Мандельштам был замечательный поэт. Он прославился очень рано. Я ему читал свое раннее стихотворение. Стихи ему не понравились, и он меня очень ругал. — Раза три-четыре повторил он именно эту фразу. Причем без тени обиды, а так, констатировал как данность.

— Как он сам читал, Арсений Александрович? Вы слышали его?

Мучительная пауза.

— Слышал.

— Где?

— В Политехническом.

— В каком году?

— Не то в тридцать седьмом, не то в тридцать восьмом.

— Наверно, раньше, Арсений Александрович? — сказал Шевцов.

— А может быть, это было в конце 20-х. Да, скорее всего, именно так.

— А как он читал свои стихи, не помните?

— О, он жутко завывал, жутко!

— Читал, заботясь о звучании, о музыке стиха, пренебрегая смыслом, да, Арсений Александрович?

— Он жутко завывал. Читая, страшно завывал. — Пауза.

— Ну что-нибудь еще, Арсений Александрович, — сколь можно деликатнее просил я.

— Вы ведь встречались с ним и в Госиздате? — попытался облегчить ситуацию Игорь.

Пауза.

— Встречался. Вот он однажды показывал мне новый пасьянс. Кажется, в Москве он учил меня, как раскладывать новый пасьянс.

— Он был контактный человек — Мандельштам?

— Нет.

— Что, он был скорее замкнутым человеком?

— Да.

— И с Анной Андреевной тоже? Она ведь его любила и дружила с ним?

— Да. Она была замечательной женщиной. И вы знаете, Миша, с ней было легко. Ведь она была с юмором. Миша! Я ничего не помню... Ничего, Миша, простите, я ничего не помню...

Вот и все. На прощание мы расцеловались с моим дорогим Арсением Александровичем, с моим дорогим Арсюшей.

Поэты «оттепели»

Когда в 1959 году я перешел от Охлопкова в «Современник», случилось знакомство с еще тремя поэтами: с Володей Корниловым, Давидом Самойловым и Булатом Окуджавой. Но до этого Женя Евтушенко во время проходившего Всемирного фестиваля молодежи и студентов представил меня неизвестному мне тогда Коле Глазкову.

Москва августа 57-го года, Москва фестивальная! Только четыре года назад умер Вождь и Учитель, еще свежа в памяти очередь в Колонный зал, Ходынка. Еще сидит в генах сталинский ужас, сталинский запрет на все и вся, а Москва 57-го словно с цепи сорвалась! Джинсы! Джазы! Сестры Бэрри, поющие «Хаву нагилу», пляски на Красной площади! Содом и Гоморра!

Пересеклись мы где-то с Женькой в какой-то уличной гульбе, и он предложил выпить водки. Стал вопрос: где?

— Тут неподалеку, в районе Арбата, живет поэт Коля Глазков. У него и выпьем. Ты не знаком?

— Нет.

— Пойдем, он очень хороший поэт.

— Даже не слыхал о таком.

— А зря. Сейчас увидишь.

Звоним в какую-то квартиру на темной лестнице. Дверь открыл выползший откуда-то из мрака квартиры старообразный человек, похожий на циклопа. По-моему, уже пьяный. Мы втроем распили принесенную водку.

Стихов никто не читал. Я не знал поэзии Глазкова, он тоже понятия не имел, кто я такой, о чем говорили — тоже не помню. Была только одна мысль: скорей бы на шумную праздничную улицу. Выпили на троих, и будя. Так я «познакомился» с поэтом Глазковым. Только спустя годы, когда я прочитал его стихи, понял, куда и к кому притащил меня приятель моей юности Эжен.

Это теперь я иронически пишу: Эжен. А тогда я гордился дружбой с ним. И с ним, и с Андреем Вознесенским, и присутствием на их вечерах в Политехническом. А уж когда прочитал стихи молодой красавицы Беллы Ахатовны — влюбился, как, впрочем, очень-очень многие, в эту талантливую, обворожительную женщину. Все мы завидовали тогда Евгению Александровичу.

И о Булате нам впервые рассказал Евгений Евтушенко. Женя, часто попадавший на наши сборища, всегда раздражался, если после слушания его стихов подвыпившие артисты пели «блатнягу».

— А что нам петь, Женя? «От края до края по горным вершинам»? Ты и Вознесенский песен не пишете... — Тогда они и вправду этим еще не грешили. — Вот мы и поем:

> Как в Ростове-на-Дону
> Попал я первый раз в тюрьму,
> На нары, бля, на нары, бля, на нары...

— Я не пишу, а Булат Окуджава пишет.
— А мы не знаем такого, познакомь!

Евтушенко, на дух не переносящий чужого успеха, пусть даже это был успех всего лишь в компании, после одного такого вечера ранним утром телефонным звонком разбудил Галю Волчек и выдал ей сочиненное за ночь стихотворение:

Интеллигенция поет блатные песни,
Поет она не песни Красной Пресни...

Всю ночь не спал, бедняга, так его заело, что накануне площадку пришлось уступить. Однажды, уже в 74-м году, он по случаю подарил мне журнал «Крокодил» с подборкой его стихов, почему-то страшно довольный тем, что его там напечатали:

— А что? Тираж миллионный — не шутки!

Подарил с дарственной надписью: «Мише Козакову, однажды победившему меня. Евг. Евтушенко». Я долго не мог сообразить, когда, на каком поприще и при каких обстоятельствах я его мог победить?

— А ты не помнишь тот вечер в ресторане Дома композиторов? Ну еще Васька Аксенов был, Алан Гинзберг, Жорка Садовников, ты и я...

— Помню, и что?

— А бабу ту не помнишь?

И тут я сообразил, о какой моей «победе» поэт не мог забыть столько лет! ...Загудели мы в ЦДЛ и, прихватив с собой девушку, одну из постоянных посетительниц Дома литераторов, поехали на двух «москвичах» догуливать в ресторан Дома композиторов. Нас туда не пускали, но всесильный Евтушенко напомнил, кто он такой, и ресторанная обслуга дрогнула. Еще выпивавший тогда и веселый Вася Аксенов стал меня подзуживать:

— Вот ты, Мишка, киноартист, а если бы не Евтух, то стоять бы нам за дверью. Вот ты — кинозвезда, а баба будет евтушенковская. Потому он поэт, классик, любимец континентов. Сам Алан Гинзберг, поэт битников, его знает!

Действительно, длинноволосый, чудной Алан Гинзберг, американский поэт в замшевой куртке (предел мечтаний тех лет!), специально залатанной на локтях, с увлечением разговаривал с Женей, стучал при этом в малюсенькие тарелочки, привезенные им из Индии, и гнусавил какой-то странный мотив.

Я завелся:

— Ну, может, Алан Гинзберг его и знает, а бабу эту сомнительную я у Евтуха уведу, хотя на фиг она мне сдалась: от нее вендиспансером за версту несет...

Но Аксенов продолжал свои гнусные инсинуации:

— Это ты так нарочно говоришь. Слабо увести... Видишь, как она на него уставилась, аж хлебало раскрыла?

— Ну и что? Скоро ей надоест их заумь слушать на чужом языке. Могу увести.

— Не уведешь. Слабо тебе, Мишка.

— Нет, не слабо.

— Давай пари: уведешь — я плачу, не уведешь — ты расплачиваешься.

Договорились. Девице вскоре действительно надоело слушать их заумь, да и по-английски она не понимала. Дай Бог, чтобы они сами-то друг друга понимали.

В общем, в тот вечер пришлось платить Аксенову. Увел я ее из-под носа поэта. Мигнул ей и отвез до ее дома, а сам спать поехал. Можно упрекнуть меня в том, что я выгляжу в этой истории неправдоподобно нравственно. Однако все произошло именно так, только не по нравственным причинам, а скорее по гигиеническим. И она ушла злая, что я с ней, «не поздоровкавшись», расстался, и я домой ехал злой, что из-за Васькиного «слабо» недопил.

Наутро Аксенов звонит:

— Ну, ты убил поэта! Он этого пережить не мог. Даже стихи перестал читать! И как Гинзберг его ни утешал, как тарелочками ни пытался отвлечь, классик весь вечер успокоиться не мог, что какой-то актеришка у него чувиху сманил. Серьезно тебе говорю, я его таким расстроенным никогда не видел. Убил ты поэта! Мартынов ты, Мишка, сукин ты сын! Дантес, можно сказать!

Посмеялись и забыли. И вот спустя пятнадцать лет (!) получаю «Крокодил» с дарственной надписью, удостоверяющей, что победил я однажды любимца континентов.

Что говорить, разный он, Женя Евтушенко. «Он разный, он натруженный и праздный, он целе- и нецелесообразный». Он целе- и нецеле... целе-нецеле... це-не це...

> Ты скажи мне, дорогая,
> Кто ты: це или не це.
> Если це, пойдем к сараю,
> А не це, так на крыльце, —

поется в народной частушке. Снова он был бы мною недоволен:

— Интеллигенция опять поет блатные песни!

— А что петь? Твои? — спросил бы я его.

Однажды он сказал мне:

— Пора тебе читать живого классика.

Так, полушутя-полусерьезно сказал. А может, не полу-, а вполне серьезно? Не поймешь тебя, Женя. Уверял ведь в тот день 74-го года, что Гимн СССР заказан тебе, а Колмановский напишет музыку. Вроде бы не шутил. Белла Ахмадулина и мы с женой только переглянулись. Исторический ты человек, Женя, как Гоголь говаривал в «Мертвых душах» про своего Ноздрева. Мог при всех сказать Хрущеву: «Прошло время, Никита Сергеевич, когда исправляли гробами!» — когда тот выразился про Эрнста Неизвестного, что «горбатого могила исправит». Телеграмму протеста против ввода войск в Чехословакию мог послать, но и каяться тоже умел, и фамилия твоя оказывалась «...Россия, а Евтушенко — псевдоним!».

191

Утром покаяние, а вечером в кафе «Современника», где собирались после спектакля: «Мы карликовые березы... Долготерпение России...»

Кто тебя разберет, Женя, мне с тобой детей не крестить, с эстрады тебя не читать, это уж пусть Ахмадулина по тебе в своих стихах сокрушается, что будто сон видела, как ты умер, и будто слезами изошла, а нам, мол, желает иных снов...

Нет, нет, что греха таить, прошел я и через любовь к стихам, и через человеческую зависть к славе Евтушенко, через восхищение новациями Андрея Вознесенского. Интересовался поэзией Юнны Мориц, как заведенный, читал всем вслух антисталинскую поэму Володи Корнилова.

Будучи москвичом, много позже узнал поэзию Александра Кушнера. Зауважал, но моей она не стала, хотя, казалось, должна была. Я тогда не был знаком с ленинградской ветвью — Евгений Рейн, Владимир Уфлянд, Владимир Марамзин, Глеб Горбовский — почему-то они не попали в сферу моих читательских интересов. Приносил мне свои переводы и стихи соученик по ленинградской 222-й школе Толя Найман. Но читать их с эстрады мне показалось ненужным. Не моего ума дело, подумал я, — слишком учено.

К тому же как раз в это время я увлекся поэзией Марины Цветаевой. Нет, с Мариной Ивановной я никогда не встречался, хотя опосредованно такая встреча все же состоялась. В 1966 году вышел первый после войны синий сборник ее стихов. Я читал их и перечитывал, а некоторые даже выучил наизусть. Особенно мне врезалась в память ее «Попытка ревности» — уж очень она соответствовала моему тогдашнему настроению: я был влюблен и находил много общего между моими переживаниями и чувствами автора этого стихотворения. Как-то к нам в гости пришла одна супружеская пара туристов из Франции, — кажется, Родзевичи, русские по происхождению, с которыми моя мама была знакома еще с молодости. Заметив на столе томик Цветаевой, они порадовались, что ее издали в СССР, и спросили, читает ли стихи Цветаевой современная молодежь. Поскольку вопрос был адресован непосредственно мне, я за всю молодежь и ответил, что, мол, да, читает, а некоторые даже знает наизусть. И прочел:

> Как живется вам с другою, —
> Проще ведь? — Удар несла! —
> Линией береговою
> Скоро ль память отошла?..
> . . . .
> Как живется вам с товаром?..
> Рыночным? Оброк — крутой?
> После мраморов Каррары
> Как живется вам с трухой?..

Когда я закончил, Родзевич сказал:

— Вот ведь как бывает. Эти стихи Марина написала обо мне. А вот и «труха», — и он кивнул в сторону своей жены...

P. S. У Пушкина есть такое выражение — «странные сближения». Вот такое странное сближение произошло в моей жизни. В 2005 году я начал снимать шестисерийный телевизионный фильм «Очарование зла». Картина эта о судьбах русской эмиграции в 30-е годы в Париже. И одним из героев был Константин Болеславович Родзевич, известный под вторым именем — Корде. Тот самый Родзевич! В фильме он назван Балевичем или Кортесом, того требовал сюжет. Во время той памятной встречи в 1967 году ни я, ни моя мама, конечно, и понятия не имели о том, что Родзевич, вместе со своим другом Сергеем Яковлевичем Эфроном были резидентами ОГПУ—НКВД в Европе. Так что многое о Родзевиче я узнал уже теперь из архивных документов, работая над картиной.

Странные сближения...

Давид Самойлов

...Я вдаль ушел, мне было грустно,
Прошла любовь, ушло вино.
И я подумал про искусство:
А вправду — нужно ли оно?

Когда мне становится совсем невмоготу, эти строки Давида Самойлова начинают прокручиваться в моем сознании по сто раз на дню, как у пушкинского Германна его «тройка, семерка, туз»: «А вправду — нужно ли оно?.. А вправду — нужно ли оно?..» И я уже знаю: если эти строки пришли на ум, значит, подступает то, чего я больше всего в себе страшусь, — черная депрессия. Это четверостишие кажется мне тем более точным и страшным, что — я это отлично знаю — написал его не какой-нибудь меланхолик или кокетничающий мизантроп, лелеющий свою а-ля блоковскую тоску, а Поэт и Человек невероятного мужества, многократно это мужество доказавший на протяжении всей своей прекрасной и суровой жизни. Именно суровой, не пощадившей его буквально ни в чем. Судьба словно проверяла его на стойкость, посылая такие испытания, что остается лишь удивляться, как он не только не сломался, но еще и продолжал жить и писать. И мало этого — вдобавок слыть легким, веселым человеком, пушкинианцем, этаким везунчиком, чуть ли не баловнем судьбы.

Он и сам как бы подыгрывал этому твердо сложившемуся мнению: выпивал, балагурил, острил в кругу друзей, а то и просто случайных застольных знакомых. И не знаю, как другие, а я лично за все годы нашего знакомства, перешедшего потом в прочную дружбу, никогда, ни разу не слышал от него не то чтобы упрека судьбе, сетований на жизнь, проклятий в адрес властей предержащих или сановных обидчиков, но даже просто бытовых жалоб. А если и прорывалось иногда, то лишь как констатация факта. В этом смысле — как, впрочем, и во всех других — Давид Самойлов был подлинно интеллигентным человеком.

Страдания его — в его поэзии. Но и тут безупречный вкус неизменно диктовал ему меру, сдержанность и стиль. В его стихах есть много поистине трагических размышлений о смысле всеобщего и его личного, самойловского бытия. Но вот что удивительно: судьба провела его по всем девяти кругам ада, а стихи его неизменно дают читателю ощущение радости жизни, подчас даже обманчивой легкости бытия. И в этом смысле Самойлов — пушкинианец. Помню, у критика Станислава Рассадина я вычитал как-то про «лирическую эксцентриаду» поэзии Самойлова и тут же с этим определением согласился. В то время все мы восхищались только что написанными «Струфианом», «Сном о Ганнибале», «Старым Дон-Жуаном». Было это в 70-е годы, я тогда часто отдыхал в эстонском Пярну (русском Пернове) и был в числе чуть не первых слушателей этих вещей, созданных Самойловым там же и тогда же:

Чего Россия нам не посылала —
Живой арап! — Так, встретив Ганнибала,
Ему дивился городок Пернов.
Для этих мест он был больших чинов...

Сам Самойлов для этих мест тоже был «больших чинов», хотя войну закончил, дойдя до Берлина, в не очень высоком воинском звании. Помню, однажды, — кажется, на вечере в Политехническом, — когда его «достали» расспросами, бывал ли он за границей, в Парижах и Ниццах, он шутливо ответил: «Я вообще-то не турист. Один раз вышел случайно из дома и... дошел до Берлина».

В Пярну, в его доме на улице Тооминга, 4, мне не раз доводилось слышать, как он читает с листа новое, еще «тепленькое», только сегодня или накануне законченное стихотворение. Одной лишь жене, Галине Ивановне, Гале, оно уже было известно, ибо ей всегда и все — первой, она — и первый слушатель, и первый редактор, и первый критик. Муза? Беатриче? Да, конечно. Но больше — друг.

> Так с тобой повязаны.
> Что и в снах ночных
> Видеть мы обязаны
> Только нас двоих...
> Не расстаться и во сне
> Мы обречены,
> Ибо мы с тобою не
> Две величины...

Часто сиживали мы — Галя, друзья, случайные гости — за деревянным столом во дворе самойловского дома в Пярну и слушали, как Д. С. читает свои стихи. И каждый из нас с гордостью поглядывал на другого: «Черт, а ведь мы первыми слышим строки, что наверняка войдут в антологию русской поэзии!»

> И разлился по белу свету свет.
> Ему глаза закрыла Цыганова,
> А после села возле Цыганова

И прошептала:
— Жалко, Бога нет.

А потом... а потом неизменно появлялось на том столе угощение, и начинался обычный треп, выпивка-закуска, и словно забывалось только что услышанное. Пожалуй, больше всего способствовал этому сам автор — он и пил, и шутил охотнее других, то и дело просил меня почитать что-нибудь смешное. Впрочем, не всегда только смешное, бывало и так: «Михал Михалыч, ну-ка, из Бродского нам что-нибудь, а?!» Так, в веселом застолье, проходил час-другой, но потом кто-нибудь из гостей непременно обращался к нему самому: «Дэзик, давай, если не трудно, прочти еще раз...» И он, порой уже слегка заплетающимся языком, читал «на бис», иногда даже путая слова. Галя в таких случаях сердилась и поправляла, а он с хохотом отвечал:
— Сам написал — сам имею право менять!
— Нет, не имеешь! А имеешь право пить сейчас коньяк!
И опять поднимался общий шум, смех, разговоры...

Дай выстрадать стихотворенье!
Дай вышагать его! Потом,
Как потрясенное растенье,
Я буду шелестеть листом.
Я только завтра буду мастер,
И только завтра я пойму,
Какое привалило счастье
Глупцу, шуту, Бог весть кому.
Большую повесть поколенья
Шептать, нащупывая звук,
Шептать, дрожа от изумленья
И слезы слизывая с губ.

Мне кажется, что в такие минуты первых застольных чтений, он уже понимал, «какое привалило счастье». Этим-то ниспосланным свыше счастьем и осознанием этого Дара в себе он и держался в своей многотрудной и суровой жизни. Не случайно он так боялся немоты:

Уж лучше на погост,
Когда томит бесстишье.
Оно — великий пост,
Могильное затишье.

И, двери затворив,
Переживает автор
Молчание без рифм,
Страданье без метафор —
Жестокая беда!
Забвение о счастье.
И это навсегда.
Читатели, прощайте.

К счастью, «великий пост» продолжался у него недолго. В сущности, то была не столько немота, сколько необходимое любому художнику время интенсивнейшей внутренней душевной работы. Не случайно после каждого такого затишья, как правило, снова следовал поток стихов. Так, летом 1985 года, когда мы с женой в очередной раз жили в Пярну по соседству с Самойловыми, я буквально каждое утро слушал новое стихотворение из цикла «Беатриче».

Много позже в белом двухтомнике Давида Самойлова я увидел маленькое предисловие автора: «Откуда Беатриче? Да еще не под синим небом Италии, а на фоне хмурой Прибалтики?.. Один критик, сторонник поэзии "простодушной", уже успел обвинить меня в книжности, наткнувшись в моем цикле на имена Беатриче, Лауры, Данте, Петрарки и Дон-Кихота...» И чуть выше: «Мой цикл сложился как ряд переживаний, связанных с категорией чувств...»

В чем дело? Почему Самойлов счел нужным пускаться в объяснения? Ведь обычно он никогда не отвечал на критику, не вступал в литературную полемику на страницах газет, был в этом отношении крайне брезглив, почти высокомерен. А вот, гляди-ка, по поводу «Беатриче» объяснился. Кратко, изящно, однако не пренебрег несколькими фразами.

Думаю, это было связано с теми спорами, которые шли в нашей доперестроечной критике о творчестве «позднего» Самойлова. Литературоведение не моя епархия, поэтому рискну высказать всего лишь одно соображение, основанное на наших с ним неоднократных разговорах. Нет, не то чтобы Самойлов излишне нервничал, не доверяя себе «новому»: просто он знал, что читатели (и критики в том числе), как правило, предпочитают привычное. Мне этот феномен известен по выступлениям на эстраде: хочешь успеха — составь программу так, чтобы рядом с новым и сложным прозвучало и что-нибудь такое, что слушатель знает чуть не наизусть... Отсюда и попытки «объяснения с читателем» у позднего Давида Самойлова. Давние его стихи, что уже прочно были на слуху, привычная музыка и тон мешали многим понять и принять новое в его стихосложении.

> Язык еще не обработан,
> Пленяет мощным разворотом
> Звучаний форм и ударений —
> В нем высь державинских парений...

Самойлов — поэт культурных традиций. И не просто традиций — он в постоянном диалоге и с классикой: Данте, Петраркой, Державиным, Пушкиным, и с поэтами-современниками. Когда читаешь позднего Самойлова, когда вслушиваешься в этот его диалог с теми, кого он любил, ценил и к кому прислушивался сам, это открывает многое в «повести поколения» и помогает понять и осознать самого себя. А ведь мы, читатели, в конечном счете жаждем понять себя и то, что с нами происходит во времени и пространстве.

> И вот я встал, забыл, забылся,
> Устал от вымысла и смысла,
> Стал наконец самим собой,
> Наедине с своей судьбой.
> Я стал самим собой, не зная.
> Зачем я стал собой. Как стая
> Летит неведомо куда
> В порыве вещего труда.

«Стать самим собой...» Здесь не только перекличка с Гете, но и подспудный диалог с Арсением Тарковским, у которого есть стихотворение с тем же названием. А в подтексте — грустное, типично самойловское: «Зачем?» Ну стал, а — зачем?

Нет, еще не прочитан, не оценен до конца поздний Давид Самойлов...

В одном из почти сотни пярнуских писем Самойлова, которые у меня хранятся, — лестный комплимент: «Очень жду твоей прозы. Уверен, что ты выдающийся мемуарист. Если помнишь, ты однажды читал мне кусок ленинградских воспоминаний с письмами Эйхенбаума. Было весьма интересно».

И еще во многих его письмах — о моем якобы «легком пере». Однажды, обнаглев от его похвал, я даже рискнул зарифмовать ему что-то в письме — разумеется, в шутку, ибо всерьез я не написал, а уж тем более не напечатал ни одной стихотворной строчки, Бог спас, что называется. Но тогда просто «подперло»; не выпускали на экран сразу два моих телефильма, «Покровские ворота» и «Попечители», а тут — письмо от Самойлова, да еще в стихах!

Впрочем, он часто писал такого рода шуточные посла-
ния. Прозой, видать, было лень, а в стихах слова «как
солдаты...».

> Михал Михалыч Козаков,
> Не пьющий вин и коньяков
> И деятель экрана.
>
> Как поживаешь, старина,
> И как живет твоя жена,
> Регина Сулейманна?
>
> Уж не зазнался ль, Михаил?
> Иль просто ты меня забыл?
> Иль знаться неохота?
>
> Ты, говорят, стяжал успех,
> Поскольку на устах у всех
> «Покровские ворота».
>
> А я успеха не стяжал,
> Недавно в Вильнюс заезжал,
> Отлеживался в Пярну
> (Поскольку я еще не свят),
> И потому, признаюсь, брат,
> Живется не шикарно...
>
> Все время гости ходят в дом,
> Свои стихи пишу с трудом,
> Перевожу чужие.
>
> А перевод — нелегкий труд.
> Весь день чужие мысли прут
> В мозги мои тугие.
>
> К тому ж в июне холода,
> В заливе стылая вода,
> Померзла вся картошка.
>
> Как тут не выпить, Мигуэль?
> На протяжении недель
> Все веселей немножко.
>
> Пиши, пиши, мой милый друг,

Весьма бывает славно вдруг,
Как в душе пребыванье.
Пиши, а я пришлю ответ.
Поклон от Гали и привет
Регине Сулейманне...

А у меня на душе было ох, как хреново! «Покровские ворота» только и смог показать близким знакомым в зале «Мосфильма» да на премьере в Доме кино, а дальше — сплошное «не-проханже», и не только «Воротам», но и другой моей работе — по комедии Островского «Последняя жертва», и поди ж ты, тоже с участием Лены Кореневой. Вот про все, что приключилось, я ему и отписал — в его же размере и стиле:

Пярнуский житель и поэт!
Спешу нашрайбать вам ответ
Без всякой проволочки.
Хоть труден мне размер стиха,
К тому же жизнь моя лиха,
И я дошел до точки.
Я целый год снимал кино
Две серии. И сдал давно
(Не скрою, сдал успешно).
Потом комедию слудил
Островского. И в меру сил
Играют все потешно.
Кажись бы, что тут горевать?
Нет! Как на грех, едрена мать,
Случилась катаклизма:
Я целый год потел зазря,
Артистка Коренева — фря! —
Поставила мне клизму!
Американец и русист
(Чей предок, верно, был расист)

Заводит с ней романчик.
К замужеству привел роман,
И едет фря за океан,
За Тихий океанчик.
Я две работы сделал, друг.
Она сыграла роли в двух,
Заглавнейшие роли!
На выезд подала она,
И в жопе два моих кина,
Чего сказать вам боле?

Шуточная эта переписка имела продолжение. История с Кореневой как-то рассосалась, вышли в свет «Попечители», потом «Покровские ворота», и я вновь получил от Самойлова стихотворное послание:

Я «Покровские ворота»
Видел, Миша Козаков.
И взгрустнулось отчего-то,
Милый Миша Козаков.
Ностальгично-романтична
Эта лента, милый мой.
Все играют в ней отлично,
Лучше прочих — Броневой.
В этом фильме атмосфера
Непредвиденных потерь.
В нем живется не так серо,
Как живется нам теперь.
В этом фильме перспектива
Та, которой нынче нет.
Есть в нем подлинность мотива,
Точность времени примет.
Ты сумел и в водевиле,
Милый Миша Козаков,
Показать года, где жили

Мы без нынешних оков.
Не пишу тебе рецензий,
Как Рассадин Станислав,
Но без всяческих претензий
Заявляю, что ты прав,
Создавая эту ленту
Не для всяких мудаков,
И тебе, интеллигенту.
Слава, Миша Козаков!

Д. С. 1982

Здесь надлежит оговорка. Наверное, использование примеров из нашей переписки мною может показаться нескромным, чем-то вроде саморекламы. Пусть читатель простит: письма в альбом всегда грешили преувеличением достоинств адресата. А самойловские письма ко мне — именно стишки в альбом, на публикацию они не были рассчитаны. Впрочем, иногда, на его поэтических вечерах, в которых я нередко тоже принимал участие, он вдруг просил меня прочесть иные из них — развлечь аудиторию. Он любил, когда публика смеялась. Чинная, скучная атмосфера благоговейного слушания была ему не по нраву. Его поэтические вечера зачастую превращались в искрометно-веселые спектакли, где он был и режиссером, и главным исполнителем.

Я думаю, что в добавление ко всем прочим его талантам, был в нем еще и несомненный, нереализовавшийся талант режиссера, человека театра. Он ведь очень много работал для сцены: писал пьесы в стихах и в прозе, перевел «Двенадцатую ночь» Шекспира, сотрудничал с «Современником» и Таганкой, делал песни для телеспектаклей (в одном из них, по «Запискам Пиквикского клуба», мне довелось сыграть мистера Джингля и спеть его песенки), создал стихотворную версию «Ифигении», ставил поэтические программы чтецу Р. Клейнеру. Я думаю, что если бы он почему-либо не стал поэтом, то наверняка мог бы быть профессиональным режиссером или даже актером. Его многочисленные суждения о театре заставляли задумываться. Со мной, например, так было после фильма «Безымянная звезда», который я сделал по пьесе Михаила Себастьяну. Фильм был хорошо принят зрителями, и тем не менее это не помешало Самойлову придирчиво указать мне на все минусы моей постановки. Я, помнится, далеко не со всем согласился, о чем ему тут же написал. В ответ он прислал мне второе письмо — все о том же. Оно кажется мне настолько существенным разговором об искусстве вообще, что я полагаю уместным привести его почти целиком:

«Милый и дорогой Миша!

Ты на меня не сердись за отзыв о фильме. Конечно, если брать в сравнении, то у него множество достоинств и свойств, не присущих современным телефильмам. Но я думаю, что нам с тобой уверенность в таланте и прочем, любовь и уважение можно уже выносить за скобки. Иначе бы мы не дружили.

Я просто хотел выразить несколько иную точку зрения на назначение современного искусства. Циник Кожинов в недавней "Литературке", рассуждая о Юрии Кузнецове, сказал, что задачу пробуждения лирой добрых чувств русская поэзия уже выполнила. Это точка зрения негодяйская. Но, возможно, она и произносима только потому, что "чувства добрые" в прежнем понимании "не работают" в современном искусстве. Им нужны более глубокие определения. Наша беда не в том, что "чувств добрых" у нас нет, они есть в каждом человеке. И искусство, разглядев их даже у свиньи, начинает восхищаться, вот, мол, и у свиньи есть доброе нутро!

Наша беда в том, что мы не делаем следующего шага и не говорим себе и другим, что этого мало. "Чувства добрые", которые пробуждены, чтобы тут же уснуть, сникнуть, поблекнуть под влиянием обстоятельств в наше время, мало что дают и не восхищают.

Личность нашего времени надо судить не по возможности проявить себя человеком, а по возможности им оставаться. Вот в чем дело.

Смеяться в твоей комедии надо не столько "над ними", сколько над собой, за то, что мы настолько еще сентиментальны, что можем всерьез относиться к слабому проявлению "добрых чувств". Тут смех обратным ходом. И, конечно, балаган должен быть тонкий, чтобы не сразу раскрылся объект смеха — мы сами. "Добрые чувства" должны быть хорошо замешаны на беспощадном знании человеческой натуры.

Прости, если мои соображения изложены не очень толково. Но я писал тебе о твоей последней постановке именно с этих "предельных" позиций и пока еще не осуществленных в искусстве.

Спасибо за согласие участвовать в моем вечере. С радостью отдам тебе все, что ты захочешь прочитать. Теперь скоро увидимся.

Будь здоров. Привет Р. С. Галка вам кланяется. Твой Д. С.»

Боже, Боже, как давно это было и как много за это время с нами произошло! Вот еще строки из его письма, совсем, кажется, недавнего, времени «перестройки»: «Стихи вышли из моды... И это, может быть, к лучшему. Как говорил Коненков, искусство — место неогороженное, всяк туда лезет, кто хочет... Может, хоть в поэзию теперь лезть перестанут за ее ненадобностью...»

Последнее слово надо бы подчеркнуть. «Пока в России Пушкин длится, метелям не задуть свечу», — писал когда-то Самойлов. Сегодня мною владеет странное и страшное ощущение, что и Пушкин стал уже как бы не нужен. На наших глазах произошла смена эпох. Наступило время распада. Голод, рознь, кровь... И жуткое, стремительное раскультуривание общества. «Миша, ты заметил, что "пушкинский бум" кончился?» — спросил меня как-то другой, теперь уже тоже покойный друг Натан Эйдельман. Я вздрогнул. Будем молить Бога, чтобы все это оказалось лишь временным. Чтобы свеча все так же тлела на вызывающем озноб ветру. Ведь истинное — непреходяще: и Пушкин, и пушкинианцы...

Пытаюсь вспомнить: когда я полюбил стихи Давида Самойлова? Какое первым запало в память и выучилось наизусть? «Сороковые, роковые...»? Нет, не это... Что же? Его довоенные и военные стихи я узнал значительно позднее, когда уже всерьез увлекся его поэзией. Правда, вполне естественное (во всяком случае, для меня) ощущение отдельности его военной темы от меня, не воевавшего, жившего тогда на Урале, не позволило мне и впоследствии по-настоящему прикоснуться к стихам его фронтовых лет. На фронте воевал и погиб мой старший брат, артиллерист, не я. Присваивать чужие чувства стыдно. А чтец волей-неволей хотя бы на время их неизбежно присваивает. Так что же все-таки «присвоилось» первым? Вспомнил! Конечно же, вот это, о Пушкине: «...и задохнулся: Анна! Боже мой!»

Да, именно этим стихотворением я и мучил каждого, кто готов был слушать, — и дома, и в коридорах «Ленфильма» или «Мосфильма», и даже в ресторане. А потом уже пошло — стихи стали запоминаться большими циклами. Ох и досталось от меня друзьям-собутыльникам! При каждом удобном (и неудобном) случае я читал им — сначала с листа, потом наизусть — все, во что в данный момент был влюблен: «Цыгановых», «Беатриче», «Ганнибала»...

А случалось и так — вдруг звонок из Пярну: «Миша, хочешь новый стих послушать?» — «Разумеется!» Так я впервые услышал «Старого Дон-Жуана» и, мало сказать — обалдел, но тут же попросил продиктовать его мне по телефону и через два-три дня уже читал друзьям наизусть. До этого я читал и играл двух других Дон-Жуанов — гумилевского и мольеровского; с самойловским образовался трилистник, и мне его хватило на всю оставшуюся жизнь. С него я начал свою концертную деятельность и в Израиле, где тоже обнаружил множество читателей и почитателей Самойлова. А сколько таких концертов было в нашей необъятной доисторической! Я исколесил с его стихами всю Россию. Но вот что интересно — больше всего мне запомнились наши совместные выступления. Они были совершенно разными, непохожими друг на друга — этакие вечера-импровизации, своего рода музицирование, которое так любил Самойлов, сам — блестящий знаток музыки. На этих вечерах он всегда читал что-нибудь новое, сочиненное недавно, я же — лишь дополнял, уравновешивал, создавал, так сказать, контрапункт основной теме, на ходу соображая, что для этого уместней всего прочитать.

Бывали и вечера больших совместных чтений: Д. Самойлов, Р. Клейнер, З. Гердт, Л. Толмачева, Я. Смоленский, А. Кузнецова, В. Никулин... Мы заранее уславливались, кто что будет читать, и вечер превращался в своеобразный дружеский «турнир чтецов». Как ни различны были темпераменты и вкусы, поэзия Самойлова всех примиряла друг с другом. Потом, как правило, садились за стол, но и тут еще долго продолжалось чтение стихов или разговор о поэзии. Да, в те годы она еще была нужна людям, и не только самим поэтам или чтецам. Были еще переполненные залы — Политехнический, ВТО, ЦДЛ, Октябрьский зал Дома союзов... И не только в 60-е, но и позже — в 70-е, даже еще в начале 80-х. А потом все пошло на убыль, и все необязательней стали эти чтения, и сами поэты стали уходить один за другим — «хорошие и разные». Уже давно ушли гении. Последней из них была Анна Андреевна...

Я не знал в этот вечер в деревне,
Что не стало Анны Андреевны,
Но меня одолела тоска.

Деревянные дудки скворешен
Распевали. И месяц навешен
Был на голые ветки леска...

Потом, говоря словами Самойлова, «жаловали и чествовали» (ей-богу, не слишком жаловали тех немногих, кто был того достоин!). Чествовали тех, кто «тянул слово залежалое» и умел налаживать себе разного рода чествования. Стало все «разрешено», и безболезненно можно было не искать незаменимые слова, спекулировать чем попало: государственностью и антигосударственностью, почвенностью и беспочвенными рассуждениями, выпендриваться, ныть по поводу и без, шить модные штаны за машинкой «Зингер» и строчить вирши для молоденьких недоумков, которым в кайф, что пришло время Митрофанушкино: «Не хочу учиться, а хочу выпендриваться!» И пошла эквилибристика в неогороженном пространстве! И критикам лафа: есть о чем поговорить, самовыразиться, напридумывать, благо бумага все стерпит — и Митрофанушкину рифму, и Скотининские рассуждения о ней...

Арсению Тарковскому Самойлов писал:

Мария Петровых, да ты
В наш век безумной суеты
Без суеты писать умели.
К тебе явился славы час,
Мария, лучшая из нас,
Спит, как младенец в колыбели.

Среди усопших и живых
Из трех последних поколений
Ты и Мария Петровых
Убереглись от искушений
И втайне вырастили стих...

Три последних поколения. Где черта между ними? Поколение послевоенное: Бродский, Чухонцев, Кушнер, Ахмадулина, Высоцкий. Военное: Слуцкий, Твардовский, Левитанский, Окуджава, сам Самойлов. Довоенное: Пастернак, Мандельштам, Цветаева, Ахматова, Заболоцкий. Гении начала века: Блок, Анненский, Хлебников — в стихах Самойлова в расчет, очевидно, не берутся. Что же он, и в самом деле считал, что из трех последних поколений только двое «уберглись от искушений»? Но разве Ахматова или Заболоцкий писали «в суете»? Конечно же, он так не думал. Просто гениев он — выносил за скобки. Они «смежили очи». Мысль его о суете и соблазне искушений была обращена к соратникам и ровесникам. Поистине, он всегда умел отдать должное настоящему и стоящему, всегда готов был признаться в любви и уважении к собрату, всегда руководствовался чеховским «всем хватит места... зачем толкаться?». Не признавал он лишь тех, кто поддавался соблазну и суете.

Меня, как, уверен, и многих других, всегда интересовал разговор поэтов «на воздушных путях», их диалог «поверх барьеров». Еще Пушкин говорил, что следовать за мыслями великого человека есть наука самая занимательная. А если ты еще лично знаком с поэтом, жил с ним в одно время, знал или читал тех, с кем он вел этот диалог, тогда это вдвойне интересно. Невольно сопоставляешь прочитанное со своим восприятием этих людей, с их, своей и нашей общей жизнью. Есть замечательные, но замкнутые поэты, но я, по чести сказать, будучи сам человеком общительным, предпочитаю поэтов открытых, общительных, ведущих этот непрестанный разговор с соратниками по поэзии. И неважно — живыми или мертвыми. Ведь в каком-то высшем смысле живы все и всегда будут живы — и великие, и малые мира сего. Иногда я это ощущаю почти физически. В этом нет ни мистики, ни модной нынче парапсихологической зауми. Ведь каждый из нас тоже ведет свой непрерывный диалог с кем-то или с чем-то, тоже со- ветуется, вопрошает, кается, делится сокровенным. А когда утрачиваем эту связь, ощущаем себя до ужаса оди- нокими и беспомощно ничтожными. Вот тогда и говорим: «Боже, Боже, за что Ты меня оставил?» Тогда-то начинает по сто раз на дню прокручиваться: «И я подумал про искус- ство: а вправду — нужно ли оно?» Так приходит черная де- прессия.

Это случилось со мной в 87-м году. Сначала Бехтеревка в Ленинграде, потом Соловьевская психушка в Москве. И как это было здорово — к выздоровлению, словно послед- нюю порцию животворящего лекарства, вдруг получить письмо Самойлова:

> Милый Миша! В Соловьевке
> Ты недаром побывал.
> Психов темные головки
> Ты стихами набивал...

Я ведь действительно возвращался к жизни через сти- хи. Сначала бубнил про себя, потом кому-нибудь, кому до- верял, потом в курилке многим, а под конец — настоящие концерты во всех отделениях, за исключением разве что буйного. И это, конечно, стало известно Самойлову:

> Там растроганные психи
> Говорили от души:
> «Хорошо читаешь стихи,
> Рифмы больно хороши...»

Сам того не зная, он делал заслуженный комплимент самому себе: «психи» действительно легко воспринима- ли именно его стихи, хотя до этого даже не подозревали об их существовании, да и к поэзии, как правило, имели весьма отдаленное отношение. Но он-то, разумеется, не к «психам» адресовался в своем письме, а хотел меня поддержать и ободрить:

> Нынче ж, Миша, на досуге
> Покажи, что не ослаб.
> И пускай они и суки,
> Заведи себе двух баб.
> Чтоб тебя ласкали обе,
> Ты им нервы щекочи.
> Прочитай им «Бобэ-обэ»
> и «Засмейтесь, смехачи».
> Пусть, подлюги, удивятся
> И, уняв любовный зуд,
> Перестанут раздеваться,
> Посмеются и уйдут.
> И тогда вдвоем с Региной
> Где-то на исходе дня
> Тешьтесь ласкою невинной
> И читайте из меня.

Регина, Регина Соломоновна, или, как ее всегда именовал Самойлов, «Регина Сулеймановна» (она полуеврейка-полутатарка) — моя третья (но не последняя) жена. Мы прожили с ней семнадцать лет и часто общались с Самойловыми и в Москве, и в Пярну. Самойлов называл ее в письмах «строгая, но справедливая». Иногда, правда, понимал, что слишком строгая и далеко не всегда справедливая в непримиримой борьбе с моим влечением к бутылке. И, понимая, наставлял ее шутливо:

> Если старая плотина
> Ощущает перегруз,
> Значит, следует, Регина,
> Открывать порою шлюз.
> Ежели кинокартина

Не выходит на экран,
Значит, следует, Регина,
Открывать порою кран.
Наши нервы не резина,
А мозги не парафин,
Значит, следует, Регина,
Оттыкать порой графин.
И, конечно же, мужчина —
Не скотина, не шакал.
Значит, следует, Регина,
Наливать порой в бокал.
Наша вечная рутина
Портит связи меж людьми.
И поэтому, Регина,
Если надо, то пойми!
По решению Совмина
За вином очередя.
И поэтому, Регина,
Вся надежда на тебя.
Понимаю: водки, вина
Растлевают молодежь...
Ну, а все же ты, Регина,
Нам по рюмочке нальешь.
Мы садимся мирно, чинно,
Затеваем разговор.
И при этом ты, Регина,
Нам бросаешь теплый взор.
И пышнее георгина
Расцветаешь ты порой,
Предлагая нам, Регина.
Наливайте по второй...
Тут уж даже и дубина
Должен громко зарыдать:
«Так и следует, Регина!
Ведь какая благодать!»

А на блюде осетрина,
А в душе — едрена мать...
И начнем тебя, Регина,
После третьей обнимать!

«Неужели такая картина не проймет твою жену?» — вопрошал Самойлов уже в прозаической части своего письма. И, как бы понимая, что «строгую и справедливую» уже ничто не может «пронять» (пройдет всего три месяца после этого письма, и она навсегда уедет в Штаты — по целому ряду причин, лишь одной из которых была злополучная «оттычка»), добавлял: «Тогда придется мне написать ей философский трактат "О пользе оттычки"».

И тут же, поставив жирную точку, сразу о другом: «Инсценировку "Живаго" закончил. Надеюсь вскоре дать тебе ее почитать. Или, может, подъедешь на читку? Мне важны будут твои замечания. 18 января у меня будет вечер в Москве, в Пушкинском музее. Давно там не читал. Если будет время и охота, приходи. Прочитал бы "Беатричку" для разгона! Я ее читать не умею... Твой Д.».

«Беатриче»... С этой поэмой у меня связано воспоминание о самом удивительном времени, проведенном в Пярну, — летних месяцах 1985 года. Я и до этого не раз бывал там с Региной, но это лето было самым насыщенным и по плотности, и по задушевности наших застольных и незастольных — даже не знаю, как их назвать: разговоров? чтений? откровений? — с Самойловым. (Он обычно именовал все это «культурабендом».) Виктор Перелыгин, пярнуский друг Д. С. учитель в русской школе, замечательный фотограф и просто нежнейший человек, многое из того, что произошло в то лето, запечатлел на фотопленку.

Вот и сейчас, когда я пишу эти строки, передо мною на столе, на книжных полках десятка полтора фотографий того лета. Глядя на них, я ощущаю, что «на старости я сызнова живу...». Два месяца, насыщенных поэзией, чтением стихов, застолья в саду, в наших домах с приезжавшими на короткий срок Гердтами, с писателем Юрием Абызовым, с непременным гостем — членкором Борисом Захарченей с его же обязательной ежевечерней бутылкой «чего-нибудь» и столь же обязательными «вумными» рассуждениями на общемировые темы...

Тогда же был и тот, всем нам врезавшийся в память концерт самойловских чтений в пярнуской библиотеке. Библиотечный зал крохотный, народу набилось — яблоку негде упасть! Открыли окна, и не вместившиеся в зал так под окнами и прослушали весь концерт. Что уж они там смогли услышать, понятия не имею, но простояли от начала до конца, не шелохнувшись...

Читал Самойлов, читал я, потом вытащили из публики Зиновия Гердта и его тоже уговорили почитать. Он, впрочем, по своему обыкновению, больше говорил. Говорил, как всегда, умно, эффектно, эстрадно, по ходу дела что-то вворачивая из стихов Самойлова. Он эти стихи знал, любил, но почти никогда не читал с эстрады большими блоками. Он даже стихи Пастернака, которого знал блестяще и читал, как никто, никогда не выносил на публику.

У Гердта была на сей счет собственная мотивация, своего рода философия, как бы сверхинтеллигентская скромность. Ему, ни разу и не сподобившемуся на участие в марафоне сольного поэтического концерта, не дано было понять, что испытывают чтецы вроде Сергея Юрского, Якова Смоленского или меня во время такого концерта, чего это стоит — отчитать целый поэтический вечер, ни разу не сбиваясь на очаровательные байки типа «поговорим об искусстве» или на разговоры о детях, теще и жене, к которым прибегал Зиновий Ефимович. Иногда и мне приходилось прибегать к таким байкам где-нибудь в Уфе или Семипалатинске, если чувствовал, что без них не обойтись. Но уж если я объявлял концерт Поэзии в той же Уфе, то этим средством никогда не пользовался — нельзя! Обозначено правилами игры, содержанием афиши. Взялся за гуж — не говори, что не дюж. Когда бы зрители знали, сколько раз по ходу таких концертов артиста охватывает паническое чувство провала, когда так и хочется сбежать со сцены!.. И только профессиональное отношение к ремеслу, профессиональное достоинство и воля заставляют довести начатое до конца. Чего бы это ни стоило...

А в то лето 1985 года в Пярну Самойлов впервые читал вслух свой лирико-философский цикл «Беатриче». Стихи замечательные, но очень трудные для публичных чтений, а тут еще — душный зал с «пляжной» пярнуской публикой (были и дети), и отсутствие микрофона, и открытые окна, через которые врывался уличный шум. Сколько раз Самойлов обращался к пярнуским властям с просьбой предоставить ему и нам, исполнителям его стихов, нормальный зал — так никогда и не добился! Только единожды довелось мне читать его стихи в более или менее просторном зале местного кинотеатра. Тогда был мой сольный концерт, а Д. С. и Галя сидели в публике. Когда я отчитал, публика стала шумно приветствовать автора, кто-то даже притащил корзину цветов. Мы еще потом, после концерта, гуляя по набережной, сетовали, что лучше бы вместо цветов подарили «бутылочку», и вдруг, к неописуемой нашей радости, обнаружили искомое на самом дне корзины! Разумеется, мы ее тут же и опорожнили — «из горла винтом». Фронтовики — они все умели: и воевать, и творить, и водку пить! И Саша Володин, и Юра Левитанский, и Давид Самойлов, и мой горячо любимый Вика Некрасов.

Хвалю себя, что, не доверяя памяти, веду дневники и, следуя примеру покойной моей матушки, кое-что аккуратно складываю в папку с надписью: «Все, что заинтересовало». Вот так и сохранились и многие другие памятники того пярнуского лета, в том числе прощальные стихи Д. С. датированные двадцать шестым августа:

До свидания, Миша с Региной.
С вами кончилось лето.
Пред зимою печальной и длинной
Надо б выпить за это.
Но вы оба сегодня «в завязке».
Выпить нечего, кроме
Отвратительно-трезвенной «Вярски», —
Это здешний «Боржоми».
Ну и что же, ведь мы не шакалы,
И это годится.
Так поднимем же с вами бокалы
Минеральной водицы
Все равно будем пить по-гусарски.
(Кто из нас алкоголик?!)
Пью бокал отвратительной «Вярски»
Против почечных колик.
И скорей приезжайте обратно
И неоднократно,
Потому что без вас отвратно,
А с вами приятно.

Но мы с Региной уже никогда не навестили Самойловых вместе — навестил я их уже с другой женой, рыжеволосой Анной, спустя три труднейших для меня года. Но об этом пока рано, это, как говорят в Израиле, другой сипур (другой рассказ). А тогда, после этого удивительного лета, я сразу же по приезде в Москву попал в больницу — ту самую, на улице Дурова, где уже до того не раз лежал с постоянным моим спутником — радикулитом, или «люмбаго», как его часто именовал Д. С. в шуточных своих посланиях Льву Копелеву, да и ко мне тоже. Но в этот раз меня прихватило не «люмбаго», а почки, да так, что я было уже решил — вот и настал конец моей непутевой жизни.

В больнице и произошел со мной поразительный случай, который впоследствии дал Д. С. кучу поводов шут-

217

ливо надо мной поиздеваться. Врачи сделали мне рентгеновский снимок, взяли его в руки, стали рассматривать и вдруг возбужденно загалдели. Я лежу на столе, еще в «неглиже», как говорится, и здорово трушу: что они там такое нашли? Потом слышу — они смеются. Тогда я им:

— Что вы там смешного увидели в моем брюхе? Может, я Крамарова вот-вот рожу?

— Нет, — отвечают, — Крамарова вы не родите, а вот поднимайтесь-ка вы, Михал Михалыч, со стола, подойдите сюда и взгляните сами — может, что интересное увидите. Вас до этого никогда не снимали фрагментарно? Нет? Ну тогда посмотрите!

Я посмотрел, куда они мне показали, и увидел. У всех нормальных людей по две почки, а у меня — три! Целое богатство. Хотя если все три больные, так это ж, пожалуй, даже хуже, чем две. Ну, на это они мне ничего определенного не сказали. А вот Д. С. откликнулся немедленно:

Доктора дошли до точки
И у Миши, например,
Обнаружили три почки.
Хорошо, что не три-ппер!
Ну, а если б (для примера)
Не как у простых людей
Обнаружили три хера,
Чтобы делал он, злодей?!!!

И дальше, в прозаической приписке: «Так я отозвался "В кругу себя" на твою, Миша, необычайную особенность. Можешь бросить театр и выступать в цирке с аттракционом "Три почки". При современном твоем реквизите это возможно. Я напишу конферанс. У нас событий никаких. Все уехали. Без вас скучно. Стихи обрыдли. Пишу кое-какие статьи: о Глазкове, о рифме и т. д... Если ответишь на письмо, пропиши: кому читал "Беатриче" и кто чего сказал, особенно мудрый Стасик...»

«Мудрый Стасик». По ходу моего растрепанного рассказа всплывают в памяти все новые люди и события и требуют, требуют комментария... «Мудрый Стасик» — Станислав Борисович Рассадин — в моей жизни лицо первостепенное. Как избежать соблазна и не пуститься в рассказ о нем? Но ведь и троллейбус, как говорят, не резиновый. Ума не приложу... Впрочем, есть «отмазка». Окромя «себя, любимого», все остальные в этом рассказе — лишь на вторых ролях, главный — Самойлов. Поэтому о Рассадине сейчас совсем кратко, хотя он-то — почти единственный, кто обо мне не только писал всерьез, но и был вдохновителем и редактором моих писаний, негласным соавтором многих моих поэтических композиций. Запишу лишь самое важное, относящееся к Самойлову. Впрочем, как отделить здесь рассказ о Самойлове от рассказа о себе? Иосифа Бродского как-то попросили в Штатах рассказать об Ахматовой. Последовала долгая пауза, просто почти физически ощутимо было, как шла у него в мозгу стремительная и напряженная прокрутка, а потом последовало: «Рассказывать об Ахматовой занятие неблагодарное: волей-неволей получится рассказ о себе...» Вот и у меня: рассказ о Самойлове невольно становится рассказом о себе, мало того — о своих женах, детях, друзьях, вроде Рассадина.

Стало быть, Рассадин. Он написал десятка два книг и сотни статей, о русской поэзии в том числе, о поэзии Самойлова в частности. Однажды, в книге «Испытание зрелищем», он даже объединил Самойлова со мной. Есть там глава «В поисках автора», и в ней он анализирует стихотворение Самойлова «Пестель, поэт и Анна», которое я часто читал в концертах. Вне зависимости от его, рассадинского, субъективного и весьма лестного мнения о моем исполнении, позволю себе заявить, что, на мой взгляд, рассадинский анализ этого стихотворения — блестящ. На восьми страницах, на примере одного-единственного и сравнительно небольшого произведения Рассадин ухитряется распутать сложнейший и тугой узел взаимоотношений: поэт как исполнитель своего стихотворения — актер как ученик поэта — актер как интерпретатор и «соавтор» поэта. Именно там, кажется, Рассадин впервые и нашел определение одного из свойств самойловской поэзии как лирической эксцентрики или (в другом месте) — лирического эксцентризма. (Мне же, устно, Рассадиным было дано еще третье определение моей манеры исполнения стихов Самойлова: лирическая эксцентриада. У меня самого было для этого другое, рабочее определение: театральная поэзия. Но мне нравится определение Рассадина.) Была у Рассадина еще большая статья о Самойлове, кажется, в «Вопросах литературы», по поводу которой я, помнится, написал Д. С., на что он отозвался примечательным ответным письмом:

«Ты спрашиваешь о статье Ст. Рассадина обо мне. Она, по-моему, забавная. По нему выходит, что я какое-то необычайное соединение Пушкина с эквилибристом. А если эквилибриста вынуть, то останется, следовательно, Пушкин. Для меня это звучит лестно. Про кого еще из наших поэтов скажут, что он — Пушкин, пусть даже с изъяном. Вообще про меня последнее время пишут что кому Бог на душу положит. Но мне это нравится. По крайней мере, перестали талдычить, что я зрелый, ясный и трезвый...»

Письмо не датировано, но сообразить несложно — там еще есть про только что появившийся эфросовский спектакль «Женитьба» и последнюю премьеру на ТВ:

«Вчера закончили трехнедельный труд: смотрение по ТВ всех тринадцати серий "Хождения по мукам". Ничего хорошего про этот фильм не скажешь. Приятно только, что героини двигаются как сонные мухи. В таком темпе можно только чай пить. А между тем обе дамы миловидные, только простоватые. Хвалили мне несколько лиц ваш гоголевский спектакль. Тебя отдельно».

Стало быть, письмо написано в апреле 1973 года. Уже сочинен и «Ганнибал», и «Струфиан», и «Старый Дон-Жуан», которых Д. С. тут же просит меня прочитать на вечере в ЦДЛ 25 мая. Зачем я так долго уточняю дату? Да только для того, чтобы понять, сколько еще до появления «Беатриче», которую по приезде из Пярну осенью 1985 года я, конечно же, читал и «мудрому Стасику», и Натану Эйдельману с их женами, и — кому же еще? Ага, вспомнил, главному режиссеру Театра имени Ермоловой Валерию Фокину, которого тогда же знакомил с самойловской пьесой «Клопов» в надежде увлечь его идеей постановки.

Думается, недооцененность зрелых самойловских стихов была связана еще и с тем, что творчество позднего Самойлова, публикация той же «Беатриче» пришлись на время, когда «одна заря сменить другую» спешила, не давая времени на осмысление происходящего. 1985 год, 1986-й... Еще не издан в России солженицынский «ГУЛАГ», не издан даже еще ахматовский «Реквием», не возвращен из ссылки Сахаров, но уже чем дальше, тем возбужденнее, запутанней, сложнее... А Самойлов именно в эти дни, расходясь со многими, пишет мне: «Скучно быть либералом». Не странно ли? Да нет, для меня вполне понятно. Как понятно и то, что будет написано позже, в июне 1989 года:

«Все последние дни сижу у телевизора и смотрю съезд. Зрелище для нас новое и небывалое. Впечатления разноречивые. Ясного прогноза, какое влияние это окажет на наше будущее, пока нет. Но хоть раз в жизни подышали чем-то, похожим на парламентаризм. И то, слава Богу. Москва, говорят, кипит и митингует».

И мы не жалуемся
И не хвалимся.
Как поужинаем,
Спать завалимся...

Когда-то он писал:

> Допиться до стихов,
> Тогда и выпить стоит,
> Когда, лишась оков,
> По миру сердце стонет...

Допиться до таких стихов, через которые приоткрывается некая истина или хотя бы подобие ее!..

В 1980 году я попал в жуткую автомобильную катастрофу и — чудом уцелел. Булат Окуджава тогда сказал: «Значит, Миша, ты еще не достиг истины». Сегодня 1992 год, сегодня я уже кое о чем догадываюсь. Не только вычитываю у других — и самому уже что-то приоткрывается. Или кажется? Что не покажется, когда «допиваешься» до каких-то открытий в самом себе, в других, в жизни! Когда, осмелев, обращаешься с самыми главными вопросами к Чему-то или Кому-то в себе и порой, сдается, слышишь ответы...

На днях одна моя давняя знакомая, живущая теперь в Израиле, услышав по телефону радостную, эйфорическую интонацию в моем эмигрантском голосе, сказала: «Миша, кажется, Бог тебя не оставил... Ему уютно в тебе». Фраза, безусловно, дамская. Даже слишком дамская. Оно и понятно: дама — балерина. Правда, балерина выдающаяся. К тому же много страдавшая. Женщина умная, честная и мужественная. И мне захотелось ей поверить. Совсем не потому, что как раз накануне я здорово надрался. Хотя и поэтому тоже, отчасти...

«Не мешай мне пить вино, в нем таится вдохновенье!» Глядя в самойловскую поэзию, как в некое зеркало, я пытаюсь хоть в чем-нибудь разобраться. Если в самообольщении поверить, что «Он во мне, и Ему во мне уютно», то я просто обязан задаваться этими вопросами! Это и есть главная Работа души. У Самойлова как раз об этом предостаточно, хотя и нет хрестоматийного, как у Заболоцкого, —

«не позволяй душе лениться». Но отчего же я все-таки охотнее всего (и все чаще и чаще) гляжусь именно в самойловское зеркало, а не в зеркало того же Заболоцкого или боготворимого мною Бродского?

Так вот — о самом трудном, самом болезненном. Кто в нас? И в Самойлове, и в Бродском, и в каждом? Я думаю: и Он, и он. Как не перепутать? Кто ведет тебя, кто диктует тебе твои желания, внушает тебе твои мысли? Это-то и есть главный труд души: постоянно мучиться такими вопросами. Ибо все остальное, все прочие ответы на вопросы, которые ставят перед нами жизнь, работа, ремесло, — в правильном ответе на первый, главный! Где-то я прочитал, что Бродский сказал или написал: «Возможно, мы, сами того не замечая, живем уже в постхристианскую эпоху...» У меня даже мороз прошел по коже от страха. Кажется, что такого страшного он сказал? Что для правоверного мусульманина, не говоря уж об иудее, — Христос, христианство, а стало быть, и постхристианство? Слова, слова, слова... Но дело-то в том, что Бог — един. А тогда страшное — и, возможно, верное — наблюдение Бродского в каком-то смысле имеет отношение и к людям всех иных вер — не случайно в их нравственных постулатах так много общего. А если и Моисей, и Христос, и Магомет, и Будда в каком-то смысле — всего лишь посланные Богом популяризаторы Его единой идеи, своего рода «гиды», ведущие разные племена, народы и расы разными путями к общей цели, то как опять же не задуматься над самойловским, быть может, еще более страшным, чем у Бродского:

> Цель людей и цель планет —
> К Богу тайная дорога.
> Но какая цель у Бога?
> Неужели цели нет?..

Мы, Д. С., Галя, я, часто толковали о Бродском. Поэзия Бродского всерьез захватила меня где-то в самом начале

70-х. То есть до этого я тоже читал его стихи, но «заторчал» на нем со сборника «Остановка в пустыне». Д. С. иногда просил меня почитать что-нибудь из Бродского. Он сидел, закрыв больные глаза рукой, и слушал. Потом говорил: «Выпьем за него».

Когда Самойлову кто-нибудь из друзей, услышав вновь сочиненное, говорил: «Дэзик, ты чудо!» — или, как сказано у Шварца, прямо, грубо, «по-стариковски»: «Дэзик, ты понимаешь, что ты великий поэт?!» — он усмехался (кому не приятно услышать о себе такое, пусть даже от близких людей?) и не то чтобы спорил, а вроде бы пропускал мимо ушей. А раз бросил в ответ: «Но Бродский пишет лучше». И Г. И. прекрасно разбиралась в поэзии Иосифа, знала и любила его стихи. А я просто слыл «бродсковедом» в нашей компании и был ярым популяризатором его стихов.

Самойлов — Бродский. Так почему же я, боготворя одного, все же истинно люблю другого? А еще ведь к этим двум следует добавить незабвенного Тарковского, Арсения, Арсюшу. Этот третий тоже из самых-самых близких и любимых мною поэтов. С двумя из трех меня связала многолетняя дружба, которой они меня удостоили. Бродского «живым» я видел всего два раза.

Если добавить, что благодаря моим родителям я слышал двух гениев, из тех, что «смежили очи», — Анну Андреевну и Бориса Леонидовича и однажды Николая Заболоцкого, то мне есть с чем сравнить и о чем подумать. Причем стихи всех упомянутых поэтов я не только знал, а имел счастье исполнять — на эстраде, на радио, на телевидении, создавать композиции для пластинок на фирме «Мелодия». Понятно, что речь сейчас лишь о тех, кого я знал в той или иной степени лично. И Юрий Левитанский, и Борис Слуцкий, Белла Ахмадулина, Павел Антокольский, Александр Межиров, поэты-барды Булат Окуджава и Владимир Высоцкий тоже входят в круг моих сегодняшних (всегдашних) размышлений. Однако три поэта — Самой-

лов, Тарковский, Бродский — всерьез оказали влияние на формирование моего мышления. Давид Самойлов однажды написал мне уже совсем нешуточные стихи, опубликованные впоследствии в его двухтомнике:

Михаилу Козакову

Что полуправда? — Ложь!
Но ты не путай
Часть правды с ложью.
Ибо эта часть
Нам всем в потемках не дает пропасть —
Она ночной фонарик незадутый.
Полухарактер — ложный поводырь,
Он до конца ведет другой дорогой.
Характер скажет так с мученьем и тревогой:
«Я дальше не иду! Перед тобою ширь,
И сам по ней ступай. Нужна отвага,
Чтобы дойти до блага. Но смотри:
За правды часть и за частицу блага
Не осуди, а возблагодари!»
Ах, грань тонка. На том горим!
Часть... Честь... «Не это» путается с «этим».
Порой фонарик правды не заметим,
За полуправду возблагодарим.
Все наши покаянья стоят грош,
И осуждения — не выход.
Что ж делать? Не взыскуя выгод,
Судить себя. В себе.
Не пропадешь.

Поводом к написанию этого стиха, который я получил в письме из Пярну, послужил лишь наполовину прочитанный им тогда мой «мемуар» — «Рисунки на песке». К ме-

муару, судя по всему, он отнесся серьезно, и доказательством тому — вышеприведенное стихотворение про характер и грань, которая и впрямь весьма тонка. Мой характер и размышления о «шири» привели меня в Камерный театр в городе Тель-Авиве, где я сейчас играю Тригорина на иврите, в дом, где живу теперь на улице Баруха Спинозы, в новый мой кабинет, за столом которого пишу эту растрепанную прозу, погружаясь в воспоминания о поэте, который советовал мне судить «себя в себе». Но невозможно все держать в себе: лопнешь!

Помню, по просьбе Самойлова я прочитал тогда «мудрому Стасику» Рассадину и нашей компании только что написанную Д. С. «Беатриче». Рассадин — один из последних рыцарей русской литературы. Полагаю, что он и по сей день думает, что поэт в России больше, чем поэт. Я, кстати, разделяю эту точку зрения, оттого мы с ним и дружили и дружим даже на расстоянии, хотя далеко не всегда и во всем соглашаемся друг с другом. Компании, помню, понравился прочитанный мною тогда новый самойловский цикл — Натан Эйдельман сразу оценил «Бабочку», — однако восторга в адрес стихов Д. С., которого я привычно ждал, увы, не было, врать не буду. Может быть, я плохо прочитал? Не думаю. Так в чем же дело? Мне кажется — в восприятии позднего Самойлова и поэзии вообще. Времена менялись в начавшей видоизменяться России, и Самойлов уже не находил должного отклика в сердцах читателей и критиков, живших в ритмах перестройки...

А потом пришло время наград. Бродский удостоился Нобелевской премии. Самойлову вручили Государственную теперь уже не существующего Советского Союза. Бродский во фраке присутствовал на королевской церемонии в Стокгольме, Самойлову в Кремле вручили значок с серпом и молотом.

«Эстонцы после премии меня зовут, приглашают, интервьюируют, показывают, печатают и т. д. Так что здесь я

стал знаменитее тебя. Начал добиваться всемирной славы. Написал Евтушенко, чтобы узнать, как это делается. Ответа пока не получил. Привет милой Ане. Скажи ей, что каша гораздо вкусней, если при изготовлении ее все время помешивать. Пусть не ленится. Обнимаю тебя. Твой Д. 1.12. 88».

А в письме от 28 февраля 1989 года:

«Лауреатский значок на вечер позабыл, как, впрочем, и галстук. Пришлось выступать без них. Я к тому же не умею вывязывать галстук и не знаю, с какой стороны надевать медаль...»

Про Аню, сменившую в письмах «строгую, но справедливую» Регину, пока опустим, а вот про «всемирную славу» продолжим. Одни, как Рассадин, например, имеют полное право и все к тому основания предпочитать (любимых и мной) Семена Липкина и Олега Чухонцева Тарковскому или Бродскому, другой предпочтет Евгения Рейна или Александра Кушнера, третий — Беллу Ахмадулину или Юнну Мориц. Ну а я? Во мне много лет идет боренье в любви: Бродский — Самойлов, Самойлов — Бродский! Люби хоть еще два-три десятка поэтов... В чем, собственно, дело? Ты сомневаешься в «теплоте души» Нобелевского лауреата? Ты переживаешь, что Самойлову дали всего лишь «серп и молот»? Или все-таки дело в том, что почти каждый, особенно новый, стих Бродского представляет для меня лично огромную трудность в постижении, прямо-таки иссушает мозг, пока дойду не то что до сути, а просто до понимания какой-нибудь фразы? Вот оно! Да, признаюсь, моего серого вещества, моего уровня явно недостает для того, чтобы читать про себя (не говорю уже — с эстрады) все стихи Бродского, получая при этом сиюминутное наслаждение. Как правило, я сижу над его стихами, что время от времени появляются в журналах или газетах, как над загадочными лабиринтами. В этом смысле стихи пушкинианца Самойлова не требуют труда такого рода. Они входят в тебя, как будто они уже жили в тебе до их возникновения. Как про такое сказано у другого Оси, Осипа Эмильевича:

> Быть может, прежде губ
> Уже родился шепот,
> И в бездревесности кружилися листы,
> И те, кому мы посвящаем опыт,
> До опыта приобрели черты...

Иногда кажется, что стихи Д. С., адресованные нам — тем, «кому посвящен опыт», — еще до опыта жили в нас. Это, конечно, самообман, но обман, возвышающий нас. Иначе с Бродским. Когда отмучаешься (если мучился, ибо охотно допускаю, что другие, более восприимчивые читатели вообще посмеются надо мной), когда проникнешься наконец его образами, его системой мышления, услышишь музыку его стиха (последнее мне, кстати, дается легко), его поэзия тоже обернется твоими собственными «чертами». Вопрос в том — стоит ли мучиться? Стоит! Лев Толстой сказал: «По моим страницам на коньках не прокатишься...» По стихам Бродского — тоже...

Кажется, только в одном стихотворении Самойлова есть прямое упоминание о Бродском:

> Спят камины, соборы, псалмы,
> Спят шандалы, как написал бы
> Замечательный лирик Н.

Самойлов любил поэму Бродского «Большая элегия Джону Донну». Я когда-то включил ее в композицию, которую составил из самого-самого любимого и, как мне кажется, понятого мной, и записал на пластинку. Затем кроме пластинки я не раз возвращался к разным формам работы со стихами Бродского. Снял маленький телефильм, читал на радио, в концертах, а потом поставил и моноспектакль, где читал документы, собственные воспоминания о поэте и даже спел два-три романса на его стихи. Еще два пела Анна.

> Там Анна пела с самого утра
> И что-то шила или вышивала,
> И песня, долетая со двора,
> Ему невольно сердце волновала.

«А эту зиму звали Анной, она была прекрасней всех!» У Самойлова Анна — почти муза. Мне же в письме он писал так:

> Много я писал про Анн,
> Обучаясь на поэта.
> Я водил их в ресторан.
> Было то, и было это.
> Что за Анны, Боже мой!
> Я их помню по приметам:
> Этих я любил зимой,
> А в других влюблялся летом,
> Были глупы и умны,
> Добродушны, простодушны,
> И большой величины,
> И легки, полувоздушны.
> Расставался с ними я
> То с печалью, то с обидой.
> У тебя теперь своя,
> Так что, Миша, не завидуй!

Анна, Анна! Что же ты раньше положенного срока врываешься в это повествование? Еще не время. Пока я все еще в 1985 году в Пярну, в Пернове...

> Коньяк? Он в «Кунгле» слишком дорог.
> А дома нету ни хрена.

Съедим при наших разговорах
Мороженое, старина.
Возьмем рублишко у Регины
И вместо пьяной мишуры
Съедим с тобою витамины,
Белки и прочие жиры.

Мороженым мы будем сыты,
Закурим — ярые курцы!
Здесь покупатели — семиты,
Нордические продавцы...

Все же нашлось несколько рублишек, и мы в тот же день дернули по сто граммов коньяку, несмотря на его дороговизну. Потом пришел Захарченя, принес бутылек, добавили, и Д. С. тут же за столом накатал приведенное выше. Сейчас, когда пишу о Самойлове, разбираюсь в его письмах, напечатанных на машинке, написанных от руки, датированных и без даты, натыкаюсь на такие вот импровизации, задаюсь вопросом — имею ли я право выносить весь этот милый сор из нашей хаты? Не повредит ли это памяти поэта? Ведь он по сто раз переделывал то, что предназначалось для печати, доводил строку, рифму, деталь, знак препинания до кондиции перед тем, как подписать верстку. А я привожу здесь предназначенное исключительно мне, шуточное и за секунду сделанное, да еще не всегда «зрелым, ясным и трезвым»... Не грешно ли это? Но как избежать соблазна облегчить себе труд воспоминаний о человеке и, вместо мучительного для меня поиска слов, которые должны «передать, описать и выразить», не воспользоваться документом? Так что этот грех, Дэзик, я беру на себя, и уж ты не суди меня строго. Пусть придирчивый и требовательный читатель обвинит во всем только меня и скажет: «Вольно же было Самойлову доверяться Козакову».

Из разных писем конца 70-х — начала 80-х...

«Дорогой Мигуэль. Рад был получить твое письмо, из которого явствует, что ты в деле. А это единственное спасение в наше время, где нет даже бесплодных чаяний. Запретный список стихов Пушкина на радио и ТВ, приведенный в твоем письме, меня печально позабавил. Он подтвердил мою давнюю идею, что просачиваться можно только сквозь щели. А их, как ни задраивай, все несколько останется».

«Дорогой Миша! Радуюсь твоим английским успехам и бодрости духа. (В 1977 году я с Театром на Малой Бронной гастролировал в Англии на Эдинбургском фестивале. — *М. К.*) В большинстве писем, которые я получаю, описываются неудачи и унылое состояние. Твоя манера жить мне нравится, даже со всеми поправками на виски без содовой. Наши пороки — продолжение наших достоинств. Мне приятно, что это понимает мудрая Галина Ивановна, и уверен, что эта мысль близка строгой, но справедливой Р. С. Другой на твоем месте на сто фунтов купил бы какой-нибудь МОХЕР (я, правда, не знаю, что это такое, но звучит приятно), а ты купил пояс с бляхой и пропил все фунты с Олегом Далем... У меня внешних новостей мало. Пытаюсь усовершенствоваться. А тут начинается красная осень. Пусто. Просторно. Тихо. Хочешь не хочешь, а слагаются строфы...

> Холодно. Вольно. Бесстрашно.
> Ветрено. Холодно. Вольно.
> Льется рассветное Брашно,
> Я отстрадал — и довольно!
> Выйти из дома при ветре
> И поклониться отчизне.
> Надо готовиться к смерти
> Так, как готовятся к жизни.

Много унылой работы — переводы больших классиков из малых литератур. Хуже только модернисты из тех же литератур».

Классики, модернисты, современники из малых литератур кормили Самойлова и его семью. Старенькая мама, сын от первого брака и еще многое-многое требовали немалых денег. Боже, что на него валилось! Я просто не понимаю, мне не дано понять, откуда он черпал силы, чтобы все это вынести! А ведь он терял зрение, и в письмах — не раз про то, что «читать становится все труднее, глаза болят», что читает ему вслух иногда Галина Ивановна. А надо было переводить классиков малых, а временами и больших литератур, и модернистов, и неоклассицистов, и прочих «истов». И он переводил. Делал переводы не просто добросовестно, а сверхдобросовестно. По крайней мере, никто в обиде на него не бывал... Что давало ему силы жить, работать, шутить? Полагаю, кроме всего прочего, еще и несуетная уверенность, что в самом конце всяческих концов и он «увидит небо в алмазах», а при жизни следует лишь исполнять долг. Меру долга он определял для себя сам. ОПРЕДЕЛИЛ И ИСПОЛНИЛ. И Господь даровал ему легкую, мгновенную смерть праведника. Хотя он-то праведником себя не считал.

Я в этой жизни милой
Изведал все пути.
Господь, меня помилуй.
Господь, меня прости.
Но суеты унылой
Не мог я побороть...
Господь, меня помилуй,
Прости меня, Господь.
Да, в этой жизни, Боже,
Не избежал я лжи.
Карай меня построже,
Построже накажи.

В чем только он себя не обвинял!

> Любить не умею,
> Любить не желаю.
> Я глохну, немею
> И зренье теряю.
> И жизнью своею
> Уже не играю.
> Любить не умею —
> И я умираю.

Это — правда? Он не умел любить? Он? Кокетство, наговор на себя перед Богом и людьми? Нет! Адская работа души. Попытка разобраться в себе, отделить в самом себе семена от половы. Его от него...

> Повесть тихая тайно казнит.
> Совесть тихая тайно карает.
> И невидимый миру двойник
> Все бокальчики пододвигает.

Анна Андреевна Ахматова говорила, что есть наша читательская вина перед Пушкиным: за красотой звучания его стиха мы часто не слышим живой голос Пушкина-человека. Мне кажется, это относится не только к Пушкину — ко всем настоящим поэтам...

Д. С. одним из первых и немногих поверил в мою режиссуру. Он, как настоящий друг, поддерживал во мне веру в мое право заниматься этим ремеслом. Прежде всего актерским, а потом уже и режиссерским. А позже укреплял меня в моих способностях «мемуариста». В 1978 году вышла обо мне небольшая книжица Э. Тадэ. Я жутко рад был ее появлению. В этот период мне еще нужно было самоутверждаться в глазах коллег.

«Дорогой Миша! Спасибо за книгу и за надпись на ней. Книгу я сразу же прочитал. Не могу сказать, что мне открылось что-то новое о тебе. Но книга хороша и полезна тем, что собирает воедино разрозненные сведения о тебе как об артисте и заставляет самого подумать о твоей артистической судьбе...

Ты один из тех редких актеров, для которых важно не умение перевоплощаться или умение оставаться всегда самим собой. Хотя, доведенные до высшего артистизма, эти качества уже сами по себе достаточны, чтобы быть большим артистом. Не так важна для тебя и "правда жизни", уже изрядно надоевшая в "правдивом" театре недавно минувшего времени.

В тебе есть потребность метафизики, то есть истины высшей. На это, я думаю, и следует ориентироваться. Метафизика, ставшая актерской органикой и не отделенная от всех свойств актерского ремесла. Это не все поймут, но все почувствуют, если и впрямь удастся тебе возвыситься до этого. Но мы еще поговорим...

Мы здесь, в Пярну, живем тихо. Пишу прозу и поэму свою о Ганнибале Абраме Петровиче...»

За всю свою долгую жизнь такого письма я никогда не получал и не получу уже никогда. Дело здесь не в оценке моих актерских данных, безусловно, дружеской и оттого чрезмерно преувеличенной, а в серьезной заботе о том, чтобы я возвысился над самим собой и стал достоин того дела, которому посвятил жизнь...

Все последующие отзывы Самойлова о моих дальнейших работах хотя в основном комплиментарны, но не содержат подтверждений того, что я достиг неких ступеней метафизики и она стала моей органикой. Эти письма и стихи написаны в обычных тонах, разве что с Толстым дело обстояло несколько иначе.

«Дорогой Мишечка! Ты постоянно присутствуешь, как американский флот в Средиземном море.

1. Вчера видели твой "Маскарад". Бесплодный спор о возможности экранизации классики ты решаешь весьма убедительно. Стихи звучат прекрасно. Да и этих зайцев

ты научил играть на барабане: все читают стихи пристойно и даже с пониманием.

Евгения Симонова — моя слабость.

2. Прочитал внимательно твои летние заметки. (Осенью 1985 года я опубликовался в "Советской культуре". — *М. К.*) У тебя "легкое перо". Пора переходить в писатели...»

После «Маскарада» я поставил там же, на учебном ТВ, еще две серии «Фауста», первая была сделана мной еще до «Маскарада».

Твой «Фауст», Миша Козаков,
Прекрасный образец работы,
Ведь ты представил нам, каков
Был замысел Володи Гете.

Володя этот (Вольфганг тож)
Был гением от мачт до киля,
И он не ставил ни во грош
Любые ухищренья стиля.

Он знал, что Зяма — это черт,
Что Дьявол он по сути самой,
Что вовсе он не Гердт, а Гёрт!
Что черт в аду зовется Зямой.

Он видел со своих вершин,
Что это все не затируха.
Ты и Кирилл — отец и сын.
А он поддал Святого духа.

И Гретхен — лакомый кусок,
Прелестный простоты образчик.
Такую хоть бы раз в висок
Поцеловать, а там хоть в ящик.

К тому же так переведен
Твой «Фауст», что не изувечен.
И до нутра пленяет он
Интеллигентским просторечьем.

Тебя поздравить, Козаков,
Стремится старый алкоголик.
(Я дал бы рифму «Табаков»,
Хоть вовсе ни при чем здесь
«Лелик».)

Из моих дневников 1985 года

Двадцать второе августа. Август был интересным. Общение с Давидом Самойловым и его кругом. Членкор Б. И. Захарченя очень образован и умен; друг Самойловых Ю. И. Абызов — собиратель самойловского «В кругу себя». Сам классик замечателен, пока не переберет. Но, увы, с каждым днем дозы увеличиваются. (Меня в то лето «строгая, но справедливая» держала на сухом пайке. — *М. К.*) Эгоцентризм, вообще свойственный поэтам (разве им одним?!), в этих случаях усугубляется. Прочесть ему и Гале «Затонувший колокол» (пьеса по переписке и стихам Пастернака и Цветаевой, которую я хотел играть. — *М. К.*), по-моему, так и не удастся. Попробовал было, но... Зато читка «Клопова» прошла хорошо и серьезно. Тут Д. С. собрался и все «сек» по делу. Цикл «Беатриче» очень хорош. Вообще июль–август были для него урожайными. Много забавного «В кругу себя». Когда выпивал свои сто пятьдесят, был замечателен. Было легко и интересно. Потом приходил Захарченя, шло увеличение дозы, и тогда Д. С. уставал, и я смывался, принимался за свои дела...

24 августа. Вчера к ночи я опять разнюнился. (Я заболевал, сам того не зная, «тремя почками» и постыдно дрейфил. — *М. К.*) Пришлось принимать рудотель, чтобы взять себя в руки. Слабый я человек. Регина говорит: «Это еще оттого, что за окном ветер». Мы вспомнили строчку из «Беатриче»:

И когда расстонется за окном Борей,
Я боюсь бессонницы не моей — твоей.

Автор вчера навестил меня. Состояние его, как душевное, так и физическое, мне хорошо знакомо. Ох, как хорошо! «Выход...» Смутные воспоминания о вчерашнем и позавчерашнем. Комплекс вины. Самокопание и самоанализ. По кругу. Потом поговорили о его положении, в каком-то смысле безвыходном. Десять лет они живут в Пярну. Зимой слова сказать не с кем. В общем, как я понял, здесь у него нет настоящего общения. В Литве нравится в этом смысле больше. Там, по его словам, есть люди европейской культуры. Он называл незнакомые мне имена. Значит, минуя летние месяцы, когда кто-то приезжает, или редкие и трудные поездки в Москву, всерьез в Пярну — одна Галя. Им вдвоем интересно, они любят и умеют разговаривать, но для него этого, разумеется, маловато. Жить же в Москве им невозможно. Дом — проходной двор. Телефон. «А я человек любопытный, выключить или не подходить не могу, а какая уж тут работа!»

Невозможна жизнь в Москве и для Гали. Там приходится беспрерывно метать на стол, а ведь и без гостей их самих пятеро. Потом, как в Москве быть с больным Петей? Горе! Значит, выход один — Пярну. Здесь и написалась им за эти годы большая половина сочиненного. Однако как быть с Бореем?.. Пришли к выводу, что вообще-то лучшим для них вариантом был бы дом в подмосковном Переделкине. Но разве эти бандиты и мафиози из Союза писателей предоставят такую возможность? Горе!

А ведь еще болезни. Я ему как-то тут на днях сказал: «Вот когда прочтешь книгу Рассадина "Спутники", напиши ему». — «Ты пойми, Миша, мне же теперь читать стало очень трудно. С глазами все хуже...» Горе! Горе! Ему же всего шестьдесят пять, а выглядит на все семьдесят.

Ну как тут не облегчить себе жизнь ВИНОМ? Вот и получается: сначала сто пятьдесят, потом еще сто пятьдесят, потом залакировал сухим, и поехало... Пришел — глядеть страшно. На лице какие-то царапины, на лбу синяк. При этом вымытый, чистый, умный (!), а внутри все, что мне так хорошо известно. У нас с ним даже симптомы одни и те же, даже этапы опьянения похожи: сначала все лучшее активизируется — читаются стихи, рассказываются истории, байки, шутки, импровизации и тому подобное. Потом вылезают обиды, часто прошлые, подспудные, окружающим непонятные, выплескивающиеся почему-то сейчас, оттого реакция на происходящее окружающим кажется неадекватной, пьяной.

«Я раньше пил и делался добрее, легче, а теперь опьянение злое», — признался он.

Ну а потом «уходы из дома» с собиранием нехитрых пожитков, паспорта, бритвы... А вообще-то: «Удержите меня...» И конечно, удерживают. Затем — беспамятство. Ох, как все это мне знакомо и понятно! Вот так мы с ним и поговорили, душу отвели. Потом ушел. Лестница у нас крутая, типа винтовой, только деревянная. Каждый раз страшно — не навернулся бы...

Дальше — запись от 27 августа, уже в Москве, после отъезда из Пярну, обмена стихами (его) и стишками (моими), объятий и провожания нас, садящихся в такси со слезами на глазах...

«...Затонувший» решили не трогать, а просто потрепались. И получилось на славу! Много говорили об Анатолии Якобсоне, о его книге. Он эмигрировал в Израиль и там покончил с собой. Якобсон был на год моложе меня. Один из последних (теперь их почти нет) фанатиков литературы. Еврейский мальчик с нечесаной головой, уже с порога начинавший громко говорить о литературе. Ученик Самойлова, почитавший Тарковского, Лидию Корнеевну Чуковскую... В увлечении тыкал окурки в винегрет, вертел в руках веревочку. («Вот она и завилась в Израиле», — заметил Самойлов.) Один из главных издателей

«Списков». Грозила каторга. Отъезд. Смерть. На этот раз здорово рассказывала Галя, а Самойлов только что-то добавлял... На книге «Голоса за холмами» Самойлов сделал такую надпись:

> Ты, Миша, Фауст и Арбенин,
> Был Гамлет, будешь и Полоний,
> А для меня ты, Миша, ценен
> Тем, что всегда не посторонний.
> Готов тебя в стихах прославить,
> Воздать таланту и уму...
> Дай Бог, тебе играть и ставить
> (Но лучше «что-то», чем «кому»).

И тут же — Регине:

> Регина — Миши Министерство
> (Тяжелое Мишестроение?) —
> Руководит без мини-стервства
> И исправляет настроение.

Регине действительно тяжело давалось «мишестроение», а Мише не всегда казалось, что им руководят без «стервства». Я много ставил, пил вино, полагая, что в нем всегда таится вдохновение, часто болел «люмбагой», лежал в больницах, писал там свой «мемуар», а Регина многократно перепечатывала его на машинке, исправляя грамматические ошибки и расставляя запятые, переводила с английского пьесы (только одну из которых я поставил — «Дорогая, я не слышу, что ты говоришь, когда в ванной течет вода» американца Роберта Андерсона) и вообще немало намучилась с автором этих воспоминаний. А в 1983 году по дороге в аэропорт Домодедово я умудрился еще влететь в лобовой удар на шоссе и на пять месяцев вообще вышел из строя. Лежал в больнице с переломами и трещиной в тазу, и Регина помогала врачам поставить меня на ноги в буквальном смысле этого слова.

После разрыва с Региной, которая надорвалась со мной, не выдержала, отбыла в Штаты и осталась там навсегда, я обзавелся своей Анной. Уже при ней я снял драму Толстого, а потом и «Визит старой дамы» Фридриха Дюрренматта. После трудных съемок в Таллине я привез Аню к Самойловым, у которых мы прожили тогда одну счастливую неделю. Я читал им дневниковые страницы о том, что произошло у нас с Региной. Историю всех наших предотъездных многолетних отношений они хорошо знали, а вот то, что предшествовало ее неожиданному для всех — а главное, для меня — решению затормозиться в Штатах, я, как мог, пытался осмыслить в этих записях...

— Миша, а ведь это очень похоже на прозу. Своего рода фактоид. Да, Галя? Как тебе показалось?

Ивановна согласилась с мужем, и они вселили в меня надежду: все, что происходит с нами, — не зря. Ведь люди нашего ремесла рассматривают собственную жизнь всего лишь как материал для чего-то более существенного, в этом их всегдашнее утешение, надежда и вера — авось пригодится! Другое дело, как у кого запишется. У Самойлова в стихах, у другого — например, у Макса Фриша — в документальной лирической повести «Монток». Что вышло у меня — не знаю. Писал, ничего не сочиняя, лишь записывая за собой, откровенно, от первого лица, делая вторых лиц — реальных живых людей — невольными участниками моего нескромного повествования. Что ж, появился такой «бесстыдный» жанр и утвердился в литературе второй половины двадцатого столетия...

Одно из самых, самых последних писем Д. С. ко мне: «Понятны и твои грустные размышления о позднем ребеночке. Ребеночек — всегда прекрасно! Учти, что Пашку я породил в твоем возрасте. А он уже вон какой вымахал. По собственному опыту знаю, как радует и омолаживает ребенок в доме, сколько от него свежих впечатлений. Поздние дети спасают нас от старческого эгоцентризма.

Ностальгические нотки твоего письма мне тоже понятны, но это проходит, а когда появится "третий" или "третья", совсем будет другое ощущение жизни. Беспокоит только, что ишачить для денег тебе много приходится. Приучи семью к аскетизму. Убеди, что ты не богатый, знаменитый актер, а просто бедный еврей, да еще и не полный еврей. К какому "трену" приучишь — такой и получишь.

А к общению, конечно, тянет нас, грешных. Но отчасти и по инерции. Можно довольствоваться тремя-четырьмя друзьями. А остальное — факультатив.

Очень больно было читать у тебя в письме о похоронах Арсения (Тарковского. — *М. К.*). Упокой его, Господь!»

> Сплошные прощанья! С друзьями,
> Которые вдруг умирают...
> Сплошные прощанья! С мечтами,
> Которые вдруг увядают...

«Мечты, которые вдруг увядают...» Никакие «мечты» в нем не увядали. Сколько бы жил — столько бы и писал! И истину он давно познал, но Господь продлевал ему дни. Умер — когда срок пришел, на Пастернаковском вечере. Гердт, бывший на сцене, услышал звук упавшей самойловской палки и шум за кулисами, где сидел Давид Самойлович после выступления в ожидании своего друга, чтобы выпить с ним коньячок... Умер легко. «Легкой жизни ты просил у Бога, легкой смерти надобно просить...» — как сказал другой поэт.

Настроение последних «перестроечных» лет:

«Стараюсь отложить на более отдаленный срок поездку в Москву... Здесь, у нас, довольно тревожно, но, думаю, до крайности не дойдет. Порядок и дисциплина соблюдаются... А в Москве боюсь погрузиться. Там все сложнее и опаснее».

Дальше то, что я уже цитировал, — про стихи, «выходящие из моды», про «искусство — место неогороженное», «скучно быть либералом...». Помню одно из наших с ним последних совместных выступлений в Музее А. С. Пушкина на Пречистенке. На какой-то вопрос о новых временах отвечал как бы нехотя, без особого либерально-демократического энтузиазма.

> Поверить новым временам
> Не так легко при ста обманах...

Он не дождался многого — и хорошего, и дурного, и невероятно страшного, и невероятно интересного. Но еще при его жизни начала происходить смена эпох — понятий, категорий и ценностей. Уходили люди, друзья разных поколений. Одни навсегда, другие, вроде меня, отчаливали... На панихиде в Доме литераторов, где стоял гроб с его телом, вместо прощального слова я прочел его стихи:

> Хочу, чтобы мои сыны
> И их друзья
> Несли мой гроб
> В прекрасный праздник погребенья,
> Чтобы на их плечах
> Сосновая ладья
> Плыла неспешно,
> Но без промедленья.
> Я буду горд и счастлив
> В этот миг
> Переселенья в Землю,
> Что слуха мне не ранит
> Скорбный крик,
> Что только небу внемлю.

Как жаль, что не услышу тех похвал,
И музыки,
И пенья!
Ну что же!
Разве я существовал
В свой день рожденья?
И все же я хочу, чтоб музыка лилась,
Ведь только дважды дух ликует:
Когда еще не существует нас,
Когда уже не существует.

И буду я лежать
С улыбкой мертвеца
И не подвластный всем недугам.
И два беспамятства —
Начала и конца —
Меня обнимут
Музыкальным кругом...

1992 г.

Булат Окуджава

Когда тебе привалило счастье знать человека в течение многих лет, жить с ним рядом, неоднократно слышать, как он читает свои стихи, беседовать с ним о разном на протяжении жизни, переписываться по поводу его прозы, наблюдать в перепадах настроений и переживаний, наконец, просто любить его и слышать от него добрые слова в ответ, получать теплые надписи на книгах, пластинках и даже быть удостоенным немыслимой чести стать адресатом его стихотворения о Пушкине и героем другого, возникает обманчивая легкость, что написать о Булате Окуджаве в книге воспоминаний всего несколько страниц — не так уж трудно.

Так-то оно так, однако когда пишешь о большом поэте, о крупной личности, о человеке, который повлиял на многие тысячи людей в разных, во всяком случае славянских странах, о Барде шестидесятничества (лишь на первый взгляд!), то лезет в голову поверхностное, банальное, общеизвестное и общеупотребительное. «Возьмемся за руки, друзья, чтоб не пропасть поодиночке», и пресловутое и тем не менее, несмотря ни на что, прекрасное про «комиссаров в пыльных шлемах»...

Булат печалился: «А все-таки жаль, что нельзя с Александром Сергеевичем поужинать в "Яр" заскочить хоть на четверть часа». Зачем? Чтобы самому испытать обаяние физического общения с поэтом-мифом? Или узнать некую истину из первых уст и что-то понять про самого себя? Наверно, и первое, и второе, и пятое, и десятое, и девяносто седьмое...

Но сдается мне, что узнать про истину было для Окуджавы самым важным... А может быть, я, возможно ошибочно, беру на себя смелость догадки оттого, что, ужиная с Булатом в разного рода современных «ярах», домах, квартирах и кухнях, я сам подсознательно пытался от него, через него понять некую истину про жизнь, про искусство и что-то понять в себе самом?

В начале 80-х я загремел в автокатастрофу. Наш хлипкий «москвич» за десять минут до аэропорта Домодедово перелетел через разделительную полосу на встречную часть шоссе и в лобовом ударе с «рафиком» (у того от удара полетела передняя ось) превратился в смятый спичечный коробок. А мы, сидевшие в этом коробке, были доставлены в ближайшую больницу и каким-то чудом выжили, именно чудом.

Булат тогда сказал мне: «Значит, ты еще не достиг истины». Эта фраза запала. И когда в последние годы жизни поэта я встречался с ним на московской или израильской земле, видя его взгляд, все более обращенный внутрь себя, отрешенный, как мне казалось, от внешнего мира и даже от прямых собеседников, сидящих за столом, я втайне думал: «Это уже взгляд уходящего человека, достигшего некой истины...»

И нельзя было сказать по этому взгляду, что истина была лучезарно прекрасной. Это была истина, итог много познавшего и испытавшего мудрого человека. Человека, уставшего жить. Человека, исполнившего свой долг перед Богом и людьми. Может быть, всему, о чем я пишу, есть и более простое объяснение. Булат неизбежно старел, много болел. Слава, радость творчества и все, этому сопутствующее, ему уже были известны, и новые успехи мало что прибавляли к уже пережитому. Стихи, проза продолжали писаться, и писаться хорошо, полновесно, однако...

Булат, насколько мне известно, не был религиозен, во всяком случае, я никогда не слышал, чтобы он бывал в церкви. Жена Оля окрестила его, что называется, почти на смертном одре в Париже. Об этом рассказывали по-разному, некоторые даже с осуждением...

На мой взгляд, ничего дурного в этом нет. Когда уже в Москве в храме Космы и Дамиана отпевали новопреставленного Булата-Иоанна, мне показалось это вполне уместным. Поэт, настоящий поэт — всегда Божьей милостью. Язык, которым он пользуется, — Дар, и как замечено Бродским, Даритель всегда выше дара. И то, что Булат при крещении стал Иоанном — тоже по-своему символично. Именно Евангелие от Иоанна начинается сакраментальным «В начале было Слово...» И еще: «Был человек, посланный от Бога; имя ему Иоанн. Он пришел для свидетельства, чтобы свидетельствовать о Свете... Он не был свет, но был послан, чтобы свидетельствовать о Свете». Вот и неверующий Булат Окуджава был послан в мир, чтобы, как Иоанн, просодиями свидетельствовать о Боге, так как любая Большая поэзия есть такого рода свидетельство. Всегда казалось, что стихотворение, песня, мелодия льются из него сами по себе, без видимых усилий. «Моцарт на стареькой скрипке играет. Моцарт играет, а скрипка поет...»

Лично для меня важно, что до Галича, до Высоцкого был Окуджава. Я любил стихи и песенки на стихи Гены Шпаликова, писавшиеся примерно в те же годы, кто-то (и многие) обожали и распевали Юру Визбора, других бардов. Затем взорвался Саша Галич. И уже начал свой большой, страстный, сумасшедший путь Володя Высоцкий. Вообще Россия страна талантливая: Новелла Матвеева,

Городницкий, Юлий Ким, многих не называю... Но первым был Окуджава. Не упомню его неудач. Хотя вначале не все было безмятежно. Всевозможные запреты, препоны, разумеется, не миновали Булата. Хорошо известен и неоднократно описан тот концерт, кажется, в Доме кино еще в 50-е, когда какие-то то ли дураки, то ли подлецы кричали ему: «Пошлость!» Сегодня это воспринимается как скверный анекдот. Но, разумеется, бесхитростные песенки Окуджавы, едва появившись, вызвали раздражение у чиновников, не могли не вызвать. Своим тонким нюхом они сразу определили всю их опасность для системы. Это был эффект джинна, вырывавшегося из бутылки.

Помог научно-технический прогресс. Как раз в это время в стране стали появляться первые бытовые магнитофоны литовского производства, и вся тщательно продуманная система цензуры стала трещать по швам, Окуджава мог напеть свои песни где-нибудь в кругу друзей, на чьей-нибудь кухне, а уже завтра записи его песен расходились по всей Москве. Их записывали и перезаписывали, обменивались тысячи людей, отправляли в другие города. А власть была ни при чем. Уже одно это вызывало дикую ярость. Кроме того, песни Булата Окуджавы молодежь сразу признала своими. Возникло как бы параллельное творчество, не освященное ни ЦК партии, ни комсомолом, ни Союзом композиторов или писателей. От них уже ничего не зависело. Нет, зависело, конечно. И там, где зависело, они делали все, чтобы не допустить их распространения. Но было поздно, поезд ушел.

Помню, я снимался у режиссера Льва Саакова в картине по хорошей по тем временам военной повести Юрия Бондарева «Последние залпы». Было это в самом начале 60-х. Мы, молодежь, уже вовсю распевали песни Булата. Я предложил Саакову вставить в военную картину его песню «Вы слышите, грохочут сапоги, и птицы ошалелые летят, и женщины глядят из-под руки, в затылки наши круглые глядят».

Это было очень к месту в фильме о молодых ребятах, гибнущих в последних боях, уже после капитуляции Германии. Не прошло. Ни Сааков, ни молодой тогда и мало кому известный писатель-фронтовик Юра Бондарев даже не рыпнулись, чтобы осуществить мое предложение. И картина получилась соответственная, серая, никакая, а могла бы, могла бы... Хотя, полагаю, даже песня Булата ее бы не спасла. Привел этот пример как примету того времени.

Много позже, уже в конце 70-х, я пробивал у могущественного тогда председателя Гостелерадио С. Г. Лапина телевизионный фильм-концерт «Памятник» — стихи поэтов, посвященные Пушкину. Часто можно услышать мнение, что советские чиновники от культуры были людьми несведущими и малообразованными. Таких действительно было предостаточно. Очень часто «на культуру» бросали как в ссылку какого-нибудь проштрафившегося партийного руководителя, и он творил там что хотел. Да что далеко ходить за примерами — достаточно вспомнить Фурцеву. Лапин был не из их числа. Он был, несомненно, человеком образованным, к тому же знатоком и любителем поэзии. Но от этого было только труднее с ним договориться. Чудом разрешив читать всю крамольную четверку — Ахматову, Пастернака, Мандельштама и Цветаеву, он вычеркнул из списка стихи Арсения Тарковского и Булата Окуджавы. Его стихотворением «На фоне Пушкина снимается семейство» я хотел заканчивать свой фильм.

— Обойдемся без Окуджавы, — сказал председатель.

— Ну почему же, Сергей Георгиевич? — пробовал убедить его я. — Смотрите, как красиво получится: «На веки вечные мы все теперь в обнимку на фоне Пушкина! И птичка вылетает».

— А кто это — мы все? Кто — в обнимку? Нет-нет, не стоит. У вас в фильме такой уровень поэтов — Маяковский, Есенин, другие... Так что я ваш будущий фильм поддержу, но без Тарковского и Окуджавы.

То, что проскочило на диске «Поэты — Пушкину» в фирме «Мелодия», на телевидении тогда еще было немыслимо...

Впервые я услышал об Окуджаве от Евгения Евтушенко, а познакомился с ним в Питере на мансарде у художника Валентина Доррера. В летние белые ночи 60-го года молодой «Современник» блистательно гастролировал в Ленинграде с премьерой «Голого короля» Е. Шварца. Сценографом этого спектакля был Валя Доррер. Вечер в дорреровской мансарде был одним из тех, которые хранятся в памяти долгие годы. Блестящий рассказчик, остроумный человек, Николай Павлович Акимов, хотя в душе и ревновал к успеху Шварца не на своей сцене, был чрезвычайно мил, выпивал с молодежью, смеялся нашим байкам. Был на этом вечере и много пел Булат Окуджава. В те годы его не надо было уговаривать петь. Ему еще не надоели общие восторги, да и молодой он тогда был...

> Девочка плачет, шарик улетел,
> Ее утешают, а шарик летит... —

пел Булат на той чудной ленинградской вечеринке. Здесь, у Вали Доррера, Евтушенко нет, хотя справедливости ради надо сказать, что и он тогда был бы там для всех желанным гостем.

> Всю ночь кричали петухи
> И шеями мотали,
> Как будто новые стихи,
> Закрыв глаза, читали...

На следующий день мы с ним выступали на телевидении в какой-то программе: мы с Лилей Толмачевой играли отрывок из спектакля «Никто», Булат пел. Весь Питер смотрел, слушал Булата.

Дальнейшее хорошо известно. Вечера в Политехническом и не только там. Магнитки записей его песен. Заучивание его песен наизусть. Исполнение на разного рода кухнях, хором, поодиночке. «Мама, мама, это я дежурю, я — дежурный по апрелю...» Скольким девочкам кружили голову под эту и другие песни Окуджавы. В Булата влюблялись женщины, что было вполне закономерно, полагаю, его любили, и некоторые из них любили по-настоящему. Странно, если бы это было не так.

Но он никогда не слыл донжуаном, тем паче Казановой или бабником. Он умел любить Ее Величество Женщину. Как он любил свою жену и, как принято говорить, хранительницу домашнего очага Олю! Я помню их вместе, только сошедшихся, поженившихся, еще совсем молодых. Это была прекрасная, гармоничная пара. Всегда сдержанная на людях. Булат и тоже всегда сдержанная Ольга ничем не выдавали своего счастья и радости. Но это и не надо было подчеркивать, показывать. Это было столь очевидным, что воспринималось окружающими как само собой разумеющееся. Вскоре родился мальчик. Его назвали в честь отца Булатом. Но мальчик подрос и назвал себя сам, если не ошибаюсь, в первом классе, в школьном журнале Антоном. Родители поняли его, но дома ласково звали его Булем, Булькой.

В 1962 году мы, молодые современниковцы, приехали в качестве туристов в Польшу и были приглашены в студенческий клуб «Жак» в Гданьске. Очаровательные студентки и студенты, поляки и польки, требовали песен «этого, как его... Окуджавы». Уже тогда его известность перешагнула границы страны. Булат и Польша — отдельная большая тема. Кто-то более сведущий напишет или уже написал.

Но чем дальше, тем больше Булат без какой-либо натуги становился классиком XX века. Без натуги и без какой-либо суеты и суетности. Без сенсаций и без скандалов.

Может быть, поэтому и осталось ощущение (повторюсь, обманчивое), что все в его творчестве шло благополучно и гладко. Писались стихи, песни, сценарии, проза, эссе. Пришла мировая известность: Франция, снова Польша, Америка — мир... Стали выходить книги, пластинки, пришло телевидение, передачи о нем, фильмы о нем. Булатом не просто восхищались или любили, ему верили. За красотой его стиха, песнопений искали и, казалось, находили его восприятие жизни, метафизику его, Булатова, мировоззрения. По нему многие и многие сверяли часы. Разумеется, не только по нему, так как и сам он жил и писал в эпоху еще живых тогда Ахматовой и Пастернака, Тарковского и Самойлова, Высоцкого, Бродского, наконец. И многих других достойнейших людей, не обязательно поэтов, нашего страшного и по-своему прекрасного времени.

Во многом успехом у зрителей моих «Покровских ворот» я обязан лежавшей на поверхности идее сцементировать этот фильм песнями Булата. У меня такое ощущение, что на творчестве Булата сходились все. Если возникали разные оценки поэзии Галича, Визбора, даже Высоцкого, то имя Булата всех примиряло и вносило спокойное и счастливое умиротворение.

Нет, о прозе спорили, даже кто-то поругивал. Роман называли романсом, говорили, что, мол, ждали большего, чего-то другого, и зачем ему проза, писал бы себе стихи и пел свои замечательные песни. Однако после «Путешествия дилетантов» Булат не остановился и написал «Свидание с Бонапартом». Мне нравится его проза. Не случайно он возвращается в ней в свой любимый XIX век. Ведь и самого Булата легко представить в гусарском ментике где-нибудь на бивуаке в компании Дениса Давыдова или Льва Пушкина, а может быть (почему бы и нет?), ведущим беседу с самим Михаилом Юрьевичем. Никто другой из русских, даже больших поэтов-мужчин ушедшего

XX века, в такой ситуации непредставим, во всяком случае мне.

В 1985 году мы с Булатом снимались в фильме Романа Балаяна «Храни меня, мой талисман». Снимались — это громко сказано. В картине, своеобразном парафразе на тему пушкинской дуэли, дело происходит в Болдине. Булат и я играли самих себя, групповку, окружение главных героев. В избе, где висела репродукция луневского портрета Пушкина, затеяли нечто вроде спора о гениях, можно ли их играть, изображать в театре или на экране, о тайнах, с ними связанных, с их творчеством или личностными качествами. Сцена получилась живой, но довольно бестолковой. Настроение Булата в это время было смутное, я бы сказал, тютчевское. Он и его близкие вместе с ним пережили серьезный личный катаклизм. Булату уже было немало лет. «О, как на склоне наших лет...» Сердце его разрывалось. Все это понять можно. Как раз тютчевская ситуация, которую Булат переживал. Потом он принял решение (может быть, как раз к тому моменту, о котором идет речь).

Он пришел ко мне в номер гостиницы, интерьерная сцена снималась в павильоне Киевской киностудии, и принес свеженаписанные стихи, которые мне посвятил. Они потом вошли в его маленький сборник 1988 года, изданный «Советским писателем», который так и называется «Посвящается Вам». Позволю себе привести их целиком.

Приносит письма письмоносец
О том, что Пушкин — рогоносец.
Случилось это в девятнадцатом столетье.
Да, в девятнадцатом столетье
влетели в окна письма эти,
и наши предки в них купались, словно дети.

Еще далече до дуэли.
В догадках ближние дурели.

Все созревало, как нарыв на теле...
Словом,
еще последний час не пробил,
но скорбным был арапский профиль,
как будто создан был художником Луневым.

Я знаю предков по картинкам,
но их пристрастье к поединкам —
не просто жажда проучить и отличиться,
но в кажущейся жажде мести
преобладало чувство чести,
чему с пеленок пофартило им учиться.

Загадочным то время было:
в понятье чести что входило?
Убить соперника и распрямиться сладко?
Но если дуло грудь искало,
ведь не убийство их ласкало.
И это все для нас еще одна загадка.

И прежде чем решить вопросы
про сплетни, козни и доносы
и расковыривать причины тайной мести,
давайте-ка отложим это
и углубимся в дух поэта,
поразмышляем о достоинстве и чести.

Собственно, об этом и был фильм Балаяна. Углубить-
ся в дух поэта — это верно замечено, и не только по отношению к тому, у кого был скорбный профиль, когда те, кто
считались друзьями, «купались словно дети», не понимая
трагичности происходящего с поэтом.

Булат сочетал в себе, своей натуре и в поэтической
музе несуетные традиции прошлого и бьющийся больной
пульс нашего времени. Он был законным наследником про-

шлого, этот принц с Арбата, прошедший, как и его Ленька Королев, вторую отечественную бойню, из которой ему повезло выйти живым.

Однажды в середине 80-х я спросил его:

— Булат, как ты полагаешь, если бы ты не пел под гитару...

Он сразу понял суть вопроса и тут же меня перебил:

— О чем ты, Миша, говоришь! Конечно, все сложилось бы по-другому, и я не был бы Окуджавой в общеупотребительном понимании, лишившись многих моих поклонников.

Еще в первые дни знакомства с Булатом в 1960 году в Питере я рассказал о нем прикованному к постели А. Б. Мариенгофу. Булат с гитарой тут же пришел в дом на Бородинку к моему дяде Толе и к моей тете Нюше и щедро пел свои песни старому поэту-имажинисту:

Опустите, пожалуйста, синие шторы.
Медсестра, всяких снадобий мне не готовь.
Вот стоят у постели моей кредиторы,
молчаливые Вера, Надежда, Любовь.

И действительно, шторы в спальне Мариенгофа были закрыты. Помню в кругу света большой зеленой лампы, стоявшей на тумбочке у постели, Булата с гитарой в кресле, лица друзей и счастливое грустной радостью лицо Мариенгофа... Встреча двух поэтов, встреча разных поколений.

Стихи Окуджавы встретились и с другим поэтом Серебряного века. Владимир Максимов, издатель парижского журнала «Континент», был принят В. В. Набоковым. Это редко кому удавалось. В разговоре с Максимовым о литературе Набоков сказал:

— Теперь там, в России, есть поэт, стихи которого мне очень нравятся. Это поэт с грузинской фамилией... Окуджава.

Максимов из-за границы позвонил Булату:

— Булат, ну-ка, налей себе быстро рюмку водки, — и обрадовал его мнением классика о его стихах.

Семидесятилетие Булата застало меня в Израиле. Я смотрел по телевизору его юбилейный вечер. Этот булатовский юбилей в наше время разнузданного юбилейного разгула я и сегодня считаю лучшим, органичным, безукоризненным по вкусу. И опять-таки Булат палец о палец не ударил, чтобы он вообще состоялся. Его убедили и вечер сделали его друзья. Он сидел вместе со своей семьей в ложе театра на Трубной площади, а на сцену выходили те, кто пришел его поздравить. Даже не всегда на сцену: Зураб Соткилава просто поднялся со своего места в зале и спел старинную грузинскую песню. А затем стали признаваться в любви к Булату самые разные люди: Белла Ахмадулина и Юрий Шевчук (он даже встал на колени), Юрий Никулин и Юлик Ким, какая-то девушка из Польши и барды из Иванова, Владимир Спиваков, Михаил Жванецкий и многие другие.

И я подумал: на чьем еще празднике можно встретить столь непохожих, казалось бы, не пересекающихся между собой людей? Только на празднике Булата. Это он их всех объединил. А в конце вечера на балкон театра с гитарами вышли Юрий Шевчук и Андрей Макаревич и стали петь. И толпа, запрудившая всю Трубную площадь, из не попавших в театр и смотревшая трансляцию вечера с большого экрана, установленного на фасаде театра, подхватила песню Булата. И Булат тоже к ним вышел и присоединился. И в этот момент над Москвой грянул салют. Нет, это не был специально организованный устроителями вечера салют в честь юбиляра. Было 9 Мая, праздник Победы, и день рождения Булата.

Ведь это ж надо умудриться:
Как был продуманно зачат,

Михаил Козаков

Что в день такой сумел родиться
Не кто-нибудь, а сам Булат —

сказано в эпиграмме Вали Гафта...

Булат Окуджава был, как это принято называть, поэтом-фронтовиком. И этого никогда не следует забывать, размышляя о нем. Мне кажется, этого не следует забывать про каждого, прошедшего ту войну солдатом или боевым генералом. Ежели говорить о поэтах, писателях, актерах и режиссерах, то как бы они потом ни писали, играли или ставили — замечательно или плохо, кем бы потом спустя годы ни делались, к какому бы стану ни примкнули, всегда, рассказывая о них, прошедших, переживших, защитивших и победивших, — всегда следует брать в расчет их военное боевое прошлое.

Сам Окуджава где-то написал или высказал мысль о том, что не следует называть Великой Вторую Отечественную войну, так как такое поганое античеловеческое дело, как война, не может быть названо великим.

И тем не менее мое поколение, войну заставшее, но не прошедшее через ее горнило, как те, кто был всего лишь на десять лет старше нас, может быть, безвинно несет комплекс вины и даже стыда перед нашими старшими братьями, которые до конца испили эту чашу.

Не говорю о погибших, но даже перед чудом выжившими. Мне довелось знать, приятельствовать и даже дружить с некоторыми из них. Давид Самойлов, Юрий Левитанский, Борис Слуцкий, Арсений Тарковский, Зиновий Гердт, Виктор Некрасов, Петр Тодоровский и еще многие-многие, которых не называю, такие разные, как Григорий Поженян, Виктор Астафьев, Василь Быков, Александр Володин, Григорий Бакланов, Владимир Тендряков или тот же Юрий Бондарев, Юрий Никулин, Борис Брунов — фронтовики! Их всех, таких разных, это зримо или незримо объединяло даже тогда, когда почему-либо они в мирной послевоенной жизни оказывались по разные стороны баррикад. А мы, даже дружа с ними, работая вместе или рядом, были незримо отделены от них их военным прошлым.

Сами они не придавали сему особого значения. «Ну что с того, что я там был», — писал, к примеру, Юрий Левитанский. Но во мне с военного детства засели в голову симоновские строчки: «Если немца убил твой брат, если немца убил сосед, это брат и сосед убил, а тебе оправдания нет». По меркам христианским, да и просто по этическим параметрам, сегодня, подчеркиваю — сегодня, это звучит двояко. Но с эмоциональной памятью уже ничего не поделаешь.

И когда я вновь и вновь открываю книгу стихов Булата Окуджавы и читаю, скажем, его стихотворение «Тамань», я нахожу подтверждение своим невеселым мыслям.

> Год сорок первый. Зябкий туман.
> Уходят последние солдаты в Тамань.
>
> А ему подписали пулей приговор.
> Он лежит у кромки береговой,
> он лежит на самой передовой:
> ногами — в песок, к волне — головой.
>
> Грязная волна наползает едва —
> приподнимается слегка голова,
> вспять волну прилив отнесет —
> ткнется устало голова в песок.
>
> Эй, волна! Перестань, не шамань:
> не заманишь парня в Тамань...
>
> Отучило время меня дома сидеть.
> Научило время меня в прорезь глядеть.

Скоро ли — не скоро, на том ли берегу
я впервые выстрелил на бегу.

Отучило время от доброты:
атака, атака, охрипшие рты...
Вот и я гостинцы раздаю-раздаю...
Припомните трудную щедрость мою.

1958

Написано спустя тринадцать лет после войны. Но кажется, что писалось в окопе на передовой, сразу после атаки...

Когда сегодня перечитываешь стихи Окуджавы, именно перечитываешь, а не слушаешь его записи, как бы они ни были прекрасны, то ловишь себя на том, что читать его сегодня интереснее, чем слушать. На мой взгляд, это замечательный признак масштаба поэта Окуджавы, именно поэта, а не барда.

Вскоре после его семидесятилетнего юбилея мы сидели с моим старым другом Булатом и его женой Олей на моем тель-авивском балконе. Булат постарел. А кто из нас молодеет?

Мы знакомы почти сорок лет. Булат — это целая эпоха. Однажды московский таксист сказал мне: «Товарищ Козаков! Играйте как следует! Не забывайте, что вы живете в эпоху Аллы Пугачевой. Старайтесь!» Сказал доброжелательно.

Мы все разные, и эпохи у нас неодинаковые. Я так и вовсе во многих эпохах живу. Одна из них — Булатова.

Булата в Израиле любят. Его любят повсюду. И в России. Может быть, именно поэтому те, кому только кажется, что они любят Россию, топчут его пластинку ногами и злобствуют в печати, не ведая, что творят. Булат, по-моему, все просек: и про нашу тутошнюю жизнь, про наши бесхитростные радости, про нашу неизбывную боль.

Тель-авивские харчевни,
забегаловок уют,
где и днем, и в час вечерний
хумус с перцем подают.

Где горячие лепешки
обжигают языки,
где от ложки до бомбежки
расстояния близки.

Там живет мой друг приезжий,
распрощавшийся с Москвой,
и насмешливый, и нежный,
и снедаемый тоской.

Кипа, с темечка слетая,
не приручена пока.
Перед ним — Земля Святая...
А другая далека.

И от той, от отдаленной,
сквозь пустыни льется свет,
и ее, неутоленной,
нет страшней и слаще нет...

...Вы опять спасетесь сами,
Бог не выдаст, черт не съест.
Ну а боль навеки с вами,
боль от перемены мест...

Незадолго перед отъездом Булата в Германию я гово-
рил с ним по телефону.
— Едешь лечиться? — спросил я.
— Да. Ольга меня везет.

Я сказал, что в июне буду жить с детьми в Доме творчества в Переделкине и тогда надеюсь подарить ему только что вышедшую мою «Актерскую книгу», где написано, разумеется, и про него.

— Вот и замечательно, — сказал Булат. — В Переделкине и наговоримся вдоволь.

Туда, в Переделкино, и пришла скорбная весть о смерти Булата в Париже. А через неделю и о смерти нашего общего друга Льва Копелева, с которым Булат встречался в Германии.

В Москве, когда отпевали Булата-Иоанна, в церковь были допущены немногие, я увидел Булата-Антона, и мы обнялись. Попрощаться с его отцом там, в церкви, мне не удалось. Времени на прощание и последний поцелуй было отпущено совсем немного, я этого не знал и спокойно ждал своей очереди. Но большой роскошный гроб, в котором тело Булата казалось очень-очень маленьким, затерявшимся в этом саркофаге, закрыли и вынесли из храма...

В Париже, говорят, был выбран гроб по росту. Но, с точки зрения некоторых, недостаточно презентабельный. И тут не обошлось без Кобзона. Он заказал в Париже другой, престижный саркофаг для Великого Барда. Только вот с габаритами ошибка вышла. Так и отпели сухонькое тело Булата в большом ковчеге, откуда он еле был виден. А впрочем, какое это имеет значение! И это суета сует и всяческая суета... Важнее другое. Хоронила Булата любящая его Москва. Без суеты. С тихой, подлинной интеллигентной скорбью. Лица у людей были ясные, просветленные, умные.

Подробности о последних двух месяцах жизни Булата за границей я узнал на сороковой день, находясь в Питере на съемках. Купил в киоске гостиницы «Октябрьская», где я жил, газету «Культура» и наткнулся на статью-воспоминание в целый газетный разворот. И вдруг увидел маленький, до слез тронувший меня абзац. Булат, не любивший смотреть телевизор, радовался тому, что в Германии и Париже можно его не включать, так как у него было интересное занятие — он читал мою книжку. Не знаю, как она у него появилась, но знаю теперь, что книжка пришлась ему по душе. «Это хорошая и честная проза Миши», — сказал Булат. Это было как его привет оттуда. А я-то переживал, что не успел с ним попрощаться...

Господи мой Боже,
зеленоглазый мой!
Пока Земля еще вертится,
и это ей странно самой,
пока ей еще хватает
времени и огня,
дай же ты всем понемногу...
И не забудь про меня.

1997

Иосиф Бродский

А теперь — о Бродском. О том, как его перезахоронили в Венеции, мне подробно рассказала наша с ним общая подруга Зоя Борисовна Томашевская, которая была там и бросила на гроб поэта комаровские сосновые ветки с кладбища Анны Андреевны Ахматовой. Об этом событии напишут очевидцы, бывшие там, — Евгений Рейн, Анатолий Найман, кто-то еще. Но на всякий случай, хоть и с чужого рассказа, запишу и я.

Стояло жаркое венецианское лето 1997 года. На небе — ни облачка. И вдруг накануне перезахоронения — на море разыгралась буря. Бурные волны подняли воду в каналах. Такого в это время года в Венеции не бывало никогда. Стихия повозмущалась и стихла. Наутро, как всегда, светит яркое солнце, небо синее-синее, без единого белого облачка.

Белого — ни единого. И только одно, одно-единственное. Черное как деготь. Как будто кто-то царапнул синюю шелковую ткань небосвода большим черным ногтем.

В Италии могилу копают только в присутствии хоронящих. Место было заранее определено кладбищенскими службами. И вдруг кто-то заметил, что прах Бродского будет погребен рядом с могилой поэта Эзры Паунда. Бродский не любил этого человека за связь с Муссолини, с фашизмом и даже где-то высказывался на эту тему. А теперь, выходит, ему лежать рядом. Родные и друзья Иосифа Александровича попросили подыскать другое место захоронения, но им отказали. Правила, регламент этого сделать не позволяли. Все строго расписано и обжалованию не подлежит. Ничего не поделаешь, пришлось смириться.

Стали рыть могилу, и тут заступы могильщиков на глубине наткнулись на чей-то другой камень. Оказалось, что там уже был захоронен другой прах, о чем кладбищенское начальство, судя по всему, не знало. И вот тогда родственникам было предложено выбрать другое место. Так Бродский настоял на своем и не лег рядом с Паундом...

> И в небе и в земле сокрыто больше, чем
> мнится нашей мудрости, Горацио!

Ну а теперь, когда мы захоронили, перезахоронили всех, кого могли, вернемся все-таки к жизни почти тридцатилетней давности. Вернемся в 1972 год, в город Питер, к моей встрече с главным для меня, как выяснилось, поэтом XX века, с молодым и живым тогда Иосифом Бродским. Коли речь зашла о стихах и я сел на своего любимого конька, расскажу подробнее о моем споре с ним по поводу чтения стихов. Дело того стоит.

К 1972 году, когда я познакомился с Иосифом Александровичем, я уже довольно хорошо знал его поэзию. Сначала его стихи ходили в списках (это было в самом начале, еще до суда над ним в 1964 году): «Пилигримы», «Стансы», другие. Затем скандальный и страшный процесс и ссылка в Архангельскую губернию. Все это теперь хорошо известно, опубликована и стенограмма процесса, которую сделала Фрида Вигдорова. Стенограмма тоже ходила в списках, но мне она тогда на глаза не попалась. Я прочитал ее спустя год в нью-йоркском альманахе «Воздушные пути». Предшествовала этому довольно некрасивая история.

Как-то на приеме в американском посольстве я очутился в кабинете Роберта Армстронга. Это был замечательный молодой человек, прекрасно говоривший по-русски, высокообразованный, доброжелательный парень из команды Джона Кеннеди. Он занимал должность первого помощника посла или атташе по культуре, бывал на спектаклях в «Современнике», на Таганке, дружил с художниками, композиторами нашего поколения. Бог его знает, может быть, мистер Армстронг и был агентом ЦРУ, который вел идеологическую войну против советского режима, а его тесные контакты с московской художественной интеллигенцией были не просто бескорыстной дружбой, а частью работы. Очень возможно. Но надо признаться, что делал он свою работу очень элегантно и обстановка в его доме была дружественная и непринужденная. К тому же и среди художественной интеллигенции были смельчаки, посещавшие этот дом не без ведома «компетентных органов». Так что, думаю, все были квиты. Полагаю, что обе стороны прекрасно знали или догадывались об истинном положении вещей, и почему-то и тех и других это вполне устраивало. А внешне все выглядело вполне светски.

В Белом доме посла (Спасо-Хаус) приемы давались по разным поводам: то устраивались показы американских фильмов, то выставки художников, то заезжие джазмены из Штатов развлекали московскую элиту. Пили всякие джины с тониками и прочие виски. В несметном количестве поедались орешки и сэндвичи. Устраивались даже ужины при свечах. Было весело: разбивались на команды, играли в шарады. Помню, как молодой Олег Табаков играл в команде с американским послом. Они задумали шараду «Кто боится Вирджинии Вульф», по названию пьесы Эдварда Олби. Пожилой и солидный посол, стоя на четвереньках, изображал волка, а Лелик Табаков очень его боялся. Американская и советская элита покатывалась от хохота...

Однажды с художниками Львом Збарским и Борисом Мессерером мы ужинали после какого-то спектакля, на который пригласили Роберта Армстронга, у него в Белом доме. В кабинете Роберта я заметил на книжной полке книги на русском языке. Это были в основном аннарборовские издания, которые ценились у нас на вес золота. Открыл альманах «Воздушные пути» — и чуть не задохнулся от восторга: воспоминания Ахматовой о Модильяни, проза Мандельштама, стихи репрессированной Елены Тагер, стенограмма Вигдоровой процесса над Иосифом Бродским. Там же была статья о Бродском и несколько его стихотворений. На полке стояло по крайней мере еще десять экземпляров «Воздушных путей». У меня буквально зачесались руки. Ведь шел 1965 год!

Как я поступил? Легко догадаться. Как говорится: скажи мне, что ты читаешь, и я скажу, у кого ты украл эту книгу. Незаметно для хозяина я сунул альманах за ремень брюк под рубашку. Я почему-то не чувствовал себя вором и боялся только милиционера в будке у дома посла, закрывшего за нами ворота, когда Роберт провожал нас из дома на улицу. Но, слава Богу, обошлось, никто в краже меня не уличил: один и не собирался, другому не пришло в голову.

Радость, которую я испытал, когда в ту же ночь дома на кухне впился в страницы этого альманаха, быстро заглушила робкие позывы угрызения совести. Запретный плод, как известно, сладок, а если речь идет о поэтах такого масштаба и такой судьбы — это просто ни с чем не сравнимое блаженство! Этот альманах и по сей день стоит у меня на самом почетном месте среди любимых книг. Он был первым в моей тайной коллекции. Тогда я, разумеется, его прятал в самые укромные уголки и читать на руки не давал даже самым близким друзьям. Кто хотел, читал у меня дома.

Так я всерьез познакомился с Бродским. Затем у меня оказалось и первое американское издание его стихов, где была поэма «Шествие», но самым сильным потрясением стала его книга «Остановка в пустыне», которую я выменял у моего товарища, режиссера Саши Прошкина, на «Август 14-го» Солженицына. Прочитав «Август», Саша сильно расстроился и предложил поменяться обратно. Но как в детстве говорилось в таких случаях, «козел берет — назад не отдает». Словом, к моменту моего знакомства с Иосифом я прилично знал его поэзию. Многое помнил наизусть и, по своему обыкновению, читал в разных и многочисленных застольях. Пользуясь словцом самого поэта, я «заторчал» на его поэзии и не могу слезть с этой «иглы» вот уже тридцать лет.

Вообще так уж получилось, что Иосифа знали многие мои товарищи, а я давно мечтал с ним познакомиться и просил об этом всех общих знакомых... Вызвалась Наташа Долинина... Она пригласила меня с женой и обещала, что договорится с Иосифом. И он пришел вместе с дочкой Ефима Григорьевича Эткинда Машей, Наташа, зная мой характер, да и Иосифа тоже, устроила безалкогольный вечер. Пили один томатный сок. Бродского ждали долго. Я все волновался: придет, не придет? Уже потом Наташа мне рассказала, что, когда обратилась к Иосифу с просьбой непременно прийти, так как с ним давно мечтает познакомиться артист Козаков, Бродский ответил: «А что этому Козакову от меня надо?» — «Да ничего. Он знает наизусть ваши стихи». — «Ну, это уже что-то курсистское», — фыркнул поэт.

Однако пришел. И даже стихи читал. Именно тогда чуть ли не впервые он читал с листа свеженаписанные стихи, ставшие потом абсолютной классикой, — «Сретенье», «Письма римскому другу», «24 декабря 1971 года», «Одиссей Телемаку», «Набросок». Позволю себе заметить, стихи из самых прозрачных в его поэзии, чрезвычайно легкие для восприятия. Это вам не «Муха», «Вертумн» или что-нибудь из стихов подобного толка, где, как говорится, без пол-литра не разберешься. Я весь вечер молчал и слушал его.

·Зашел разговор о Васе Аксенове, дружке Иосифа. Долинина хотела сделать мне «паблисити» и спросила, не видел ли он «Всегда в продаже» в «Современнике», где я играл.

— Да, Вася меня приводил на спектакль. Но я что-то плохо ремемблю. Помню, что вы там много бегали... Впрочем, мы туда завалились под шнапсом.

— Иосиф, вы не собираетесь в Москву? — спросил я.

— Может быть, на Пасху. У меня там есть камрад, Мика Голышев.

— Как же, как же. Мы с Региной его хорошо знаем. Он перевел роман «Вся королевская рать», а я снимался в телефильме.

— Мика перепер роман классно. А вот картина, по-моему, барахло. Какая-то серебристо-серая пыль...

В начале 50-х была такая дурно сделанная мосфильмовская картина «Серебристая пыль» из заграничной жизни. И это пришлось проглотить. Счастье, что мудрая Наташа догадалась в тот вечер обойтись без водки... Но потом, видя мое непротивление злу, Бродский помягчел и даже обещал в Москве на Пасху заглянуть к нам с камрадом Микой.

К этой встрече мы с женой подготовились основательно: куличи, пасха, яйца, телятина... И вообразите, пришел. Читал стихи. Я тоже что-то рискнул прочесть, кажется, Пушкина. Он опять завелся:

— А какого черта вы вообще читаете стихи? Стихи вслух должен читать только человек, который их написал!

— Ну что ты, старик! — вступился за меня милейший Мика Голышев. — Это ты уж загнул. Чувак клево читает стихи. Нет, ты хреновину порешь, старик! Почему это вслух должен читать только поэт?!

— Нет, я понимаю, про что говорит Иосиф, — сказал я. — В этом есть смысл. Противно, когда чтец присваивает себе чужие мысли, чувства и слова. «Я памятник себе воздвиг...», «Я вас любил...».

— Ну, уж если вы непременно хотите читать, читайте лучшее, что есть в русской поэзии. — И, картавя, нараспев, громко и очень, очень по-державински прочел его «На смерть князя Мещерского»:

> Глагол времен! металла звон!
> Твой страшный глас меня смущает,
> Зовет меня, зовет твой стон,
> Зовет — и к гробу приближает.
> Едва увидел я сей свет,
> Уже зубами смерть скрежещет,
> Как молнией, косою блещет
> И дни мои, как злак, сечет.
>
> Ничто от роковых когтей,
> Никая тварь не убегает.
> Монах и узник — снедь червей,
> Гробницы злость стихий снедает;
> Зияет время славу стерть,
> Как в море льются быстры воды,
> Так в вечность льются дни и годы;
> Глотает царства алчна смерть...

Я внял его совету и благодарен по сей день за рекомендацию и блистательный урок на будущее. Я стал читать эти стихи в концертах, и, представляете, с успехом. А потом и на радио их записал, и в телефильм включил... Нет, нет, полезно с гениями общаться. Я всерьез занялся русской поэзией XVIII века, без которой ни черта не поймешь в поэзии того же Бродского. В конце нашего вечера в моем доме я подсунул ему его же книжку «Остановка в пустыне», и он надписал: «Мише Козакову свою лучшую часть. И. Бродский». Видать, и вправду смягчился ко мне.

Перед его отъездом за рубеж я набрал его ленинградский телефон:

— Алло?

— Иосиф, это говорит Миша Козаков.

— Привет, Миша.

— Иосиф, мы с Региной верим в вашу звезду и желаем счастья. Очень жалеем, что мы не можем повидать вас перед отъездом...

— Спасибо. А что мне вам пожелать, Миша? — И после небольшой паузы прокартавил: — Оставайтесь таким, какой вы есть! Не меняйтесь ни в ту ни в другую сторону.

— Спасибо! До свидания, Иосиф!

— Всего. Привет Регине.

Вот так мы с ним расстались. Больше я его никогда не видел.

А что насчет того, где будет приземлиться, —
Земля везде тверда, рекомендую США...

Каждый или по крайней мере многие, кто слышал чтение Бродского, испытывал двоякое чувство. Он читал, вернее, пел свои созвучия ошеломительно! Я балдел от того, что вот именно сейчас, сию минуту слышу из уст самого поэта его великие стихи. А если еще при этом успевал понимать, про что они, то балдел вдвойне. А понять, во всяком случае в деталях, было чрезвычайно сложно. И сами по себе стихи не просты, а певец и не считал нужным, чтобы их понимали, во всяком случае, ничем не облегчал слушателю процесс понимания сути — ничего не акцентировал, не подчеркивал, не допускал ни одной смысловой паузы, не позволял себе помогающего жеста и т. д. Он пел свою песню, «читал, как пономарь», без толка, без чувства, без расстановки. Каждый стих внутри стихотворения он начинал на той же ноте, что звучала в начале предыдущего квадрата, и заканчивал на той же, что и в предыдущем. Непременно на той же. Отклонения почти не допускались. Голос мог усилиться или утишиться, не более того. Он даже мог перейти в вой или в полувнятное бормотанье. Бродский картавил и не произносил твердое «л».

Я сам (и не раз) видел на видеопленке, что даже восторженно встречавшая его аудитория (он уже был «нобелем») начинала тихо отключаться и клевать носом минут через 15–20 его достаточно монотонного чтения.

В Америке есть город Сан-Хосе, где живут наши интеллектуалы физики, ученые и т. д. Это, на мой взгляд, лучшая аудитория для исполнения самых сложных стихов. Разве что в Бостоне почти такая же. Бродский вышел к аудитории, которая бурно его приветствовала. Вежливо и сухо поклонившись, снял с запястья часы, положил их на трибуну, достал книгу стихов с закладками и, поправляя на носу очки, обратился к собравшимся:

— Ровно час я позволю себе почитать вам стишки. Во время исполнения прошу не хлопать. Затем я готов ответить на интересующие вас вопросы. Да? Договорились.

И, не дожидаясь ответа, начал читать, петь, подглядывая в книгу, свои «стишки».

Мне показали эту любительскую видеосъемку, когда в 1993 году я побывал в этом Сан-Хосе. Объектив уходил иногда от Бродского, читавшего стихи ровно час (ни минутой больше, ни минутой меньше, без единого перерыва), и снимал аудиторию. Поэт читал в основном новые, малоизвестные стихи. Аудитория слушала своего кумира, затем на лицах появлялось напряженное внимание в попытке понять автора, затем утомление и как результат — отключение, вплоть до дремоты.

Бродский не зря предупредил, чтобы не хлопали. Аплодисмент был бы по ходу чтения жидковат; говорю это как профессиональный эстрадник. Но в том-то и дело, что своей манерой чтения он еще и подчеркивал свою абсолютную незаинтересованность в реакции аудитории. Он демонстративно не шел ни на какие уступки, был безразличен к тому, доходит ли до слушающих его смысл, который он заложил в своих стихах. Разумеется, поэт волен читать, как ему вздумается. Он написал, и этого достаточно. Он еще собрал стихи в книгу. И его главный расчет на талант читателя. Талантливый читатель внутренним слухом озвучит ноты поэта, сам расставит акценты и паузы, уловит контрапункт, схватит ритм, определит темп, оценит переходы из тональности в тональность, поймет игру ума и воображения, сам визуализирует образы...

Поэт (Бродский) полагает, что чтец лишь помеха, он навяжет свое, он начнет переводить стихотворение с русского на русский, он нагло присвоит стихотворение, стибрит его у автора. Когда он у меня дома в Москве сказал: «Какого черта вы вообще читаете чужие стихи?! Стихи должен читать вслух или сам поэт, или читатель наедине с собой», — мне кажется, он имел в виду именно это.

Сразу после его Нобелевки мне удалось быстро выпустить в России пластинку с его стихами. Бродский сказал Якову Гордину, посетившему его в Америке: «И это при живой жене...»

И потом позже, я жил уже в Израиле, кажется, в 1994 году, театральный художник Саша Лисянский поехал в

Америку и попал на выступление И. А. После он подошел к нему и передал от меня привет, хотя я его на это не только не уполномачивал, но и никогда бы не решился, даже если бы знал, что Саша каким-то образом его увидит. Бродский ответил:

— Мише тоже привет. И передайте, чтобы он читал мои стихи помедленнее, иначе я ему его пластинку на голову надену.

Конечно, мне было обидно. Я подумал: что за характер! Не человек — змея! С огромным трудом я выпустил ту пластинку. Да и без нее — скольких я к его поэзии приобщил своим чтением за эти тридцать лет! Даже родителям его угодил. Когда Бродский эмигрировал, я однажды позвал его родителей (это было в 73-м году) на концерт, где читал стихи их сына, которого они уже больше никогда не увидели. Бывает, что в концертах я показываю манеру чтения того или иного поэта. Манера у Бродского очень характерная, и показать ее несложно. Мария Моисеевна и Александр Иванович потом неоднократно просили читать (уже у них дома) стихи сына в его манере. Разумеется, я всегда с охотой это делал. Я читал его стихи всем, кто соглашался меня слушать, по поводу и без оного, читал как заведенный. Рискуя, исполнял их еще в 70-е годы с эстрады, не называя, правда, имени автора. Потом, «по стуку», приходили работники органов — выяснять, чьи стихи Козаков вчера читал «на бис». Именно так случилось в московском Доме композиторов (причем я даже знал, кто стукнул и почему: от страха моя же ведущая, вполне милая и интеллигентная дама, проводившая этот концерт от Московской филармонии). Меня «отмазали» интеллигентные девочки из концертного отдела Дома композиторов, убедившие пришедших на следующий день гэбистов, что «Козаков читал "на бис" раннего Пастернака». А это «пусть читает помедленнее» в устах поэта, который почти для каждого своего стиха выбирает если

не один и тот же темп, манеру исполнения, один моно-
тонный заунывный звук, словно раскачивает маятник огромных напольных часов, — меня это даже рассмешило.
Зато на Сашу я рассердился:

— Кто тебя за язык тянул передавать от меня приветы?
Он — гений, и пусть себе им остается на радость всем нам.

Я, всегда готовый, открыв рот, внимать каждому слову
поэта как откровению, тут решил стоять насмерть. Я буду
читать его стихи! Ведь он же сам мне советовал читать
лучшее, что есть в русской поэзии. Вот я и читаю. Да и
какое это имеет значение — нравится ему мое чтение или
нет? Я что — исполняю его стихи в надежде понравиться
самому Бродскому? Ведь я читаю даже не для публики.
В первую очередь я получаю удовольствие сам. Понравилось еще кому-то — слава Богу!

Однако, положа руку на сердце, все же приятно, когда
тебя хвалит автор...

Но все-таки — надо разграничить территории. Есть
законы стихосложения. А есть законы эстрады, исполнения чего бы то ни было на публике. И под них подпадает
любой, кто поднимается на эстраду — актер, политолог,
лектор, певец, фельетонист, поэт. Любой. Самый гениальный — будь то сам Пушкин или Бродский — или самый бездарный. Закон есть закон. И каждый, поднимающийся на
эстраду перед людьми, должен знать законы построения
своего выступления. Есть законы пианизма, законы построения сольного фортепианного концерта. Как мне кажется, это наиболее точный аналог сольному концерту
чтеца поэзии. Я думал об этом достаточно долго и продолжаю думать по сей день. Формы моих концертов претерпевали изменения. Сейчас я пришел к отсутствию формы.
Но это тоже форма и особенно изощренная, которую может себе позволить не всякий.

Такое может себе разрешить лишь человек, не просто имеющий право читать стихи публично (ведь и та-

ких единицы), а тот, у кого вокруг слов и чужих созвучий размещен целый мир различных ассоциаций, космос взаимосвязей, метафизика восприятия Божьего мира во всем его многообразии, и в первую очередь чувства музыкальных ритмов и форм поэзии в целом. К этому должно прилагаться знание поэзии, пусть и относительное знание.

Всего не знает никто. Самый замечательный, великий актер театра и кино может быть начисто лишен умения прочесть простейшее стихотворение. Но если чтец, исполнитель поэзии, — плохой актер, то ему тоже не светит читать стихи. Ибо в стихе обязательно присутствует игровая стихия. Под игровой стихией я подразумеваю подлинное чувство, понятую мысль, энергию, направленную через слово, как в молитве к Богу. В проповеди — к прихожанам. В концерте — к слушателю, к зрителю. Это волевое, эмоциональное, мыслительное, энергетическое, подчас гипнотическое напряжение, объединенное в один целенаправленный вектор воздействия. В противном случае получается, как молитва короля Клавдия из «Гамлета»:

> Слова летят, дух остается тут:
> Слова без чувства к Богу не дойдут...

Был еще один эпизод в моей жизни, связанный с поэтом. Оказавшись на гастролях в Германии, я, по просьбе его родителей (они понимали, что их письма, отправленные из Ленинграда, вскрываются), написал ему оттуда письмо о его родителях, о нашей читательской любви к нему, о том, что стихи его всеми правдами и неправдами попадают в Россию и т. д.

Ответа я не получил. Но он, однако, был. Да еще какой!

Вскоре после этого в 1977 году на юбилее Юрия Петровича Любимова в Театре на Таганке ко мне подошел

Володя Высоцкий, только что вернувшийся из Америки. Он отозвал меня в сторону и сказал, что привез мне оттуда подарок. Я удивился. Хотя мы и были знакомы с Высоцким тысячу лет и были, разумеется, на «ты», но близкими друзьями не были. Что за подарок и по какому случаю?

Оказалось, что в Америке Володя общался с И. А. Надо сказать, что для Высоцкого это стало большим событием. Бродский признал в нем Поэта. Именно поэта, а не только барда. Уже потом в телеинтервью И. А. сказал, что даже сожалеет, что Высоцкий ушел в песни, настолько хороши и энергичны его рифмы. Потом усмехнулся и добавил: «Хотя, разумеется, жалеть не стоит».

В стихотворении «Пятая годовщина» (4 июня 1977 года) есть строчка «...я говорил "закурим" их лучшему певцу». Рейн утверждает, что это про него. Скорей всего. Но мне почему-то видится и слышится за этими словами Володя с гитарой в руках. Хотя, возможно, «лучший певец» — это Бродский самому себе говорит «закурим».

Так вот, Высоцкий сказал, что привез из Штатов книгу Бродского с дарственной надписью мне! Я подпрыгнул от радости. Лучшего подарка я не мог даже предполагать!

— Володя, как я могу ее получить?

— Погоди, я еще не распаковал вещи. Позвоню и передам тебе. Рад?

Чтобы не утомлять читателя долгими перипетиями, скажу сразу, что книгу эту Володя мне так и не передал. То ли посеял ее, то ли по ошибке дал кому-то почитать. Боже, как я расстроился!

Прошло двадцать лет. И вот, перед православным Рождеством 1998 года, звонит мне моя приятельница Елена Николаевна Тришина и говорит:

— Миша, вас просит позвонить Нина Максимовна, мать Володи Высоцкого. У нее для вас сюрприз.

У меня аж сердце ёкнуло: неужели?!

Так и есть! Разбирая какой-то Володин сундук с журналами, привезенными из Америки в 1977 году, восьмидесятипятилетняя Нина Максимовна обнаружила тонюсенькую книжку-малышку Иосифа Бродского «В Англии». Книга издана тиражом в шестьдесят экземпляров, тридцать из которых пронумерованы. Мой — за номером пятнадцать с надписью.

Чтобы читатель понял и оценил смысл ее, прошу представить титульный лист. По двум сторонам арки-ниши две фигуры. Одна — из мрамора обнаженная мужская скульптура, другая — скелет. В нише: «Стихи И. А. Бродского». А вот надпись, сделанная в августе 1977 года:

> Входящему в роли
> Стройному Мише, —
> Как воину в поле
> От статуи в нише.

Итак, спустя двадцать один год «награда нашла героя». В январе 1998 года я получил двойной привет с того света...

Я всегда и у всех расспрашивал о Бродском, читал о нем все, что мог достать, не говоря уже о его собственных стихах и прозе. Потом в Россию стали доходить и видеопленки с записями его интервью и публичными чтениями стихов. Про тот разговор с Лисянским я отшучивался, говоря, что у меня на голове пластинка Бродского вместо нимба. Но вот я стал прослушивать свои старые записи стихов И. А. и вдруг (!) сравнительно недавно обнаружил, что в шутке Бродского много правды. Плевать на то, как читает он сам. Важно другое: я часто, как раз не без его влияния, читаю некоторые его стихи на полтемпа, а иногда и на целый темп быстрее, чем их следует читать! Даже в последних моих петербургских, как мне думается, лучших и наиболее полных записях стихов Бродского, сделанных летом 1997 года, куда я включил и куски из очерка «Ленинград» (блестяще переведенного с английского Львом Лосевым), я кое-что все-таки, как ни старался, заторопил. Жаль! Не знаю, сподоблюсь ли еще когда-нибудь записать Бродского в таком объеме... Сдается мне, что эта двухчасовая работа — моя итоговая по стихам Бродского. Хотя кто знает...

По своему обыкновению, занимаясь самоанализом на бумаге, пытаясь разобраться в самом себе (ибо, как известно, нет предмета интереснее), я хочу понять, почему же именно Бродский не просто стал для меня Главным Поэтом XX века, а в чем-то, даже во многом, прямо-таки изменил мою жизнь?

Сам Бродский говорил: «У Ахматовой нельзя было научиться писать стихи. Но можно было научиться, как жить». Я бы повторил это по отношению к самому Бродскому. Он сам — мировоззрение. Он промывает твои глаза и прочищает твои уши. Он — твой вчерашний современник — философское, метафизическое учение. В одном из интервью он рассказал, что когда он переместился в Америку (а такого рода перемещения всегда стресс, пережить который непросто), то волево скомандовал себе: «Живи так, будто ничего не произошло». Вначале это было игрой, маской. Потом маска стала принимать очертания лица, а затем присохла к лицу. И вот однажды, три года спустя после переезда в Америку, работая за письменным столом у себя в кабинете, он потянулся рукой за словарем на книжной полке и вдруг понял, что точно так же он сделал бы это движение в любой другой точке земного шара. Маска стала лицом.

Живи так, как будто ничего не произошло.

— Конечно, — продолжил Бродский, — когда мне присудили Нобелевскую премию, я понимал, что для писателя — это профессиональный триумф. Но и тогда я повторил себе: «Иосиф, продолжай жить так, как будто ничего особенного не случилось».

Вот, на мой взгляд, высшая мудрость ума. Метафизический взгляд на порядок вещей. Высота ума и души, высшая ответственность перед Долгом, перед отпущенным даром, перед Дарителем, который всегда выше дара, высокий трагический скепсис к земной тусовке всякого рода.

Трагический дар поэта наиболее ярко проявился для меня в «Осеннем крике ястреба». Это стихотворение, скорее поэма, — его «Памятник». Верно заметил Владимир Уфлянд, что если бы составить гербовник русской поэзии, то Бродский должен в нем символизироваться ястребом. Чем выше парит одинокая, распластанная птица, тем всемирнее ее ястребиный взгляд из ионосферы, из космоса, тем ближе, страшнее, реальнее земной распад на многоточия, скобки, звенья. Часть речи — лучшая часть поэта.

Меня поразило в этом удивительном даже для Бродского сочинении, что летит-то ястреб отнюдь не в солнечный зенит и не хотел ястреб умирать. Совсем даже наоборот. В его парении над землей, над высшими помыслами прихожан, есть вполне земная цель, простой и нежный для него «пункт приземления в гнездо, где разбитая скорлупа в алую крапинку», где теплится запах брата или сестры. Летит ястреб в детство, а взмывает... в смерть. Заиндевевшая карта веера крыльев и хвоста рассыпается как фамильный хрусталь, превращаясь в юркие хлопья:

> Мы слышим: что-то вверху звенит,
> как разбивающаяся посуда,
> как фамильный хрусталь,
> чьи осколки, однако, не ранят, но
> тают в ладони. И на мгновенье
> вновь различаешь кружки, глазки,

веер, радужное пятно,
многоточия, скобки, звенья,
колоски, волоски —

бывший привольный узор пера,
карту, ставшую горстью юрких
хлопьев, летящих на склон холма.
И, ловя их пальцами, детвора
выбегает на улицу в пестрых куртках
и кричит по-английски: «Зима, зима!»

Он умер в январе, в начале года...

Порой не верится, что ты своими глазами видел когда-то этого человека, когда он был большим рыжим парнем тридцати одного года, вполне еще Иосифом без Александровича. Он не был рубахой-парнем, с которым можно было запросто выпить рюмку водки и легко перейти на «ты». Но побеседовать с ним, даже о чем-то поспорить и посмеяться удачной шутке было славно, хотя не могу сказать, что для меня даже тогда это было обычным делом.

А вот стихи его я буду читать до конца моей жизни. Относиться к ним так, как пианист, когда изучает ноты фортепианных сонат великого композитора. Ведь в «нотах» Бродского, в его музыке есть все, что есть в музыке, скажем, Бетховена или в музыке любимого им Гайдна. И я, как пианист, должен фразировать, нащупать контрапункт, определить ритм и темп, понять архитектонику сочиненного автором, интонацию, перепады, оставить воздух в исполнении для восприятия слушателем, не перепутать тональность разных сочинений и т. д. и т. п. И не забывать те из советов Бродского, которые могут пригодиться, чтобы теперь у меня самого не возникло бы желания надеть себе на голову собственный диск со стихами Иосифа Александровича.

Михаил Козаков

Сколько лет он прожил? Пятьдесят пять. Но это смотря по какому времени. Он, как и Пушкин в XIX веке, нарыл столько нор, задал столько задач, в которых потомкам лишь предстоит разобраться. Мне даже думается иногда, что для таких, как они, земной календарь, земной счетчик отсчитывает условное время... Кто знает, сколько лет на самом деле было Бродскому? Может, пятьсот, может, тысяча лет...

1997 г.

Глава червертая

СИНДРОМ
«ПИКОВОЙ ДАМЫ»

Когда я дохожу до края, когда почва уходит из-под ног, когда утром страшно начать новый день, когда к вопросам «что делать?» и «кто виноват?» добавляется «когда, когда же это все началось?», «где надломилась, а потом сломалась моя жизнь?», я обозначаю этот слом двумя буквами: «П. Д.».

«Пиковая дама», 87-й год. При вторичной попытке (первая была в 80-м) экранизировать эту вечно загадочную повесть я сломался. В том дневнике 87-го года про «П. Д.» — сотни страниц. Падения, короткие взлеты и вновь падения, сокрушительные обвалы, депрессии, страхи, самоанализ, и самоуничижение, и самоуничтожение. Не дневник — история болезни. В результате я и угодил в ленинградскую Бехтеревку.

Я мучился, работая в эфросовской «Дороге», изливал желчь и досаду на Панфилова, работая в его «Гамлете» в Ленкоме, но много страшней казнить себя за свои ошибки, когда ты — автор сценария и режиссер, а стало быть, ответствен за все. За развал производства на двух студиях: ведь ты согласился снимать постановочное кино по Пушкину и подписал с уже разваливающимися студиями договор; это ты, как ни старался, не сумел добиться разрешения на съемку отпевания графини в Петропавловском соборе; ты, ты, ты... Но производственный развал ты бы преодолел, если бы сам был до конца уверен в своем замысле, который вынашивал годами, если бы сам не разочаровался в собственном сценарии, над которым трудился, как не трудился никогда ни над чем в жизни. Если бы не это — ты бы, безусловно, доснял эту ленту, победил всех врагов и выстоял перед любыми трудностями. Ты бы укокошил и отпел проклятую старуху, и не ты, а Германн оказался бы в психушке! Если бы, если бы, если бы...

Десятое февраля 1987 года, Ленинград. Идут съемки.

Каждая сцена, где не было пушкинского текста, для меня являлась загадкой. В сценарии, как я понимал и чувствовал, было только несколько сцен, которых я не слишком боялся. А может, и загадки никакой не было, просто я не знал, как все это поставить, и обманывал себя и других? Что же тогда со мной было в минуты просветления, когда казалось, что теперь-то уж все ясно? Ведь были же такие минуты, часы, дни и даже гораздо более длительные периоды с момента сдачи кинопроб до нового витка падения! Почему казалось, что в голове у меня уже почти все сложилось и осталось лишь заставить всех это воплотить, несмотря на любые производственные трудности, которые, ей-богу, не самое главное в искусстве?

Любой разумный и просто доброжелательно относящийся ко мне человек вправе был спросить: о чем ты думал раньше? И в течение многих лет?! Ведь ты уже однажды пришел к точно такому же выводу, даже написал теоретическую работу и опубликовал ее: «Почему я не рискнул снимать "Пиковую даму"». Работу неглупую, с которой трудно было не согласиться. Мало этого — ты принял участие в телепередаче о несовместимости прозы Пушкина с законами игрового кино! Что же с тобой случилось? Нет ответа.

В тот период я часто задавал себе вопрос: за какой грех я несу эту тяжкую кару; вот уже год терплю эту невыносимую муку, которой нет конца? Ответ прост: за собственную самонадеянность, за то, что зарвался и решил, что смогу воплотить на экране то, что экранизации неподвластно, что разыгрыванию в лицах не подлежит. Я спутал романтическую драму Лермонтова «Маскарад» и написанную все-таки для сцены поэму Гете «Фауст», которые у меня как-то получились в виде телеспектаклей, с прозой Пушкина. Вот и все.

Каждый раз, когда я смотрел подобранный в монтаже материал, я приходил в ужас, и чем больше становилось этого материала, тем ужас мой возрастал. Я видел, чувствовал неорганичность, бессвязность снимаемого мною фильма. Скука, дурной вкус, пошлость и глупость возникали под моими руками. И я был бессилен что-либо изменить! Когда я задумывался над дальнейшими сценами, которые еще только предстояло снимать, — а их ох как много! — то приходил в отчаяние, понимая, что и дальше будет то же самое.

Когда-то я понял, что кино — это умение рассказать историю в пластике, в монтаже, в музыкальных переходах, в сочленениях сложить кинокартину. Одно должно органично вытекать из другого — пусть парадоксально, разнообразно, но не эклектично, не произвольно, а подчиняясь внутренней логике, закону, который называется замысел. Если кадры, сцены, поставленные рядом, начинают драться друг с другом, дело плохо. Каждая сцена в отдельности может быть по-своему недурна и даже нравиться в материале, но если она по смыслу, а главное, по стилю неорганична рядом с предыдущей и последующей, — тогда в будущем фильме начнется распад.

Я вновь и вновь возвращался к мысли о порочности сценария и замысла как такового. Что же меня загипнотизировало в «Пиковой даме» и завело так далеко? Красота и загадочность самой вещи, магия прозы, характеры, лишь намеченные Пушкиным, проблема? Наверное, все вместе. И тогда я возмечтал увидеть это на экране. Воплотить то, что на экране воплотить нельзя. Во всяком случае, мне это явно не дано. И я снова и снова пытался разобраться — в себе. Я думал: неужели настанет такой день и час, когда я буду уже отдален от этой кошмарной истории временем и правом ощущать себя нормальным и полноценным человеком?! Как мне хотелось верить в это! Каким несбыточным мне это представлялось в мае 1987 года.

В голове крутилось: «Я пропал, как зверь в загоне, где-то люди, воля, свет, а за мною шум погони, мне теперь исхода нет». Где-то люди, воля, свет...

И еще: что такое Германн в моем фильме, что это за история? Это история греха. Его завело. Его попутал бес. Что, разве Германн просто плохой человек или однозначный, элементарный немец-шизофреник? Или примитивный добытчик состояния, который в жажде обогащения, чтобы узнать верные карты, пошел на преступление? Немец-германок, технарь, человек-машина? Или игрок? Скорее фаталист. Все это верно лишь отчасти. Но для меня главное было в другом. Очевидно, есть в нем что-то близкое мне самому. Иначе бы я не мечтал так долго осуществить эту безумную затею.

Кажется, Лотман сказал, что Германн готов любой ценой выломаться из уготованного однообразия течения жизни, из монотонности существования. Я представил себе, как немец-отец учит его с детства: «Сын, запомни: расчет, умеренность и трудолюбие! Это панацея ото всех бед. Это и моя, и твоя судьба в Петербурге, в России. Я так жил, и ты живи так же. Я оставлю тебе маленький капитал в 47 тысяч; нажил я его честным кропотливым трудом — иного пути нет и для тебя, сынок. Приумножай его и живи, как я, как все нам с тобой подобные люди». Поэтому Германн и внушает себе: расчет, умеренность и трудолюбие, расчет, умеренность и трудолюбие; но душа его, необузданное воображение, страстность его натуры не могут с этим смириться. И он поддается искушению, он бросает вызов судьбе и заходит далеко — ох как далеко! Он готов, готов! взять на душу чужой грех, пусть этот грех связан даже с дьявольским договором, с пагубою вечного блаженства души.

И кто-то внял его мольбам. Нет, не графиня, у которой, судя по всему, не было никакой тайны. («Это была шутка, клянусь вам, это была шутка».) Графиня и сама после своей смерти лишь чье-то орудие: «Я пришла к тебе против своей воли, но мне велено исполнить твою просьбу». Кем велено? Не Богом же, не ангелом-хранителем, тогда кем? Пушкин ясно намекает: темная сила, дьявольская, Германн готов в порыве отчаяния связать себя с темными силами.

Почему же он не выигрывает третью карту? Ведь дьявол никогда не обманывал никого при жизни, если кто-то готов заложить ему свою бессмертную душу. Фауст, Маргарита в «Мастере» получили при жизни желаемое. Что для дьявола 188 тысяч рублей Чекалинского? Очевидно, все дело в том, что договор этот готов был состояться лишь в сознании самого Германна, даже в его подсознании, ибо все это плод его больного, необузданного, огненного воображения. Не случайно он поверил в анекдот Томского, хотя сам изрек: «Сказка!» Но потом был не в силах противостоять желанию, нет, не моментального и верного обогащения, а неистребимому желанию «выломаться» из уготованной и монотонной колеи, среды, скучного и размеренного ритма жизни.

И тогда, поверив, он стал действовать и совершать свои страшные и безумные поступки. Чего ему это стоило? О-о, теперь я это знаю! Он устроил себе ад при жизни. И попал в психушку. Старушка и так бы померла — без его пистолета. Не сегодня, так завтра. Она и так зажилась на этом свете. К тому же и пистолет-то был не заряжен, и Германн в самом деле не хотел ее смерти. Чего стоит одно его моление, степень унижения, сила страсти и убеждения в надежде узнать несуществующую тайну — до того, как он не выдержит и скажет: «Ведьма! Старая ведьма!»

А сцена с Елизаветой Ивановной? Ведь он зачем-то поднялся к ней и все рассказал. А мог бы исчезнуть! Совесть заговорила? Понятие чести? Он пожал ее бесчувственную руку, поцеловал склоненную голову... А потом совесть не оставляла его в покое, твердила: ты убийца старухи! И он пришел к ее гробу испросить прощения. Тут она ему подмигнула впервые. А потом и карта напомнила о чем-то, когда он обдернулся и вместо туза поставил пиковую даму. Подмигнула впервые в гробу, напомнив, очевидно, о тайном сговоре насчет греха, взятого на душу в надежде узнать тайну. Мол, не тушуйся, там, где надо, твои слова услышаны. И ночью она, посланница этих темных сил, явилась его болезненному воображению и назвала тройку, семерку и туза. Тройка и семерка еще раньше вертелись у него на языке: утроит, усемерит, думал он, не удвоит-увеличит-удесятерит-ушестерит, а именно утроит, усемерит, сказано у Пушкина. А вот про туз ничего ранее не говорится. Домыслим: «...что за тузы в Москве живут и умирают...» и другое: «...между лопаток бубновый туз». Значит, третья карта — туз, а поставил, однако, пиковую даму. Поставил по сходству со старухой, смерти которой он, кажется, причина. Опять-таки совесть, подсознание, чувство вины сыграло здесь не последнюю роль. И тогда уже он окончательно сошел с ума и попал в психушку.

Кто с ним сыграл сию шутку? Почему он обдернулся и проиграл? Старуха, дьявол — кто? Старуха лишь функция в этой игре. Никакой тайны у старой графини Анны Федотовны, фигуры характерной, фрейлины двора Екатерины, нет. Так она написана Пушкиным. Она делается таинственной только после смерти, в гробу, в видении на карте в качестве дамы пик. Тайна в самом Германне. В нем живут и Бог, и дьявол. Он забывает о Боге и в своем внутреннем, и противоречивом, и больном мире заключает сделку с темной силой.

Вся повесть рассказывает об этой тяжкой внутренней борьбе в самом Германне, человеке противоречий, человеке необузданных страстей. И хотя читателю, особенно поверхностному читателю, совсем не жаль Германна, о котором кратко сообщается, что он сидит в Обуховской больнице в 17-м нумере, мне казалось, что он прошел тяжкие испытания, и в фильме хотелось попросить у Бога прощения за его бессмертную душу.

Она ничем не хуже души поверхностного счастливчика Томского, души самой капризной старухи, прожившей долгую, грешную и, надо полагать, благополучную жизнь. Даже бедная воспитанница Елизавета Ивановна вполне вознаграждена в конце повествования и выходит замуж за сына управляющего старой графини, у которого не без помощи отца, надо полагать, приличное жалованье, а возможно, состояние. А Германн уже вне жизни — при жизни, которой до него нет никакого дела, ибо она идет своим чередом. Вот что мне хотелось выразить на экране, когда я маниакально шел к тому, к чему, увы, пришел потом: знать — одно, сделать — другое.

Я понимал, что ежеминутная умственная жвачка, страхи и отчаяние, пусть абсолютно справедливые и вполне реалистические, завели меня слишком далеко. Я уже не мог нормально существовать без достаточно сильнодействующих таблеток феназепама. Лишь они хотя бы отчасти снимали беспрерывно живущую во мне душевную боль и гнетущее состояние духа.

Производство наше было в кризисе. Павильон даже не начинали строить, все графики нарушены, и актеров не собрать вместе. Пленка на исходе. Люди существовали на пределе или покидали картину. Но мало того, кто-то проник в помещение, где хранились наши декорации и часть дорогого реквизита, и все разгромил. Дорогой, замечательно выполненный муляж старухи графини для сцены отпевания, сделанный художницей кропотливо и виртуозно — этому предшествовало снятие маски с актрисы Станюты, слепок рук и так далее, — злонамеренно облили краской. Поломали все скамейки для Летнего сада. По мосткам декорации «Театр» кто-то бил тяжелым предметом, оставляя проломы и повреждения.

Ночью ворвался в гостиницу пьяный гример. При моей жене истерически крыл трехэтажным, жутко непристойным матом непонятно кого и непонятно за что и, хлопнув дверью, ушел, пообещав сжечь все парики и устроить пожар. Он и вправду, как потом выяснилось, попер на студию, но я успел предупредить второго режиссера, а тот, в свою очередь, позвонил на проходную, и его, дошедшего почти до белой горячки, вахтер на студию, слава Богу, не впустил. А то ведь, не ровен час, в приступе алкогольной истерики, он мог бы что-то уничтожить, порвать или сжечь. Кто-то же пытался уничтожить декорации...

В чем дело? Отчего все это? Цепь случайностей — или какая-то закономерность? К сожалению, я думаю, что второе. Я полагаю, все беды случались оттого, что люди, уставшие от пролонгации сроков, чуяли пробоину в корабле, интуицией просекали, что капитан не в состоянии держать штурвал. Зачем я все это записывал? Очевидно, из чувства самосохранения, из желания самоутверждения, в попытке доказать хотя бы самому себе, что я вполне здоров и не распался как личность окончательно; что все еще когда-нибудь будет и очень хорошо и мы увидим небо в алмазах еще при жизни. Я сидел, как ночная птица, в номере гостиницы и боялся дневного света. Мне легче было одному. Я подсознательно бежал от проявлений всего истинно живого, так как вымученно создавал выдуманный, сконструированный, неживой мир на экране по чрезвычайно живой вещи самого живого русского классика.

Ахматова сказала про «Пиковую даму»: «Там все ужас, рассказанный необыкновенно светским тоном». Я еще не совсем сдурел, чтобы не понимать, чем отличается разнообразный, многомерный, а главное, живой рассказ Пушкина от моих мертвых слайдов, где актеры — лишь светозвуковые двигающиеся пятна.

В один из жутких вечеров, в диком приступе страха и истерики, я не выдержал, позвонил психиатру, не поехал на студию. Жена сказала: «Известно, ты человек хоть и способный, но слабый и безвольный. Ты доведешь меня до того, что я отправлюсь к своей маме на тот свет. Ты знаешь, я слов на ветер не бросаю. Стань мужчиной, работай, ты обязан довести эту картину до конца. Если ты этого не сделаешь, это твой конец».

Она была права. Только одного она не понимала или не хотела понять. Я не знал, как доводить эту картину до конца. Я не знал, как превратить то, что я снимал и должен еще снять, в картину, не в хорошую или ужасную, а вообще — в картину. Я ежеминутно искал выход и не находил его.

Жена говорит: «Я давно потеряла вкус к жизни — с маминой смертью. Но мне нужна от тебя моральная поддержка, иначе я уже не могу жить. Все четыре месяца я в экземе, вызываю врача; и ты лечись и работай дальше». И сегодня я вызвал врача. Но что я ему скажу? Что он может понять из того, что происходит со мной?

Я думал о том, что в моих прежних работах уже просвечивала тема сумасшествия. Даже в комедии «Покровские ворота» Хоботова упрятывали в больницу, трактованную как «веселая психушка». Марина Мирою в «Безымянной звезде» принимали за помешанного. В детской картине про Васю Лопотухина герой был, с точки зрения окружающих, тоже не вполне нормальный: верил в летающие тарелки. Гамлет — на грани... Арбенин — перешедший грань... Ну а теперь — Германн, и я сам. Что это — тоже цепь случайных совпадений или меня подсознательно властно влекли эти типы? «Не дай мне Бог сойти с ума. Нет, легче посох и сума». Я никак не мог обрести легкомыслие, необходимое для творца. Ответственную безответственность, без которой работа не в радость. Истинное творчество — радость, даже когда сочиняешь, играешь, ставишь про самое страшное.

Искусство — это не жизнь, а жизнь — это не искусство. Страшно перепутать эти понятия. Эта путаница гибельна и для жизни, и для искусства. Художник перестает творить, а потом и жить...

Тогда я загремел в Бехтеревку и тем самым сбежал от пиковой старухи. Картину взял другой режиссер и спас меня от греха экранизации неэкранизируемого. Я лежал в Бехтеревке, потом в Москве в Соловьевке и мало-помалу приходил в себя. В Бехтеревке, перечитывая Толстого, случайно наткнулся на пьесу «И свет во тьме светит». Она и вернула меня к жизни.

Можно прочертить мою дорогу в Израиль следующим образом: «Он сломался на "Пиковой даме", заистерил, стал невыносим и тем окончательно доконал свою жену. Она, уехав в Америку в гости, осталась там. Он женился на другой, и другая родила ему сына. В Москве не было детского питания и надежд на него заработать. Новая жена испугалась и уговорила его на отъезд. Теперь он сидит в Израиле и во всем случившемся обвиняет пиковую старуху и вообще всех баб на свете». Между прочим — не так глупо, как может показаться.

Но можно взглянуть на все иначе и прочертить иную схему, иную параболу. «Пройдя мучительный опыт "Пиковой дамы", он нашел в себе мужество отказаться от картины и не взял на душу грех фальсификации повести Пушкина. Его жена, не поняв всей глубины натуры художника, сбежала от него в Америку, сама того не предполагая, подарила ему счастье обновления. Новая молодая жена, счастливое отцовство. Четыре новые работы, сделанные подряд: Толстой, Дюрренматт, Миллер, Шварц, принесли мастеру заслуженный успех и уверенность, что он может попробовать поработать за рубежом, где он, выучив иврит, и работает сразу на двух языках. На одном он даже пишет книгу, где благословляет всех баб на свете, которые его бросили или еще бросят».

Две точки зрения, и обе — вполне правомерны.

На всем, что у меня происходило с «Пиковой дамой», лежал покров загадочности, двоения... Были странные совпадения или открытия. И сейчас я хочу предложить читателю очень для меня важную, очень личную главу, тоже каким-то образом связанную с «Пиковой дамой».

В 1980 году я вплотную занимался экранизацией повести Пушкина для телевидения. В статье «Почему я не рискнул снимать "Пиковую даму"» я упоминал о Михаиле Ильиче Ромме, о его попытках экранизировать повесть Пушкина еще в 36-м году. Ведь он, начав снимать, не закончил картину, ему ее закрыли. И Ромм, считая, что повесть приносит несчастье всем, кто на нее посягает, сжег все экземпляры сценария. Но один таки я обнаружил. В ЦГАЛИ. В архиве Сергея Сергеевича Прокофьева, который написал часть музыки к неосуществленному фильму Ромма.

Сценарий очень роммовский, крепкий, социальный, не слишком глубокий. Типичный Ромм конца 30-х. Стиль — «Убийство на улице Данте», хуже «Мечты» и «Девяти дней», а уж тем паче «Обыкновенного фашизма». Сценарий им был сочинен вместе с неким Эдуардом Пенцлиным, как Германн, обрусевшим немцем, правда, из поволжских.

Эдуард Адольфович Пенцлин, согласно справочнику Союза кинематографистов, проживал на улице Часовой, что у метро «Аэропорт». В моем распоряжении оказался его телефон. Меня интересовало все, что связано с этой приковавшей меня к себе вещью Пушкина, а уж тем паче с ее экранными версиями, будь то немой десятиминутный фильм 1916 года или также немой фильм 20-х с Мозжухиным в роли Германна. Я решился потревожить Пенцлина, несмотря на то что мог догадаться о неприятном осадке, оставшемся у одного из еще живых авторов закрытой картины конца 30-х годов.

Ромм, когда сжег экземпляры, стал снимать свою «Лениниану» и сделался знаменитым режиссером сталинского времени, о чем потом рассказал в своей исповедальной речи в ВТО. Пенцлин, будучи Адольфовичем, долго отсутствовал. Шутки все той же старухи графини? В каком-то смысле можно трактовать историю и таким образом. И все-таки я решился.

Телефонный разговор с Эдуардом Адольфовичем был напряженным. Я невнятно объяснил, чего бы я хотел от аудиенции, которую прошу у него. Аудиенция была мне предоставлена. Дверь в доме на Часовой открыла его жена, пожилая полноватая дама небольшого роста, с лицом, не хранящим остатков былой красоты. Когда я увидел сухонького, очень пожилого господина, хозяина дома, я понял, что он постарше своей жены лет на десять. Ему было что-то в районе семидесяти с лишним, ей примерно шестьдесят. Лица хозяев не светились радушием. Цель моего прихода была им не вполне понятна.

И действительно, что я хотел узнать? Сценарий я читал и помнил его лучше одного из еще живых авторов. Тогда что? Историю закрытия? Я ее знал от Ромма. Тайну трех карт? Но Пенцлин ее не знал. Меня интересовало, не остались ли фотопробы, что успели снять на пленку, кого пробовали на роли, как работали с Прокофьевым. Но вообще-то все это для меня не имело никакого практического значения. Тогда на кой хрен я приперся на Часовую?

Честно говоря, я этого не знал и сам. Получить подобие благословения на смущавшую меня работу от прошлых претендентов? Наверное, что-то вроде этого, хотя, разумеется, ничего подобного вслух я не сказал. Напротив, я скорее делился своим замыслом, советовался, что-то пытался уточнить и понять.

И все же, как выяснилось, я пришел не зря. Первая часть визита длилась не более получаса, больше говорить было не о чем. И когда я уже стал прощаться, еще и еще раз извинившись за вторжение, жена Пенцлина, до этого все время молчавшая и только странно и напряженно смотревшая на незваного гостя, вдруг сказала:

— Михаил Михайлович, позвольте спросить вас... Перехватив неодобрительный взгляд ее мужа, я тут же засуетился:

— Конечно, конечно!

Я полагал, что она спросит меня об истинной цели моего визита или попросит билеты в какой-нибудь театр, или даже сделает мне замечание по поводу моего в чем-то бестактного вторжения в их жизнь.

— Михаил Михайлович, скажите, у вас до войны был ежик?

Я вздрогнул. Это был тот самый случай, когда пишут: «Его словно током ударило».

Дело в том, что у меня перед войной действительно жил ежик, да не один, а целых два; они жили в нашем доме один за другим. Первого мне купила няня Катя на рынке в 1940 году. Он стучал своими коготками по деревянному дощатому полу нашей квартиры, пил молочко из блюдца и прятался под кроватью. Этот маленький дурачок для тепла юркнул в обогревательную батарею папиного кабинета, расправил свои иголки и вылезти оттуда не смог. Пришлось отвинчивать батарею и доставать моего, уже мертвого, любимца. Я очень плакал, и мне купили другого в 41-м году.

Этот был общительнее и умнее. Когда ночью папа ужинал в столовой в одиночестве, малыш прибегал к нему, стуча коготками, и поглядывал на отца. Папа «отрывал» ему колбаски от своей ночной трапезы. Этот ежик однажды остался в отцовском кабинете, когда папа уехал дня на два-три; в батарею он не полез — все батареи нашей квартиры были предусмотрительно закупорены тряпками, но растерзал все подшивки журнала «Нива», хранившиеся у отца на нижней полке. Когда папа это увидел, он ахнул. Но моему дружку это простили: «Не любит прессы». — «Напротив, он ее хотел проштудировать». Так шутили в семье по этому поводу. Мы уехали в эвакуацию: отец, мама, няня Катя, братья. В квартире остались бабушка Зоя и ежик...

— Да, у меня был ежик, — растерянно отвечал я жене кинодраматурга.

— А вы помните вашу бабушку, Зою Дмитриевну?

— Да-да, конечно, — отвечал я, не сводя с нее глаз. Драматург сказал:

— Валя, может, не надо? — И, кажется, закурил или просто опустил глаза, не помню.

— Нет-нет, продолжайте! — сказал я.

— Ваша бабушка, Михаил Михайлович, очень вас любила и много рассказывала мне о Мишечке-маленьком и его старших братьях. И ежика вашего я еще помню. Дело в том, что мне было суждено узнать вашу бабушку, когда вы все уехали из Ленинграда. Мою ленинградскую квартиру вместе с домом разбомбило, я осталась жива. Нас, бездомных, подселяли. Управдом вашего дома поздней осенью сорок первого дал мне ключ от вашей квартиры. Я ключом открыла дверь и так испугалась, что, кажется, даже закричала. По длинному темному коридору навстречу мне медленно двигалась белая-белая старуха. Я замерла. Белая женщина ровно, спокойно сказала: «Деточка, не пугайтесь. Я не привидение. — Она по голосу поняла, что я очень молода — мне было неполных двадцать. — Деточка, я просто очень старая и к тому же слепая».

Мы очень подружились в эту страшную осень сорок первого и зиму уже сорок второго. И тогда-то я узнала от нее про вас, ваших родителей, про ваших братьев... Она очень любила говорить про всех вас. А вы были ее любимцем — ведь самый маленький! Ежик жил недолго, да и Зоя Дмитриевна ненамного его пережила. К нам подселили еще одну женщину, еврейку. Очень милую. Какое-то время мы жили втроем. Ваша бабушка была уже очень слаба. Незадолго перед кончиной она дала нам тридцать рублей и попросила ее отпеть после смерти. Но вы сами понимаете — какое там отпевание зимой сорок второго!

Когда она умерла на своей кровати, эта женщина-еврейка закрыла ей глаза и сказала: «Простите меня, Зоя Дмитриевна, мы не можем исполнить вашу просьбу так, как вы хотели. Но как могла, я это сделала. Я некрещеная, но я помолилась за вас». Потом за ее телом пришли и унесли.

После большой паузы она добавила:

— Мы с Эдуардом Адольфовичем не раз обсуждали: найти вас и рассказать все это или не стоит? Мы, разумеется, заочно вас знали. Мы знали, что была еще жива ваша матушка. Как бы она это все восприняла? И вот теперь вы пришли сами.

— Спасибо, — сказал я. — Большое вам спасибо, что я все это узнал. Спасибо.

Так проклятая пиковка дорассказала мне историю с Зоей первой. Зои второй, моей мамы, к этому времени уже не было в живых. О Зое третьей еще никто не помышлял. «Зоя» по-гречески — «жизнь».

Блокадный облик моей бабушки запечатлен в стихах Заболоцкого 47-го года. Жена Заболоцкого, Екатерина Васильевна, жила во время блокады в том же доме на канале Грибоедова и навещала слепую.

Или помнишь, в страшный день бомбежки,
Проводив в убежище детей,
Ты несла еды последней крошки
Для соседки немощной своей.

Гордая, огромная старуха,
Страшная, как высохший скелет,
Воплощеньем огненного духа
Для тебя была на склоне лет.

Взгляд ее был грозен и печален,
Но она твердила всякий раз:
«Помни, Катя, есть на свете Сталин,
Сталин позаботится о нас.

В 37-м Сталин позаботился и о слепой бабушке Зое, и о маме Зое, и о самом авторе стихов Заболоцком, отсидевшем в лагере.

В 1973 году моя мама умирала у меня на руках. Это была первая в моей жизни смерть, когда я наблюдал агонию. Последние ее месяцы и дни жизни — в сумасшедшем доме или в сердечной клинике — мама была поразительно похожа на бабушку Зою. Я приподнимал ее, усаживал повыше на подушках, чтобы ей было чуть легче дышать, и мама, едва переведя дыхание от кашля, ровным и спокойным тоном говорила: «Все хорошо. Все хорошо!..» И вот она уходит...

Мама умерла, слава Богу, не приходя в сознание. Я сидел, обнимая ее, еще агонизирующую, около часа. Рядом со мной девочка-медсестра. Я держал за руку и ее. Я все время взглядом и шепотом спрашивал: «Конец?» — «Нет еще... — отвечала она. — Ну вот, а теперь можете и поплакать». Я снял с мамочкиной руки перстенек с камушком и подарил этой девочке, разделившей со мной, слабым человеком, таинство кончины.

Глава пятая

ПРОБЫ ПЕРА

Почти

Одна вина сменить другую спешит,
дав третьей полчаса...

А. Володин

Я даже толком не знаю, что такое Амок, но это точно он, Амок. Амок... Похоже то ли на за́мок, то ли на замо́к. Щелк! Замкнуло, и привет! Короче: я влип, попал.

Что творю? Котелок варит, а поступаю — наоборот. Раздвоение какое-то. Жуть собачья! Так. Ладно. Займемся подсчетами. Посчитаем на ночь глядя, может, и сон придет...

Ты старше *ее* на 23 года. Почти. Без двух месяцев. Что ты мелочишься, большое дело два месяца! Нет уж, если считать, то считать. Два месяца тоже хлеб в моем положении. Она — ровесница моей дочери. Смешно! Допустим, она в тебе что-то нашла. Может, просто ей с тобой интереснее, чем с ровесниками. Хорошо. Ну год, два, три года, от силы пять. Ладно, пускай семь — и конец! Ясно, ясно, как дважды два. Ты постареешь, она, конечно, тоже не помолодеет, но может стать краше, как тебе покажется — что с тобой начнет твориться потом?! У меня сейчас уже этот, как его, Амок!

Сижу в своем четыреста тридцать пятом, один в номере и просто-напросто схожу с ума. Жду ее звонков и схожу с ума. Не выдерживаю, сам звоню. Палец сводит, пока по

301

этому коду прозвонишься в другой город. А там — то занято, то длинные гудки. Вроде никого нет дома. Тут начинается, ох — горячая волна от живота и выше, выше, аж до
горла; комом встанет, а ноги судорогой сведет. Вскакиваю
с постели и по номеру — прыг, прыг! Нет уж. Лучше пусть
она сама мне дозванивается, если захочет. Я-то трубку сразу хватаю на каждый звонок. Кому надо, все дозваивают-
ся. И из Москвы тоже. Кто хочет, тот всегда дозвонится.

За окном у меня темно. Сижу как прикованный и жду.
Гипнотизирую телефон. А он молчит. Этот сучий телефон
всегда молчит в таких случаях.

И тут опять начинается... Представляю ее в постели,
там, в Москве. Она, конечно же, «занимается любовью» —
ее любимое выражение, — конечно, с другим, с другим и
молодым. Я даже не знаю, кто он и как выглядит; но для
меня это не важно, ее-то я четко себе представляю за этим
делом. Оо-хх, Амок. Беда.

— Беда? Настоящая. Да нет. Полбеды, если хорошенько подумать... А?

— Ну, прав, прав, есть еще жена. Законная.

— Хорошо, что вспомнил, сволочь. Ладно. Предположим, что та двадцатидевятилетняя, которая сейчас в постели занимается своим любимым, как ты говоришь, «вы-
раженьицем», сказала бы, что ты можешь рассчитывать,
что она готова, навсегда... Что тогда? Начнешь ломать?
Как уже было семь лет назад. Ты крушил все, как бешеный
носорог! Ломать не строить, конечно. И теперь опять?!

— Оо-хх! Не знаю. Ничего не понимаю, что со мной...

— Я же тебе говорю — Амок. С тобой Амок, твой старый друг.

— Жена положила пятнадцать лет, чтобы был Дом. Она
его сделала, создала. И меня. Ложками собирала. Простила потом ту историю с артисткой семь лет назад.

— Постой, вовсе не семь, а восемь. Ровно восемь. Дело
было в августе семьдесят восьмого. Здесь же, в Ленинграде.

— Пускай восемь. И теперь все сначала? Опять ломать? Опять двадцать пять?!

— Да не двадцать пять, а двадцать девять! Что ты путаешься в своих подсчетах?! Ей, которая там, в постели, и сейчас опять начала — о Господи! — заниматься — вовсе не двадцать пять, а двадцать девять.

А тебе? Ну, ну. Произнеси вслух эту миленькую цифру! Пятьдесят два года.

— Без двух месяцев — двух месяцев не хватает.

— Что ты все торгуешься, счетовод?! Пятьдесят два — понял? А ей — двадцать девять.

— Но что делать, если я люблю ее, понимаешь — люблю...

— Сукин ты сын! Прошлой ночью, прошлой бессонной ночью, когда на тебя навалились страхи перед новой работой — да, да! — перед той самой, от которой тебе уже не отвертеться, кого ты, червяк, в мыслях звал на помощь, кому «SOS» кричал, когда на койке своей ворочался от страха, той, которой двадцать девять?! То-то!

А едва рассвело, ты стал прикидывать, можно ли уже позвонить: своей любимой, той, которая любит утром поспать. Ведь так? Твоя любимая любит с устатку поспать подольше?

И сейчас, на ночь глядя, ты какой номер набирал? Опять *ее*. Но никто не взял трубку. А тебе известно, в каких случаях твоя любимая не берет трубки? Тогда от бессилия ты сел писать ей письмо. Оно не только не могло быть отправлено, оно даже не могло быть написано до конца: ты сам не знал, что ей написать и зачем ты пишешь его вообще. У тебя все-таки хватило ума порвать начатое письмо, и в ту же секунду раздался междугородний звонок.

— Да, алло!

— Это я...

— Ты! Слава Богу. Ну что, приедешь? Сегодня уже тринадцатое. Я не видел тебя... постой, постой, сколько же мы с тобой не виделись? Больше недели. Ох, Господи...

303

— Слушай, мне не нравится твой голос. Так нельзя, ты совсем раскис.

— Да, пожалуй, ты права, раскис. Глупо, что я тебе об этом говорю. Приедешь? Когда? Двадцать первого! Но ведь двадцать второго я отсюда уезжаю в Москву. На кой же черт все это?!

— Не психуй. Может, я сумею пораньше. Я не знала, что оформление командировки такая морока.

— Ну при чем здесь какая-то командировка!

— Не психуй! Слушай, мне неудобно объяснить сейчас по телефону.

— Ты что там, не одна?

— Да.

— Там кто-то есть?

— Не психуй, несколько моих друзей. Несколько. Я утром тебе позвоню. Завтра утром, ну хочешь, в половине девятого утра. Хорошо?

После этого разговора я не выдержал и сел писать. Это. Уж не знаю что. Не мог же я лечь в постель и в темноте остаться наедине со своим драгоценным другом... Амоком.

Как-то она сказала мне: «Вот расскажешь о нас хоть одному человеку, и все кончится».

Не садись на пенек, не ешь пирожок.

До сегодняшнего дня я молчал. Терпел и молчал. А сегодня я не выдержал. Здесь, в другом городе, нашел своего старого друга и обрушил все на него, всю эту черную муть.

Друг сказал: «Самое страшное для таких — двойная жизнь. Погибель, амба! Чтоб все просто, как у других, ты ж не можешь. Я, правда, тоже. Ты посмотри, что с тобой делается...»

А началось-то легко, просто, даже как-то радостно, как само собой разумеющееся, словно кем-то предопределенное, как бы даже и не греховное вовсе... и затащило в ловушку, когда нужно, нужно, нужно себя убеждать, кричать на самого себя: порви! Вырви к едрене матери! С корнем! И плюнь, забудь, будто и не было никогда!!!

Кричи не кричи — не помогает. В горле ком, во рту сохнет, ноги ватные.

Мы сидели с моим ленинградским другом на скамейке в сквере, солнце светило, и Амок мой был со мной тут же. Не бросил меня, дружок...

Прошлой ночью, лежа на койке в своем 435-м, когда я скрипел пружинами матраца, стал вспоминать свою жизнь, чтобы хоть сделать попытку разобраться во всей этой дребедени, что теперь стряслась.

Было уже такое с тобой? Чтобы так же психовал, сходил с ума в ожидании, пока зазвонит телефон. Разве нет? Ну, давай вспоминать по порядку. Может, уснешь. Вместо счета до ста. Вместо слонов и верблюдов в пустыне.

...Я учился в школе. Закончил девятый. Она, моя будущая первая, тоже перешла в десятый. Мы с ее двумя подругами по классу и с одной мамой на всех (мама была как раз подругина) отдыхали в Бендерах, на Днестре. Я томился томлением девственника и ревновал ее к мальчику постарше, студенту-москвичу Виталику. Он плавал лучше меня и учил плавать ее.

Я не вынес этого и сбежал ото всех них в Одессу. Сорвался, сел в поезд и утром приехал в незнакомый город на море. Там на гастролях был наш ленинградский театр, где играла подруга моей мамы. Приют мне был обеспечен. Я немного заработал — играл в массовых сценах — на скромную жизнь в чужом городе, купался в море и удивительно быстро забыл все муки бендерской ревности. Через месяц вернулся в Ленинград. Студент-пловец уехал к себе в Москву, и все стало на свои прежние места.

Мое жениховство длилось еще четыре года. Она училась в Ленинграде, я переехал учиться в Москву. В праздничное и каникулярное время мы дорывались друг до друга, а потом опять расставались, чтобы увидеться через месяцы. Разлуки подогревали чувство. Долгое женихание завершилось десятилетним браком и двумя детьми.

Так уж случилось, что моя первая жена была моей первой женщиной. Мне было двадцать лет. Несовременно. Чтобы не отстать от других, нужно было восполнить пробелы. Восполнял. Случайные связи. Кажется, так это называется в венерологических диспансерах.

Малорадостен был брак, безрадостны были и связи. «Живу как все, — успокаивал я себя. — Любовь? Дело, работа — вот главное в жизни». Расходиться я не помышлял, к тому же — дети. И я шатался.

Лет через девять дошатался до одной секретарши. И вот тут-то я узнал, что и почем! Страсть. Греховная. Оголтелая. «Как же я без этого жил раньше? — думал я. — Да и жил ли я?!» Наша случка длилась целый год.

Как уже было заявлено, раздвоение для меня губительно. И я расстался. С женой. Вроде даже так получилось, что это она со мной рассталась: ушла к человеку, с которым у нее был роман. А мне и в голову не влетало! Но ушел из нашего дома, где дети, я. Собрал два чемодана и теперь уже с чистой совестью предался утехам с секретаршей. Прожили мы под одной крышей ровно десять дней. Говорить нам с ней было совершенно не о чем, даже во время прощального разговора.

Я со своими двумя чемоданами приполз к маме на раскладушку. Работал я всегда много. Теперь нужно было зарабатывать на алименты. «Дело — это главное! — твердил я себе. — Остальное приложится».

Что-то действительно прикладывалось и тут же забывалось. Я не терял надежды. Я ждал *ее*, единственную и неповторимую, на всю жизнь. «Уж теперь-то я не ошибусь в выборе, — думал я. — Она появится, и я ее сразу узнаю». Она должна была появиться. И как можно скорее! Завтра. Хорошо бы сегодня. Время уходит. Вот уже и плешь появилась. Часами стоял я перед зеркалом, пробуя варианты зачесов и заемов.

Я торопил события и лихорадочно выискивал, высматривал свой шанс. Я хотел бросить на карту остатки от того двадцатидвухлетнего, который мог залюбоваться собой, едва взгляд падал на свое мелькающее отражение в витрине. Тот очень любил свое отражение в стекле вагонной двери поезда метро, который мчится от станции к станции, а пролеты так восхитительно длинны!

В глазах теперешнего тридцатидвухлетнего затаилась тревога: «Куда ж это все подевалось? И где, где, где искать *ее*, единственную, мой последний шанс, не в ресторане же актерского клуба? Она должна немедленно появиться, пока я еще на что-то похож!»

«И крылышкуя скорописью ляжек», выпорхнула одна балерина — Ангел добра в невыразимой пачке. Если продолжать цитату из поэта — «красавица, с которою не ляжешь». Пачку-то куда? Красавицей она не была, но, однако, легли. Прилегли, так будет вернее. Я постоянно чувствовал эфемерность и временность всего, что у нас с ней происходило. Легкие начала, блистательные дебюты и кошмарные финалы — мое проклятие!

«А что? — сказал я себе, увидев ее на сцене в пачке. — Может быть, это именно она?»

Талантлива, знаменита, Сильфида, Жизель, Тальони, она сошла с картины Серова! Другой такой нет. Она должна стать моей. Нет, не просто моей, а моей женой. «Я прошу вас, тебя. Как же я жил до тебя раньше, милая, да и жил ли я вообще?!»

...Черт возьми! Почему же она не звонит? Сколько можно ждать звонка?! Будь ты проклят — сучий телефон! Во рту пересыхает, ноги ватные, жить не хочется... Что же это за пытка! Она должна быть сейчас рядом со мной, иначе я сдохну. Нет, всегда, всегда, до старости. Я буду ее любить, даже когда она станет старухой. Вот! Я уже представляю ее такой! И люблю, люблю, но только позвони и приходи ко мне сейчас, сию минуту! Ну, проклятый телефон!

Звони же, подлец! Так я познакомился с Амоком. Он подкрался незаметно и дружески обнял меня...

Мне было тридцать два. Я и тогда не чувствовал себя юношей, но сейчас-то, сейчас еще двадцать лет следует приплюсовать. Сколько получается? Хорошо, хорошо, без этих двух месяцев... Пятьдесят два. Почти пятьдесят два. Если еду в метро, спокойно сижу на скамейке, в стекло не гляжусь. Разве что иногда по привычке. И вот на тебе! Он, мой друг Амок, не забыл меня, навестил-таки...

Известно, что все проходит, но проходит не без следа. Я еще долго не мог очухаться. Еще пришлось подергаться. Идиотская женитьба на малознакомой грузинской женщине с древнегреческим именем. Подтверждением, что все, что произошло, действительно было, а не пригрезилось в кошмарном сне с грузинского похмелья, — моя дочь. Грузинская дочь. Ей теперь... Сколько же ей лет? Ну да, конечно, семнадцать. Если считать точно, как в аптеке, — семнадцать лет и девять дней. Значит, все-таки было венчание в тбилисской церкви, весь этот беспросветный сюр. Была и короткая жизнь в Москве в каких-то квартирах, которые я добывал и разменивал. Нет, жизнью это не назовешь. Это вообще никак не назовешь. Из области — *не бывает*.

Когда она захрипела, я опомнился, слава Богу, опомнился! Я душил ее, не из ревности — из ненависти. Эта, с древнегреческим именем, умудрилась за один год принести много зла. И не мне одному. Но я, слава Богу, опомнился и вышвырнул ее на улицу. Ночью. Следом и ее дорогую шубу, недавно приобретенную в комиссионке.

Сил нет вспоминать это. Да и не к месту. Прошлой, бессонной, когда искал в прошедшем аналоги теперешнему, — промахнул как ненужное. Не задержусь и сейчас.

Наутро после незавершенного пятого акта пьесы Шекспира оказался я в больнице без сознания. Ждали кровоизлияния. Но Бог спас. Кровь вышла на лицо — лицо было синего цвета. Пронесло.

В очередной раз я стал потенциальным женихом. Выпивающий алиментщик. Трое детей от двух бывших жен. Крохотная однокомнатная, где еще предстояло сделать ремонт. Пока же я опять спал на маминой раскладушке. Завидный женишок ожидал кого-то! Отличная партия, ничего не скажешь!

Нашлась дура. Умная женщина, а дура, эта, моя третья, которая рискнула... Первые восемь лет жизни в нашем доме, который она создала, прошли быстро. Впервые у меня был дом, где любили бывать мои друзья, я мог спокойно заниматься своей работой и еще умудрялся пить в придачу.

Через день, через два на третий, уж раз в неделю обязательно. Она на перекидном календаре рисовала рюмки. Для точности, чтобы не забыть. Я злился, но считала она лучше меня. Когда я балдел, пускался в воспоминания. Вспоминал пачку, реже секретаршу и пьяно молол что-то про некую артистку, которая даже не глядела в мою сторону...

Ох, друг ты мой единственный, прости меня, если можешь. Сам бы, наверное, не простил. Простила ли ты до конца? Не знаю... Если когда-нибудь прочтешь этот бред (чего не бывает в жизни?), прими мое спасибо тебе. Жена всегда давала мне чувство стабильности и покоя. Одним пребыванием рядом — гнала страхи, давала силы дышать ровно.

Ну что рядом с этим смешные движения с одинаковым, одинаковым во всех случаях концом, последним вздрагиванием и вытеканием чего-то липкого? Тогда почему же, почему мы так зависим от этого?!

Да потому что, когда ты с ней, с самой желанной, когда орешь животным криком и готов умереть в ту минуту от счастья, так не думаешь! В этот счастливый миг вообще не думаешь, тебя самого просто нет. Есть вы двое.

Ее звали... Да наплевать, как ее звали! Она была артисткой. Она не могла не возникнуть в моей жизни. Рано или поздно. Такая, как она, у такого, как я. Напомню: двойная жизнь для таких, как я, губительна. И я стал крушить...

Две недели, всего две недели с актрисой под одной крышей разбили все мои иллюзии о возможной гармонии: чтобы и любовница, и друг, и хозяйка, а еще бы и мать в придачу. А я вроде как ее сын или она моя дочь... Смех!

Мы разбежались. Поколебались и разбежались. Я был прощен и вернулся в Дом.

«Финал! — думал я. — Это нужно было пройти. Вроде прививки, противоядия в моей семейной жизни. Все. Никаких страстей. Тебе не написано на роду. Уже сорок четыре. Пора, мой друг, и точка».

Я даже бросил пить. Я исключил все. Ну, почти все. «Почти» случалось крайне редко, почти не случалось.

Я стал работать как бешеный, я жил работой, я жил с работой, можно сказать, занимался с ней любовью, считал каждую новую свою работу наградой за предыдущую.

Когда я болел, а это бывало все чаще, жена лечила меня или навещала в больницах. «Жигуленок» моего товарища влетел в лобовой удар на шоссе. Мы все остались живы. Друг сказал: «Значит, ты еще не достиг истины». А в чем она, истина?

Может, как раз в том, что жена всегда была рядом со мной? Слава Богу, не в машине, от которой остался кусок железа, а в больнице, где меня склеивали, где я заново учился двигать ногами!

Конечно, и она сама говорила, что уже не любит меня, как до истории с артисткой. Понятно. Она, ревнивая до безобразия, теперь даже стала меньше меня допекать за воображаемые измены.

Я не верю гороскопам. Однако я — Весы, она — Козерог. Сочетание, не сулившее нам безмятежной жизни. Опять же, каждый человек — мир. Почти герметичный. Умирает-то каждый в одиночку, и Амок у каждого свой собственный. Амоки между собой не дружат.

Мы с женой не исключение из этого распорядка вещей. Она — Козерог — часто взрывается на пустом месте. Я говорю ей: «Не женственно. Успокойся. Не идет это тебе. Что за характер!» Про свой промолчу. Весы. Типичные Весы.

Дело у нас часто доходило до ссор. С криком, даже с матом, стены тряслись. Я потом говорил: «Соседей стыдно...» А главное, из-за чего? В том-то и дело, что через час мы оба не помнили. Не было причины. Так, взрыв, скандал, и все, отходим. Быстро отходим. Оба. Весь тарарам не из-за чего.

Но если мозгами пошевелить, что-то там есть, какая-то причина, причина всегда есть. Только вот до ума не доводим. Боимся.

...В июне я заканчиваю очередную работу, и в субботу захотелось за город. Позвонил друзьям. Они пригласили на дачу. Настроение у меня было превосходное. Дела шли хорошо, работа задалась, жена в последнее время тоже веселая, ни одной ссоры.

Когда звонил, трубку взяла дочка моих друзей. О чем-то пошутила по телефону. Ей-то чего не шутить. Молодая, 29 лет. Нет, в начале июня, в ту субботу ей было еще 28. Если опять начинаешь считать, бухгалтер, — точно считай. Хорошо — 28. Без двух недель 29. Почти 29. Еду я к ним на такси и думаю: что-то сегодня хорошее должно случиться, необычное. И в груди замерло, однако не испугался, а, напротив, повеселел, как в молодости бывало. Азарт какой-то во мне появился, я даже голову в окно высунул и ветру подставил.

Почему я решил, что что-то у меня должно случиться сегодня и случиться с ней? Не знаю. Богом клянусь — не знаю. Не было никаких к тому оснований. А произошло враз, вмиг. Как будто нам обоим кто-то *внушил*, а мы легко подчинились. Другого объяснения нет. *Она* и я? Я и *она?*

Расскажи мне кто-нибудь такое раньше, я бы ему в лицо рассмеялся.

Ты что, забыл? Ведь тебе и рассказывали еще полгода назад. Кто же, кто? А, вспомнил — моя собственная жена. Она мне, смеясь, рассказала про этот дурацкий слух. Вот тогда и я рассмеялся: «Что за бред, — говорю, — откуда?» — «Вот такие люди кругом, несут что попало. Ты и она — вправду смешно!»

Действительно смешно. Она, можно сказать, выросла у меня на глазах, из симпатичной девчушки стала милой барышней. Помню, как у нее роман начался с ее будущим мужем, моим товарищем по работе. Они потом разошлись.

А на свадьбе их я даже был свидетелем в загсе. Она была уже с животом. Я игрался в родственника из мафии: «Подонок! Хотел обесчестить нашу девочку и смыться! Не вышло! Венчайте их, венчайте быстрее — не плачь, девочка моя, у твоего ребенка будет отец! Красавица наша! Венчайте их скорее, не злите меня, порка-мадонна!» — словом, паясничал и веселил всю честную компанию. Смеялась и моя жена, она тоже была в загсе. Все смеялись. Ну, почти все. Брачующаяся недоумевала. Но потом и она рассмеялась. Вот и досмеялись. Особенно я.

Сегодня утром я сказал ленинградскому другу, что надо кончить все, вырвать с корнем к едрене фене, растоптать в себе, в себе! — это сейчас главное! Чтоб и следа не осталось. Конечно, друг согласился. Мы помолчали. У меня пересохло во рту, ноги стали сразу ватные, и я ему сказал: «И потом доживать жизнь, да?» До-жи-вать.

Пишу и думаю, а что я пишу? Дневник, письмо или рассказ? Рассказ из жизни. Почти рассказ... Почти... Опять какая-то бессмыслица выходит... Такая, видать, полоса пошла...

Писатель — это человек, который записывает за собой, вот и я за собой сор собираю. Пишу это несколько часов подряд, не отрываясь от бумаги, спина болит, и боюсь остановиться.

За окном еще ночь. Наверное, она уже спит. Утомилась и спит. Одна. Он уже ушел. Или рядом. Не важно. Кажется, что я себя уже достаточно измотал, вымотал и выжал, пора это белье развешивать. Может быть, мне даже удастся уснуть в моем одиночном.

К тому же я, хоть и недолго, слышал *ее* голос. Может быть, даже она и не лгала вовсе, может быть, у нее взаправду было несколько друзей, и теперь она спит одна в своей постели, лежа на животе, как она любит. А завтра в половине девятого я услышу *ее* голос.

Вот-вот! Ты уже не можешь жить спокойно, если не слышишь *ее* голоса! Что ж это со мной деется? Я попал, влип, щелк, и все.

— Господи! Если бы мы с ней встретились шестнадцать лет назад...

— Что ты несешь, ей было тогда всего тринадцать!

— Ну если бы ей было двадцать девять, как теперь, а тебе, как тогда, тридцать шесть, всего тридцать шесть.

— Слушай, ты совсем сошел с ума с этими подсчетами!

Ложись спать! Поставь наконец точку и немедленно ложись в постель. Если хочешь, считай уже лежа в темноте, и заснешь. Сегодня это тебе удастся... ну.

Спи, чудовище.

Ленинград, гостиница «Астория», № 435
Август, 1986

Эксгибиционизм...

Что за слово такое? У меня на тель-авивской книжной полке каким-то образом затесавшийся краткий словарь иностранных слов, впопыхах прихваченный из Москвы. Ищу это привязавшееся ко мне слово. Не нахожу. Ну-ка, еще раз: экс... экс... экзистенциализм. А оно-то что означает? Проверим на всякий случай эрудицию. «Экзистенциализм — от латинского "экзистенция" (существование) — крайне реакционная форма современного идеалистического мракобесия в буржуазной философии и литературе, стремится подорвать доверие к науке, доказать бесцельность нравственности и бесплодность революционной борьбы. Одно из гнусных средств отравления общественного сознания идеологами империализма».

Батюшки-светы! Да ведь я прихватил с собой словарь 1950 года! В поспешных сборах не обратил внимания на дату выпуска — какая прелесть! А слова «эксгибиционизм» в этой книге нет вообще. «Эксгумация» есть, но это пока не то. Я-то занимаюсь, наверно, душевным эксгибиционизмом, при этом всю жизнь. А что такое, если вдуматься, актерство? Тот же эксгибиционизм в каком-то смысле, выставление себя, своих ран напоказ почтенной публике. Но там я — актер, прикрыт ролью, маской. Если роль характерная — и подавно. Даже лирический поэт Высоцкий подчас прикрывался масками, лицами, от которых говорил или пел. Прикрыться, защититься! Где грань? Чем отличается выстраданная исповедь от душевного эксгибиционизма?

Да ну их всех с их терминами, словами и словарями. Ты дал себе слово не трусить, так сдержи его до конца! А там будь что будет: исповедь так исповедь, в любой форме. Время торопит: скоро третий звонок. Что тебе почти всю жизнь не дает покоя? Когда все твои грехи встают над тобой, как темные горы, какая гора выше и чернее других? Чего ты, втайне от других и скрывая даже от самого себя, страшишься более всего на свете вот уже почти сорок лет?

О чем ты боишься думать, что гонишь от себя, что мешает жить и всегда, всегда с тобой?

А иногда неожиданно может напомнить о себе в самый неподходящий момент, в самой неподходящей обстановке: эй, не радуйся, не зарывайся, перестань самообольщаться — ты не только не лучше и не честнее других, ты много хуже! Ведь я существую, и меня не вычеркнешь уже из твоей жизни за давностью лет! Ведь ты знаешь, нет ничего тайного, что не стало бы явным. Не сегодня завтра, все равно когда-нибудь я выползу на свет и расскажу о тебе все! Покайся, исповедуйся, облегчи совесть! И, может быть, тебе станет хоть чуточку легче — у тебя еще есть время.

Пора, дружок, пора, ты слышишь? Прозвенел третий звонок. На сцену, артист, уйми дрожь в коленках и вдарь под занавес свой заключительный монолог. Не бойся! Постарайся не лгать — и тебя поймут. А если не поймут, брезгливо отвернутся от тебя, что ж, значит, и это для чего-то было нужно. Не рассуждай — и будь что будет. Ты слышишь? Третий звонок. Занавес!

Мне Брамса сыграют...

Эту историю рассказал мне недавно мой один близкий друг, известный актер Филипп Соколов, которому я верю, как самому себе... Нет, даже больше, чем самому себе...

— Помнишь, — начал он, — в конце пятидесятых я играл Меркуцио в Театре Профсоюзов... Это потрясающая роль... Знаешь, я никогда не хотел играть Ромео, хотя педагоги пророчили мне успех в этой роли. В душе я всегда знал, что я не Ромео, а Меркуцио...

— Ты мог бы быть Тибальдом, — сказал я.

— Наверное, но ни Тибальд, ни Ромео меня не занимали... Понимаешь, в Меркуцио есть какая-то пронзительность... Именно пронзительность... Вот когда хороший скрипач играет концерт Брамса, в первой части после оркестрового вступления есть место... — Филипп вскочил с кресла и бросился к полке с пластинками... — Сейчас, сейчас поставлю тебе...

— Да не важно, — перебил я. — Ты мне про что-то другое хотел...

— Нет, нет. Это очень важно! И, пожалуйста, Майкл, ты ведь обещал душою выслушать меня... Поверь, и Меркуцио, и Брамс — все, все это имеет значение... Ох! Ну вот она! Слава Богу! Нашлась. Это потрясающе! Караян с Гидоном Кремером. Слушай!

Филипп успокоился, сел с ногами в кресло, молча поднял рюмку коньяка, приветствуя меня. Я так же молча ответил. Закурили. И слушали музыку Брамса...

«Мне Брамса сыграют, я вздрогну, я сдамся...» — закрутилась у меня строчка Пастернака... Одна... Ни предыдущей, ни последующей... Одна. Одна-единственная... Я взглянул на Филиппа... Он сидел с ногами в вертящемся желтом кресле своего кабинета и слушал музыку, пропускал ее через себя, проживая ее... всем существом своим... иногда взглядом пытался передать мне свои эмоции... включить меня в свой мир...

«Очень он постарел... — подумал я. — Мы с ним почти ровесники... Хотя нет, он года на два меня старше...»

Вдруг Филиппа буквально выбросило из кресла.

— Вот сейчас — Кремер! Слушай, душой слушай!

И действительно, как будто за какой-то неведомый нерв в сердце дернуло... Сразу слезы в глаза...

Филипп беззвучно рассмеялся и показал мне свою обнаженную по локоть руку: крупные мурашки возникли на моих глазах на его худой, покрытой белыми волосками руке... И волоски встали дыбом... Мы оба рассмеялись уже вслух. Довольный Филипп наполнил рюмки коньяком, подбежал к проигрывателю, выключил... Опять в кресло, за рюмку.

— Ну, бойтен зал, плиз! — Закурил от предыдущей новую сигарету, повертелся в вертушке. — Ты прости меня, но, правда, это все важно... Потом поймешь, почему... Так вот, повезло мне с Меркуцио. Сыграл я его в театре у Николаева... Сыграл.

— Ты его очень хорошо играл, — сказал я. — Вся Москва бегала на тебя, а что с девчонками творилось...

— Да, вся Москва, вся Москва... — грустно произнес Филипп. — Именно, что вся Москва... Ты помнишь, я тогда с первой моей женой Ингой жил на Пятницкой, против Первой Образцовой типографии. Мама была жива. Инга дочку родила, и моя няня из Киева приехала Инге помогать. Квартирка была крохотная; три комнатенки малюсенькие, а нас стало пятеро...

— Почему пятеро? — спросил я.

— А ты не помнишь Францевну?

— Что-то смутно...

— Ну, еще когда отец был жив, мы студентами были, они с мамой наняли домрабу, старушку-польку, Викторию Францевну...

— А, вспоминаю. Она еще очень вкусные пирожки пекла.

— Точно! Молодец, вспомнил! Выпьем за них... Теперь никого... Ни отца, ни мамы, ни няни, ни Францевны, ни ее пирожков... Да... Вот такие пироги. Вот такие пирожки... Да, так вот, нас пятеро. Я работой занят по горло. Театр, кино, халтура... Инга еще училась в Строгановке, мама работала в Институте ветеринарных врачей, но, в общем-то, семья на мне... Вкалывал по-черному. Но не только из-за башлей — сам процесс мне нравился... Работа, слава Богу, была, и не меньше, чем теперь, ее было. Кино, популярность — стало быть, концерты... Ну что я тебе рассказываю, по себе знаешь... Но главное — театр! И, конечно, Меркуцио! «Чума, возьми семейства ваши оба!» — процитировал Филипп. — Нянька моя — баба Настя — теперь с дочкой моей Ленкой нянчилась. Инга училась, мама на работе, Францевна — у плиты... Так и жили. Хорошо жили, между прочим. Я молодой, у меня успех, популярность, вся жизнь впереди... А я молодой легкий был, помнишь! Куда все делось? Ну да ладно...

Вдруг однажды мне повестка в милицию... Думаю: что такое?

— Мам, — говорю, — мне тут повестка в районное отделение милиции. Что бы это могло означать?

Думали-гадали, повестку в руках вертели и решили так, что это из-за няньки, бабы Насти. Она-то ведь у нас без прописки жила... Являюсь в отделение. Даю дежурному мильтону повестку. Он куда-то с ней сходил, вернулся и говорит:

— Товарищ Соколов, будьте любезны в комнату номер четыре.

Очень вежливо сказал, доброжелательно.

Пошел я в комнату номер четыре. Там какой-то чин сидит. Когда я поздоровался, он из-за стола поднялся, улыбнулся, руку протянул.

— Здравствуйте, товарищ Соколов. Очень рад с вами познакомиться. Видал вас в кино. Жене моей очень понравился ваш новый фильм. Садитесь.

А повесточку мою в руках держит. Я сел и думаю: «Что такое, неужто из-за няньки меня сюда? Во всяком случае, хорошо, что я его жене понравился. Уже легче».

— Паспорт при вас? — спрашивает.

— При мне.

— Дайте, пожалуйста.

Дал. Чин паспорт мой долго разглядывал.

— Так, значит, Соколов Филипп Сергеевич. Русский. Вы комсомолец?

— Да.

— Пятницкая, — читает, — дом, квартира, — дальше читает. — Вы женаты, значит.

— Женат, — отвечаю,

— Инга Томасовна Соколова. Что за имя такое?

— Она эстонка. Обрусевшая эстонка.

— А-а... И дочка у вас, — посмотрел на запись в паспорте.

Ленку я к себе в паспорт вписал, чтобы, когда деньги получаешь, за бездетность не вычитали...

— Значит, дочка... И большая?

— Нет, маленькая, годик ей.

Ну, думаю, сейчас про няньку начнет... и, не дожидаясь, сам ему:

— Трудно с дочкой. Жена еще учится, мать работает, я с утра до ночи вкалываю в театре, и кино, и концерты...

Он говорит:

— Конечно-конечно. Ну, вы молодые — справитесь. А мамаша ваша помогает?

— Помогает, но она очень-очень занята на работе.

Помолчали. Он зачем-то на повестку взглянул, потом в паспорт. Снова повертел его в руках, потом вернул мне.

— Так, стало быть, вы, товарищ Соколов, вот что... У вас как со временем? Выходные бывают?

— Да, по понедельникам, но я и тогда работаю...

— Ну что это вы все работаете-работаете... Ведь и отдыхать когда-то надо.

— Надо, — говорю, — но что поделаешь. — А сам думаю: «Что это он про няньку ничего не говорит...»

— Филипп Сергеевич! — почему-то раздраженно начал он. — Вы ко мне в следующий понедельник обязательно зайдите. Мы с вами продолжим разговор.

— Простите, а в чем, собственно, дело, товарищ капитан?

— Филипп Сергеевич... — улыбнулся он. — Нет, вы не беспокойтесь, все в порядке. Но вы, пожалуйста, в понедельник все-таки зайдите, в одиннадцать утра.

— Зайти могу, товарищ капитан, но для какой цели, позвольте узнать?

— Вот зайдете и узнаете. Ладно? Значит, я вас жду. Обязательно жду. Если надо, повестку пришлю...

Пришел я к нему в понедельник в одиннадцать утра. Сам знаешь, с милицией лучше не связываться, особенно когда у тебя нянька из Киева без прописки живет. А любопытство меня все-таки мучает: в чем дело? Словом, пришел я в четвертый кабинет. Там чин, а с ним рядом какой-то в штатском. Капитан мой из-за стола вышел навстречу. Протягивает руку, улыбается.

— Здравствуйте, Филипп Сергеевич. Как поживаете? Знакомьтесь, это — Петр Иванович, Филипп Сергеевич. Ну, я вас оставлю, у меня дела...

Поездки в Пярну к Давиду Самойлову, его новые стихи, дружеские застолья, само общение с этим удивительным человеком и выдающимся поэтом всегда были для меня настоящим праздником

В гостях у Д. Самойлова. Я с женой Региной и Юрий Иванович Абызов, составитель уникальной книги «Давид Самойлов». В кругу себя»

Когда в Москве друзья чествовали Булата Окуджаву в день его семидесятилетия, я уже был в Израиле. Но вскоре Булат с женой Олей приехали в Тель-Авив, и мы смогли вдосталь наговориться в маленькой харчевне, которую он так проникновенно описал в подаренном мне стихотворении

На совместном творческом вечере моих друзей и любимых поэтов Арсения Тарковского и Юрия Левитанского

Читаю ахматовский «Реквием» в Большом зале Ленинградской филармонии

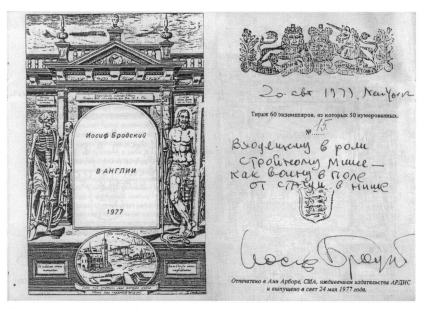

Тираж 60 экземпляров, из которых 50 нумерованных.

№ 15.

Отпечатано в Анн Арборе, США, иждивением издательства АРДИС
и выпущено в свет 24 мая 1977 года.

*Вот она, награда, которая долго искала героя: крошечная книжечка
Иосифа Бродского «В Англии», экземпляр за номером 15 с дарственным
четверостишием от автора*

Жанр музыкально-
драматической
композиции я начал
«Черными блюзами»
Л. Хьюза еще в 70-х,
а закончил стихами
И. Бродского в «концерте
для голоса и саксофона»
вместе с Игорем Бутманом
в конце 90-х

Саша Володин был лучшим советским драматургом.
Наши пути в творчестве не пересекались. Только в застолье...

«Дорогому Мише от генерала Вики». Шутка. Никогда Виктор Платонович Некрасов не был генералом. Он был лейтенантом и даже родоначальником «лейтенантской прозы» в литературе. Его роман «В окопах Сталинграда» – первое слово правды о войне. Я с ним дружил, любил его, и это он заставил меня писать: «Ну пусть это будет не как Лев Толстой». Наша последняя встреча в Вене в 1983 году

Этот парень, похожий на «лицо кавказской национальности», – великий американский актер Роберт Де Ниро. Мы познакомились случайно, в Москве в феврале 1982 года. В 80-е он любил приезжать в Союз, и однажды я даже свозил его с сыном Рафаэлем в мой родной Питер.

С тех пор мы время от времени встречаемся в разных странах. На этой фотографии – в 1994 году в Израиле. Пришел его черед держать на руках нашего с Аней сына Мишку

Первое утро на Израильщине. С чего начать?

Начал я с Тригорина в родной «Чайке», но на иврите. Аркадина – тамошняя звезда Д. Монти

«Любовника» Г. Пинтера мы с Ириной Селезневой сыграли сначала по-русски, а потом и на иврите

Чем я действительно горжусь
из сделанного в Израиле –
так это своим преподаванием
в театральной студии Нисона
Натива. Здесь я поставил
«Чайку» с молодыми студий-
цами, разумеется на иврите,
в жанре трагикомической
поэмы о людях искусства
в наши дни

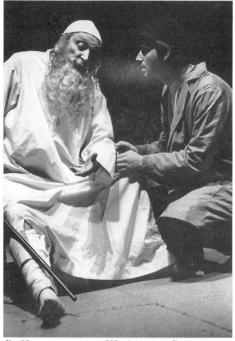

Рабби в спектакле Ш. Агнона «Вчера,
позавчера». Камерный театр, Тель-Авив

Гендель в пьесе
П. Барца «Возможная
встреча». Это уже
в «Русской антрепризе
Михаила Козакова»

Феликс в фильме «Игра в модерн»

В намечавшемся фильме «Мастер и Маргарита» режиссера В. Бортко пробовался на две роли – Понтия Пилата и Каифы. Дальше проб дело не пошло

Продолжил работу в своей «Русской антрепризе». Поставил комедию Ноэля Коуарда «Цветок смеющийся» и сыграл роль Гарри

Александр Яковлевич Таиров в фильме Б. Бланка «Смерть Таирова»

Моего Шейлока в шекспировском «Венецианском купце» в Театре Моссовета критики назвали «нетрадиционным». Но откуда же взяться традиции, если эту роль в послереволюционной России до меня никто не играл?

«Джокеръ» – музыкальный телефильм по пьесе А. В. Сухово-Кобылина «Свадьба Кречинского». Я вновь встретился с Анатолием Равиковичем (он сыграл Расплюева) и впервые поработал с Мишей Ефремовым, которого знаю с детства

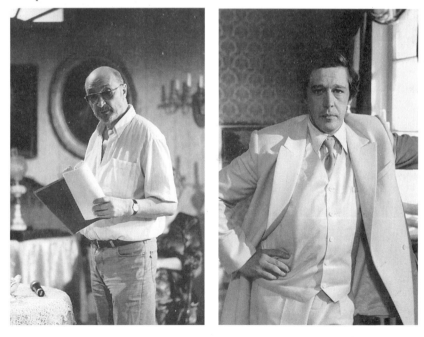

Судьба подарила мне роль короля
Лира в Театре Моссовета.
Это пока последнее...

«Клан Козаковых» Стоят (справа налево): сын Кирилл, дочь Катя, внучки Полина и Даша (Катины девочки), дочь Манана. Сидят: внучка Тинатин (дочка Мананы), сын Миша, дочь Зоя. Я тоже тут есть (с трубкой). Хотя Кириных детей – Антона и Маши – нет, незримо они тоже с нами...

1999 год

И смылся мой капитан за дверь. Петр Иванович за его стол сел. Напротив — я. Он на меня поглядывает. Я — на него. Молчим.

— Паспорт, — спрашиваю, — дать?

Улыбнулся.

— Нет, нет. Паспорта не надо. Ну, как вы живете, Филипп Сергеевич? Как работаете?

— Нормально живу, — отвечаю, — работаю.

— Работы много?

— Не жалуюсь.

— Это хорошо, когда много работы. Вы хорошо в театре играете.

— Спасибо за комплимент.

— Это не комплимент. Вы действительно хорошо играете. Вас публика любит. И в кино снимаетесь. Вы комсомолец?

— Да.

— У вас кто комсорг? Таня Виноградова?

— Да, она.

— О вас хорошо в театре отзываются. Мы наводили справки.

«И работаете хорошо, и все у вас хорошо, хорошо о вас отзываются...» Молчу, жду.

А на сердце. Мишка, веришь, уже словно тень легла... Молчим. Ну, долго, думаю, будем в молчанку играть? Как в детективах пишут...

— Как вы, наверное, догадались, Филипп Сергеевич, я из органов. Ну что вы побледнели? Разве у вас есть основание бледнеть?

— Нет, — отвечаю, — нету меня оснований... А что, разве я побледнел?

— Побледнели, Филипп Сергеевич. Все-таки здорово во всех нас бериевское время засело... У вас ведь, Филипп Сергеевич, отец сидел при Берии?

— Да, сидел. И дед сидел.

— А дед за что?

— Ни за что. За то же, за что и отец в тридцать седьмом году. Дед погиб тогда, а отца выпустили перед войной. Он войну прошел. Потом опять посадили в сорок девятом. Потом реабилитировали.

— Вот видите, — говорит, — реабилитировали. Все-таки реабилитировали.

— А год назад он умер.

— От чего?

— От инфаркта миокарда.

— Да, — вздохнул Петр Иванович.

По виду он был старше меня лет на семь-восемь.

— Да, хорошо, Филипп Сергеевич, что мы с вами в другое время живем.

— Хорошо, — отвечаю.

— Так вот, Филипп Сергеевич, не скрою, хотел я с вами поближе познакомиться. Лично, так сказать, а то все на сцене или на экране. Вы, пожалуйста, тут мне распишитесь, что никому о нашем разговоре не расскажете.

— А что, собственно, рассказывать? — говорю. — Тут и рассказывать нечего.

— Это, конечно, так, Филипп Сергеевич, рассказывать действительно нечего, а все-таки распишитесь. Порядочек, как говорится, должен быть.

И уже бумажку сует, а там напечатано:

«Я, Филипп Сергеевич Соколов, обязуюсь не разглашать мой разговор с сотрудником КГБ, состоявшийся такого-то месяца 1957 года...»

Я расписался. А в башке: «Коготок увяз — всей птичке пропасть».

— Филипп Сергеевич, я откровенно вам скажу — вышестоящие товарищи вами интересуются, и они поручили для начала с вами познакомиться мне. Будем считать, что познакомились. А в дальнейшем я вам позвоню...

— На какой предмет, простите... Как вас по отчеству?

— Петр Иванович.

— Так на какой предмет они мною интересовались, Петр Иванович? Чем я для них, кроме того, что я в кино снимаюсь, интересен?

— Ну вот! Так уж вам все сразу и скажи. Я, может, и сам всего не знаю, зачем вы им понадобились. Но, стало быть, понадобились, раз вы здесь со мной сидите... Да что вы, Филипп Сергеевич, все нервничаете? Такой молодой и такой нервный. Так что я вам дам о себе знать. Обязательно дам.

Филипп налил по рюмке. Не дожидаясь меня, выпил, опять закурил и продолжал:

— Дал он мне о себе знать через две недели. Позвонил и назначил свидание.

— Где? На Лубянке? — не выдержал я.

— На какой Лубянке... я туда, слава Богу, не попал... Пока не попал... — он нервно улыбнулся и сглотнул. — Хватает мест и без Лубянки для встреч такого рода... Ты хоть роман своего отца «Девять точек» читал? Где про царскую охранку... Ну вот, а еще спрашиваешь... В гостинице «Ленинградской» мы встретились с Петром Ивановичем...

— А ты не мог не пойти?

— Мог. Мог! Конечно, мог! Но сейчас какой на дворе год? Семьдесят девятый! А тогда был? Пятьдесят седьмой! Только три года прошло, как усатый сдох! И мальчиков Берия я видел лично, когда они студенток наших из театрального к нему в особняк на машинах увозили, чтобы эта жирная жаба в пенсне их...

Филипп вскочил и прошелся по кабинету. Сел, успокоился.

— Да нет, конечно, не надо было идти... Ничего бы со мной не сделали... Но тогда пошел в эту самую «Ленинградскую» гостиницу, что у трех вокзалов... Поднялся на лифте на этаж, вошел в номер. Ты бывал там? Гостиница в сталинском стиле, дверь тяжелая, лакированная, ручки массивные, дорогие... Открыл этот Петр Иванович.

— А вот и Филипп пришел! — сказал громко для кого-то. — Давай, Филипп, раздевайся, не робей, проходи! — уже разговаривает со мной на «ты», как будто мы сто лет знакомы, словно в одной песочнице куличи делали...

Прохожу в большой номер. А там дяденька в хорошем костюме. Дяденька постарше нас с Петром Ивановичем, много посолидней дяденька. Очки в золотой оправе. И очень вежливый. Улыбается.

— Здравствуйте, Филипп Сергеевич, очень, очень рад с вами познакомиться. Мне Петр Иванович много хорошего о вас говорил... Садитесь, располагайтесь поудобнее. Чай? Кофе? А может, рюмку коньяка, Филипп Сергеевич? — И, не дожидаясь моего ответа: — Петя, ты там похлопочи, чтобы нам икорки, салатик... Филипп Сергеевич, наверное, после репетиции.

— Да вы не беспокойтесь...

— Что вы, Филипп Сергеевич, какое там беспокойство... Это мы вас беспокоим... Петя, ты понял?

— Так точно, Игорь Николаевич.

И пошел к телефону, что в другой комнате стоял. Слышу, распоряжения отдает:

— В номер такой-то три икорки, три салата, кофе, армянского коньяку...

Игорь Николаевич, как водится, сначала про театр со мной поговорил, про кино, выказав даже какие-то познания в этой области... Про меня много знал. Меркуцио еще, правда, в театре не видел, но по ТВ отрывки смотрел — понравилось. И кино ему мое, тогда очень популярный детектив, особенно жене его сильно понравилось... Про комсомол спросил. Про отца и деда не спрашивал. А вот про жену подробно осведомлялся:

— Как живете? Давно женаты?

— Три года.

— А познакомились где?

— В Киеве. Она в соседней школе училась. У нас драмкружок был. Вместе играли.

— Я, — говорит Игорь Николаевич, — тоже в детстве театром увлекался... А ты, Петя, не увлекался?

— Нет, Игорь Николаевич, я все больше авиацией.

Игорь Николаевич смеется:

— Ты, Петя, авиацией увлекался, мы с Филиппом Сергеевичем — театром. Он один последовательным оказался. Ну ничего, у нас свой театр, не менее интересный, кинематограф, можно сказать. Правда, Петр Иванович?

— Так точно, Игорь Николаевич.

— Вот, Филипп Сергеевич, мы тебя решили нашим кинематографом заинтересовать. Тебе это и как артисту интересно будет...

В дверь постучали. И когда Петр Иванович ее открыл, милая официантка привезла на колесиках ланч...

Филипп налил мне рюмку и спросил:

— Тебе не скучно? Я не надоел?

Я покачал головой.

— Продолжай.

Я понимал, что ему нужно выговориться. Чувствовалось, что он исповедуется в первый раз. Рассказ его был неровен, он изобиловал ненужными подробностями, то и дело перебивался какими-то невнятными обрывками фраз, сказанными не мне, а скорее себе самому...

— Ну вот, стало быть, Миня, дальше наша беседа протекала за жратвой. Пили мало. Очень мало. Я пить боялся. Надо было ухо востро держать. Кусок в горло не лез, хотя пришел я туда действительно голодный.

Когда официантка ушла, Игорь Николаевич продолжил:

— Для тебя не секрет, надеюсь, что мы, Филипп Сергеевич, живем в капиталистическом окружении. И что у нас много врагов. Как внешних, так и внутренних...

«Начинается, — подумал я, услышав знакомые формулировки. — Начинается... Ну, Филипп, держись!»

— ...и нам нужна помощь честных советских людей. И молодых в первую очередь. Ты комсомолец. Ты хороший артист. Ты на хорошем счету. И, думаю, можешь быть нам полезен.

— Чем я могу быть вам полезен, Игорь Николаевич? Я абсолютно не могу быть вам ничем полезен. Я актер. Я очень, очень много работаю, на мне семья, я часа не имею для отдыха... Я репетирую, играю, снимаюсь. Концерты, радио, ТВ. А еще надо много читать, смотреть другие спектакли... У меня нет времени даже с дочерью погулять, не то что еще чем-то заниматься... Потом, я абсолютно не умею хранить тайны... И вообще, давайте откровенно, Игорь Николаевич, я не стукач и людей таких презираю. Я считал, что отошли те времена, когда советский человек должен следить за другим советским человеком и доносы писать. Надо верить людям... Я люблю своих товарищей по театру и абсолютно ничем не могу быть вам полезен! Понимаете? Ни-чем!!!

— Филипп Сергеевич! Ну что вы разволновались...

— Я вам говорил, Игорь Николаевич, нервный он, — вставил Петр Иванович.

— Точно, я нервный! Это правда — я очень нервный! Я во сне сам с собой разговариваю... Мне мама и жена об этом не раз говорили.

— Филипп Сергеевич! Ты абсолютно прав. Отошли те времена. И люди в нашем учреждении сейчас совсем другие. Тебе это известно? Абсолютно другие. Другой стиль. Успокойся, даю тебе честное слово коммуниста, что никто тебе не предлагает следить, а тем более доносить на твоих товарищей и вообще советских людей. Ты меня понимаешь? Слово коммуниста. На советских, подчеркиваю, никто и в мыслях не имеет. Но есть не советские, а вот они нас интересуют, поскольку они не советские. Понял, наконец?

— Понимаю. Но все равно, я-то тут при чем?! Я-то не советских не знаю. Я их в глаза не видел, кроме как в кино.

— А может, еще увидишь.

— Где? Когда?

— Это уже другой разговор... Мы к нему вернемся. Вопрос сейчас стоит так. И стоит крайне серьезно. Мы, работники органов, занимающиеся контрразведкой, блокированием действий иностранной разведки, и в частности, американской, обращаемся к тебе, советскому актеру, советскому гражданину, комсомольцу, с просьбой, с предложением помочь нам в этом ответственном, государственном деле. Ну, что ты нам на это ответишь?

Миша, что я мог им ответить? Что я не советский человек, что я не комсомолец, что я не знаю, что есть американская контрразведка...

— Так ты что, согласился с ними работать?

— Нет, я не согласился! Точнее говоря, тогда я не дал ответа. Я опять стал говорить, что я актер, что это моя профессия и другой мне заниматься не дано! Некогда! Что я дьявольски много работаю, хотя я понимаю, как это, наверное, важно, и что, как советский человек, я и без их предложений — узнай что-нибудь про американские или другие козни — сам бы, не дожидаясь их приглашения, первый пришел на площадь Дзержинского и сказал об этом, как это бы сделал любой мой товарищ на моем месте. Но быть завязанным с ними я не могу, это не мой профиль. Я нервный. Я разговариваю по ночам...

Тогда на том и расстались. Нет, вру, опять мне дали бумажку, и опять я расписался о неразглашении государственной тайны.

— Ладно, Филипп Сергеевич, — заключил Игорь Николаевич, — вы подумайте. Мы подумаем. И созвонимся. Хорошо? Но вы подумайте, хорошенько подумайте... Это будет вам небезынтересно. Железный занавес поднят. Предстоит общение с иностранцами. Они вашим театром и вами лично интересуются. Избегать этого не следует. Это расширяет кругозор. И как актеру вам это будет крайне полезно. Кстати, вас, по-моему, собираются в Англию на фестиваль послать. Как? Не слыхали еще? Собираются. Собираются, Филипп Сергеевич. Так что подумайте. Сейчас не отвечайте. А мы еще с вами увидимся. Кстати, когда у вас «Ромео и Джульетта» идет в этом месяце? Моя жена ко мне пристала — все хочет вас на сцене посмотреть в роли Меркуцио...

Филипп перевел дыхание. Я наполнил рюмки.

— За тебя, Филя! За твоего Меркуцио. Ты колоссально эту роль играл.

— Спасибо, — сказал Филипп. — За Меркуцио! За ни в чем не виноватого Меркуцио, именем которого я воспользовался...

— Как? Не понимаю?

Филипп резко повернулся в кресле-вертушке на 360 градусов, пустил трехэтажный мат: в мать, в Бога, в душу и опять в мать в придачу...

— Я сам не понимаю, как я мог?! Как я мог?! Как мог?! Но уж коли правду, то до конца! Когда они меня заломали и я дал им согласие сотрудничать и помогать против американской разведки... Против американской, Миша! Клянусь памятью отца, памятью матери клянусь, что так оно и было! Ты веришь мне?! Ты должен мне верить, Миша! Ты-то ведь меня знаешь?! О наших людях речи не было ни разу! Эта сука, Игорь Николаевич, слово коммуниста сдержал. Его только американцы и интересовали почему-то! Так вот, когда я сломался, когда они меня так и эдак, и угрозой, и сказкой, и лаской заломали, стали думать о моей кличке добровольного сотрудника. Кличка! Как это там у них называется — псевдоним или еще как. Нет-нет, именно что кличка, как у собаки, кличка!..

— Филипп, не психуй.

— Прости, — у него были на глазах слезы. — Прости, Миша. Прости. Сейчас. Успокоюсь. Ну вот. Всё. Всё. В общем, подписался я в соглашении о сотрудничестве «Соколов», а в дальнейшем должен был подписываться «Меркуцио»... «Меркуцио»... — повторил он. — И подписывался «Меркуцио»... Что, Миня, страшно тебе слушать? Потерпи, голубчик. Это еще не все... Потерпи... Мне ведь больше некому все это рассказать... Ближе тебя у меня никого не осталось... Ни отца, ни мамы, ни Инги, а тогда от них я скрыл всю эту пакость... Да, Меркуцио... Стал я в другой раз Меркуцио...

— А что все-таки они от тебя хотели, Филя?

— Вот тут-то и был вопрос. Поначалу ничего. Понимаешь, абсолютно ничего. Только иногда знать о себе давали. Нет-нет, позвонит Петр Иванович и спросит: «Как дела, Филипп Сергеевич? Видел вчера тебя по телику. Хорошо. Как фамилия этой актрисы, которая вчера с тобой целовалась? Хорошенькая. Ну, как живешь-можешь? Что? В Англию? В августе? На фестиваль? Что будешь делать? Сцены Меркуцио играть? С кем? С тамошними актерами? Скажи на милость... А как же у тебя получится? Ты ведь по-английски ни бум-бум? А-а, ты по-русски, а они по-своему? А как же это возможно? Ну, это здорово. Туманный Альбион, значит, посетишь. Это хорошо. Помнишь, Игорь Николаевич тебе первый об этом сказал...»

Ну и так далее в таком роде. Я ему (вспомнить стыдно) дурацкий вопрос:

— А что, может быть, там, за границей, у вас будут ко мне какие-нибудь поручения, Петр Иванович?

Усмехнулся в трубку, а потом серьезно:

— Нет, пока никаких поручений к тебе нет. Ну, если вдруг подойдут там к тебе наши товарищи и скажут от Игоря Николаевича, то ты знай, это наши — не тушуйся. Пароль — «Меркуцио». Но не думаю, чтобы подошли. Счастливо тебе, Филипп, прокатиться и домой с успехом вернуться.

И вправду, Миня, никто ко мне не подошел. И играл я там только шекспировского Меркуцио, а не кагэбистского Джеймса Бонда... И знаешь, что интересно, я стал забывать, что я у них на крючке. Работаю себе, репетирую, играю, снимаюсь, в общем, живу, как все в конце пятидесятых жили. Весело. Даже какая-то подленькая мысль иногда мелькнет, что я не такой, как все, а в чем-то защищенней других, за мной КГБ стоит...

— Прости, Филя, а что, они тебе деньги давали или как?

— Да ты что, какие деньги! И за что? Ведь, кроме этих дурацких разговоров, ничего и не было... Но ты слушай, слушай. Это только присказка — сказка впереди... Не устал, Миня? Потерпи еще, голуба, уже немного осталось... Сейчас сюжет начнется. Давай еще по маленькой.

Выпили. Закурили. Даже как-то успокоились. Но ни в одном глазу ни у него, ни у меня.

— Ну, вали, Филя, двигай сюжет.

— Сюжет? Сюжет для кино. Мировой можно было бы фильм снять. Трагикомедия была бы на весь мир...

— Съесть-то он съесть, да кто ему дасть? — усмехнулся я.

— А надо тебе сказать, что я в театре своем стал ведущим актером. За два года много ролей переиграл, но любимой по-прежнему была роль Меркуцио. Публика меня принимала хорошо, всегда цветы, девочки у подъезда, и серьезные люди, если помнишь, меня за роль хвалили, а тут еще в Англию съездил и хорошо там прошел...

Прихожу однажды домой после спектакля, мне Инга говорит:

— Тебе какой-то Игорь Николаевич звонил. Телефон свой оставил. Просил утром позвонить.

Сердце у меня екнуло, но, честно говоря, не то, чтобы в желудке похолодело... И опять же любопытство. Все-таки я у них уже год добровольцем состою, а просьб у них ко мне нет.

Наутро позвонил.

— А-а, Филипп Сергеевич! Здравствуй-здравствуй. Молодец, что позвонил. Надо встретиться.

«Ленинградская». Сидим с ним уже без коньяка, только чаек попиваем:

— Так вот, Филипп, настал твой час. Нам нужна твоя помощь. По нашим сведениям, тобой заинтересовалась некая Колетт Шварценбах.

— А кто она такая? Я ничего об этом не знаю.

— Ну, естественно, что ты не знаешь. Это она же тобой заинтересовалась, а мы ею интересуемся. Она, эта Шварценбах, американская корреспондентка газеты...

Тут, Миня, он газету ее назвал, но, клянусь, сейчас уже не помню и врать не буду, как она называлась.

— По нашим сведениям, она тебя во всех спектаклях видела. Стало быть, очень тобой интересуется.

— Ну, может, она вовсе не мной, а вообще нашим театром интересуется?

— Да нет, по нашим сведениям, именно тобой, Филипп, тобой.

— Ну и что?

— Ты не торопись спрашивать, Филипп, торопись слушать. Она молодая, интересная баба. По-русски хорошо говорит. Через две недели будет отдыхать в Сочи. Вас надо с ней свести. По-нашему говоря, тебе надо на нее выйти.

— Как это выйти, Игорь Николаевич?

— Познакомиться с ней.

— Как же это я с ней познакомлюсь?

— Какой ты, Филипп, нетерпеливый. Слушай! Ты знаешь Леву Чекина? Он говорит, что хорошо тебя знает. Чекин — кинодраматург, член Союза. Так вот Колетт бывает у него дома. Четвертого сентября у них вечеринка, Колетт приглашена. Они — этот Лева женат — пригласят и тебя. Шварценбах собирается в Сочи. Ты с ней познакомишься. Почему-то я думаю, что она тебе понравится, и ты так, невзначай, скажешь, что едешь отдыхать в Сочи на две недели...

— Игорь Николаевич, какие Сочи? У меня сезон, спектакли...

— Спектакли, подумаешь, спектакли. Бюллетень сделаем. И вообще не волнуйся на этот счет. Все будет в норме. Так вот, скажешь, что на две недели летишь отдыхать в Сочи. И скажи это обязательно до нее. Ты понял? До нее. Первый скажи.

— Так. Ну а что дальше? — Меня уже начала увлекать эта игра.

— Дальше — веселись. Постарайся ее обаять, познакомься как следует. А дальше мы с тобой встретимся.

Через два дня звонок от Левы Чекина. Меня зовут четвертого сентября отужинать в дом на Пушечной улице. Будут милые люди и один мой товарищ, Коля Петрушанский, — кинооператор, у которого я снимался. Про Колетт ни слова.

— Спасибо. Буду. У меня четвертого сентября концерт в Доме учителя. Я освобожусь не раньше девяти вечера.

— Отлично, — говорит Лева. — Мой дом напротив. Мы с Колей тебя встретим у Дома учителя. Ты, надеюсь, без жены?

Четвертое сентября. Отыграл я концерт. Цветочки получил. В ведомости расписался. Сумму прописью вывел. Настроение отличное. Инга меня нестрого держала — привыкла, что я после работы загуливал в кабаках.

Выхожу на улицу. Коля Петрушанский с Левой меня уже поджидают. Когда я Леву увидел, вспомнил, что лицо его мне знакомо, где-то встречались в те наши времена «богемы».

Поздоровались. Лева говорит:

— Ты с цветочками, очень-очень кстати. Тут одна дама должна прийти — американская журналистка. Ей и преподнесешь. Будет очень мило. Мы ее тоже встречаем. А вот и она!..

Гляжу, идет молодая женщина. Подошли к ней.

— Здравствуй, Колетт, — говорит Лева. — Познакомься, мои друзья. Оператор «Мосфильма» Коля Петрушанский и наш популярный артист театра и кино Филипп Соколов.

Поднялись к Чекиным. Там жена его нас встретила. Стол уже накрыт. Квартира уютная. В комнате лестница, ведущая на антресольный этаж. Приятно, светло. Тут я разглядел американку... Это меня и погубило. Нет, не погубило! — вскрикнул Филипп.

— Не погубило! Спасло! Спасло! Давай, Миш, за ее здоровье. За здоровье Колетт Шварценбах. Где-то она теперь? Двадцать с лишним лет прошло, а помню ее, как будто вчера этот вечер был, в этой двухэтажной квартире на Пушечной.

Представь: высокая, с меня, девушка, лет двадцати пяти. Ноги из шеи растут. И какие ноги! Кисти рук узкие, длинные пальцы, тонкая талия, плечи, может быть, чуть широковатые, зато шея длинная, и лицо... Боже, что за лицо! Темные, хорошо вымытые волосы, черты лица породистые, нос чуть вздернутый и зеленые, понимаешь, зеленые, как газон, глаза, окаймленные черными, пушистыми ресницами...

Знаешь, это мой тип женщины. Но такой я никогда не видел и не увижу никогда...

Теперь добавь, что держалась скромно, достойно... Ни малейшей экзальтации американок из миддл-класса, без всяких «Оу!», без жеманства, кокетства. Говорит тихо, спокойно... Хорошо, внимательно слушает собеседника. И когда выпила — такая же... И в веселье, которое чуть не до утра продолжалось, такая же достойная... Нет, не «синий чулок»: и пила, и смеялась, и танцевала, и что-то рассказывала, но все это комильфо, без «вульгар», как говорил Пушкин. Я голову потерял. Одно только успел сообразить, что про Сочи надо сказать первому. Вот и все. Забыл я все, и Игоря Николаевича, и что дома жена ждет. Все забыл. Вот про Сочи сказал, как будто сам от себя сказал — так мне в эти Сочи захотелось, чтоб ее там увидеть...

Она говорит:

— Вы в Сочи? Зачем? Сниматься?

— Нет. У меня две недели отгулов накопилось в театре. Отдыхать. Я очень устал. Летом снимался, так что самое время отдохнуть две недельки, покупаться в море в бархатный сезон.

— И когда вы туда собираетесь?

— Да дней через пять-шесть...

— Колетт, а ведь вы тоже вроде в Сочи собирались, — спросила жена Чекина. — Или раздумали?

— Нет, скорее всего, я туда поеду.

— Когда? — спрашиваю.

Внимательно поглядела на меня зелеными огнями.

— Примерно в то же время, что и вы, как ни странно...

— Замечательно, — подхватил Лева. — У тебя, Колетт, будет там хоть один знакомый, по крайней мере... Филипп — собеседник интересный, в теннис играет. Ты, Колетт, в теннис играешь?

— Нет, я плохо играю в теннис, но плаваю я хорошо. Я очень люблю море...

— Я тоже неплохо плаваю, — сказал я. — Так что если встретимся там, то можем помериться силами...

— Если поеду, — говорит, — то, может быть... как вы сказали?

— Померяемся силами, — подсказывает Петрушанский.

— Померяемся силами, — с легким акцентом повторяет Колетт новое для нее русское выражение. Акцент у нее небольшой, язык знает прекрасно. Акцент придает очарование ее речи...

— Филипп! Возьми гитару, спой что-нибудь, — предлагает Лева.

— Ну, гитара, Филипп, твоя коронка, — говорю я. — Тут уж ты хвост распустил...

Филипп словно забыл обо мне — весь ушел в воспоминание, отдался ему, и его рассказ стал нетороплив, он сам перестал дергаться, вертеться в кресле, сидел спокойно, подперев голову ладонью...

— Я-то, как ты говоришь, хвост распустил... Но вот что интересно, она на меня очень спокойно реагировала. Тут я за весь вечер второй раз об Игоре Николаевиче вспомнил: «Непохоже, чтобы она мной так уж интересовалась, как он рассказывал...»

Спел я Тютчева, Есенина, что-то еще. Слушала хорошо. Иногда спрашивала: «Чье?» Знаешь, я шекспировский сонет речитативом напевал? Спел. Говорю:

— А этот текст вам знаком? Должны знать. Это сонет Шекспира в переводе Маршака. Вы Шекспира любите? А что видели у себя на Западе?

— Видела, — говорит, — Гилгуда в Англии, фильм «Гамлет» с Лоренсом Оливье, что-то еще.

— Ну а у нас?

— Вас, Филипп, видела в «Ромео». Понравился, хотя спектакль в целом спорный, мне кажется...

— А видели другие спектакли нашего театра? Где я играю? — спросил я.

— Нет, я не имею времени, к сожалению...

«Вот как? Интересно, — подумал я. — Опять ошибочка у Игоря Николаевича. А может, она неправду говорит? Бог его ведает...»

Так вот и идет у нас беседа, Миня. Ну, все это под выпивку, разумеется... Левка магнитофон (как тогда говорили «маг») включил... Помнишь, тогда модно было слова сокращать на иностранный манер: Хемингуэй — Хем, магнитофон — маг, Мефистофель — Меф. И русские слова с иностранными переплетать: «Пожалуйста, Фил, открой виндоу — душно. Грацио, дарлинг. Это было вандерфул с твоей стороны...»

— Да, в общем «соловьем залетным юность пролетела», — пропел Филя строчки Кольцова и состроил гримасу...

— Мама, не отвлекайтесь, — сказал я.

— Ты прав, старик, — встряхнулся рассказчик. — Плохой я рассказчик. Такому рассказчику — хер за щеку, как говорит наш общий друг, народный артист всего Советского Союза Гулик Мастанов... Прошел этот ивнинг, перешедший в ночь. Весело прошел. Танцевали сумасшедший рок по всем правилам тех лет. «Пили, пели, не вспотели...» Сил много было. Не то что сейчас...

— Кончай нудить — двигай сюжет, — сказал я.

— Опять прав, Миша. А я не прав. Не прав, я всегда не прав. Ладно, Миня, перенесемся снова в «Ленинградскую». Ты ведь у нас и кинорежиссер теперь — Феллини, можно сказать. Филя — я, а ты — Феллини. Я просто Фил. Простофиля я... Вот так. Ну не злись, Миня, я же тебя люблю... Это я так, когда выпью, меня на каламбуры тянет: «Даже к финским скалам бурым обращаюсь с калом бурым...» Так вот, каламбур пятый, извиняюсь, шестой. Номер кадра триста восемнадцать, нет, не кадра, а номера в «Ленинградской», этой ёбаной «Ленинградской». В эпизоде участвуют: Игорь Николаевич, Филипп Сергеевич, потом новое действующее лицо — имя узнаем, когда он предстанет. Зритель застает сцену в кульминационный момент. Диалог возникает из отточия.

— ...порола. Видела тебя и не раз! Это она так. И в Сочи точно летит. Там у нее в «Приморской» уже номер забронирован. А тебя мы поселим в «Кавказе». Он в трехстах метрах от «Приморской». Номер у тебя — люкс. Будешь жить, разумеется, один. Она как на тебя прореагировала?

— Нормально.

— Нормально или хорошо?

— Скорее нормально.

— Вы на чем расстались?

— Я ее до такси проводил, предложил отвезти, но она отказалась...

— А ты не настоял? Джентльмен называется...

— Я настаивал, но ничего не вышло. Я только таксисту деньги дал, чтобы она не расплачивалась.

— А попрощались как?

— Как? Нормально. Я ей руку поцеловал. Сказал, что лечу к морю и буду рад, если там встретимся и померяемся силами...

— Чем померяетесь?

— Силами. Ну в том смысле, кто сколько проплывет. Она любит плавать. Говорит, что хорошо это делает.

— Плавать она любит... Она не только плавать любит, — зло сказал мой собеседник. — Что она из себя целку строит!

— Игорь Николаевич, она действительно показалась мне скромной и достойной женщиной. Мне кажется, что она и на меня не реагировала, и вообще она, как мне кажется, довольно сдержанна и холодна...

— Кажется, кажется... Что тебе, Филипп, все кажется? Если кажется, перекрестись! Она нормальная баба! Понимаешь!

Нор-маль-на-я! Хотя и интеллигентка! И на тебя она клюнула — ты не сомневайся. Поэтому через три дня летишь в Сочи.

— А что я должен там делать, Игорь Николаевич? Вы хоть объясните мне... Я ведь ничего пока не понимаю... Что от меня-то требуется?

Он взглянул на меня. «Фраер этот артист или притворяется?» — говорил его взгляд. Тогда я добавил:

— Простите меня за тупость, конечно...

— Ладно, не прибедняйся, Филипп. Итак, ты поселишься в «Кавказе» — раз. Выйдешь на нее. Ну что ты смотришь на меня, как баран на новые ворота? У портье «Приморской» узнаешь ее номер и телефон. Позвонишь...

— А если она спросит, как я догадался, что она именно в «Приморской» остановилась?

— Соображаешь, оказывается! Не такой уж ты блаженненький. Объяснишь, что позвонил в сочинский «Инту-

рист» и справился, не прибыла ли на этих днях американ-
ка Колетт Шварценбах, и они тебе ответили. И не дожи-
дайся, пока она тебя об этом спросит. Первый скажи, ввер-
ни как-нибудь, что обыскался, хотел видеть, любой бабе
приятна мужская инициатива...

— Да, а она подумает: так ему, советскому человеку, «Интурист» все и рассказал, где иностранка живет.

— Ну ты же у нас не простой советский человек, не
фарцовщик, кажется, а популярный советский актер. Меркуцио играешь!

Меня передернуло: Меркуцио! Опять этот Меркуцио!

— Значит, выйдешь на нее.

— Ну, выйду, как вы говорите, а что потом?

— Потом — суп с котом. Опять не сечешь. Ну, поймешь,
кто она такая, чем дышит, как к нам относится...

— Вы что, подозреваете ее в шпионаже?

Он, усмехнувшись, переспросил:

— В шпионаже? Ты, Филипп, с тридцать второго?

— С тридцать третьего, — уточнил я.

— С тридцать третьего... Может, и в шпионаже, как ты
выразился. Кто их знает, этих дипломатов и корреспонден-
тов. Да, может, и в шпионаже. Хотя навряд ли. Она у нас уже
два года в Москве... Непохоже... Пишет о нас более или
менее объективно... Скорее, менее чем более, правда... —
Он прошелся по номеру, посмотрел в окно. Была жара, сен-
тябрьская жара бабьего лета, теперь такого редкого...

— Значит, как я понял, Игорь Николаевич, это и есть
мое задание?

— Ты что имеешь в виду?

— Узнать, чем она дышит, как вы выразились...

Он резко повернулся ко мне на каблуках своих импорт-
ных мокасин.

— Да, но не только. Это так, но не главное... Товарищ
Меркуцио!

В дверь постучали.

— Да-да, войдите!

В номер вошел человек в коричневых брюках и в синей шелковой бобочке с молнией. На правой руке лежал аккуратно свернутый коричневый пиджак...

— Приветствую тебя, Алексей Леонидович! Проходи, знакомься — Соколов.

Вновь пришедший своей лапой пожал мою руку. Я обратил внимание на остатки татуировки у локтя правой руки — пиджак уже лежал на левой, ловко перекинутый туда одним движением...

— Это и есть Филипп Соколов, с которым ты полетишь. А это, Филипп, — Алексей Леонидович. Алексей Леонидович отныне твой друг и защитник. К нему за советом, за помощью. Надеюсь, что вы понравитесь друг другу...

Я попытался улыбнуться. Мой новый друг сделал это без усилия, почти рассмеялся, в улыбке блеснули четыре коронки высокой пробы на клыках и на соседних с ними зубах...

Здесь, Миня, на твоем месте я бы не побоялся наехать камерой «до детали» — его пасть.

— Да, можно даже быстро наехать, — согласился я. — Трансфокатором.

— Эпизод седьмой, — продолжал Филипп, явно увлеченный этой игрой в кино. — Виноват, каламбур седьмой, кадр сто сорок шестой, дубль первый, простите, второй! — и хлопнул ладонями, изображая неопытную девушку-«хлопушку», которая от чрезмерной ответственности все путает и краснеет.

— Аппаратная, мотор! — скомандовал я.

— Есть мотор, — ответил Филипп и сымитировал самолетный гул... — Вввв... Ту-104, или Ил, или Ан — не помню. — Рейс: Москва — Адлер. В креслах 7а и 7б — «друзья». На герое фильма — летний серого цвета шикарный импортный костюм. Заметим, что наш герой живет небогато (это мы должны понять из эпизодов «Дом Филиппа») и такой костюм ему выдан и подобран в костюмерной КГБ.

— Герой что, там был, в этой костюмерной? — спрашиваю я.

— Нет, примеряли перед отлетом все в той же «Ленинградской» — этот светло-серый и светло-бежевый. Наш Бонд в нем смотрится не хуже, чем в колете, когда играет Шекспира. — Филипп выпил.

— Эй, Филл, не нагружайся, а то до конца рейса не дотянешь, а ты меня разохотил...

— Что, Миня, уже кино в голове складываешь?

— Да, Филя, оно уже в голове, ты прав, остается только его снять на пленку. Так кто-то из французов сформулировал.

— Да, кино, чистое кино... «Жизнь моя — кинематограф — черно-белое кино...»

Значит, самолет... Мой новый друг — Алексей Леонидович (посмотрев на часы):

— Скоро начнем снижаться. Давай закурим, Филипп, в последний раз. — Достал «Кэмл», угостил. — Ты чего грустный? Все будет «у пакете». Сейчас прилетим. Наши сочинские нас на «Волге» встретят. Солнце, море. Чего ты нос повесил?

— Знаете, Алексей Леонидович, меня тревожит театр. Соврал, что на съемки лечу, просил не трепаться...

— Да уж я тебе сказал — будет у тебя сочинский бюллетень. И все «у пакете». — Была у него такая приговорочка вроде о'кей — «все у пакете». Вместо «в» он «у» выговаривал, как на Украине говорят. — Все «у пакете» — не бзди — держи хвост морковкой...

Зажглось табло «Ноу смокинг, фастен белт плиз». Стюардесса дала леденцы...

Эпизод 8

По кавказскому серпантину мчится черная «Волга». В машине — трое: Филипп, Алексей Леонидович и встречавший их человек. За рулем машины — абхазец (мы еще с ним встретимся в финале сочинского сюжета). Встречавший не из разговорчивых. Только отвечает на поставленные вопросы. Он сидит рядом с шофером.

Алексей Леонидович:

— С номером все в порядке?

Встречавший:

— Так точно. Для товарища Соколова — в «Кавказе»! Вам — у нас, в санатории имени Дзержинского.

Филипп:

— Ты что, Алексей Леонидович, не в моей гостинице будешь?

Алексей Леонидович:

— Нет, зачем? Я тебя поселю, а потом — в санаторий. У тебя будет мой номер телефона. И вообще у тебя свои дела. Как это у вас говорится — тебе надо вжиться в роль. Вживайся, Филипп, и действуй. Деньги не потерял? На первое время хватит.

— Так что же, я тебя в Сочи видеть не буду?

— Позвони, если что, а так зачем я тебе?.. У тебя здесь другой интерес. Я тебя видеть буду. Ты меня — нет. А я тебя — да. Все у пакете...

Эпизод 9

Из «Волги» выходят трое. Четвертый — маленький абхазец — несет багаж. Мы панорамируем за ними на здание небольшой старинной двухэтажной гостиницы «Кавказ».

За стойкой — женщина-администратор с любопытством взглянула на Филиппа.

— Какой у нас гость! Товарищ Соколов!

— Смотри, Филипп, узнает тебя народ.

— Что вы! Товарищ Соколов — мой любимый артист. Особенно мне нравится ваша последняя роль в фильме. Сниматься здесь будете? В каком фильме?

— В шпиёнском, — сказал Филипп и сделал страшные глаза.

Она рассмеялась.

— Нет, кроме шуток?

— Филипп Сергеевич отдыхать у вас будет, — вмешался Алексей Леонидович. — Ему тут должен быть номер забронирован. Взгляните.

Она порылась в стопке, где лежала бронь. Нашла то, что искала, и удивленно (крупный план) взглянула на Филиппа.

Вошел Антон Михайлович.

Встречавший:

— Здравствуйте, Антон Михайлович. Вот наши гости...

Эпизод 10

В номере Филиппа. Это люкс со всеми удобствами. В нем две двери. Одна — в коридор, другая — из спальни — прямо на улицу. Директор, Антон Михайлович, передавая Филиппу ключи:

— Это люкс со всеми удобствами, в нем две двери, одна — в коридор, другая — из спальни — прямо на улицу. Этот ключ — от входной, в общий коридор, этот от той, что из спальни, — прямо на улицу. Тут ванная и прочее, телефон. Все удобства. Попробуйте большим ключом дверь из спальни. Не заедает? Отлично! Все удобства. Нравится?

— Все у пакете, — сказал Алексей Леонидович. — Лучше не бывает. Вы свободны. Слушай, Герман Александрович, ты мой багаж в санаторий доставь, а за мной машину сюда через час. Мы с Филиппом Сергеевичем пойдем к морю, хоть сполоснемся, с самолета все-таки. Идет?

— Будет сделано, товарищ кап... Алексей Леонидович. До встречи.

— Значит, через час у гостиницы, ну, если задержимся, пусть подождет. Этот твой шофер — грузин, что ли?

— Нет, абхазец он.

— Абхаз, стало быть. Так пусть подождет абхаз.

Встречавший ушел.

Филипп во время предыдущего диалога разложил чемодан, повесил на распялку светло-бежевый костюм, отложил южное обмундирование в сторону, очевидно, приняв предложение ополоснуться как приказ своего нового друга.

Эпизод 11

Они, мокрые, выходили из воды. Полноватый Алексей Леонидович, татуировки прибавилось, и высокий, отлично сложенный Филя. Камера встречает их выходящих из моря. Их белые тела выделяются на фоне загорелых людей. Бросились в теплый песок, сразу прилипший к телу в разных местах.

— Хорошо! У пакете! — сказал капитан.

Филипп перевернулся на спину, зажмурился от солнечных лучей и ничего не ответил... Наслаждался состоянием после купания... Они закурили «Кэмл»...

Камера видит типичный антураж тех лет: сочинский пляж у «Приморской» в бархатный сезон.

Крупно. В кадре двое.

— Запомни главное — у тебя всего восемь дней. Не так уж много. А может, все-таки на две недели бюллетень сделать? Ну что ты там в Москве не видел? Жену с ребенком? Еще увидишь. Ты смотри, какая здесь прелесть, а?

— Нет, Алексей, не могу. Восемь дней — это еще куда ни шло...

— Ну ладно, восемь так восемь. Бабу скадрить и дня достаточно такому красавцу. У тебя как, машинка хорошо работает? — похабно ухмыльнулся капитан. — Номер телефона ее записал? Не потеряй. Ну, восемь дней. Не теряй времени. Звони и начинай действовать. Ресторан, цветы, вино грузинское. Не торопись, но и не тяни. Ну, в общем, что я тебя учу. Да! Главное чуть не забыл. Когда дойдет до этого самого — вези к себе. Ты понял, к себе — в «Кавказ», для этого тебе второй ключ даден, чтоб свободно — пришли-ушли. Понял? Обязательно к себе. И все у пакете...

— Ну, это как дело пойдет. Я не Господь Бог...

— Ну и она не Орлеанская целка. Давай, действуй. И мне звони... Ты что на эту жопу загляделся, — заржал он. — Тебе не туда сейчас надо глядеть!

По пляжу с пожилым лысым господинчиком в белом костюме шла длинноногая «манекенка» в купальнике, похабно вертя задом. Тут опять хорошо бы наехать, Миня, этим твоим трансфокатором.

— Да, на пляже чего только не увидишь, — сказал я. — Мне почему-то запомнился один пляжный кретин. Он ходил в треугольных плавках. Спереди треугольник, а сзади тоненькая перемычка, ягодицы напоказ. И на одной татуированная кошка, а на другой мышка. И когда он шел своей странной походкой, мышка от кошки пряталась в его жопу... Представляешь? Спрячется — появится, появится — спрячется...

— Да, дураков много, — сказал Филипп. — Я тогда в Сочи тоже одного видел: у него на грудях два профиля: Ленин — на одной , на другой — Сталин. Мы его прозвали «полный мавзолей»...

Эпизод 12.
Сочи. Пляж

Камера отъезжает от «полного мавзолея». За его спиной уже одетый Филипп. Он идет по каменной лестнице, ведущей к «Приморской».

Филипп в телефонной будке.

— Здравствуйте, Колетт. Это Филипп. Да, Филипп Соколов. Не забыли? Разыскал... В «Интуристе» узнал. Ну, никак кинозвезда — по сочинским масштабам...

Эпизод 13

Обед в шашлычной. Филипп и Колетт Шварценбах чокаются фужерами... На столе шашлыки, зелень, вино и прочее.

— За счастливый отдых, — сказал Филипп. — Ваше здоровье, Колетт...

За соседними столиками люди поглядывают на Филиппа и Колетт. Кто-то смотрит с любопытством, некоторые почему-то осуждающе. Перешептываются. Колетт это замечает и спрашивает Филиппа:

— Почему они смотрят на нас? Вы заметили?

— Бог их знает. Очевидно, мы живописная пара...

— Я не поняла, как вы сказали?

— Живописная пара. То есть необычная... Я в костюме, вы в шортах...

— Ну и что?

— Здесь нельзя в шортах. Сочи считается городом, а в городе разгуливать в шортах запрещено. С этим ведется борьба. Я еще удивляюсь, как нас сюда вообще пустили...

— Но это же курорт, юг... Почему нельзя? Не понимаю.

— Я сам не понимаю, Колетт, но что поделаешь...

— Я вас, Филипп, шокирую? Да?

— Что вы! Все отлично! Я вами восхищаюсь. Не обращайте внимания. И не только я. Вон посмотрите, как тот дядечка на вас смотрит. Как бы своим люля не поперхнулся.

— А та дама на вас. Она, может быть, видела вас в кино... Вы у себя в стране популярны?

— Да. Я рашен-стар, советик-стар.

— Вы много зарабатываете?

— По нашим параметрам достаточно для того, чтобы нормально жить. Остап Бендер... слышали о таком? Нет? Жаль. В тридцатых годах два писателя — Ильф и Петров — написали роман «Золотой теленок». Так вот, Бендер — герой этого смешного романа — мечтал о «мильоне» и добыл его, а потом не знал, что с ним делать в нашей стране, куда его применить...

— Как это? Не понимаю?

— Вы, наверное, многого не понимаете и никогда не поймёте, Колетт. Ну что вы обижаетесь? Я и сам многого не понимаю и никогда не пойму. Я сам себя-то с трудом понимаю... Он, этот Остап, стал подпольным миллионером.

— Подпольным?!

— Скрытым. Он добыл этот миллион нечестным путём.

— Украл?

— Не украл, но считайте, что украл. Его голубой мечтой было уехать в Рио-де-Жанейро, ходить в белых брюках и танцевать танго под пальмами...

— Он уехал?

— Нет, конечно. Как бы он мог это сделать? Поэтому я к миллиону не стремлюсь. Ильф и Петров доказали, что у нас это ни к чему...

— Знаете, Филипп, а я танцевала танго в Рио-де-Жанейро — в белых брюках. Рио — красивый город...

— Лучше, чем Сочи? — сказал Филипп. — Не верю!

Они смеются и чокаются. Филипп:

— За Рио-де-Жанейро!

Она:

— За Сочи! Мне здесь тоже нравится, а шорты я больше не надену, чтобы не привлекать внимания и не смущать вас, Филипп...

— Напротив, плевать мне на них. Пусть смотрят и завидуют, что я за такой девушкой ухаживаю...

— А вы за мной ухаживаете?

— А что, разве не заметно?

Эпизод 14

Море. Плывут двое. Быстро плывут. Оба кролем. На равных плывут. Всерьёз соревнуются. Пока чей-то окрик их не остановит. Мы видим мчащийся белый катер. В катере береговая охрана. Охранник по «матюгальнику» кричит:

— Вертайте назад! Немедленно! Вы — двое! Что, не слышите! Вертайте, вам говорят!

Филипп наконец услышал, остановился, поднял голову из воды. Колетт кролем разрезала воду, не сбавляя темпа... Катер подлетел к Филиппу и затормозил, едва не наехав на него. Охранник был зол:

— Ты шо, оглох? Почему нарушаешь?! — И опять в «матюгальник» орет: — Девушка! Девушка! В синей шапке! Остановитесь!

Девушка плыла дальше.

— Она что, в Турцию собралась?! — спросил охранник.

— В Рио-де-Жанейро! — сказал Филипп.

— В милицию охота? Вам известно, что за буи плавать нельзя! Там же ясно сказано: «За буи не заплывать!» Категорически не заплывать!

Колетт остановилась сама. Видимо, почувствовав, что Филипп уже давно отстал. Обернулась и увидела Филиппа и катер. Сидевший за штурвалом сказал «матюгальнику»:

— Сеня, это артист. Я вас узнал. Смотрю, карточка знакомая. Сеня, он вправду артист. Вы артист?

— Да.

— Артист, артист... Ну и что, что он артист. Порядок для всех один — за буи не заплывать... Утонуть хочете? А она тоже артистка? — Посмотрел в сторону плывущей Колетт.

Она спокойно плыла брассом и с интересом смотрела на происходящее.

— Нет, она чемпионка по плаванию, — сказал Филипп.

— Из какого общества? — спросил сидящий за штурвалом.

— Из капиталистического, — ответил Филипп.

Колетт рассмеялась. Охранник, видимо, потерял терпение.

— Что вы мне тут смехуечки разводите. Сейчас документы проверим. А впрочем, сигайте в катер оба. Сейчас документ проверим на берегу. Потонут, а потом отвечай за них. Пловцы сраные.

Катер мчался к берегу. На корме его Филипп и Колетт. Колетт в черном купальнике, обняв колени, подставила лицо солнцу и ветру, жмурилась. Филипп смотрел на нее. Охранник прикрикивал в «матюгальник»:

— За буи не заплывать! Вот вы там, гражданочка в полосатом купальнике! Вертайтесь! Да-да, я к вам обращаюсь. Да-да, вы, толстая, с подругой. К берегу, к берегу! Вам что, жизнь надоела? Утопнете.

— Говно не тонет, — отозвался штурвальщик. — Это точно, что вы взаправду артист?

— Взаправду.

— А она?

— Она тоже. Из Чехословакии. Снимается со мной в совместном фильме.

— А че вы мне про капитализм загибали? Нашли фраера...

— Это Филипп так, он любит шутить, — с акцентом сказала Колетт. — Я из Чехословакии артистка, — рассмеялась она...

— Артисты! Много у нас штуковин, каждый из нас Бетховен. Ну ладно, на первый раз. Но больше чтоб нарушений не было... артисты... Видите надпись:

Крупно: «За буи не заплывать!»

Эпизод 15

Летний театр в Сочи, поздний вечер.

Крупный план популярной артистки тех лет. Камера отъезжает. Это может быть Гурченко или стареющая Клавдия Шульженко. В этом случае за роялем Давид Ашкенази, аккомпанирующий в манере, присущей только ему...

В зале Колетт и Филипп. Мы поначалу их не видим. На фонограмме песня про «Пять минут» или другая — «шульженковская». Видим крупно загорелую мужскую руку и лежащую на подлокотнике изящную женскую. Микромизан-сцена банальна, как жизнь. Мужская рука осторожным движением касается женской кисти. Крупно: ее лицо, чуть удивленные глаза. Его лицо. Пальцы рук соединяются...

Зал аплодирует певице. Цветы. Поклоны... За форте-пиано Ашкенази играет импровизацию на тему: «Джонни из э бой фор ми...»

Филипп, наклонившись к Колетт:

— У нас в девятнадцатом веке был такой поэт Фет. Его поэзию любил Толстой. У Фета есть строчки: «В моей руке — какое чудо! — твоя рука». Поэзию делает эта встав-ка — «какое чудо!» Понимаете? В моей руке твоя рука или «в моей руке — какое чудо! — твоя рука!».

Ашкенази продолжает тему с вариациями. Филипп обнял Колетт за плечи... Она повернулась к нему с улыб-кой и сказала:

— За буи не заплывать!

Они рассмеялись, но руку он не убрал. В концертной раковине конферансье.

— Как говорится, на улице идет дождь, а у нас идет кон-церт... Шутка. Синоптики ошиблись. Погода отличная. Но дождь пойдет! Популярная мелодия «Дождь идет» будет сопровождать пластический этюд супругов Ворониных. Прошу приветствовать!

Хлопает зал. Колетт высвобождается из-под руки Фи-липпа. На его взгляд отвечает тем, что с улыбкой берет его ладони и хлопает ими супругам Ворониным, которые под мелодию «Дождь идет» демонстрируют замыслова-тые движения...

Эпизод 16

Открытая экскурсионная машина мчит туристов к озе-ру Рица. В машине наши герои. Экскурсанты горланят пес-ни. Филипп, он сидит в обнимку с Колетт, валяет дурака и подпевает. Экскурсанты добродушно посмеиваются, глядя на скоморошества Филиппа. Экскурсовод по «матюгальнику» объявляет:

— До озера Рица сделаем остановку у маленького озерца Черепашье. Ширина — семь метров, длина — восемь метров, глубина — шестьдесят метров. Предупреждаю, вода холодная. Смельчаки могут искупаться. Остальные — использовать остановку по своим нуждам.

Хохот экскурсантов.

Эпизод 17

Мы видим с нижней точки лица окруживших озеро. Среди смотрящих — Колетт, Филипп выныривает из глубины. Камера видит его тело в прозрачной воде.

— Достал до дна, паря? — кричит человек в сандалиях и соломенной шляпе, с полупустой бутылкой водки в авоське.

— Вам это сделать проще, — Филипп кивнул на авоську. — Ап, и ваших нету, — смеется Филипп, вытираясь полотенцем, которое дала ему Колетт...

Эпизоды 18,19, 20 — это почти бобслей...

На Рице Филипп и Колетт пьют вино в компании грузин. Филипп показывает Колетт на большое здание.

— Это бывшая дача Сталина...

Она:

— Я была под Москвой, мне говорили, что его дача была там...

Он:

— У него было много дач. Это одна из них...

Колетт щелкает фотоаппаратом. Поют грузины, и на фоне пения один что-то долго говорит, обращаясь к Колетт и Филиппу. Филипп и Колетт пьют на брудершафт.

Эпизод 21

Вечер в сочинском парке... На открытой веранде танцуют Филипп и Колетт... Они танцуют обнявшись. Он пытается поцеловать ее в щеку. Она отстраняется.

Он:

— Не заплывать! Не заплывать! Не ухаживать! Влюбляться категорически запрещено!

Она:

— Ухаживать не запрещено.

Эпизод 22

Они сидят перед гостиницей. Почти ночь.

Она:

— Скажите, Филипп...

— Мы же перешли на «ты».

— Скажи мне, почему ты все-таки выбрал именно Сочи? — И взглянула на него.

Он (крупный план):

— Странный вопрос. Сочи — это оазис. Гарантия хорошей погоды. Море опять же, комфорт все-таки. Ты же выбрала Сочи.

— Здесь «Интурист». Это место, куда мы ездим, а ты же мог поехать в другое место...

— Я чувствовал, что встречу здесь очень красивую девушку. «Девушку моей мечты», — пошутил Филипп и запел, встав со скамейки, начал пародировать Марику Рёкк: «Ин дер нахт едер менш кайн нихт аляйне»... — Ты видела эту картину? Тебе повезло. Пошлятина жуткая, но все сходили с ума. А кто твой любимый актер?

— Сидней Порк.

— Не слышал. А почему именно он?

— У него такой приятный акцент. Он южанин и говорит с акцентом.

— Акцент? Как интересно. У нас бы его непременно озвучили другим актером, говорящим без акцента.

— Зачем? Тогда бы он потерял всю прелесть.

Эпизод 23

В бинокль мы видим купающихся Колетт и Филиппа. Сначала смутно... Рука подвинчивает, подстраивает цейссовские объективы, и тогда резко и крупно в воде мы видим игры молодых людей. Они целуются в воде. Это крупно!.. Два парня на балюстраде. Один с биноклем наблюдает за ними...

Эпизод 24

Санаторий Дзержинского.

— Ну, все у пакете, Филипп, насколько я понимаю в арифметике, пора доить коров.

— Я вас не понимаю, Алексей Леонидович.

— Ты что меня на «вы»? Отвык? — рассмеялся капитан.

Он лежал в пижаме на кровати своего номера и пил боржоми. Филипп сидел в кресле.

— Признаться, отвык. Вернее, не успел привыкнуть.

— А с ней на «ты» разговариваешь, как будто всю жизнь ее знал. Молодец, вперед далеко продвинулся. Ну а теперь раз-два — и в дамки... Пора, Филипп, пора. Уже три дня осталось...

— Какое сегодня?

— Счет дням потерял? Сегодня шестнадцатое сентября. Смотри голову не потеряй. Ты, часом, не влюбился в нее?

— В роль вживаюсь, как говорится.

— А-а, это другое дело. Вживайся, да поскорее. Она уже спеклась...

— Откуда вы знаете?

— Я все знаю. Солдат спит — служба идет.

— Эта ваша служба, Алексей Леонидович, очень грубо действует. Вчера на пляже рядом улеглись в карты играть, а уши вот такой величины. Пялились на нас. Один обнаглел и подполз прикурить... Я уже не говорю о ней... И мне это все мешает! Что вы думаете, я не чувствую? Меня же все это выбивает. На хрена они мне нужны?

— Они нужны не тебе, а мне. Ты на них внимания не обращай. Занимайся своим объектом. Не нужны они ему! Какой нежный!

— Слушай ты, перестань со мной разговаривать в таком тоне, понял?! — вспылил Филипп. — А то брошу все к чертовой матери! И скажи своим топтунам, чтоб не лезли. Не нужны они мне, ты понял?!

— Так точно, товарищ Соколов, я понял. Все у пакете. Я понял, что тебе они не нужны. Ладно, Филипп, не будем ссориться... «Солнце, воздух и вода нам полезней. Помогают нам всегда от всех болезней. Солнце, воздух и вода...» Деньги дать? Небось поистратился...

Эпизод 25

Вечер в ресторане «Приморская». Часов 11 вечера. Разгар веселья. Гуляет ресторан. Евреи, грузины, люди с Колымы и из Архангельска. Мелодии сменяют одна другую. «Сулико» и «Фрейлехс». Цыганочка сменяется модной песней «А я сердце свое потерял на широком приморском бульваре», которую поет певец и хором подхватывают за столиками ресторана. Эту песню повторяют неоднократно по заказу. Тут режиссеру (если наш сценарий кого-то заинтересует) и карты в руки. Эту сцену можно и нужно разработать подробно «со смаком»... Ретро конца 50-х.

За столиком Колетт и Филипп. На столе почти пустая бутылка коньяка, бутылка шампанского, остатки еды, фрукты. Колетт возбуждена, но до Филиппа ей далеко. Он еще не пьян, но чувствуется, что нервы его напряжены. Филипп обращается к официанту:

— Будьте любезны, принесите нам еще бутылку шампанского и, знаете что, мне холодную бутылку водки. Только очень холодную. Из морозильника, если можно, и маслины.

Колетт:

— Филипп, может, не надо водки?

— Нет, надо, Колетт. Очень вдруг захотелось водки. Именно водки. Будьте любезны, товарищ.

Официант уходит.

— Ты не волнуйся, Колетт, все будет «у пакете»...

— Что ты сказал? Прости, я не поняла.

— Я сказал, все будет о'кей! Не волнуйся. Ты можешь не пить. Никто тебя не насилует, а я выпью. Ты — шампань, а я ее — водяру русскую. Ну правда, не волнуйся, я крепкий мужик. Просто мне захотелось водки. Я в Англии пил «Смирновскую». Хорошая водка, но наша лучше.

— Тебе понравилось в Англии?

— Я ее не видел фактически. Я там работал. Играл. Фестиваль был очень ответственный. Алек Гиннесс играл, Крис Пламмер, Даглас Кемпбелл. А Гиннесс играл грандиозно! Знаешь, он меня видел и похвалил! Извини за хвастовство. Ты что, думаешь, у нас простая работенка? О, нет, это все непросто дается... Ну ладно, хрен с ней, с работой. Через три дня в Москву. Там она, работенка, о себе напомнит. Забудем. Давай выпьем за тебя, Колетт. Как это ни смешно, я здорово в тебя втюрился. Понимаешь?

— Что есть — «втюрился»?

— Втюрился — это значит втрескался, влип, втюрился, заклинился на тебе. Понимаешь? «Жил однажды капитан. Он объездил много стран...» Была такая популярная песенка до войны из фильма «Дети капитана Гранта». Мы в школе на уроках английского учили ее по-английски. Песенка советская, но учили мы ее на английском языке: «Уан зе ливд э кэптен брейв». Этот кептен брейв однажды втюрился, втрескался в одну бабу — влюбился он, как мальчик, даже улыбаться перестал... Вот как я в тебя — ю андестенд ми? Дарлинг? Очень хорошая песенка. Ее теперь не поют. А жаль.

Филипп выпил. Колетт смотрела на него. Хорошо смотрела, без задних мыслей, смотрела и выпила с ним.

— Филипп, ты мне тоже нравишься, но ты сегодня много пьешь. Почему?

— Почему? Потому, что кончается на «у». Я тебе нравлюсь, говоришь. Это не то. Это все пока не то. «Но однажды капитан был в одной из дальних стран и влюбился, как простой мальчуган ...» Хорошая была песенка... А впрочем, почему была? Джаст э момент!

Филипп идет к оркестру через толпу, которая окончила танцевать под «А я сердце свое потерял...», и аплодирует оркестру. Подходит к саксофонисту. О чем-то говорит с ним и протягивает деньги.

Официант принес бутылку запотевшей водки и маслины, поставил на стол, поклонился и ушел.

Филипп вернулся за столик.

— Сейчас вам готовят сюрприз, госпожа миссис Шварценбах.

Колетт:

— Мисс.

— А, мисс, тем лучше.

— Как церемонно. Господин Соколов. Что с тобой, Филипп?

— А как с вами прикажете говорить, госпожа Брунгильда? Я ведь абсолютно тебе не нравлюсь.

— Перестань. — Она положила свою руку на его, сжатую в кулак. Он поцеловал ее руку.

— Прости. Ну, давай за тебя, Колетт, за то, что ты такая. Такая... поразительная, пронзительная мисс.

— Ты тоже пора... пронзительный, — сказала она.

— Ты сама не знаешь, что ты говоришь, — сказал Филипп. — Если бы ты знала, что ты сейчас сказала. Но ты не понимаешь.

— Я плохо говорю по-русски?

— Нет, ты замечательно говоришь по-русски. Не в этом дело. Поразительная, пронзительная — это сильные слова. Ты поразительно пронзительная девушка!

— Ты тоже поразительный, только успокойся и не пей так много.

На эстраде саксофонист, наклонившись к микрофону, произнес:

— По просьбе московского гостя, популярного артиста кино Филиппа Соколова, исполняется песенка Дунаевского из кинофильма «Дети капитана Гранта».

В зале удивленные лица. Кто-то смеется.

— Почему они смеются? — спросила Колетт.

— Потому что они дураки, — ответил Филипп. — Потому что они потеряли детство. Они его потеряли на «широком приморском бульваре».

Оркестр заиграл «Капитана». Филипп пригласил Колетт. Они танцуют. На них смотрят. Больше никто не танцует. Только они. Затем выходят еще несколько пар.

— А почему они теперь не поют? — спрашивает Колетт.

— Слов не знают.

— А ты? Знаешь?

Филипп на эстраде. Он поет сначала по-русски, затем по-английски. Заводит оркестр, они подхватывают мелодию, убыстряя темп, синкопами ломая ритм песни. Танцует зал.

За одним из столиков:

— Выебывается артист!

За другим столиком двое здоровых ребят внимательно смотрят на Филиппа.

Официант подносит две бутылки шампанского к столику Филиппа.

— Это вам и вашей даме прислали грузины вон из-за того стола.

— Спасибо, но не нужно. Отнесите обратно.

— Обидятся.

— Все равно не нужно. Отнесите, отнесите. Объясните, что мы все равно не выпьем. И вежливо поблагодарите, чтобы не обижались.

— Ну пусть стоит, товарищ Соколов, — сказал официант. — С собой возьмете, если не выпьете. А то обидятся, знаете их.

— Ну что за мать твою перетак! — в сердцах сказал Филипп. — Нигде покоя нет.

И всегда ты должен делать не то, что тебе хочется. Ну не нужно нам их шампанское и они сами с их обидами и любовью. Ну ладно, оставьте, потом себе заберете. Поблагодарите их... Или нет! Отправьте от меня бутылку водки и в мой счет включите.

Оркестр рванул лезгинку. Какие-то грузины и русские пошли вытанцовывать. Русские носились по кругу еще активнее грузин.

— Асса, да Асса! — вопил один командированный. — Асса, да Асса! Ты меня не бойся, я тебя не трону, ты не беспокойся!

Филипп выпил рюмку. Колетт пригубила шампанское.

— Филипп, может, пойдем отсюда?

— Сейчас, милая, расплатимся и пойдем. Где этот чертов официант? Тебе, наверное, все это диким кажется. Вся эта наша вакханалия. Только честно, Колетт?

— Я уже давно у вас. Почти три года. Многое мне нравится, к каким-то вещам привыкла. Но многого, очень многого не понимаю, как ты бы не понял у нас в Америке.

— Чего, например?

— Чего бы ты не понял в Америке? — рассмеялась она. — О, многого.

— Я никогда не буду в Америке, — сказал Филипп. — А чего ты здесь не понимаешь? Почему они прислали шампанское?

— Не только это. Хотя и это. Например, я не понимаю, зачем здесь, на курорте, куда люди приехали отдыхать, столько лозунгов на зданиях и даже на пляже? «Выполним-перевыполним...»

— Ой-е-ей, — тоскливо выдохнул Филипп. — Это действительно необъяснимо. Обратила внимание на лозунг со словами Хрущева, который обещает, что наше поколение будет жить при коммунизме? Ты не будешь, а я буду. Мне это обещано. Понимаешь, лично я, не моя дочь, а я, Филипп Соколов, буду жить при коммунизме...

— А у тебя дочь?

— Да, у меня дочь. И жена. Но люблю я тебя. Это хоть ты понимаешь?

— Ты преувеличиваешь, тебе кажется, что ты меня любишь. Ты не можешь меня любить, ты знаешь меня две недели. Тебе кажется, Филипп.

— Нет, мне не кажется. Не кажется мне. Понимаешь?.. Почему мне всегда говорят, что мне кажется? «Мне кажется? Нет — есть. Я не хочу того, что кажется. Мне кажется неведомы» — это у Шекспира.

— Откуда это? Из «Ромео»? — спросила Колетт.

— Нет, это из другой комедии. Где этот чертов официант?

К столику подошли три человека. Два грузина и один не грузин.

— Извините, пожалуйста, товарищ Соколов, что мы вторгаемся в вашу беседу, — сказал один с сильным грузинским акцентом. — Но очень хочется с вами выпить за ваше здоровье. Извините, пожалуйста, девушка, — обратился он к Колетт, — за назойливость, но товарища Соколова очень любят у нас в Грузии.

— Почему, Гурам, в Грузии, — перебил третий, — Филиппа Соколова всюду знают.

— Нет, я не то хотел сказать. Конечно, его весь Советский Союз знает, но я грузин, понимаете, и говорю от имени грузин. Товарищ Соколов, можно, мы к вам на минуту присядем, а еще лучше было бы, если бы вы с вашей девушкой оказали честь и сели за наш столик. Не возражаете?

Филипп встал.

— Спасибо вам на добром слове и за шампанское. Хотя зря вы, кстати. Ни к чему потратились.

— Что ты такое говоришь? «Потратились», слушай... — засмеялся тот, которого хвалил Гурам.

Филипп понял, что сопротивление бесполезно.

— В общем, спасибо, конечно, но за стол мы к вам не пойдем, нам вообще уже пора. — Подошедшие ждали. — Если хотите, вы присядьте...

Пришедшие не заставили себя уговаривать. Сели.

— Как зовут вашу девушку или жену, я извиняюсь? — спросил Гурам.

— Мою спутницу зовут Колетт, — сказал Филипп и, заметив их недоумение, объяснил: — Она из Чехословакии.

— А-а, из Чехословакии. Очень приятно познакомиться. Гурам Табукашвили, а это мой друг — Шота. Он солист в ансамбле Сухишвили-Рамишвили, слыхали?

Шота, который не произнес за это время ни одного слова, встал со стула, расправил плечи, шаркнул ножкой и клюнул склоненной набок головкой. Он производил странное впечатление. Сам изящный, длинноногий, с узким, как нож, крючковатым носом на маленькой головке, набриолиненные черные волосы, идеальный пробор по центру, плечи широкие, кисти рук тонкие, глаза невидящие... Шаркнул он ножкой, головкой клюнул и сел опять на стул.

— Я — Шлёма, — представился третий гость. — Шлёма Сочинский.

— Шлёма здесь большой человек, — продолжил словоохотливый Гурам. — Не будем открывать военных тайн, но, если надо хорошего вина или там форель-морель, Шлёма все может. Девушка, вы что-нибудь хотите сейчас? — обратился он к Колетт. — Шашлыки, фрукты? Что хотите, девушка?

— Спасибо, она ничего не хочет, — сказал Филипп.

— Почему ты за нее знаешь, что она хочет, генацвале? Что хочет женщина, то хочет Бог, а что хочет Бог, никто не знает. Правда, Шотико?

Шотико опять клюнул головкой в знак подтверждения.

— Ну, давайте выпьем, друзья, за встречу, — продолжал Гурам. — Шлёма, ты скажи человеку, чтобы эти фужеры-мужеры нам принесли.

Шлёма встал.

— Тогда, пожалуйста, заодно попросите его с нами рассчитаться, — попросил Филипп.

— Зачем спешить, кацо? Праздник только начинается. Сейчас попросим его сменить скатерть, заменить приборы и начнем новый стол. Я прав, Шота?

— Аббара (конечно), Гурам, — подал голос наконец солист ансамбля.

— Нет, мы нового стола начинать не будем, — сказал Филипп. — Колетт устала, у нас завтра работа. Колетт прилетела сюда сниматься в совместном фильме.

— Потрясающе! А как будет называться кино?

— «Ночь в вытрезвителе», — сказал Филипп.

Гурам заржал.

— А ты шутник, слушай, Шотико, смотри, он шутник! Настоящий артист. А вот и наш Шлёма. Ну что, Шлёма, все нормально?

— О чем вы говорите, — сказал Шлёма.

Официант принес фужеры и стопку шоколада на блюдечке с голубой каемочкой.

«Актриса из Чехословакии» несколько испуганно наблюдала за происходящим.

— Филипп, а зачем столько шоколаду?

— Что вам надо? Шоколаду? Да, Шлёма? — пошутил Филипп. — Шлёма любит шоколаду, — продолжал он, — Шоколаду любит Шлёма. — И к официанту: — Вы нам посчитали?

— Они уже все оплатили за весь стол, — сказал улыбчивый официант и кивнул на Шлёму.

— А вот это лишнее, — сказал Филипп. — Я не из сиротского дома. В опеке не нуждаюсь.

— Кацо, что ты в бутылку лезешь? — сказал Гурам. — Люди хотят тебе приятное сделать, любят тебя. Ты что, не понимаешь? Такая девушка с тобой — конфетка-мафетка — сидит. Гостья наша из другой страны. Мы что, не имеем права погулять, что ли?.. Правду я говорю, Саша?

Официант подобострастно кивнул.

— Слушайте, — сказал Филипп официанту. — Немедленно принесите счет, и мы уйдем. Шампанское их или ваше — это меня не касается. Но я привык платить за себя сам.

Официант стоял в нерешительности.

— Слушай, артист, ты зачем на человека кричишь? — сказал Гурам. — Он-то тут при чем?

— Он знает, при чем он. Еще раз вам говорю, принесите мне счет, если не хотите неприятностей. И быстро. По системе «бекицер». Товарищ Шлёма, я правильно выразился?

В это время Колеттт вскрикнула. Солист ансамбля, он сидел рядом с ней, взял ее за колено. Вот так прямо протянул руку и взял за колено, глядя ей в глаза своим стеклянным взглядом.

Дальше все произошло стремительно. Филипп встал и, быстро набрав скорость, прямым хуком по его поганой роже! Тот — на полу. Неожиданный хук слева обрушился на Филиппа — это сработал Гурам. Ресторан вскочил. Оркестр играл. В руках Филиппа бутылка шампанского. Шлёма перехватил. Шота уже поднялся с пола и, как будто сразу протрезвев, ринулся к Филиппу.

— Деде шене страки!

И вдруг в эту кашу, в этот клубок — два парня из-за соседнего стола. Раз-два — и порядок. И ничего как будто и не было. Троих уже вышибли в дверь. У стола — растерянный Филипп и Колетт, тоже ничего не понимающая... Сели. Филипп тяжело дышал.

— Что это было? — спросила Колетт.

— Черт его знает, — ответил Филипп, потирая подбородок. — Это называется «любовь народа». Так сказать, «таланты и поклонники».

Подошел один из вмешавшихся.

— Извините, товарищ Соколов! Все нормально, отдыхайте. Они к вам больше не пристанут. Их сейчас в милицию сдадут. Когда они к вам подсели, мой друг Гера сразу сказал мне: «Толик! Добра не будет. Придется выручать товарища Соколова». Так и случилось. У Толика — первый разряд по самбо. Мы тут на сборах — спортсмены.

— Спасибо вам, — сказал Филипп. — Худо бы пришлось, если бы не вы.

— Ну вы тоже этому с пробором ничего врезали. Извините, девушка! Не буду вам мешать, отдыхайте! — Он сел за свой стол.

Подошел официант.

— Вы просили счетик. Будьте любезны. С вас...

Филипп рассчитался.

Официант был доволен. Сегодня он неплохо заработал.

— Пойдем, Филипп, — сказала Колетт.

— Выйди в холл и подожди меня, пожалуйста. Я сейчас.

— Ты хочешь остаться?

— Я должен рассчитаться с оркестром за «Капитана».

Это была маленькая хитрость, Миня. За «Капитана» я, если ты помнишь, уже заплатил. Когда она пошла к двери ресторана, я налил себе фужер холодной водки и выпил залпом.

«Кончится когда-нибудь этот день?» — подумал я. Колетт поджидала меня в холле.

— Пойдем к морю, подышим, — предложил я.

— Я очень устала. У меня от всего этого разболелась голова. Приму таблетку и лягу. Завтра увидимся. Утром позвони мне, и пойдем на пляж, ладно?

— Ты не хочешь побыть со мной? — спросил я.

Помолчали.

— Колетт, мне очень, очень надо сейчас, чтобы ты не уходила.

— Филипп, я правда очень устала. Слишком много впечатлений. Хорошо, что эти двое вмешались, — я очень испугалась за тебя. Но сейчас я должна спать. Ну что ты, кэптейн брейв! Чи эр ап, сэр. — И она поцеловала меня в ушибленный подбородок. — Гуд найт. Си туморроу, кэптейн.

— Как скажешь, Аурелио, как скажешь.

Мы простились. Она пошла к себе на этаж.

Я вышел из «Приморской» и направился к своему «Кавказу»...

«Неужели она не почувствовала, что меня нельзя было оставлять одного. Ну хотя бы из чувства товарищества... Ладно, все у пакете, пойду спать. Боже, как мне все надоело! Неужели этот день кончается... Пора спать. Пора доить коров... Спать пора... Пора, пора, рога трубят... была ужасная пора... Пора, мой друг, пора, покоя сердце просит... Пора? Нет, еще не пора! Зажмурься как следует, Филя, не подглядывай. Раз, два, три, четыре, пять, я иду искать... Искать... Бороться и искать — найти и не сдаваться... Пора, мой друг, искать — рога коров трубят...»

— Молодой человек! Вы что, спите? Вы же клумбу топчете!

Я вздрогнул. Неужели я заснул на ходу! Ноги приволокли меня к «Кавказу». Окликнула меня дежурная сторожиха. Я действительно стоял в клумбе с цветами. Поднял голову. У входа в гостиницу какая-то компания, вытащив столик на улицу, при свечах играла в карты...

Дальше лента рвется, звук трещит, действие развивается вне логики...

— Хотите кофе? Вам полегчает...

— Руфи, оставь его в покое, он лыка не вяжет...

— Кто играет семь бубен, тот бывает...

— Я хочу выпить...

— У вас есть выпить?

— Дайте ключ мне — вы не сумеете открыть...

— Почему она такая старая?..

— Сколько ей? Сорок — пятьдесят? Может, шестьдесят?

— А не все ли равно...

— Проснитесь, юноша, я принесла ликер...

— Бр-р, какая сладкая, жирная гадость...

— Зачем она меня раздевает, эта старуха?

— Не матерись. Нехорошо.

Полная темнота. Нет, из окна свет от уличного фонаря...

— Лежи спокойно, милый, спокойно лежи, все будет хорошо, милый! Сейчас... Ты милый, красивый мальчик... Ты очень милый... У тебя красивое тело... Кожа бархатная, как у ребенка... И здесь!..

Наконец она замолчала — какое счастье... Тишина... блики от фонаря... «Пора доить коров»... В темноте наверху ее лицо. Мелькают блики от фонаря за окном на ее лице и обнаженном теле. Блик на лице, блик на животе, на лице — на животе, лице — животе... животе — лице, лице — животе... Зачем?!

— А еще говорил, на хрен они мне нужны! Видишь, пригодились.

— «Не плюй в колодец — пригодится...» Ладно, все у пакете.

— Алло! Филипп, ты меня слушаешь? Проснись же ты наконец!

Знаешь, сколько сейчас времени?

— Сколько?

— Четверть двенадцатого! Ты что ночью делал?

— Спал я.

— А с кем спал, хоть помнишь? Тебя что, сюда послали старых жидовок харить?!

— Солдат спит — служба идет, — сказал Филипп.

— Ладно, об этом потом, а сейчас вали на пляж. Она уже там лежит.

— Кто лежит?

— Он еще спрашивает кто! Она, Колетт. Два дня осталось! Ты это соображаешь, фраер? Давай, собери себя ложками и вали на пляж. Она уже час как там одна.

И снова солнце, море, пляж.

Филипп бредет в костюме по пляжу. Находит ее. Она лежит лицом вниз. Он подсел.

— Здравствуйте, Колетт, — сказал он и стал медленно раздеваться.

Она быстро обернулась.

— Филипп, ты? Где ты был? Почему не позвонил? Я сидела в номере и ждала! Начала волноваться! Что с тобой, кэптейн?

Она обняла его за шею и поцеловала... и с тревогой смотрела на него. Он разделся, лег рядом, закурил...

— Что с тобой, Филипп?

— Что это у вас, Ганечка, лицо опрокинутое? — сказал Филипп. — Ты читала Достоевского? Или в вашей школе этого не проходили?

Она не обиделась.

— Дай мне закурить, — сказала.

— Ты же не куришь.

— Иногда курю.

— Как скажешь, Аурелио. — И протянул пачку.

— Что такое Аурелио? Я не понимаю.

— Прости меня, Колетт. Я сегодня способен выражать свои мысли только чужими словами.

Филипп помолчал, видимо, раздумывая, как объяснить эту присказку юности.

— «Как сердцу высказать себя? Другому как понять тебя...» Ты сегодня не обращай на меня внимания. Я способен выражаться сегодня только цитатами, только чужими словами. Не обижайся, ладно? И ни о чем меня не спрашивай. Просто мне сегодня не по себе...

— Ты вчера много пил. Поэтому?

— Поэтому. Но не только поэтому.

— А еще почему?

— Мне грустно потому, что весело тебе, Колетт.

— Мне не весело, Филипп.

— А тебе почему? — спросил он.

— Знаешь, я сама не пойму. Все дни я просыпалась, и мне было весело, а сегодня проснулась, и стало грустно... Почему-то стало очень грустно...

— «Любовь никогда не бывает без грусти, но это приятней, чем грусть без любви», — пропел Филипп.

— Опять цитата? Да?

— Да, я набит цитатами. Я ходячая цитата. Я сам напоминаю себе сборник летучих выражений. Боже, сколько в голове всякой ненужности.

— Это потому, что ты актер?

— Отчасти. Но это не у всех актеров голова — лавка древностей. «Из какой забытой лавки древностей появилась ты на белый свет с детской гимназическою ревностью, с чувствами, которых в мире нет», — опять пропел Филипп и рассмеялся. — Вот видишь, как идиотски устроена у меня голова. Слова цепляются за другие, и получается какая-то бесконечная цепь. Вот уже мелькнуло: «Златая цепь на дубе том...» Именно что на дубе. Ну что тут поделаешь? По-моему, это паранойя.

Он вскочил и бегом, стремительно влетел в воду. Проплыл энергично один метров пятьдесят, запыхался и об-

ратно спокойно — брассом... Колетт встала и, стоя, глядела на эту эскападу...

Вечер. Солнце спускается. Филипп и Колетт провели
целый день на пляже. Они даже не пошли обедать. Так и
просидели на пляже целый день. Пляж опустел. Они, полу-
одетые, лежали на песке. Не рядом, а лицами друг к другу.

Она:

— Я не знаю, что со мной, но что-то со мной не так...
Я уже ничего не понимаю, что со мной... Что это, Филипп?
Но чувствую, что этого не надо. Ни мне, ни тебе. У тебя
дочка? Какая она?

Он:

— Прошу тебя. Ты же обещала... не говорить об этом.

Она:

— Хорошо, не буду. Это глупо. Как это все глупо. Но со
мной что-то не так... Что это, Филипп? Со мной... Ты понимаешь, что я имею в виду...

Он:

— Я не верю тебе. Я боюсь верить...

Она:

— Я не понимаю, что со мной... Я не знаю, что это. Но
ты верь мне. Хорошо?

Он:

— Хорошо, я постараюсь верить тебе.

Она:

— Тебе надо стараться? А я верю тебе, я почему-то тебе
верю, я поверила тебе, и мне не надо стараться...

Он:

— А сначала ты мне не верила?

Она:

— Нет, не то чтобы не верила. Я не вполне тебя понимала. Зачем он в Сочи? Почему один? Где его друзья? Ну а
если бы он не встретил меня, как бы он здесь жил?

Он:

— Ну и что ты ответила себе?

Она:

— Я не понимала. Но старалась понять. И хочется верить — поняла...

Он:

— Что ты поняла?

Она:

— Что ты очень грустный человек. Нет, ты веселый человек — ты поешь, ты умеешь веселить и веселиться, но ты грустный человек...

Он:

— Это плохо?

Она:

— Я тоже грустный человек...

Он:

— Ты грустный человек, потому что не у себя дома. А я дома. И ты права, я грустный человек, признаюсь, хотя я никогда не знал, что я грустный человек... А ты временно грустный человек.

Она:

— Нет, я и дома грустный человек. Ты сказал, что я Брунгильда. Я поняла. Но я не Брунгильда. У меня был мужчина. Мне двадцать пять лет. Ты думал, что я моложе. А я старше тебя, Филипп.

Он:

— У нас был бы неравный брак. Но счастливый... Ты любила его?

Она:

— Да, я любила его. Он был первый, и я его любила.

Он:

— Потому что он был первым?

Она:

— Не знаю. Может быть. Не думаю. Он тоже любил меня, и мы должны были обвенчаться. Наши родители...

Он:

— Только не рассказывай мне сюжет «Ромео и Джульетты».

Она:

— Нет, это были не Монтекки и Капулетти, наоборот. Они хотели, чтобы мы обвенчались...

Он:

— Что же вас остановило?

Она:

— Он застрелился. Неожиданно застрелился. Он был из хорошей фамилии.

Он:

— Из хорошей семьи.

Она:

— Из хорошей семьи. И я, Филипп, из хорошей семьи.

Он:

— Я в этом не сомневался. Хотя ты не читала Достоевского.

Она:

— Я читала и Достоевского, и Чехова, и многое другое, чего не читал ты. Ты читал Фолкнера?

Он:

— Нет, но это не моя вина.

Она:

— Так вот, он взял и застрелился. Он был хороший мальчик, из хорошей семьи. Но бывает всякое, не правда ли? И с мальчиками из хорошей семьи... Он заразился люэсом. Как-то они выпили с товарищами и попали в бордель. Он скрыл это от меня. И я ничего бы об этом не узнала. После этого он спал со мной не раз. Он не знал, что болен. А потом узнал. И убил себя. А я получила письмо от него об этом. Но Бог меня спас. И я не заболела. А он застрелился, хотя знал, что это лечат. Мне кажется, что он даже знал, что я бы его простила. Но он не мог простить себе этой гадости. Ему тогда было, как мне, восемнадцать лет. Сейчас бы ему было двадцать пять... Он был красивый мальчик, из хорошей семьи... Никто не знал причины. Одна я. Но он в письме, перед тем, как сделать это, умолял меня никому не говорить про то, что с ним случилось. Это была его последняя просьба. Я ее выполнила до сегодняшнего дня. Хотя мне было очень трудно ее исполнить. Я должна была одна пройти по секрету всю эту мерзость с врачами. Мне было восемнадцать лет, и это было очень страшно. Но все обошлось. А его теперь нет...

Он:

— Ты еще любишь его?

Она:

— Это нельзя так сказать. У меня были и другие после него. Но никто меня не занимал, как он... Не знаю, почему я тебе первому об этом рассказала... Филипп... Наверное, потому что я верю тебе... Я поверила тебе, и со мной что-то не так...

— Молодые люди! У вас не найдется закурить? — услышал я знакомый голос...

Надо мной стоял сам Алексей Леонидович в плавках. На ноге его была голубая голая баба...

— Послушай, старик, и все-таки я ни черта не понимаю! Или ты что-то недоговариваешь. Но на кой, извини, ляд им нужно было, чтобы ты ее уконтрапупил и непременно в этом «Кавказе»? Ну, допустим, про «Кавказ» понятно: застать, скомпрометировать, я не знаю, сфотографировать, а потом уж скомпрометировать... Но зачем? Кто она такая? Действительно «шпиенка» или любовница помощника президента, на кой черт все-таки она им сдалась, чтобы они столько усилий на все эту муть тратили?

— Веришь, Минь, сколько лет прошло, а я до сих пор теми же вопросами себя достаю... Что она журналисткой была — это точно, а вот про нее саму мне ведь ничего не известно было ни тогда, ни тем более сейчас. Что она писала? Кто ее батя был — сенатор, фирмач, как теперь говорят, или хозяин ЦРУ?.. Они-то наверняка знали, да мне ни гугу...

Я один раз не выдержал и спросил — кстати, Игоря Николаевича — на сей счет. А он такую залепуху выдал: мол, когда баба — журналистка в чужой стране — имеет «лав стори», то и о той стране пишет с чувством... Может, оно и так, мы с тобой, старик, не монахи и по себе знаем, что мысль сия не так уж глупа... Но, согласись, во-первых, слишком красиво все выглядит... Нет, думаю, что-то им от нее нужно было, может, выйти на батю ее, а может, на мужчину ейного... Она мне ведь тоже могла лапшу на уши... Но разве об этом речь, Миша? Я тебе что — детектив рассказываю?.. Кто на кого и зачем вышел?! Ты что меня достаешь?!

— Филипп, не заводись. Никто тебя не достает. Просто понять охота.

— И не старайся. «Лохгики не ищи», как говорил один из наших вождей. Ты в Кафке много понимаешь?

— Эк куда хватил! Тут свое родное, посконное.

— Посконное — суконное. Ладно, Майкл, держись. День последний...

— А чем кончился предыдущий? — спросил я Филиппа.

— Ничем, если ты имеешь в виду то самое, чего от меня хотели. Мы тихо поужинали в какой-то забегаловке. Не пили. Я даже толком не помню, о чем мы с ней говорили. Кажется, в тот вечер мы больше молчали. Сидели до ночи в парке. Молчали каждый о своем. Но, пожалуй, первый раз за семь дней мы были вместе. Два грустных человека сидели вместе, гуляли вместе, молчали вместе... Это был лучший вечер... Захоти я — она бы в тот вечер пошла ко мне в «Кавказ»... Но я не захотел этого... Не захотел. И все. Понимаешь? Мы нежно расстались. Мы целовались, как настоящие влюбленные, которым некуда спешить, которых ждет завтрашний день и еще много-много дней впереди...

— А этот, татуированный? — спросил я.

— Лег спать. В номере я нашел записку. «Утром звони немедленно! Жду. А. Л.».

— Ты позвонил?

— Да. Он был очень зол. Но я применил технику глухой защиты. Сразу на железное «вы» с выражениями: «Простите, но я отказываюсь говорить с вами в таком тоне... Меня иначе воспитали... Я не татуирован... Если я услышу хоть одно слово мата... » и т. д. На таких жлобов это иногда действует, они начинают ощущать дистанцию... Словом, когда я звонил Колетт, я чувствовал себя свободным от всего. Я был я, Филипп Соколов. Кровь деда наконец дала себя знать...

— Лучше поздно, чем никогда, — сказал я.

— Майкл, менторский тон тебе не идет.

— Я не прав, — согласился я и опустил глаза.

— Когда она сбегала по лестнице на пляж, я понял, как надо играть Ромео. Я понял, почему пастор Лоренцо торопится обвенчать его с Джульеттой! Я многое понял, когда она сбегала через ступень в белом махровом халатике, длинноногая, с распущенными волосами, устремленная ко мне. Я подхватил ее на руки и понес к воде. Мне было ровным счетом наплевать на всех, кто мог видеть эту сцену... Не отпуская ее, держа на руках, я сбросил с нее халат на песок и внес ее в воду. Мы окунулись и начали целоваться в воде как сумасшедшие... Ты видел, как играют дельфины? Два молодых, негрустных красивых человека веселились в воде как бешеные, как сорвавшиеся с цепи!

— Я люблю тебя! Я люблю тебя! — отвечала она. — Давай мериться силами!

Мы плавали, ныряли, снова целовались, снова плавали. Мы забыли обо всем, где мы, кто мы, зачем мы! Ни она ни я не вспомнили, что завтра утром я улетаю в Москву, что это последний день! Ни я ни она не говорили глупостей про наши страны и национальности... На всем этом было табу!

И вечером, когда мы на такси мчались на Ахун, чтобы там веселиться и пить сухое вино, и танцевать, и целоваться у всех на глазах, мы чувствовали, что мы — это не мы, а просто Он и Она. У нас, казалось, исчезли имена, кем-то нам данные, без нашего на то согласия!

Ахун. Ресторан на горе. Танцуют Он и Она. Музыка кончилась. Они медленно оторвались друг от друга. Они пошли к столику. Он пропустил ее вперед и в ухо услышал: «Сейчас же зайди в туалет! Сейчас же! — и потом, уже в туалете: — Ну, теперь уже точно, пора доить коров! Еще одно такое танго — и вези ее. Она уже кончает. Там машина, номер восемьдесят три ноль-ноль, в ней абхаз. Поторгуйся для вида и вези ее к себе, в "Кавказ". Непременно в "Кавказ"! И все у пакете! Молоток, Меркуцио! Действуй».

И он исчез.

Черная «Волга». Маленький абхазец за рулем. На заднем сиденье Он и Она.

— Ты мне мало даешь, парень! Но черт с тобой — твой девушка мне нравится... Потому вез тебя... «Кавказ» тебя и девушка твой довезу...

— Нам нужно в «Приморскую», — сказала она.

— «Приморская» не везу. Мне пятьдесят рублей давал — везу «Кавказ». Дальше не везу. (Деньги в старом исчислении.)

Филипп увидел в зеркало, как ему похабно подмигнул шофер черной «Волги»...

— Кончай торговаться, шеф. Спускайся в Сочи, там решим.

— Но «Приморская» рядом с «Кавказом». Не все ли ему равно? Почему он спорит? Филипп? — спросила Колетт.

— А черт его знает, — тяжело вздохнул Филипп. — Дан приказ: ему — на запад, ей — в другую сторону.

Я почувствовал, что на меня опять сходит цитатное состояние... Дурной знак...

Абхаз довез нас до моей гостиницы и встал как вкопанный.

— Дальше не еду.

Я дал ему деньги. «Мало даешь», — начал он торговаться.

Эта неумелая игра, его улыбающаяся заговорщицки харя, вся тупость происходящего вызывали желание драться, материться, что-то сломать, сокрушить, раздавить это что-то раз и навсегда...

Мы вышли из машины. «Волга», постояв минуту, газанула с места в карьер...

Когда мы подошли к «Приморской», я снова увидел ее.

Этот неумело маскировался в бульварных аллеях и наблюдал за нами...

Мы вошли в номер моей спутницы. «Где здесь микрофоны? — подумал я. — Интересно, они уже включились?»

— Аппаратная, мотор! — вполголоса скомандовал я.

— Что ты сказал, Филипп? — спросила она.

— Мне не дают покоя банальности. Это тоже цитата.

— Не надо цитат, Филипп. Мне нравится, когда ты говоришь сам. Я люблю тебя, когда ты — сам. Как это сказать?

— Понятно, — сказал я. — Можешь не объяснять.

Она сварила кофе. Мы сидели на диване. Я обнял ее. Она не сопротивлялась. Но я не хотел, я не мог... Я не мог хотеть! Ты понимаешь меня? Она сказала:

— Ляг на диван и положи голову мне на колени.

Она гладила мне голову и что-то рассказывала о своем доме, о родителях, о том, что мне бы понравились и ее дом, и как по утрам с застекленной веранды дома мы бы смотрели, как в море играют дельфины... И что она видела кита... И что мы могли бы быть счастливы. Она говорила, а я видел, реально видел в цвете то, о чем она рассказывала, как видишь сказку, которую на ночь рассказывает няня перед сном, а ты, маленький, лежишь в кровати с белой сеткой по бокам и слушаешь, слушаешь, представляешь все это, пока оно не перейдет в сон, не станет сном... «Как только в раннем детстве спят»...

И еще: «А они-то все записывают на пленку, или им надоело, а может, пленка кончилась и они переставляют кассету...»

Она гладила мне волосы, склонив ко мне голову, прижималась лицом к моему и что-то шептала мне о том, что доверяет мне, что сама не понимает, что с ней и зачем все это, но сейчас так хорошо и что так хорошо уже не будет никогда, но сейчас пусть будет так, как есть... И еще было слово «Меркуцио»... Меркуцио? Кто это сказал? Она?

Я заставил себя встать, подошел к письменному столу, взял лист бумаги и крупно, печатными буквами написал: «Колетт! Я люблю тебя! Я очень, очень люблю тебя! И сейчас докажу, что это так... Сейчас я начну грубо к тебе приставать. Протестуй. Потом несколько раз ударь меня. Звучно и сильно. Затем я уйду. Навсегда. Прости, прости, прости меня, если можешь... Записку сожги! Обязательно сожги!»

Я положил перед ней записку и молча ждал. Она прочла ее... Взглянула на меня. Снова прочла, снова подняла глаза и глядела на меня. Я пальцем указал на стены ее номера и постучал по своей ушной раковине. Нас слушают — говорил этот жест. Как будто я был немым, а она была глухой, при полной тишине я показал ей, что я сейчас буду делать и что должна сделать она... Непременно должна сделать. Сейчас, сию минуту!!

И только тогда я увидел, как она глядела на меня... Боже! Боже мой! Что было в этом взгляде! От полного непонимания до ужаса постижения. В двух зеленых экранах ее глаз я увидел моими, устремленными в ее, как за несколько секунд с молниеносной быстротой пролетели назад кадры, сливаясь один с другим, и только звуковая дорожка что-то невразумительно просвистела. Веки на секунду закрыли экраны, и снова она взглянула на меня! Этот взгляд я буду помнить до конца моей жизни... Бывает, что он, этот взгляд, мне снится, я просыпаюсь и еще долго не могу забыть ночного видения...

После отвратительной комедии с приставаниями, сопротивлением, сопровождаемыми отвратительными, громко произносимыми мной пошлостями, меня вернули к реальности три удара. Три сильных удара по лицу! Она била меня со всей силы, с каким-то визгом ненависти, перед каждым ударом собирая все свои силенки. А в глазах

375

слезы. Правой, левой и снова правой. Ударила и еще ногтями с силой провела по лицу... от скулы к подбородку...

— Хорошо, я уйду! — громко сказал я и сделал несколько шагов к двери номера, дотронулся до дверной ручки, нашел в себе силы снова взглянуть на нее... перед тем как открыть дверь... и выйти в коридор... Секунду мы стояли, тяжело дыша, и смотрели друг другу в глаза...

Она тихо-тихо подошла ко мне... скользнула бесшумно, обняла меня, прижалась ко мне и в ухо еле слышно:

— Спасибо тебе, милый, спасибо, спасибо, спасибо...

Миновав дежурного администратора, который не спал и смотрел на меня, как мне тогда показалось, всезнающими глазами, я вышел на улицу. Меня знобило. Я спустился на пляж. Подошел к воде. Закурил. Знобило. Море отвратительно пахло рыбой. Волна замочила мне ноги. Я отошел поглубже и сел на лежак, кем-то забытый на пляже...

Мне показалось, что сейчас они появятся... Здесь, сейчас, на пляже... Я закурил вторую сигарету. Мне долго не удавалось это сделать, то ли руки тряслись, то ли с моря дул ночной сентябрьский ветер... Сентябрь. «Засентябрило, — подумал я. — Нет, они меня возьмут в номере».

Надо идти. Ну, подонок, встань и иди в свой номер. Не тяни, когда-нибудь надо это сделать — встать с лежака и пойти в номер...

Я проснулся утром. Дверь, ведущая с улицы в спальню, была открыта... Кто открыл ее? Вчера я прошел в номер через коридор... Ах, вот кто! В дверях, в контражуре слепящих солнечных лучей стоял Он и смотрел на меня, лежащего на кровати поверх одеяла в светло-сером измятом костюме и в летних туфлях...

Я приподнялся и сел, а он все еще стоял в дверном проеме и вертел в руках ключ... Значит, был и второй ключ, и естественно, что его владельцем был он — татуированный капитан... Он стоял и ждал. Интересно, чего?

— Все! В пизду! — закричал я. — Смотри, как эта американская сука меня разукрасила! Нет, ты смотри, смотри! Как с такой рожей я явлюсь в театр?! Выходите на нее, занимайтесь ею, ебите ее сами! Интересовалась она мной! Как бы не так! — я обрушил на капитана, на нее, на Игоря Николаевича такой мощный поток мата, что это подействовало.

— Ты все-таки расскажи, что произошло? — сказал он. — Все же было у пакете!

— У пакете было в макете! Понял? В туалете была у пакете! Нет повести печальнее на свете, чем повесть о минете в туалете! — продолжал я истерику по римской стратегии «нападая, защищаюсь»... — А вот после туалета все пошло в песок! Это же надо держать на службе таких мудаков!

— Ты кого имеешь в виду?

— Многих! — заорал я. — Этот клинический кретин, абхаз, как ты его называешь...

В общем, Миня, «Остапа несло...».

Через два дня Ту, или Ил, или Ан совершал рейс Адлер — Москва. Я сидел в кресле, наконец предоставленный самому себе, и пытался понять, что же это было.

Что же это произошло? И неужели все, что произошло, произошло со мной? И как это могло произойти со мной?

Филипп прошелся по комнате, включил проигрыватель... «Мне Брамса сыграют — я вздрогну, я сдамся...»

Когда через две или три недели я сидел в номере гостиницы «Москва» и составлял отчет, Миня, мне пришлось еще раз прокрутить в голове киноленту случившегося...

— ...так и пиши: «За обед в шашлычной в первый день... цветы и прочее — пятьдесят рублей пятьдесят копеек», — диктовал Алексей Леонидович.

— А дальше?

— Ну что там у вас было в первый вечер?

— В первый? Дай Бог память... Да ничего» гуляли у моря, я ей читал стихи...

— Стало быть, пиши: «После обеда вечером такого-то числа я пытался обработать мой объект, гуляя у моря». Про стихи не надо — это подробности...

— Написал.

— «За билеты на эстрадный концерт мной заплачено...» Сколько ты там заплатил? «Билеты прилагаю...» Ты не забыл билеты?

«150 рублей 40 копеек...

175 рублей 20 копеек...

350 рублей 00 копеек...

Я поцеловал объект...

Она шла на сближение...

Оказала недоверие...

120 рублей 64 копейки...

Сама проявила активность...

Оказала активное сопротивление...

Нанесла мне три удара...

30 копеек... 30 копеек... 30 сребреников...»

— Ну и подпишись...

— Как?

— Как в соглашении договорились.

— Может быть, я свою фамилию поставлю?

— Зачем свою? Пиши «Меркуцио», и все у пакете...

Звучала музыка Брамса.

— Больше они меня не трогали. Не тронули никогда...

— Поняли, что ты нервный и разговариваешь по ночам, — сказал я.

Он взглянул на меня, я снова опустил глаза. За окнами начинало светать... Караян и Кремер пошли на коду...

Из темноты сознания всплыли, проявились, стали четкими строки:

> Годами когда-нибудь в зале концертной
> Мне Брамса сыграют...
> Мне Брамса сыграют — я вздрогну, я сдамся...

19 мая 1979 года

Когда в 79-м году я решил выговориться на бумаге, хотя бы для себя самого, и, по своему обыкновению, начал писать, понятия не имея, во что все это выльется и что получится в результате, мне были ясны по крайней мере две вещи: первое — я должен записать на бумаге все, что помню про эту историю, несмотря на то, что многое из нее мне самому неясно по сей день. Второе — описывать «голые факты» я не могу, просто не знаю, как. Я, такой-то такой-то, по кличке такой-то, был завербован в 1956 году службой КГБ, ее американским отделом, для помощи в борьбе с внешним врагом — американским империализмом. Конкретное задание я получил лишь в 1958 году. Я должен был войти в половые сношения с журналисткой (не помню какой американской газеты) по имени Колетт Шварценбах (жива ли она сейчас?), сам не знаю, для чего. Выполнить задание мне не удалось, о чем я написал письменный отчет, подписанный моей кличкой.

С тех пор никаких конкретных заданий мне не давали. Однако время от времени напоминали о себе: звонили по телефону и назначали свидания в разных местах (в гостиницах, на частных явочных квартирах, просто на улицах). Это случалось, как правило, после приемов в американском посольстве или перед приемом в каком-нибудь другом капиталистическом посольстве. Их интересовало мое отношение к послу, его жене или какому-нибудь другому лицу посольства. КГБ никогда не спрашивал у меня про поведение советских людей, бывавших на этих приемах. Они даже не интересовались, кто был. Но из разговора мне делалось ясным, что они знали и без меня всех поименно. Они даже знали, как я сам вел себя на приемах или вечеринках, сколько выпил и что нес в пьяном виде.

Я часто получал от них замечания за мое распущенное и неумное поведение. Мои взгляды на происходящее в нашей стране (СССР), полагаю, им были хорошо известны. Им даже не нужна была информация осведомителей, так как в конце 60-х ими была предпринята одна акция. Вся «головка» театра «Современник» во главе с Олегом Николаевичем Ефремовым была приглашена в особ-няк КГБ на улице Чехова. Был там и я. Сначала мы сыгра-ли концерт в зале на 100–150 мест, где сидели сотрудники московского КГБ (некоторые лица показались нам всем откуда-то знакомыми), а затем были приглашены в краси-вую комнату, где стоял шикарно накрытый стол.

Когда мы поели и выпили водки (а также коньяка), сидевший во главе стола большой чин — он был одет в штат-ское — начал с нами беседовать о театре, культуре и лите-ратуре. Находясь под влиянием винных паров, ободрен-ные дружеским тоном беседы, мы искренне рассказали о себе всё. Иногда за столом возникали даже споры о том или ином журнале, писателе или его произведении. Мы хвалили Солженицына («Один день Ивана Денисовича», «Матренин двор» и «Случай на станции Кречетовка»), «Новый мир», писателей В. Аксенова, В. Некрасова и им подобных. Ругали: А. Софронова, В. Кожевникова, Н. Гри-бачева и подобных им. Из беседы нам всем (Ефремову, Волчек, Евстигнееву, Щербакову, Табакову и другим това-рищам) стало ясно, что подобные откровенные и друже-ские встречи с московскими театрами уже были и еще бу-дут проведены товарищами из КГБ Москвы.

Мы все, очень довольные встречей, поехали репети-ровать трилогию «Декабристы. Народовольцы. Больше-вики». Совесть наша была абсолютно чиста. Американ-ский отдел КГБ еще не раз мной интересовался, но ника-ких заданий мне не давал, сведений даже об иностранных господах не просил. Один только раз произошел доволь-но неприятный случай. Зная, что я и некоторые мои то-варищи из художественной интеллигенции (фамилии не называю — те, о ком речь, узнают себя сами), бывая на приемах и вечеринках в доме американского посла, под-ружились с первым секретарем американского посоль-ства Робертом Армстронгом, нас попросили об услуге: о встрече с ним в домашней обстановке.

Кроме моих молодых тогда товарищей из художественной интеллигенции в моем доме по адресу Шебашевский тупик, 4, на вечеринке присутствовал и товарищ из КГБ. Его звали Игорь Николаевич (за подлинность имени не ручаюсь). Мы должны были его представить господину Армстронгу как театроведа или художника (точно не помню), что мы и сделали. Когда господин Армстронг почему-то быстро опьянел, чего с ним раньше никогда не случалось, он стал рассказывать, что любит своего президента, Джона Фицджеральда Кеннеди, и всю его семью и что если Кеннеди почему-либо не победит на предстоящих перевыборах, он, господин Армстронг, уйдет из политики. Затем господин Армстронг уснул у меня дома на диване, а мы пошли курить на балкон.

Уже позже один из моих товарищей из художественной интеллигенции рассказывал, что когда он, направляясь из туалета, зашел в комнату, где спал секретарь посольства, в его брошенном на кресло пиджаке рылся товарищ Игорь Николаевич. Заметив растерянность моего товарища из художественной интеллигенции, он велел ему обо всем молчать. Мы еще не раз после этого бывали в доме американского посла на Собачьей площадке господина Армстронга — он был молодой и приятный человек, — пили его виски и курили его сигареты. Один раз я украл у него и вынес под рубашкой книжку «Альманах IV» — «Воздушные пути» на русском языке, изданную в Нью-Йорке в 1955 году, где — в том числе — были опубликованы стихи Иосифа Бродского и стенограмма его ленинградского процесса, сделанная Фридой Вигдоровой. Я очень боялся проносить украденную книгу, когда выходил из ворот дома на Собачьей площадке, так как там был пост и советский милиционер, сидящий в будке, мог меня арестовать и обнаружить альманах, который я украл с книжной полки американского посланника.

Когда господин Армстронг покидал Москву, мы с ним выпили в ресторане «Националь» много коньяку за его счет. Он был трезв, я — не очень, но в краже все-таки не признался.

Когда мой друг Виктор Некрасов написал свою статью «Кому это надо?» (1972) и передал во все иностранные газеты, мы с ним встретились у меня в Москве на улице Гиляровского, дом 10. Я внизу, встречая его и его жену Галю, увидел две черные «Волги», которые следовали хвостом за такси Некрасовых. Некрасов их видел тоже. Мы поднялись ко мне и пили много водки с закуской. Когда мы потом спустились вниз, «Волги» стояли на том же месте. Водители и пассажиры, не скрываясь, смотрели на пьяных. После безуспешных попыток поймать такси я, осмелев от выпитого, подошел к товарищам в «Волгах» и попросил доставить нас с Некрасовым по нужному нам адресу. Они отказались. По счастью, нам удалось остановить такси, и мы с Некрасовым продолжили. Где именно, плохо помню.

Утром раздался звонок от товарищей из КГБ. Они встретились со мной и потребовали объяснений. Я письменно изложил свое хорошее отношение к Некрасову и к его статье, о которой он мне рассказал. Они мне, судя по всему, поверили, так как уже потом, зная о наших дружеских связях с Некрасовым, однажды все-таки дали задание.

В 1983 году я собирался с бывшей женой в Австрию, в гостевую поездку. Некрасов жил тогда в Париже, но товарищи из КГБ каким-то образом догадались, что я с ним созвонюсь. И попросили меня, чтобы я написал ему оттуда письмо, где бы объяснил, что пора ему, фронтовику и русскому писателю, возвращаться в свою страну, где ему будет обеспечен хороший прием и все условия для жизни.

Они знали, что Некрасова уволил господин Максимов из журнала «Континент». Товарища Максимова они ненавидели и дали мне компрометирующие его документы, которые я должен был передать Некрасову в письме из Австрии. Я согласился и документы взял. По прилете в Вену я их, предварительно разорвав, бросил в урну. Не потому, что любил товарища Максимова (скорее наоборот), но лишь потому, что, во-первых, отправлять их Некрасову считал довольно глупым, а во-вторых, товарищи из КГБ нарушили этой просьбой данное мне слово не употреблять меня в их действиях против советских и русских людей.

С Некрасовым мы же не просто созвонились, но даже встретились в Вене, куда он специально приехал для встречи со мной, он даже раздобыл для этого австрийскую визу и на машине своего приемного сына Виктора (Виктор был за рулем) пересек пол-Европы. Мы были с Некрасовым в Вене три дня. Он привез мне много художественной и нехудожественной литературы, которую я частично прочитал там же, в Австрии. Что не успел — дочитал по приезде в Москву.

Однажды мы с ним попали на загородную виллу к одному сравнительно недавнему эмигранту. Эмигрант был художником (фамилию не помню) по имени Борис. В числе гостей кроме нас с Некрасовым была некая молодая дама из Москвы, гостящая в Европе. Дама (фамилию и имя не помню, хоть убей!) попросила Некрасова захватить ее из Австрии в Париж на их машине. Некрасовы согласились, так как дама была симпатичной и отличалась резкостью высказываний по поводу жизни в советской стране. Я тоже много рассказывал о моей жизни и о том, что у меня на полке лежат снятые мною картины («Покровские ворота», «Попечители» и что-то еще). Некрасов тогда же спросил у меня: «Значит, ты думаешь, что советская власть сделала мне благо, когда фактически выперла из страны?» Я ответил, что да, что такого невоздержанного человека, как Виктор Некрасов, кто-нибудь случайно мог бы стукнуть по пьянке чересчур сильно. Даже до смерти. Разумеется, чисто случайно. «Значит, Софья Власьевна продлила мне жизнь?» — сказал писатель-эмигрант. Дама при этом присутствовала.

Когда я приехал в Москву, товарищи из КГБ со мной сразу связались и попросили о встрече. Я, разумеется, не отказал. Где-то на Чистых прудах, на явочной квартире, мещански обставленной, мы провели около двух часов. Товарищ из КГБ (фамилию не помню) выглядел очень огорченным и попросил рассказать об Австрии. И тогда он уличил меня во лжи и сказал, что у него другие сведения о моих высказываниях в беседах с товарищем Некрасовым. Я сказал, что это ложь, и начисто отрицал свою вину. Он сказал, что это правда, как и то, что у них есть на меня много сигналов.

Во всех разговорах со мной за время моего многолетнего с ними сотрудничества (с 56-го по 88-й год) никто никогда на меня голос не повышал, ничем не грозил, денег мне не платил, званий и квартир не давал. Напротив, были вежливы, предупредительны, просьбами почти не обременяли, всегда выпускали за границу, а дважды и мою бывшую жену (фамилию не называю), за которую я, как член их организации, дважды поручился. Один раз зря. Она, поехав в 88-м году в Америку по приглашению нашего товарища, господина Роберта Де Ниро, осталась там навсегда, бросив и родину, и поручителя. Но даже после этого вопиющего случая КГБ ничего мне не сделал. Товарищи из КГБ даже со мной не встретились. Или не пожелали встретиться.

Полагаю, что у них к этому времени, к 88-му году, начались другие заботы и дела и им вообще стало не до меня.

Чтобы быть честным перед ними до самого конца, добавлю, что кроме двух случаев с бывшей женой я сам обратился к ним с просьбой лишь однажды, когда хотел освободить своего сына от службы в рядах Советской Армии. Я панически боялся войны в Афганистане и предпочел, чтобы он играл в массовках Театра Советской Армии и исполнил свой гражданский долг, состоя там в команде вместе с его товарищами по студии Малого и Московского Художественного театра. КГБ мне в этом очень помог.

Когда я сыграл товарища Феликса Эдмундовича Дзержинского, вступив в конкуренцию с предыдущими товарищами, игравшими эту роль (В. П. Марков, О. Н. Ефремов, В. С. Лановой, А. В. Ромашин, А. С. Фалькович и многие другие), я был награжден Государственной премией РСФСР и двумя премиями родного КГБ с почетными дипломами. Один диплом за подписью товарища Ю. В. Андропова, другой — за подписью товарища Чебрикова (имяотчество не помню). Я был лично знаком с председателем ленинградского КГБ товарищем Носыревым, поскольку он консультировал картину по сценарию товарища Юлиана Семенова «20 декабря».

Товарищ Юлиан Семенов, произнося тост на банкете в гостинице «Астория», в присутствии товарища Носырева и его товарищей, а также товарищей с «Ленфильма», режиссера картины «20 декабря» (фамилию забыл), руководителя телевизионного объединения режиссера Виталия Мельникова, редактора Никиты Чирскова и других товарищей с киностудии «Ленфильм», обратился ко мне со следующими словами: «Ты, Миша, дружи с чекистами. Ты их еще не знаешь. Это замечательный народ». И мы все выпили за наше ЧК (1980 год).

Родственник товарища Юлиана Семенова, товарищ Н. С. Михалков, увидев меня на «Ленфильме» в гриме товарища Дзержинского, наоборот, сказал: «Дзержинского играешь? Играй! Тебе Андропов часы подарит». Товарищ Н. С. Михалков хотел меня очень обидеть вышеприведенным диссидентством. Я не мог ему тогда сказать все, что я думаю. Во-первых, потому что товарищ Никита Михалков находился при исполнении служебных обязанностей: он был в гриме ковбоя из фильма «Приключения Шерлока Холмса». А во-вторых, не попав в его крайне диссидентскую картину «Раба любви» и не менее антисоветскую картину «Свой среди чужих», еще рассчитывал, что товарищ Михалков пригласит меня в какой-нибудь следующий свой антисоветский фильм.

Уже находясь в качестве «оле хадаша» (вновь прибывшего) в сионистском государстве Израиль, я испытал приступ удушья, когда товарища Феликса Эдмундовича Дзержинского при помощи петли снимали с гранитного постамента под ликующие крики советского народа. Товарищ Дзержинский показался мне похожим на товарища Гулливера, которого мучают товарищи лилипуты. Возможно, мое мнение частично ошибочно и является следствием мании товарища Дзержинского.

Хотя лично мне и самому хотелось бы увидеть папку с моим делом как тайного сотрудника ЧК — КГБ, я просто по-человечески рад, что дело не дошло до взятия Бастилии и консерватория имени Феликса Дзержинского тогда уцелела. Если дойдет, то беспристрастный потомок разберется и вынесет свой приговор, сверив содержимое моей папки с тем, что я написал в этом доносе на самого себя. Михаил (фамилию и кличку не называю).

У-ф-ф! Как гора с плеч! Теперь, когда вся эта смердяковщина выплеснулась наружу, я имею право на закрытие занавеса. «Аплодисменты» — не моя книга, не мой удел, я их не жду. Но перед тем как проститься с читателем, если эти рукописи все-таки станут книгой, я хочу вместо юбилеев, которые никогда не справлял, вместо митингов, на которых никогда не бывал, вместо диспутов, в которых никогда не участвовал, тихо испросить прощения у всех, с кем прошла моя жизнь. У всех, кого я когда-либо в ней повстречал, с кем работал вместе, о ком писал, — словом, у всех разом: у всех жен, у всех детей и внуков и всех, с кем дружил и враждовал.

Будем считать, что сегодня у меня великий религиозный праздник, который есть и у христиан, и у иудеев, наверное, есть и у мусульман, и у кого-нибудь еще, — прощеный день.

Когда наступит день моего прощания — не знаю и знать не хочу. Но день прошения о прощении для меня наступил сегодня, 23 октября 1995 года, когда завершаю мои заметки.

ЧЕРКАССКИЙ
И ДРУГИЕ

пьеса

Наряду с практической актерской, чтецкой и режиссерской работой, что в «Русской антрепризе», что в Питерском театре им. Комиссаржевской и в театре им. Моссовета, где я все-таки воплотил задуманных и обдуманных еще в Израиле Шейлока и Лира, я постоянно , а точнее, время от времени что-то пописывал. Это были воспоминания о моих ушедших коллегах, с которыми так или иначе связала меня судьба, отклики на увиденные спектакли и телепередачи. Многое доверял своему дневнику.

И вот, уже сыграв Шейлока, я готовился к «Королю Лиру» в постановке П.О. Хомского. Так уж случилось, что все это совпало с гастролями театра им. Моссовета в Израиле, где мне предстояла тяжелая операция по восстановлению правой руки после травмы, полученной во время канадских гастролей. Я уже заметил, что по странной случайности, именно в больницах, когда мне больно и страшно, меня особенно тянет писать. На этот раз, в ожидании операции, я впервые в жизни за 15 дней написал нечто вроде пьесы.

Когда сочинялась пьеса «Черкасский и другие», а было это в 2000 году, задолго до трагедии в Беслане, автор, по глупости своей, до конца не понимал, к чему может привести чеченская война. Казалось, что возможна и правомочна, по крайней мере для одного из героев пьесы генерала Андрея Черкасского, позиция честного государственника. Ведь декабрист Пестель, а отчасти и А. С. Пушкин, сознавали неизбежность Кавказской войны, во имя неделимой и великой империи — России. Наш другой гениальный классик — поручик Лермонтов, воевавший в Ичкерии, кажется, смотрел дальше и глубже. В его гениальном и провидческом сочинении «Валерик», где описывается кровавый бой у Речки Смерти, в том числе есть и такое:

> ... И с грустью тайной и сердечной
> Я думал: Жалкий человек
> Чего он хочет!.. небо ясно,
> Под небом места много всем,
> Один воюет он — зачем?

И еще:

А сколько их дралось примерно
Сегодня? — Тысяч до семи.
— А много горцы потеряли?
— Как знать? — зачем вы не считали?
«Да будет, — кто-то тут сказал, —
Им в память этот день кровавый!»
Чеченец посмотрел лукаво
И головою покачал.

Разве ж я не знал, не читал, не обдумывал то, о чем говорилось в «Валерике» или в 17 главе «Хаджи-Мурата», еще одного русского офицера, воевавшего на Кавказе, Льва Николаевича Толстого? Читал и про себя и даже вслух. Но, видимо, пока гром не грянет, русский мужик не перекрестится. Грянул гром Беслана. И тогда, со всей очевидностью стало ясно, что чума времени — терроризм имеет общие для всех, но и индивидуальные причины своего чудовищного обличия. Общие: полагаю, что дело не только в Исламе, не в разнице менталитетов, не в том даже, что одни — цивилизованны, а другие — отсталы. Нет. Дело обстоит глубже, практически непоправимо. Просто одни богаты и в общем то обустроены, другие нищие и не будут обустроены никогда. И тогда, эти вторые, отвергнув все законы цивилизации (что она им!) яростно борются за место под солнцем любыми способами! Один из них — ТЕРРОРИЗМ, не знающий ограничений! И тогда наступает апокалиптический день 11 СЕНТЯБРЯ, именно в Америке, самой мощной и процветающей стране с демократическим строем.

Наше «11 СЕНТЯБРЯ», черный, тоже апокалиптический — день Беслана. Нищего, отнюдь, не обустроенного Беслана Северной Осетии, части, отнюдь, не богатой и мощной державы, но все еще хотящей таковой числиться по своей имперской привычке... Не отдадим, не отпустим Чечню и точка! Чечня наша! Украина — суверенна. Белоруссия — Бог с ней, она хоть и Русь, но БЕЛОрусь, пускай поживут отдельно, а вот Чечне не сметь и думать! Иначе... Иначе уже бывало, и не раз.

«Вернувшись в свой аул, Садо нашел свою саклю разрушенной; крыша была провалена, и дверь и столбы галерейки были сожжены и внутренность огажена. Сын же его, тот красивый с блестящими глазами мальчик... был привезен мертвым к мечети... Он был проткнут штыком в спину. Женщина... в разорванной на груди рубахе, открывавшей ее старые, обвисшие груди, с распущенными волосами, стояла над сыном, царапая себе в кровь лицо и не переставая выла. Вой женщин слышался во всех домах и на площадях...

Фонтан был загажен, очевидно нарочно, так что воды нельзя было брать из него. Так же была загажена и мечеть. О ненависти к русским никто и не говорил. Чувство, которое испытывали все чеченцы от мала до велика, было сильнее ненависти. Это была не ненависть, а непризнание этих русских собак людьми, и такое отвращение, гадливость и недоумение перед нелепой жестокостью этих существ, что желание истребления их, как желание истребления крыс или ядовитых пауков, было таким же естественным чувством, как чувство самосохранения».

Так написано Толстым в 17 главе «Хаджи-Мурата», ровнехонько сто лет назад! Ну а что было потом, тоже хорошо всем известно. Одна сталинская депортация чего стоит... Так чем, каким местом думал первый президент новой России, когда развязал первую чеченскую, когда не захотел даже встретиться с генералом Дудаевым, в прошлом офицером Советского Союза, и попытаться с ним договориться?! А дальше — пошло, поехало... И вот — Беслан, как результат ельцино-путинской безмозглой и циничной политики. Проще всего все свалить на общемировой терроризм, не желая понять индивидуальные причины этой жути в рамках своей страны.

А что, собственно, тут не понять? Да все Путин понимает, и генералы его тоже... Допускаю, что и Толстого кто-то из них прочитал. Ну так что? Пошел бы этот граф куда подальше, и все его читатели и почитатели вместе с ним. Мы лучше знаем, как надо, как НАМ надо! И наш народ нас поймет и поддержит. И ведь недалеки от истины; президент хорошо знает свой народ, его прямо-таки ненависть к свободе и демократии, его неумение и нежелание думать, делать выбор и за что-то отвечать. Зачем? На то у нас есть царь-батюшка... А что все эти батюшки, и их бояре, и опричники гнобили своих деток и детками — то их не считая, а в душе лишь презирали и боялись лишь бунта супротив своей власти, что народу до того? Что потом гибли и пропадали ни за что, и счет погибшим на десятки миллионов... Так повелось и так длится по сей день. Так что ничему удивляться не приходится. А что же так называемая интеллигенция? А ее давно нет. Есть отдельные интеллигенты, как отдельные хорошие и честные люди, среди так называемого простого народа. А интеллигенции как общности, хотя бы как прослойки, нет. Выдавить из себя раба не получилось. Путин сказал: ЦЫЦ! и все построились в ряд, в строй, в вертикаль, кто как мог... Некоторые при этом с радостью... Другие по инерции, третьи подыскали теоретические обоснования: мол, Россия, наша страна исконно — посконно унитарная... вот и весь сказ. Писать об этом и грустно, и смешно, и тривиально. Читать, тем паче.

Пьеса моя, как я уже говорил, написана до Беслана. И оттого устарела. Современные пьесы, как правило, быстро стареют, если они не написаны А. П. Чеховым или Островским. Даже пьесы Вампилова или Володина не выдерживают испытания стремительно изменяющегося времени, и остаются как факты замечательной литературы, так что же говорить о моем сочинении? Переписать? Да стоит ли? Потому публикую ее в этой книге, как звенышко моей жизни, моих размышлений конца прошлого века, в форме диалогов разных лиц. плода моей фантазии.

Подмосковная история

Действующие лица

С е р г е й   А н д р е е в и ч   Ч е р к а с с к и й — 71 год.
В а р в а р а   П е т р о в н а, его жена — 70 лет.
А н д р е й   Ч е р к а с с к и й, их сын генерал — 47 лет.
А м а л и я, дочь Андрея Черкасского — 21 год.
В и к т о р, его сын — 17 лет.
Е л е н а, дочь стариков Черкасских — 40 лет.
Л е в   Г у с т а в о в и ч, ее муж — 50 лет.
Д а р ь я, их дочь, внучка стариков Черкасских — 22 года.
Б о р и с   М и х а й л о в и ч   Д а в ы д о в, сосед по Переделкинской даче — 75 лет.
Д е н и с   М а к а р о в, Д и н, друг Виктора Черкасского — 25 лет.
Н а т а л ь я, Т а т о ч к а, подруга стариков Черкасских, соседка по Переделкино — 71 год.
М и ш а, студент театрального института — 21 год.
Г е р м а н   Ш т р о с с е, немец — 48 лет.

На титрах осеннее Подмосковье, трехэтажный деревянный дом.
Ночь. Светится одно окно.
По спящему дому бродит в халате старик.

Наплыв. Театр. Идет репетиция «Лира». Актеры в костюмах.

Действие происходит в наши дни, в подмосковном поселке Переделкино, в трехэтажном, старом доме Черкасских. Сцены из «Лира» разыгрываются на авансцене или, как это будет угодно решить режиссеру. Это — сны о «Лире» старика Черкасского, актера по профессии.

Первая сцена из «Лира».

«Лир», которого репетирует Черкасский:

Подайте карту мне...Узнайте все:
Мы разделили край наш на три части.
Ярмо забот мы с наших дряхлых плеч
Хотим переложить на молодые
И доплестись до гроба налегке.

Скажите, дочери, мне, кто из вас
Нас любит больше, чтобы при разделе
Могли мы нашу щедрость проявить
В прямом согласье с Вашею заслугой.
Ты, Гонерилья, первой говори.

Г о н е р и л ь я

Моей любви не выразить словами,
Вы мне милей, чем воздух, свет очей,
Я Вас люблю, как не любили дети
Доныне никогда своих отцов.
Язык немеет от такого чувства,
И от него захватывает дух.

Л и р

Похвально. Отдаем тебе
Весь этот край от той черты до этой,
Что скажет нам вторая дочь — Регана?

Р е г а н а

Отец, сестра и я одной породы,
И нам одна цена. Ее ответ
Содержит все, что я б сама сказала.

Михаил Козаков

Лир

Даем тебе с потомством эту треть
В прекрасном нашем королевстве.
Что скажет нам меньшая дочь, чтоб
заручиться долей обширнее, чем сестрины?
Скажи.

Корделия

Ничего, милорд.

Лир

Ничего?

Корделия

Ничего.

Лир

Из ничего не выйдет ничего.

Корделия молчит.

Лир

Ты говоришь от сердца?

Корделия

Да, милорд.

Лир

Так молода — и так черства душой?

Корделия

Так молода, милорд, и прямодушна.

Сцена вторая

Д а ш а. На семинаре наш профессор про язык шестнадцатого века втолковывал: Шекспир — его слабость. Заставлял заучивать.

Ч е р к а с с к и й. Ну-ка, повтори.

Дарья по- английски повторяет.

Ч е р к а с с к и й. Красиво на ихнем языке звучит, но все равно, как это сегодня играть, неясно. Облажаюсь я, Дашка, на старости лет.

Д а ш а. Не получится, Сергуня, плохо ты играть не умеешь.

Ч е р к а с с к и й. От этого никто не застрахован, внучка. Когда не понимаешь что играть, как играть, зачем играть? Ладно, беги солнышко, поцелуй меня и беги.

Д а р ь я. Если тебе и впрямь ничего не нужно, побегу, попробую догнать маманю.

Убегает.

Лена — молодая женщина в спортивном костюме
бежит по переделкинскому полю, лесу...
К ней присоединяется дочь Даша...

Ч е р к а с с к и й *(закуривает трубку и бормочет).* «Из ничего не выйдет ничего, из ничего не выйдет ничего».

Слышен церковный звон Переделкинской церкви.
Появляется с улицы жена Черкасского, Варвара Петровна.
Она пришла из церкви, это видно по ее наряду.

Варвара *(обращаясь к Черкасскому).* Уже дымишь натощак?

Черкасский. В мои годы, Варя, я уже могу и пить натощак. Кто-то сказал: после шестидесяти и умирать не стыдно, а мне за семьдесят. Так что нам, татарам, один хрен, Варька.

Варвара. Опять не спал, матерщинник старый.

Черкасский. Удалось чуть-чуть. Приму снотворное, а в три словно по будильнику просыпаюсь и брожу по дому как тень отца Гамлета.

Варвара. Сергей, у тебя холестерин зашкаливает, а ты опять ночью в холодильнике сладкий торт для гостей ополовинил. Ну что ты с собой делаешь? Ты понимаешь, что это верный путь к инсульту?

Черкасский. Варя, не пугай, мне и так хреново. Жить неохота, Варя. Устал я, мать. Когда за семьдесят, у всех, наверное, так. Это только этому идиоту, Лиру, в его восемьдесят пять сто рыцарей подавай, а мне уже ни черта не надо. Это ужасно. Старый актер, старый актер. В этом есть что-то противоестественное.

Варвара. Не нуди, я все это уже который год слышу, когда спектакль на выпуске.

Черкасский. Нет, Варя, так еще никогда меня не доставало.

В а р я. И это мы проходили, сыграешь премьеру и опять к рюмке потянет, на каждую свеженькую артистку будешь глазками шнырять.

Ч е р к а с с к и й. Варя, ну что ты несешь!

В а р в а р а. Ничего я не несу. Я не курица-несушка. Привыкла с тобой ко всему, мне золотую медаль за жизнь с тобой повесить надо.

Ч е р к а с с к и й. И повесим, если я до золотой свадьбы дотяну.

В а р в а р а. Дотянешь, не за горами. Несколько месяцев осталось.

Все это время во время диалога Варвара сидит перед телевизором в ожидании новостей.

Ч е р к а с с к и й. Варя, выключи ты этот проклятый ящик. В семь утра ничего нового ты про Чечню не услышишь.

В а р в а р а (выключает телик). Ладно. Кашу или хлопья с молоком?

Ч е р к а с с к и й. Все одно, киса, спасибо.

Варвара уходит.

Ч е р к а с с к и й (*бормочет*). «Из ничего не выйдет ничего, из ничего не выйдет ничего».

Михаил Козаков

Сцена третья

В комнате на втором этаже у внука Черкасского, Виктора.
Ему лет семнадцать. В его постели кто-то спит.
Виктор уже в плавках. Он включает музыку или сам, достав гитару,
берет аккорды, что-то напевает.
Из-под простыни высовывается взлохмаченная голова
Дениса Макарова.

Д и н. Косячка не найдется?

В и т е к. Сэр, хоть штаны сначала натяни.

Д и н. Где это мы, Вик?

В и к т о р. У деда на даче в Переделкино.

Д е н и с. Ни хера не помню.

В и к т о р. А что ночью было, это хоть смутно припоминаешь?

Д е н и с. Как в тумане.

В и к т о р. Жаль.

Д е н и с. Вик, все о'кей. Это же я вчера первый к тебе подошел в клубе.

В и к т о р. Хоть это помнишь. И на том спасибо.

Д е н и с. Перебрал я вчера. Все всмятку: и травка, и коктейли твои.

В и к т о р. Сапоги всмятку.

Д е н и с. А дальше туман. Темный лес. «Черный квадрат».

В и к т о р. Дальше тачка, двадцать один км, и ты в «очке», у деда на даче.

Д е н и с. А кто он у тебя, дед?

В и к т о р. Артист. Артист Черкасский.

Д е н и с. Черкасский? Just to moment, это который иногда по телику мелькает?

В и к т о р. Вообще-то он театральный. В кино в прошлом веке фотографировался много, особенно молодым. На разных театральных фестивалях за бугром котировался. Тогда, разумеется. Фишка. Народного всей не разваленной державы удостоили. Премии разные. Теперь — старик, но еще фурычит.

Д е н и с. А дачка-то у него не особо. Мы где, на втором этаже? Не то чтобы вилла. И ты в клубе барменом.

В и к т о р. Семья громадная, бабки надо стругать самому. А дача... тогда при коммунягах больших домов в Переделкино не было, и этот-то виллой считался. К тому же не собственность дедова. Это пока он жив, мы тут. Правда, квартира в Москве большая, они ее с бабкой сдают за зеленые. Живем мы тут все, благо недалеко от города. Деда на театральной «Волге» возят туда-сюда, когда там репетиции или спектакли. Остальные — на электричке. Один я — на мото.

Д е н и с. А остальных много?

В и к т о р. Херова туча. Тебе-то это зачем знать, супермен?

Денис. От скуки. Ох, голова разламывается. Опохмелиться не найдется?

Виктор. Ты знаешь, я вообще-то не пью, но для тебя, любимого, в заначке надыбаю *(Достает из заначки виски и стакан. Наливает.)* Скажи, когда хватит.

Дин *(он все еще в постели).* Стоп. Вот так. Ну будь здоров, красавчик. *(Морщась, выпивает.)* Ох, еле прошло.

Виктор. Сейчас полегчает, шеф. Сейчас полегчает.

Подсаживается на постель к Денису. Рука под простыней.

Денис. Вик, не начинай все сначала. Не ровен час кто-то заглянет.

Виктор. Успокойся, никто не заглянет. В нашей орде у каждого свой шатер. И потом, не принято права человека нарушать. Каждый строчит как он хочет, малыш. Ты огромадный малыш, ух какой ты огромадный, сильный малыш. Ну просто Арик Шварценеггер. Все о'кей, darling, правда? Все будет о'кей.

Свет гаснет.

Сцена четвертая

В комнате Елены и Даши.
Входят Елена и Даша в спортивных костюмах,
начинают раздеваться.

Елена *(говорит дочери по-немецки).* А теперь быстро в душ.

Д а р ь я. Я только «быстро» поняла.

Е л е н а. Под душ. И учи язык.

Д а р ь я *(по-французски)*. Тебе моих трех других, не считая ридной мовы, (ридной мовы это по-русски), мало?

Е л е н а. Кроме ридной мовы, к тому же и не ридной, теперь я ничего не просекла.

Д а р ь я *(по-итальянски)*. Красавица мамаша, Вы полагаете, если наш обожаемый папенька работает сейчас в его обожаемой Германии, я должна шпрехать... Мне что недостаточно французского, итальянского и английского? *(Продолжает на английском.)* Впрочем, я тебя обожаю, мама, намного больше, чем вы с папой свою медицину и ваш отвратительный немецкий, единственный, который вы с ним удосужились выучить в вашей немецкой школе, в прошлом веке.

Е л е н а *(она явно довольна)*. Дашка, прекрати издеваться, нахалюга. Немедленно переведи свою эскападу, иначе пожалуюсь деду и пойду первой в душ.

Д а ш а *(обнимает, целует мать)*. Во-первых, я сказала, что я тебя люблю и что ты красавица. А во-вторых, что я очень благодарна, что вы с отцом заставили меня выучить три языка и что ваш грубый немецкий нужен только вам с папаней, ему, правда, больше. Он хоть зарабатывает всем нам на жизнь, практикуя в Берлине S'tout, my darling, carre мамулечка.

Е л е н а. Не подлизывайся. Марш в душ. Скоро завтрак. Бабушка у нас пунктуальная.

Даша, напевая что-то на английском, убегает. Елена начинает разоблачаться. Звонок по мобильному телефону.

Елена. Да, слушаю. Левка, ты? А я уж решила что ты у себя в Берлине какую-нибудь фрау завел. Я не звоню, потому что дорого. Ты другое дело, ты у нас хозяин. Все, все, не склочничаю, слушаю. Клянусь, перебивать не буду. Когда? К золотой свадьбе стариков? Но это же еще, черт знает, когда будет!. Пауза. Их-то твой приезд, безусловно, порадует, но я-то не в восторге. Почему? Ты что, серьезно? Пауза. Нет, я все понимаю, у тебя пошла работа и про деньги, разумеется, понимаю, да, да, все это для нас с Дашулей, но, Лева, я просто чувствую себя соломенной вдовой. Лева, я не могу оставить ни Дарью, ни стариков в Москве, ни на один день. Особенно Дашусю. Лева, ты же там не только в микроскоп смотришь, но и телик, надеюсь. Да не в чеченцах дело. Это моего брата заботы, чеченцы, а вообще. Я элементарно боюсь за Дашку. В каком смысле? В самом, что ни на есть прямом. У меня перед глазами живые примеры моих племянников. В общем, это не телефонный разговор, да еще за дойч марки. Лева, как же мне не нервничать? А кому же тогда нервничать? Хорошо, пусть я клуша. Лева, не будем ссориться по телефону за твои пфенниги. Хорошо, за наши пфенниги. (*Пауза.*) У меня? В общем, нормально. Хожу в свою муниципальную больницу, как это ни странно, чувствую себя нужной. Дашуся долбит свою экономику, при этом с удовольствием. Что еще? Старики стареют, особенно отец. Андрей воюет в этой проклятой Чечне. Да, боюсь, это надолго. Мать сходит с ума, отец тоже, но он хоть занят очередной ролью и это его спасает. Витька и Лялька заняты только собой, хотя кто их знает. Каждый день смотрим все информационные программы по всем каналам, хорошего, естественно, мало. Как ты знаешь, все и всюду взрывается, тонет, горит, в общем, вялотекущий апокалипсис в отдельно взятой стране. (*Пауза.*) Ну, может быть, и во всем мире. Тебе, mein (min) Herz, виднее. Ладно, давай закругляться. Обниму непременно. (*Пауза.*) Конечно, люблю, а кого же мне еще любить? Я тоже. Целую, пока. *(Вешает трубку.)*

Входит Даша. Она после душа, в купальном халате.

Даша. Ты что, маманя?

Е л е н а. Папахен звонил. Велел тебя обнимать и целовать, что я, с некоторым отвращением и выполняю. Ладно, пойду в душ *(по-немецки)*, чистота — залог здоровья, и душевного тоже.

Д а р ь я. Что?

Е л е н а. Ничего дочка, ничего. Пошла.

Свет гаснет.

Подъезжает машина. Водитель — молодой человек.
Из «Жигулей» выходит Ляля и направляется в дом.

Сцена пятая

Столовая-терраса. Накрытый Варварой Петровной большой стол. Она здесь же. Звук подъезжающей машины. Входит Ляля: высокая, тонкая. Настоящая девица с обложки модного журнала. Одета в элегантное вечернее платье или в вечерний костюм.

Л я л я. Привет, бабуля *(обнимает ее)*.

В а р в а р а. Опять под утро. Где ты была?

Ляля. Варюшка, я же не школьница.

Варвара. Ты на электричке?

Ляля. В таком прикиде на электричке? Нет, Варюша, меня один мой бывший сокурсник по студии подвез на своих «жигульках» сраненьких. Хорошо еще что в салоне сиденья чистые. Костюм я, кажется, не испоганила, глянь, буля.

Варвара. Элегантно. Только мата твоего я не терплю.

Ляля. Какой мат, Варик-Варварик! «Сраненьких» — это по нашим временам «se manific».

Варвара. А где этот твой сокурсник, уехал?

Ляля. Нет, дожидается в салоне своего «мерседеса» твоего милостивого соизволения войти в наш замок «Санта-Варвара».

Варвара. А при чем здесь я? Если ты хочешь, зови. Сейчас все к завтраку соберутся.

Ляля. А дед, в духах или не в духах? Злиться не будет, что я поклонника своего притащила? Подвез все-таки, неудобно сразу его отфутболивать.

Варвара. Он что твой новый, как это вы говорите, бой-френд?

Ляля. Он просто френд, хотя и бой. К тому же не такой уж и новый. Ну, так как, Варик?

Варвара. Ты же знаешь, дед гостей любит, тем более ты говоришь он твой сокурсник?

Л я л я. Бывший, т. е. я его бывшая. Ну что ты на меня смотришь, я же тебе говорю, он мой сокурсник, бывший, а я его бывшая сокурсница.

В а р в а р а. Лялька, ты меня совсем запутала. Так кто же он все-таки?

Л я л я. Так. Терпеливо объясняю: он студент «Щуки», ну Школы-студии при театре Вахтангова. Будущий коллега нашего монстра.

В а р в а р а. Амалия, ты что, с ума сошла?

А м а л и я. А что я опять такого сказала?

В а р в а р а. Монстр? Это ты про своего деда?

Л я л я. Варенька, это слово теперь употребляется исключительно в комплиментарном смысле.

В а р в а р а. Ты что, серьезно?

Л я л я. Абсолютно. Монстр в смысле раритет. Великий, легенда, священное чудовище.

В а р в а р а. С ума сойти. Вы хоть в словарь Даля заглядываете иногда?

Л я л я. Какого Даля, артиста Даля?

В а р в а р а. Да пошла бы ты в задницу. *(Это сказано по-французски.)*

Л я л я. Grand mama, коль выражанс, на таком уровне я еще понимаю, ты сама меня в детстве своим французским доставала. Так я его приглашу, а то, правда, неудобно.

В а р в а р а. Зови, конечно, зови.

Ляля направляется к входной двери, Варвара окликает ее.

В а р в а р а. Ляля!..

Л я л я. Что?

В а р в а р а. А как мы скажем деду, где ты ночевала, он ведь ночью по дому бродит, мог заметить, что тебя нет.

Л я л я. Ну если спросит, что-нибудь придумаем. Не трухай, моя прелесть, моя современная элегантная grand mama, не бздюмо.

В а р в а р а. Ляля!

Л я л я. Это, между прочим, у Бродского часто: не бздюмо, не бзди, а он нобель, между прочим, и дед его чтит.

В а р в а р а. Дед считает, что это не лучшее в его изящной словесности.

Л я л я. Ну, так я пошла, обрадую будущего нищего.

Из своего кабинета спускается старик Черкасский.
Он уже в светлых вельветовых брюках,
в домашней потертой шотландской куртке.

Ч е р к а с с к и й. Ну что, где народ? Ты все хлопочешь? Новости смотрела?

Варвара. Да. Опять кого-то убили, кто-то подорвался, но о нашем, слава Богу, ни звука. Тьфу, тьфу, тьфу.

Черкасский. Да, слава тебе, Господи. (*Постучал пальцем по дереву.*) Случись что, о нашем бы сообщили. И за что это нам, Варька, на старости лет?

Варвара. Сережа, не кусочничай. Сейчас сядем за стол.

Черкасский. Извини. Чисто машинально. Ты же знаешь, могу сутками не есть, но когда вижу еду, это все язвенники так.

Варвара. Язва твоя уже сто лет назад зарубцевалась. Положи сыр, в нем холестерин.

Черкасский (*ворчит*). Сначала Афган. Сколько, три года дергались?

Варвара. Почти четыре.

Черкасский. Четыре. Теперь эта гребаная Чечня.

Варвара. Сергей, только что Ляльку просила не сквернословить, теперь ты с утра пораньше.

Черкасский. К моему мату могла бы за пятьдесят лет привыкнуть.

Варвара. К твоему привыкнуть невозможно.

Черкасский. Ко всему можно привыкнуть, старуха. Человек ко всему привыкает. Ты же к Борькиному мату притерпелась?

В а р в а р а. Борька бывший лагерник. У него это как-то непротивно получается, а тебе, извини, не идет. Особенно, когда напьешься. Противно. Вроде это и не ты.

Ч е р к а с с к и й. От злости Варя. Сам знаю, что стал злым. Поганый, злой старик. К тому, же актер. Старый актер.

В а р в а р а. Не нуди. Лялька на завтрак кавалера пригласила. Я без твоего согласия разрешила, ничего?

Ч е р к а с с к и й. А мне-то что? Ляля — это твое воспитание, я ее ухажерам счет потерял. Они все для меня на одно лицо. Один повыше, другой потолще.

В а р в а р а. Этот артистом будет. В Вахтанговском учится. Как они теперь говорят в «Щуке».

Ч е р к а с с к и й. В «Щуке»! Вахтангов и Щукин в гробах переворачиваются от этой их «Щуки». Ненавижу...

В а р в а р а. Не нуди.

Ч е р к а с с к и й. Ты сама начала.

В а р в а р а. Положи колбасу на место, не кусочничай.

Ч е р к а с с к и й. Значит артистом, говоришь? Еще одним мужиком в России меньше, а нищим больше.

В а р в а р а. Вот и Лялька так думает.

Ч е р к а с с к и й. И правильно думает. Амалия — все что угодно, но дурой ее не назовешь. Прагматичная. Не в меня, ни в тебя, ни в отца Андрюшу, ни в мать, покойницу, царство ей небесное. Ты-то Соньку всегда недолюбливала, к Андрюшке ревновала. Сколько ее уже с нами нет? Я никогда считать не умел...

В а р в а р а. Она скончалась, когда Андрюша в Афгане был, второй год. Шестнадцать лет назад, шестого августа, в воскресенье.

Ч е р к а с с к и й. Варя, подожди, сегодня шестое августа и воскресенье. С ума сойти. А дети помнят?

В а р в а р а. Я одна все за всех помню, с утра в церковь сходила, свечки ставили и за упокой ее души тоже.

Ч е р к а с с к и й. Умница ты, Варька, спасибо тебе.

В а р в а р а. Ладно, успокойся. Только бы война эта поскорее кончилась, за Андрюшку страшно.

Ч е р к а с с к и й. За всех страшно, Варя. Андрюшка все-таки генерал. Будем надеяться, Бог милостив. Хватит и того, что его Лялька и Витька без матери выросли. Господь, коль он есть, пощадит их. Он просто обязан пощадить их, если нас не захочет. Ну, все, все. Так, теперь ты разнюнилась. Все, перестань, а то у меня сердце начнет болеть. Только этого тебе не хватало, со мной возиться.

В а р в а р а. Прости. Ты прав, прости. Хорошо, что у тебя еще два выходных впереди. Отдышишься. От своего «Лира» отойдешь.

Ч е р к а с с к и й. И не напоминай! Как подумаю, от страха в солнечном сплетении сосет. Как там, у Самойлова: «Душа живет под солнечным сплетением». Замечательно он писал: «казалось, что она парит везде...», что-то там дальше, забыл, «и лишь в минуты боли, я знаю, есть душа и где она». Хорошо. Может быть, даже очень хорошо. «Как будто душу подгрызает мышь...» Ну, классный он был поэт, просто классный. «Как будто душу подгрызает мышь...»

Черкасский поднимается по лестнице,
Варвара Петровна вновь подсаживается к телевизору.
Черкасский стучит: «Виктор! Виктор!» В комнате замерли.

Сцена шестая

В комнате у Елены и Дарьи.

Черкасский *(стучит в дверь, заходит)*. Пардон, дамы, разрешите?

Елена. Доброе утро, папа. Как ты? Давление померяем?

Черкасский. Давай, если хочешь. Новости смотрели?

Елена. Там что-нибудь про Андрея?

Черкасский. Слава Богу, нет, а так все то-же. *(Елена меряет ему давление.)* Это на сто лет, до конца моей жизни, во всяком случае. Ох, еще Витька загребут. По-моему, никто из них не читал Хаджи-Мурата.

Елена. Много от них хочешь. Они Толстого в школе прошли, сдали и навсегда забыли. *(Елена, про давление.)* Чуть пониженное, сто на восемьдесят, но в пределах нормы. Пойду маме помогу.

Уходит.

412

Черкасский (*Дарье*). Лялька какого-то кавалера притащила. Витька, сукин сын дрыхнет. Постучался, а там — молчок. Дарья, прости, тебе двадцать?

> В белом венчике из роз
> Впереди идет склероз.

Дарья. Двадцать один, дед.

Черкасский. Извини, у меня с цифрами полный привет, маразм. Значит двадцать один?

Дарья. Старая дева, дед. Старая дева.

Черкасский. Ну, это по прошлым понятиям. Все переменилось. Дашка, ты меня извини, а приятель у тебя есть?

Даша (*смеясь*). Ты что, за меня волнуешься? Не боись, Сергуня, есть, есть и не один. Вот ужо поеду в Сорбонну учиться, там себе клевого жениха и подыщу, француза богатого. Нет, французы жадные, лучше англичанина или страстного итальянца. Три языка, так что без проблем, дед.

Черкасский. Твой грант в Сорбонне на сколько действует?

Дарья. На полгода.

Черкасский. И когда же ты едешь?

Дарья. С первого января я там.

Черкасский. Значит, на премьере у меня не будешь. Грустно. Ты для меня вроде талисмана. Единственная из всех наших, кто все смотрит.

Д а р ь я. Не хандри, Сергуня. Я буду пальцы за тебя держать.

Ч е р к а с с к и й. Да, особенно, если роман там закрутишь. А что, вполне даже реально. Роман, а потом глядишь, замуж выйдешь и останешься там жить, вполне вероятно. Что же твой старый дед будет делать без тебя?

Д а р ь я. Дед, ты что, с ума сошел? Это же все твои дурацкие прожекты.

Ч е р к а с с к и й. Нет, Дарик, увидишь, так и случится. Увидишь. Я буду счастлив за тебя, но мне будет одиноко...

Д а р ь я. Подожди, а бабуся, а Лялька, а Витька, а мама? А дядя Андрей? Вон сколько наплодил Черкасских.

Ч е р к а с с к и й. Много. Но ты, Дашка, — это нечто другое. Ладно, хватит ныть. Послушай, я обнаружил у себя на полке Шекспира и по-русски, и по-английски. Прочти мне с листа этот монолог старика, хочу услышать, как это на ихнем звучит, может, поможет? Ты с листа умеешь?

Д а р ь я. Попробую. (*Читает какой-то моноложек Лира по-английски.*)

Ч е р к а с с к и й. Красиво, черт возьми. Красиво. Вот Бродский, да и Набоков говорят, что в Шекспире главное — текст, чтобы актеры четко его доносили. Донести-то можно, только, хрен, кто сегодня в театре готов слушать эти слова, слова, слова. Хотя бы и Шекспира. Думать, вникать. Им экшен нужен, монтаж аттракционов, эффекты.

414

Сцена седьмая

Столовая-терраса. Семейный завтрак. Денис — Дин играет на
гитаре и поет что-то на слова Самойлова или Мандельштама,
а может быть и Пастернака:
«Цвет небесный, синий цвет...» Замолкает.

Ч е р к а с с к и й. Славно. Правда, хорошо. Как Вас,
извините, запамятовал?

В и к т о р. Дин, дед. Дин.

Л я л я. Колокольчик дин, дин, дин.

Д е н и с. Денис. Денис Макаров. Впрочем, Вам мое
имя мало о чем говорит.

Е л е н а. А другим говорит?

В и к т о р. Ma tant. Другим очень даже. Ты же MTV не
смотришь. У Дина отличная группа.

Л я л я. Называется «Руки вверх» или «Ноги врозь»,
или как там, словом что-нибудь такое, да Дин?

В а р в а р а П е т р о в н а. Ляля!

Л я л я. Варюшка, я тебе еще утром пыталась втолко-
вать, что слова и эпитеты теперь несут совершенно
иную смысловую нагрузку, да, дед? Тетя как медик этого
не обязана знать, а у Дашуси одна экономика на уме, но
ты-то дед — мэтр, член худсовета, пьесы обязан читать.
Ты дед хоть и монстр, но продвинутый: Сорокин, Пе-
левин, эти имена тебе, наверное, известны и их сленг
тоже?

415

Д а ш а. Двоюродная, ты, по-моему, что-то путаешь, попсу с постмодернизмом. Извините, Дин, под словом «попса» я не имею, ввиду, ничего оскорбительного. Попса попсе рознь. Фреди Меркьюри тоже попса, да и Битлы, своего рода, попса.

В и к т о р. Браво, Дашка, браво. Вставила нашей будущей звезде подиума. Парируй, сестра.

Д и н. Для полной ясности: наша группа называется очень просто: «Рок». «Рок» в смысле судьба».

Л я л я. Как у древних греков?

В а р в а р а. Ляля, прекрати.

В и к т о р. В самом деле, Ляль, что ты с утра заводишься? Посмотри на деда. Дед, мы тебя сильно достали?

Ч е р к а с с к и й. Варя, позволь мне еще рюмку водки. Завтра выходной.

В а р в а р а. Делай, как знаешь.

В и к т о р. А я знаю, почему ты заводишься, Лялька. Из «Щуки» ушла, а на подиумы Европы пока не взошла. Даже у Зайцева в примы не вышла.

М и х а и л *(юноша лет двадцати двух)*. Из училища, кстати, Амалия ушла совершенно напрасно, все наши мастера ей об этом говорили, и не оттого, что она Черкасская, говорили, и приняли ее не поэтому. Я помню, читала на вступительных жутко смешно, в отрывках классно играла, особенно Катарину в «Укрощении строптивой», да и в других.

Л я л я. Мишель, здесь не все знают, что ты был все два года, когда я занималась этой мурой, извини, дед, не безразличен к моей скромной персоне. Прости что озвучиваю. Всему училищу известно это. Я к тому чтобы объяснить нашему дружному клану, а заодно и Дину с этими «роковыми» яйцами.

В а р в а р а. Ляля, сейчас я уйду из-за стола.

Л я л я. Бабуля, что и Булгаков уже под запретом? Так что Миша сильно преувеличивает. Как ты, Варюшка, меня учила: лучше быть хорошей машинисткой, чем плохим писателем? Так вот, лучше красиво ходить по подиуму и молчать, чем бездарно открывать рот даже на столичной сцене за грошовое вознаграждение. Дед, я не права?

Ч е р к а с с к и й. Не знаю, Ляля. Я с интересом слушаю ваши пререкания. Мой педагог часто повторял: «молодость — это недостаток, который быстро проходит». Говорилось это в сороковых годах, теперь уже прошлого столетия, но суть остается прежней и относится ко всем в равной степени: к постмодернистам, к попсе, к актерам и топмоделям, и *(взглянул на Вика)* к барменам, разъезжающим на крутых мотоциклах.

В и к т о р. Преувеличиваешь, дед. Вот куплю «Харлей» и это будет по-настоящему круто.

Е л е н а. С ума сойти! Представляешь, отец, я в своей больнице вкалываю как папа Карло, это после шести лет меда. Лечу алкашей от цирроза печени, в том числе и тех, которых спаивает наш Витек в баре. Какая у врачей сегодня зарплата, об этом помолчим, а этот молокосос покупает «Харлей». Обалдеть! Рехнуться можно!..

В и к т о р. Ma tant, не нойте. У вас все о'кей: кузина Дашка на высших курсах экономического, три языка. Вы сами, ma tant, тоже не голодаете и для вашего возраста еще очень неплохо глядитесь, и прикид ваш не из ЦУМа. Попросите мужа, Льва Густавовича, он в бывшей фашистской, а ныне в единой, великой Германии науку на фирме продвигает и вы сможете «жигуленок» приобрести, сейчас это не проблема.

Е л е н а. Ну и хам из тебя вырос, Витька! Ты же знаешь, почему Лева в Германии. Здесь ученый и спицы от твоего «Харлея» не купит. Здесь настоящим ученым скоро вообще будет нечего делать и ты это знаешь. И Лялька тоже поэтому училище бросила и в модели подалась, чтобы не плодить нищих. Простите, Миша, я не хотела вас обидеть.

Ч е р к а с с к и й (ударил рукой по столу). Так, хватит. Надоело. Черт бы вас всех побрал.

В а р я. Сергей. Начинается. Больше ни одного грамма.

Ч е р к а с с к и й. Прости, Варя, но последнюю, клянусь тебе, Варя, последнюю, я налью и даже скажу почему. И вы все налейте: врачи, актеры, модели, экономисты. И даже, слава Богу, непьющие бармены. И ты, Варя, налей себе. Налей, киса, налей. Ты знаешь, про что я хочу сказать. Т. е. сказать я ничего не хочу.

В и к т о р. Ты просто хочешь выпить, дед?

Ч е р к а с с к и й. Хочу, хочу, внук. Сегодня шестое августа, воскресенье, не слишком веселая дата. И только одна ваша бабка, Варвара Петровна, об этом вспомнила.

Врать не буду: она, а не я. И не только вспомнила, а в вашу Переделкинскую церквуху сходила, свечу поставила. Для несведущих: 16 лет назад, шестого августа, как раз в воскресенье, как и сегодня, не стало, Виктор и Амалия, вашей матери, нашей любимой Сони. Ты, Виктор, знаешь ее только по фотографиям, да и Ляля не намного лучше. Сколько ей было, Варя, Ляльке?

В а р в а р а. Четыре с половиной.

Ч е р к а с с к и й. Извините, у меня с цифрами плохо. Вот Дашусе не в меня, слава Богу. Так что давайте тихо, не чокаясь, выпьем. В ее память. Как говорится, царство ей небесное. Я ее очень любил.

Все выпивают. Неловкая пауза.

Ч е р к а с с к и й. А теперь Дин Диныч нам споет что-нибудь, не обязательно грустное. Что-нибудь про любовь, у нас ведь скоро золотая свадьба с хозяйкой этого нашего деревянного дворца. И черт с ним, что вокруг эти громадные, краснокирпичные виллы всяких нуворишей. Но переделкинский дух, по крайней мере, в этом доме еще жив, слава Богу. «Еще польска не сгинела».

Л я л я. Но маленечко смердит.

В а р в а р а. Ляля, ты меня сегодня хочешь довести? Ты что это специально?

Ч е р к а с с к и й. Оставь ее, мать, это ведь она у меня научилась. Да, ребята, еще польска не сгинела, хотя действительно маленечко смердит. Ну да ладно. Денис, пойте что-нибудь, ну чтобы и слова не подкачали.

Денис поет, особенно поглядывая на Елену, мать Даши. Та стоит в стороне, курит. Денис делает это абсолютно незаметно для окружающих, Елена его взгляд чувствует, но никак не реагирует, по крайней мере внешне, лишь Виктор настораживается и усмехается, наблюдая за этой странной, еле заметной игрой. Денис поет что-то о любви, ну скажем на слова Мандельштама: «Я больше не ревную, но я тебя хочу». Каждый реагирует на его пение по-своему, пение красиво.

Входит сосед Черкасских, старик Борис Михайлович Давыдов.

Д а в ы д о в. *(Он радостно возбужден, может быть, уже выпил, останавливается, давая допеть Денису до конца и только потом.)* Семья великого маэстро Черкасского пьет и веселится, да? Без меня, суки, пьете, без соседа и ближайщего друга этого хера с ушами, старого гистриона Черкасского?

Ч е р к а с с к и й. Боря, я не возражаю, но здесь молодые девушки.

Д а в ы д о в. Значит, веселитесь? Пьете, бляди, и правильно делаете. Вы новости, конечно, проглядели, падлы. Так вот, ваш сын, генерал Андрей Черкасский, получил Героя России и едет в Москву!

Ч е р к а с с к и й. Варя, извини, но я нарушаю данную тебе клятву. Наливай по полной, наливай, мать твою!

Конец первой картины.

Сцена восьмая

Здесь идет эпизод восьмой, опять что-то из Лира.

После затемненной, имеется ввиду свет, сцены Лира, сна о Лире,
идет сцена девятая.

Сцена девятая

Снова дом Черкасских. Раннее утро.
Мы видим генерала Черкасского при полном параде, в форме.
Он говорит по телефону. Пока он один.
Затем войдет старик Черкасский.

А н д р е й Ч е р к а с с к и й. Да, да, машину. Ну сейчас,
утром, пробок нет, до нас минут двадцать, максимум. Бла-
годарю, жду.

Входит Черкасский-старик.

А н д р е й. Доброе утро, папа.

Ч е р к а с с к и й. Ты куда так рано, при параде?

А н д р е й. Надо, надо.

Ч е р к а с с к и й. В воскресенье?

А н д р е й. Теперь нет воскресений, отец, одни поне-
дельники.

Ч е р к а с с к и й. Андрей, если не секрет, куда?

А н д р е й. В Генштаб, а потом выше.

Черкасский. Много выше?

Андрей. На самый верх. Повоевали и будя. Видать отвоевался я, говорят. Надо в Москве дело делать.

Черкасский. Ты хоть детям время удели, Андрюша. Сходи с ними к Соне на могилу, благо недалеко.

Андрей. Обязательно. Я уже был там, но с детьми опять схожу.

Черкасский. И вообще, Андрей, поговори с ними. Ну, кто для них я, мама? Ты им нужен. Не так как Соня, но нужен.

Андрей. Отец, я все понимаю, но ты же видишь, как все сложилось: Афган, первая Чечня, вторая.

Черкасский. Понимаю, Андрей, понимаю, князь, я-то все понимаю. Но от этого не легче. Когда за тобой машина?

Андрей. Вот, вот. А где мама?

Черкасский. В церковь пошла, она у нас церковница. Ну, да бог с ней, ей так легче со всеми нами, мы ведь все клиенты не из легких; вот разве что Ленка с Дашусей.

Андрей. А Лев Густавович, когда домой из Германии?

Черкасский. А черт его знает. Вкалывает в Берлине как проклятый, но там хоть не стреляют. Не воюют. Порядок. Ну, скажи, Андрей, и войну проиграли, и грехов у них было много, за что им такой фарт, а мы?

А н д р е й. Ладно, батя. Я на эту тему и говорить не хочу, особенно в воскресенье.

Ч е р к а с с к и й. В понедельник, сынок.

А н д р е й. И во вторник отказываюсь. Я — солдат и точка.

Ч е р к а с с к и й. Ну да, «я старый солдат и не знаю слов любви».

А н д р е й. Что?

Ч е р к а с с к и й. Шучу, сынок, шучу. Я же klown (клоун), старый клоун. А за любовь мы с тобой вечерком языки почешем, за рюмкой. Идеть?

А н д р е й. Идеть, папа. Если мама тебе позволит.

Ч е р к а с с к и й. За любовь?

А н д р е й. За рюмкой.

Ч е р к а с с к и й. Позволит. Завтра выходной в театре.

А н д р е й. Слушай, а как старик Давыдов, позволяет себе?

Ч е р к а с с к и й. Ему запрещать некому. Нелля-то его скончалась.

А н д р е й. Когда?

Ч е р к а с с к и й. С полгода. Недалеко от Сони лежит.

А н д р е й. Значит, так: ты его пригласи. Попроси его до вечера не набираться. Покалякаем на троих. Я привезу все, что надо.

Ч е р к а с с к и й. Да все есть.

А н д р е й. Я хорошего. Правда, позови Бориса Михайловича. Я его всегда любил. В Чечне его книгу проштудировал.

Ч е р к а с с к и й. Какую?

А н д р е й. «Начало династии Романовых». Читал?

Ч е р к а с с к и й. Честно? Только проглядел. Не могу, не моего ума дела. Я артист, Андрюша, к тому же старый.

А н д р е й. И темный.

Ч е р к а с с к и й. Не хами отцу.

А н д р е й. А что у нас с чувством юмора, старик Болконский?

Ч е р к а с с к и й. Я не Болконский, сынок, я Лир. Даже и не Лир, а так, монстр. Твоя Лялька меня так называет.

А н д р е й. Она что, спятила?

Ч е р к а с с к и й. Ты, в своей Чечне поотстал, генерал. У них теперь все с ног на голову. «Монстр» — это теперь комплиментом считается. О, гудят тебе. Двигай, сынок, и возвращайся поскорее. А Давыдова я предупрежу, чтобы до вечера не набрался. Может, из любви к тебе старый лагерник продержится, давай, двигай, князь. Маманя расстроится, когда из церкви вернется, что тебя нет.

А н д р е й. Ты объясни ей и ребятам заодно. Пока, до вечера.

Ч е р к а с с к и й. Ты хоть пожрал?

А н д р е й. Нашел в холодильнике все, что надо. Пока.

Ч е р к а с с к и й. Ни пуха!

А н д р е й. К черту!

Сцена десятая

Утро. В комнате Даши. Она одна, говорит по телефону.
Дарья после душа.

Д а ш а. Алле, папаня, привет. Папаня, как ты? У меня все более-менее. Даже, скорее, более. Жду решения, окончательного решения с грантом, если подтвердится, с января я в Сорбонне. На год, папахен, на год, представляешь? Это тебе не твой занюханный Берлин. По сравнению с Парижем, занюханный. Подожди поздравлять. Как говорит бабушка, «не хвались, идучи на рать, а хвались, идучи с рати». Маманя? Маманя на ночном дежурстве, подрабатывает в Склифе. Зачем? Мне на туалеты. Папахин, ты забыл, что мне уже двадцать один и я на выданье. Да я не тороплюсь, но на всякий случай, если в Сорбонне сына миллионера не склею. Ты-то там хранишь нам верность? Поклянись. Подожди, а когда тебя ждать? Только к золотой свадьбе стариков, постой, постой, но до этого уже не так далеко, ура! А у нас дядя Андрей. Да, он великий генерал и Герой России. Папахен, я в этом не очень-то Копенгаген. Да, Герой России, не видел по телику, как ему вручали? У нас в «Санте-Варваре» была большая пьянка по этому случаю. Все «форсайты» кроме тебя. Да? А с кем приезжаешь? С большим бизнесменом? *(Передразнивает немецкий акцент.)* — нэмец? Какая жалость, что я не говорю по-германски. Я бы нашла богатого жениха, не отходя от кассы. Сколько? Пятьдесят? Молодоват для меня. Маму обниму и поцелую, непременно. Aufwiedersehen, папахен.

Входит Елена в вечернем костюме.
Она слышит последние фразы дочери.

Е л е н а. Привет, дочура.

Д а р ь я. Привет.

Е л е н а. Кто это был — папа?

Д а р ь я *(утвердительно).* Мм, он.

Е л е н а. Что же ты мне не передала трубку?

Д а р ь я. А ты бы хотела?

Е л е н а. Даша!

Д а р ь я. Ты можешь позвонить сама. Номер, ты знаешь. *(Пауза.)* Где ты провела ночь, опять у подруги?

Е л е н а *(устало).* Мм.

Д а р ь я. У той же или у новой?

Е л е н а. Даша! Это что, допрос?

Д а ш а. Просто спросила, а что нельзя?

Е л е н а. Можно, но не в такой тональности.

Д а р ь я. Понимаешь, эта подруга один раз позвонила по общему телефону, вниз, ей очень, видать, не терпелось, ты ей очень срочно понадобилась. А подошла я, и ты знаешь, у нее оказался, на удивление, очень знакомый мужской голос, такой, с хрипотцой, роковой или роковый, это как тебе будет угодно.

Е л е н а. Ошиблись номером.

Д а р ь я. Вряд ли, попросили-то Елену Сергеевну.

Е л е н а. Ты считаешь на свете одна Елена Сергеевна?

Д а р ь я. Такая как ты, одна, и голос такой один. Уж очень узнаваемый.

Е л е н а. У тебя хороший слух, дочка.

Д а р ь я. Ты забыла, что водила меня учиться музыке?

> Пауза, во время которой Елена устало раздевается
> и ложится на постель.

Д а р ь я. Мама, мамуля, ну что с тобой происходит?

Е л е н а. О чем ты, девочка?

Д а р ь я. Я боюсь мама, я очень боюсь.

Е л е н а. Чего, дочка?

Д а р ь я. Всего. Я боюсь за тебя, мама, за папу, за себя, за всех нас. Я же тебя хорошо знаю: у тебя ничего просто так никогда и ничего не бывает, ну как у других. Ты же не Лялька наша. Я сама в тебя пошла, именно поэтому и боюсь. И папин характер мне тоже известен, это ведь распад, раздрызг, разлад.

Е л е н а. Ужасно, но что поделаешь, значит, так должно было случиться.

Д а р ь я. Мама, подумай, с кем ты связалась. Он же лабух, он быдло, он грязь клубная.

Е л е н а (раздраженно). Даша!

Д а р ь я. Что Даша? Тебе сорок, а ему? Ты же понимаешь, что это абсурд?

Е л е н а. Понимаю, Дарья, я все понимаю.

Д а р ь я. Ну а раз понимаешь, остановись. Он позабавится с тобой, а потом променяет на длинноногую проститутку, на певичку в клубе. Мама!

Е л е н а. Смешно, кто из нас дочь, кто мать. А, Даш?

Д а р ь я. Ты о папе, обо мне, наконец, подумала? О репутации своей, наконец?

Е л е н а. О какой такой репутации в наше-то время, Даша? У кого сейчас репутация? В чьих глазах репутация, доченька? Ты права, все что происходит абсурд, я понимаю. Да, да, гитарист, рок, да, мальчишка, да, ненадолго, да, бросит, но попытайся понять, я сейчас сама не своя. За двадцать с лишним лет жизни с твоим отцом такое впервые. В сущности, банальная история: муж далеко, надолго, видимся редко. Ты же знаешь, за двадцать лет все страсти поутихли, и у него, Даша, и у меня. Тебе сейчас трудно понять, да и не надо тебе этого сейчас понимать. Как говорится, все в свое время. Видать, мое время пришло. Взбрыкнула. Все счастливые семьи счастливы одинаково, все несчастные — по-своему.

Д а р ь я. И что ты намереваешься делать дальше?

Е л е н а. Откуда я знаю, доченька? Но ты меня сейчас не трогай, не доставай. Образуется как-нибудь, да, образуется. Потерпи Дашка, потерпи.

Д а р ь я. Ладно, мать, отсыпайся. Дать снотворное?

Е л е н а. Дай. Спасибо. Прости, прости, Дашка, прости. *(Плачет, уткнувшись лицом в подушку.)*

Затемнение.

Сцена одиннадцатая

Там же, в доме Черкасских.
Столовая. Черкасский и соседка по Переделкину,
ровесница Черкасского Наталья, по прозвищу «Туся».
Варвара Петровна здесь же.

В а р в а р а П е т р о в н а *(когда Черкасский вошел).* Вот Туся зашла, а ты все спрашивал, куда пропала?

Т у с я. Я не пропала, Варька. Это вы с Сережкой пропали. Не заходите, зазнались совсем. А теперь еще сын Героя отхватил, надо же. Поздравляю тебя, Серега.

Черкасский. Спасибо, Туська.

Туся. Я бы хотела его лично поздравить, где он?

Черкасский. В Кремле, наверное. Увезли с утра, а зачем, понятия не имею. Может, в Москве оставят.

Туся. Оставят, ребята, оставят. Не волнуйтесь. Он свое отвоевал.

Варвара. Туся, это точно?

Туся. Точно.

Варвара. А ты откуда знаешь?

Черкасский. Туся всегда все первая знает. Ты что, забыла, мать?

Варвара. Нет, серьезно Туся?

Туся. Вчера у меня на дачке немножко «ням-ням, буль-буль, шашлычки-машлычки», но это не важно, и был у меня дружбан из Генштаба, генерал один, так вот, он сказал, что вашего Андрюху нынешний к себе хочет приблизить. Ну, в общем, старичкам на замену его. Ну, очень высоко и это, ребята, вполне реально, мой генерал зря трепаться не будет. Я думаю, он знает, что говорит.

Варвара. Только бы опять не в Чечню, а здесь хоть писарем. Так, молодежь, я пошла по хозяйству.

Уходит.

Черкасский. Как твой Толька?

430

Туся. В поряде. Семья его в Швейцарии, ты же знаешь, у него там дом, а он, представляешь, Серега, ну не может без Москвы. И бизнес свой там был, и дом. И я его понимаю, Серега. Я и сама больше двух недель не выдерживаю, хоть Париж, хоть Нью-Йорк, хоть Тель-Авив.

Черкасский. И чем же он в Москве промышляет?

Туся. У него клубы, казино, два ресторана.

Черкасский. Круто. А не страшно?

Туся. Страшно, конечно. Ну, у него своя охрана, все как положено, и все-таки я всю дорогу его по мобиле дергаю: где ты, что ты, Толик? Он: «мама, успокойся, все о'кей». Сам понимаешь, единственный сын.

Черкасский. Понимаю, еще как понимаю, старуха. Но ты бы могла попривыкнуть, у тебя же всю жизнь так.

Туся. Ты что имеешь ввиду?

Черкасский. Но это у вас семейное. Толик уже в третьем поколении бизнесом занимается. Теперь это так называется.

Туся. Что называется?

Черкасский. Так, Туся. Ты же мой характер знаешь. Давай оставим эту тему.

Туся. Да, характер у тебя, Серега, говно. Это всем известно.

Черкасский. Я на твоих всех, особенно нынешних, хрен с редькой положил. Я твою семью пятьдесят лет знаю. На свадьбе твоей в этом маленьком кафе был. Тоже вроде свадебного генерала. Я же не понимал тогда, что у твоего отца денег куры не клюют, он же подпольным цеховиком был, что не так, Туся? Его потом его же кореша и повесили, в вашей квартире. Теперь это называется разборками, а он тебе состояние оставил, а ты его приумножила, нигде не работая, что не так, Тусь? Ну, давай раз в жизни откровенно, это потом вы с твоим Иосифом постепенно деньги стали обнаруживать.

Туся. К которому ты даже на похороны не пришел?

Черкасский. Да, Туся, винюсь, не пришел, но знаешь, подруга, на похороны и юбилеи надо с чистым сердцем приходить.

Туся. А что тебе Иосиф-то мой плохого сделал?

Черкасский. Ничего, как и я ему, но знаешь, подруга, я тусовок не люблю, а ты, извини, из похорон умудрилась тусовку сделать: певцы, артисты, эстрадники, вновь испеченные генералы-депутаты.

Туся. Они пришли, потому что они-то благодарные люди, в доме у меня бывали, как и ты с Варварой, впрочем.

Черкасский. Правда, бывали. У тебя кто только в доме не перебывал. А почему, ты хоть иногда задумывалась?

Туся. Задумывалась, Сергей, задумывалась. А вот ты интересно, почему?

Черкасский. Ну, ты, Туся, баба не глупая, веселая. Иосиф твой завхоз-тихоня, в основном помалкивал, когда наша кодла знаменитостей за твой стол садилась, виски на халяву попить и икры пожрать. Это теперь этого добра завались, а тогда днем с огнем.

Туся. Халява Ты не суди обо всех по себе.

Черкасский. Сужу, извини, сужу. Нет, конечно. И с тобой не скучно было, поначалу, и друг с другом.

Туся. Не так уж мало.

Черкасский. Мне, лично, с возрастом стало мало. И не мне одному. Разговоры стали пустыми. Поговорим об искусстве, кто с кем живет, и против кого будем дружить, а когда твой Толик свой первый мильон зеленых, ну, скажем так, заработал, знаешь, что он мне сказал: «Дядя Сережа, Вы же должны понять, что все переменилось, все ценности, при всем моем к Вам уважении, сейчас бизнес и все с ним связанное важнее искусства, извините. Сейчас в газетах будут не о Вас и Ваших знаменитых коллегах писать, а о нас. Поэзия там, театр, философия, для узкого круга интеллигентов. «Ваше время, — это он мне говорит, — Сергей Андреевич, ушло, как это ни жестоко звучит». И так это, между прочим, во всем мире, и уже давно. Интеллигентно так твой Толик сформулировал, все-таки театровед в прошлом, ГИТИС закончил, куда ты его и пристроила, за бабки опять же, а может, связи. Тогда я его и спросил: «А как ты, Толик, эти миллионы так быстро наживаешь?» Он усмехнулся, только что по плечу меня не похлопал и отвечает: «Ну, это сложный разговор, Сергей Андреевич, долго Вам придется объяснять».

433

Т у с я. Да, у него проявился талант бизнесмена, и не у него одного.

Ч е р к а с с к и й. Это, подруга, точно. Вон сколько краснокирпичных замков в одном нашем Переделкино.

Т у с я. Завидуешь, Сережа, завидуешь.

Ч е р к а с с к и й. Нет, Тусик, не завидую, хотя, может быть и завидую. Я с юности горбатился, всю одну шестую отпахал, с кинороликами, чтобы семью поднять, а теперь квартиру московскую сдаю. Я не жалуюсь, Наталья, я еще много выше черты бедности. И потом, чему завидовать? Пустоте душевной, суете этой сраной? Толику, с его охранниками-качками и вечным страхом? Скуке твоей в Париже? Много ли ты, подруга, в этом Париже видела и что вынесла из Лондона, кроме шмуток? Да и Толик твой недалеко от тебя ушел. Как говорится, «яблоко от яблони». Я ведь знаю, подруга, почему ты сегодня к нам «в скворечник» заглянула.

Т у с я. Заглянула, Андрюху твоего и тебя старого мудака поздравить.

Ч е р к а с с к и й. Нет, Туся, не просто поздравить, а по нужности поздравить, это разница. Ты ведь «нужница», Тусь, и все твои друзья нынешние «нужники», будь они депутаты думские или артисты эстрады, или генералы-бизнесмены, все равно, все вы, по большому счету «нужники», по нужности все делаете. Андрюха на самый верх пошел, авось пригодится тебе и Толику, только Андрюха, которого ты с детства знаешь, извини, не так воспитан, принципы другие, представление о порядочности в нашей семье иные, Туся.

Т у с я. Так, все сказал, «добрый человек из Сезуана»? Теперь меня выслушай со своими представлениями: «в чужом глазу соломинку ты видишь, а у себя не видишь и бревна?».

Ч е р к а с с к и й. У Пушкина грубее и смешнее *(далее неприличное слово, звучащее в эпиграмме Александра Сергеевича Пушкина, произносится Черкасским одними губами)* «в чужой ...нде ...соломинку ты видишь, а вот в своей не видишь и бревна?».

Т у с я. О Пушкине тебе судить. Пусть везде, в ...нде, дело не меняет, ты мне и отца моего обосрал, пусть цеховик и что? И меня, и Толика моего заодно, только что не вором назвал, и друзья мои, видите ли, настоящие друзья, подчеркиваю, не то, что ты, неблагодарная сволочь. «Нужники». Принципы у него, воспитание, а своего внука-бармена от армии, небось, освободишь? В театр Армии по блату, в команду устроишь? И правильно сделаешь, между прочим. Как ему, гею голубому, в армии придется? Всю жопу порвут. А твоя дочь Леночка с его дружком Витькиным, с двухстволкой сраной, по Толькиным клубам и ресторанам шатается. Хоть бы постыдилась. Нашла себе ёбаря на пятнадцать лет моложе, а у самой дочь, ему ровесница. Принципы! Да где же твое хваленое воспитание? Где твои высокие принципы?

Ч е р к а с с к и й *(после паузы)*. Подожди, это правда или ты мне назло?

Т у с я. Чистая правда. Москва не такая уж большая деревня, клубов центровых не так уж много. Внук твой, Витька, в гейском баре, это всем известно, за стойкой стоит, а этот, гитарист гребаный, тоже известная личность. Я бы тебе, Сергей, этого никогда не сказала, но ты первый начал грузить. А без твоего Андрея я жила и проживу. Хам ты, злой, неблагодарный хам. Пушкин, Бродский, Хреноц-

435

кий, это все витрина, вывеска, а за витриной хам. Завистливый хам!

Уходит, хлопнув дверью.

Затемнение.

Сцена двенадцатая

Комната Виктора. Виктор говорит по мобильнику.

В и к т о р. Спокуха, Дин, спокуха. Не стоит горячиться. Я с тобой, старик, в загс не ходил, у нас страна отсталая. Она во всем отсталая. Да какие сцены ревности, Дин? Мне просто интересно, как выражаются наши СМИ, ты что сменил ориентацию, что ли, и соориентировался на ma tant, на старушку Лену? Ты что, всю нашу семью перетрахать решил, darling, или только ее женскую часть? Не мое дело? Еще какое мое! Я эту вашу случку в три минуты поломаю, если захочу. У нас семья пуританская: дед народный монстр, папаня мой генерал, ты что забыл? Он тебя, блядь гребаная, из-под земли достанет. Тебе, сука, качки Толика сначала гитару, а потом харю сломают, навеки. Есть у меня такой дядя Толик, сосед по даче. Что не смогу доказать? Тут и доказывать нечего, ты журнал «Семь дней» посмотри: известный певец Дин Макаров с прекрасной незнакомкой. Ладно, тебе повезло, отец из города прибыл. Но этот разговор не закончен, ты понял? «Большой гигант маленького секса», не закончен. *(Вешает трубку, ходит по комнате.)* Вот сука, сука, сука!

Включает музыку ходит по комнате.

Затемнение.

Сцена тринадцатая

В этот же день. Терраса.
Старик Черкасский и Варвара Петровна.

В а р в а р а (*после паузы*). Ты, увы, не открыл мне Америку, Сережа, про Витьку!

Ч е р к а с с к и й. Ты что знала?

В а р в а р а. Я, честно, давно догадалась, поняла.

Ч е р к а с с к и й. Почему не сказала?

В а р в а р а. Сергей, люди рождаются разными. Тебе это не хуже меня известно. Видать, у него это от природы, что поделаешь.

Ч е р к а с с к и й. Ужас, ужас. Это катастрофа. В кого? Андрей нормальный, мой отец тоже.

В а р в а р а. Сережа, так природа распорядилась.

Ч е р к а с с к и й. Ужас, мой внук — гей! Как мне с ним общаться-то?

В а р в а р а. Как раньше. Ты же уважаешь и даже дружишь со многими, такими же как Виктор.

Ч е р к а с с к и й. Да, но то чужие. Мне-то какое дело до них? Они чужие. Ты меня еще начни примерами великих утешать.

В а р в а р а. И про великих ты все не хуже меня знаешь, а вот с Леной, признаться, ты и меня огорошил.

Черкасский. С Леной хоть понятней. Ее Лев в Германии сколько сидит?

Варвара. Три года и два месяца.

Черкасский. Вот, а она тут с Дашкой кукует, сторожит ее.

Варвара. Досторожилась.

Черкасский. Три года. А сколько они виделись за три года и эти два месяца? Раза четыре, не более. Ленка молодая, красивая баба, о чем он думал там в своей разлюбезной Германии?

Варвара. Да, ты бы и четырех дней ждать не стал, да?

Черкасский. Варя, оставь.

Варвара. Сомнительный парень, гитарист, да еще, как это они говорят, «двухствольник», фу, гадость. Это как надо понимать: и нашим и вашим?

Черкасский. Лучше бы только «вашим». Еще СПИД проклятый в семью притащит. Ужас, ужас, Варя. Одна грязь, грязь. Дашуся ни о чем не догадывается, как ты думаешь? Она ведь отца обожает, этого ученого кретина.

Варвара. Сергей, поговори с Леной. Это все бесперспективно. Разница в возрасте, и, вообще, бред!

Черкасский. Варь, ты женщина, тебе как-то удобнее с ней на эту тему. А вот с Виктором я теперь за одним столом не знаю как сидеть.

Варвара. Как сидел, так и сиди. И говорить тебе с ним, разумеется, ни к чему, а вот от армии его освободи любой ценой, Сережа, освободи.

Черкасский. Значит, эта сука Туська права?

Варвара. В каком смысле права?

Черкасский. Ну что «в чужом глазу соломинку я вижу, а у себя не вижу и бревна».

Варвара. Так, Сережа, теперь об Андрюше, ему ни слова, Сережа, ты понял? Ни слова. Он Виктора убьет. Я серьезно, убьет в буквальном смысле, ты же его характер знаешь. Это ты у нас поорешь и отходишь, а Андрей другой.

Черкасский. Да, надо как-то скрыть и про Ленку тоже. А ты с ней потолкуй, Варь, как баба с бабой, и с Витькой тоже. Он ведь тоже не мужик теперь. Ужас, ужас!

Варвара. Не причитай. Опять все на меня свалил.

Черкасский. Варя, ну что ты, что ты? Ты же у нас голова всему. Как это в старину говорили, ангел хранитель домашнего очага.

Варвара. Не уберег очаг ваш ангел, не уберег.

Черкасский. Ты-то тут при чем? Не казнись. Права миллионерша, мать миллионера Толика: ничегошеньки я в жизни не знал, кроме своих ролей. Старый актер, старый монстр у разбитого корыта.

Затемнение.

439

Сцена четырнадцатая

Здесь идет кусок из «Лира». Как его сделать,
это дело режиссерское. Черкасский читает или играет
текст Глостера. Но это для пьесы неважно.

«Вот они эти недавние затмения, солнечное и лунное!
Они не предвещают ничего хорошего. Чтобы ни говорили об этом ученые, природа чувствует на себе их последствия. Любовь остывает, слабеет дружба, везде братоубийственная рознь. В городах мятежи, в деревнях раздоры, во
дворцах измены, и рушится семейная связь между родителями и детьми. Либо это случай как со мною, когда сын
восстает на отца. Либо как с королем. Это другой пример.
Тут отец идет против родного детища. Наше лучшее время миновало. Ожесточение, предательство, гибельные
беспорядки будут сопровождать нас до могилы».

Затемнение.

Сцена пятнадцатая

После этой сцены, интермедии Лировской, та же столовая, а
может быть это столовая-терраса, может быть в саду это, это как
художнику лучше. На сцене Варвара Петровна Черкасская,
входит Ляля и студент Михаил.

Л я л я (по-французски). Доброе утро, дорогие бабушка и
дед.

И говорит это неверно.

В а р в а р а   П е т р о в н а (поправляет ее и говорит как это
надо произносить. Потом повторяет по-русски). Те несколь-

ко слов, которые знаешь, произноси без ошибок. Слух режет, а лучше по-русски.

М и ш а. Добрый день.

Ч е р к а с с к и й. Здравствуйте.

Л я л я. Варюша, милая, изобрази водиле кофейку, он это заслужил сегодня. Доставил меня после примерки за тридцать минут на своем «мерседесе».

Ч е р к а с с к и й. У Вас «мерседес»?

В а р в а р а П е т р о в н а. У Миши «жигуленок», Сергей, это Амалия так шутит.

М и ш а. Сегодня воскресенье, пробок нет, но кофе, если можно, я с удовольствием.

В а р в а р а. Вам сколько ложек?

М и ш а. Две без сахара, если можно.

Л я л я. Фигуру бережет. Чацкого репетирует. *(Что-то цитирует из «Горя от ума».)* О, возможна антреприза: он Чацкий, я Софья, ты дед, разумеется, Фамусов...

В а р в а р а. А я — Лизонька. Вот Ваш кофе, Миша.

М и ш а. Спасибо.

Л я л я. Такая небольшая семейная халтура, единственный способ забашляться в наше время, я театр имею ввиду. Генерал Скалозуб — наш папочка-генерал, Дашке, Витьке, тете Лене ролей навалом.

Варвара. А кто Молчалин?

Ляля. Ну, Молчалин всегда найдется. Молчалины блаженствуют на свете.

Черкасский. Так, я к себе, Варя.

Ляля. А по какому случаю в фазенде мрак? Что-нибудь случилось, дед? Серьезно, какие-нибудь неприятности?

Черкасский. Все нормально, Ляля, но могла бы проинформировать нас, что на ночь домой не вернешься. Отец вчера интересовался, где ты?

Ляля. Варюшка знала, что у меня дефиле в клубе, потом интервью разные, надо же как-то раскручиваться. Я, как и ты, перфектционистка в ремесле и раскручиваться надо, и в этом я могу рассчитывать исключительно на свои силы. Ни ты, ни отец в этом деле не comprenez, извини, в этом деле ни Скалозубы, ни Чацкие, ни Фамусовы, ни даже Лизоньки не comprenez, вот в чем фишка, дорогие мои.

Миша. Все надежды на Молчалиных из крутых.

Ляля. Пейте свой кофе, Миша, и помалкивайте. Вам пока никто здесь слова не давал и очень сомневаюсь, что дадут.

Варвара Петровна. Ляля!

Черкасский. Так, мать, я к себе. Если Борька Давыдов позвонит, позови его. Или, если не трудно, зайди к нему сама. Андрей хочет его повидать, а я пойду полежу. И днем стал вялый какой-то. До свидания, Миша.

Заходите. Ляля, вы сегодня с отцом на кладбище, ты помнишь?

Л я л я. Помню, дед, не волнуйся.

Черкасский уходит.

В а р в а р а. Ладно, пейте кофе, а я к Боре Давыдову. Если он не в форме, пусть отлежится до вечера.

Уходит.

Л я л я. Мишель, и ты, дорогой, допьешь кофе, и пили в мегаполис. Слышал мы с отцом и братцем сегодня на кладбище? Да и всяких терок с отцом не избежать. Отоспаться надо после ночных оргий. Как это ты за рулем не заснул? Я боялась, что заснешь. Я-то хоть подремала в дороге.

М и ш а. Ляля, ты меня вконец запутала, правда.

Л я л я. Чем?

М и ш а. Отношением. Ко всему, что у нас происходит.

Л я л я. Господи, какая ты зануда. Что тебя не устраивает?

М и ш а. Неясность.

Л я л я. Какая ясность? Какой ты хочешь ясности в нашем положении? Кто ты такой? Кто я такая? Студент «Щуки» и девочка на подиуме с неясной перспективой. У тебя что, акции Газпрома или нефтяных компаний? Может быть, ты держишь собственную забегаловку, «Ар-

443

тистик»? У меня дорогой, кроме комнатенки в этом «скворечнике», ни хрена. Папа военный — генерал из Чечни, герой. Так это же все фикция, darling, надо знать характер fathera (фазера) и его, так называемые, принципы: он не генерал с харизмой и не специалист по путчам и всяким схваткам бульдогов под ковром, и не паркетный, не коверный, он военный по призванию. Это у него с детства такой закидон, дед рассказывал. Бабка Варя была литредактором, дед, сам знаешь, а он, ни в мать, ни в отца, ни в прохожего молодца и с этим уже ничего не поделаешь. Князь Андрей без имения...

М и ш а. Ты его не любишь?

Л я л я. Почему? Люблю, конечно, но не так, как деда и Варюшку. Они меня растили без матери. Отец всю мою жизнь то в академии, то в Германии, потом Афган, потом еще что-то, уж не помню, но не в Москве. Потом эта двойная Чечня. Своего рода приходящий папа, требующий дневник. Я его однажды, когда мне лет шесть было, на «Вы» назвала, он говорит: «Дочка, ты что, с ума сошла, я твой отец». А я ему: «Но я же Вас плохо знаю». Все дико хохотали. Ладно, Мишель, пофиздипили и хватит, пили в Москву.

М и ш а. Ляля, значит, я так понимаю все у нас не безнадежно?

Л я л я. Не знаю, не знаю. Надежда умирает последней. Господи, слышать больше этого не могу. Осточертело. Люди в подлодках тонут, уже ясно, утонули, но нет по телику: надежда умирает последней. Леса горят, СПИДом детей заразили, поезда с рельсов, Чернобыль, но по-любому поводу: надежда умирает последней. Уже пора понять, что надежда эта сама давно копыта откинула. Ей надежде этой самой, надежда на нее, во где. Нет, заклинают: последней, последней, последней...

Миша. Ну так как, Ляля?

Ляля. Так. Тебя что-то не устраивает в наших отношениях? Поставь точку. Имеешь все права, никаких претензий к тебе ни у кого не будет. И не доставай меня, если не хочешь, чтобы я сама эту жирную точку поставила, а я могу поставить ее в любую минуту, хоть сейчас.

Миша. Хорошо, Ляля, не злись. Ненавижу тебя, когда ты злишься. *(Пауза.)* Ладно, я поехал. Ну, хоть поцелуй на дорогу. Можно я тебе завтра позвоню?

Ляля. Звони, но сейчас ухлебывай, я уже засыпаю на ходу.

Миша уходит.

Ляля *(одна).* Так, спать, спать, спать. Быстро спать.

Сцена шестнадцатая

Комната Дарьи и Лены.
Лена по-прежнему спит. Даша занимается. Открывается дверь,
входит Варвара Петровна.

Варвара. Даша...

Даша. Бабушка, пусть мама поспит.

Варвара Петровна. Даша, мне нужно с ней поговорить.

445

Михаил Козаков

Д а ш а. Я уже с ней обо всем поговорила, бабуся, обо всем.

Затемнение.

Сцена семнадцатая

Вечер. Слышится колокольный перезвон.
Столовая-терраса. Входит Андрей Черкасский. Он в штатском.
Виктор, Ляля. В руках у Андрея ветка рябины.

А н д р е й. Так, ребята, а теперь мы выпьем, если бабушка не против.

В а р в а р а П е т р о в н а (*она вошла*). Я вам накрыла, ужинайте. Зелье в холодильнике.

Уходит.

А н д р е й. Ну, помянем Соню. Я на эту дату в Чечне — в одиночку, а теперь семейно. Тебе, Лялька, вина?

Л я л я. Нет, батяня-комбат, я «Абсолют».

А н д р е й. «Абсолют» так «Абсолют», ты, Витька, тоже «Абсолют»?

В и к т о р. Мне абсолютно ничего. Я «Боржоми», символически.

Л я л я. Витька у нас принципиальный трезвенник.

В и к т о р. В баре за стойкой такого насмотришься, что, будь ты хоть генетический алкаш, пить бросишь.

А н д р е й. Дело хозяйское. Ну, не чокаясь. Пролетели годы, как не было, а иногда, кажется, что несколько жизней прошло.

Л я л я. Время, папа, категория загадочная. Пространство — тупая.

В и т ь к а. Прикол! Лялька в метафизику ударилась. В дефиле это особенно необходимо.

Л я л я. И когда смешиваешь коктейли, тоже не помешает.

А н д р е й Ч е р к а с с к и й. Ладно, ребята, давайте жить дружно. Мне, честно говоря, малец не ясно, почему ты, Лялька, из театрального ушла, но я не спрашиваю. Тебе виднее. А вот с тобой, Витька, менее понятно: бармен. Деньги? Но ты, по-моему, не голодаешь. Бармен — это же не призвание, а? Ты же мужик не глупый.

В и к т о р. Именно поэтому, отец, предпочитаю смешивать коктейли и подрабатывать ди-джеем, пока, во всяком случае, а там поглядим.

А н д р е й. Ди-джей это что?

В и к т о р. Отец, это даже дед знает. Ди-джей это дискжокей.

Ч е р к а с с к и й. А, понятно. Ди-джей, так ди-джей, тем более скоро призыв и твой год. А дальше, после армии, решишь сам. Жизнь подскажет. Давай еще нальем для храбрости.

Л я л я. За Витькино геройство, что ли?

Черкасский. Нет, Ляля, за мое.

Ляля. Тебе его не занимать, батяня-комбат.

Черкасский. Я не про то. В общем, так ребята, у нас в семье скоро будет пополнение, братик или сестра.

Ляля. Вот это фишка! Незаконный?

Черкасский. Вполне легитимный.

Виктор. Ты что женился?

Ляля. Давно пора. Где, в Москве?

Андрей. В Питере.

Виктор. А дед с бабкой в курсе?

Черкасский. Пока нет. Я недавно оформил.

Ляля. Когда забеременела?

Черкасский. Раньше. Это только ускорило решение.

Виктор. И кто же извини наша новая мама?

Черкасский. Военврач. Училась в Питере и живет там. Познакомились еще в первую чеченскую. Зовут Малика.

Ляля. Малика? Имя нерусское.

Виктор. И не еврейское, надо полагать.

А н д р е й. Имя чеченское. Она чеченка.

Л я л я. Вот так прикол. Всем приколам прикол. Просто фильм «Кавказский пленник», батяня.

В и к т о р. В толстовском варианте. Не сердись, отец. Все в ажуре. Просто здорово. Если бы я пил, сейчас бы стакан водяры. И где будет рожать? Надеюсь, не в... Краснодонске (Моздоке).

Ч е р к а с с к и й. Нет, в Питере. Там квартира у нас. Наша собственная. А здесь, в Москве, получу государственную от Генштаба, тогда переберемся в Первопрестольную.

Л я л я. Когда?

Ч е р к а с с к и й. Месяца через три, полагаю.

В и к т о р. А почему не раньше?

А н д р е й. Раньше, ребята, боюсь, не получится. Сначала я опять в Чечню, правда, в новом качестве, впрямую от Кремля....

Л я л я. Когда?

Ч е р к а с с к и й. Завтра.

Л я л я. Завтра? Прямо-таки завтра?

А н д р е й. Да, дочка. Только вы старикам ничего пока, я сам скажу, и про мое новое семейное тоже. Надеюсь, вы понимаете ситуацию?

Л я л я. Сегодня вечером скажешь?

Черкасский. Не знаю.

Ляля. Папа, это же секрет Полишинеля. И чего тебе скрывать, они обрадуются.

Виктор. Чему? Что отец опять в Чечню? Очень обрадуются.

Андрей. В общем, беру с вас слово, ребята. Я сам соображу, когда и что сказать. Когда, где, что сказать или не сказать, понятно?

Виктор. Понятно, как «Черный квадрат».

Андрей. Что?

Ляля. Витька подразумевает картину «Черный квадрат» Малевича.

Черкасский. А. Ох, как гора с плеч. Ну, по последней, мне еще предстоит с отцом вечером. Надо чтобы голова варила и еще, ребята: вы тут стариков берегите, не огорчайте их, прошу вас. Вот за это и выпьем.

Ляля. И еще за братика.

Виктор. Или сестричку.

Андрей. За будущее не пьют.

Ляля. В армии тоже? Это ведь актерская примета.

Андрей. Я же, все-таки сын актера. Ну, вперед, поехали, детвора.

Затемнение.

Сцена восемнадцатая

Комната Лены.
Лена одна, по мобильному телефону.

Л е н а. Дин, не надо, милый. Я серьезно. Да, приняла решение, пора кончать все это. Почему? Сама не знаю, по кочану. По логике вещей. Ты же взрослый человек, не дурак, слава Богу, не могу я вести такую жизнь. Да нет, Дин, было отлично, ты же знаешь, что было просто замечательно, во всяком случае, мне. Ну, верю, но все равно это должно было кончиться когда-то, это же ясно. Ну, хотя бы из-за разницы в возрасте. Бывают исключения, но редко. Знаю, но это противоестественный случай, и я не выдающаяся женщина, а обыкновенный врач-терапевт, в некотором роде, замужем, дочь, двадцати с лишним лет. Нет, Дин, решено, не встретимся. Ни сегодня, ни завтра, ни послезавтра. Ты мне это говорил. Я верю, как это ни странно, верю, что я у тебя первая, хотя, согласись, как-то странно. Будут другие, Дин, поверь мне, что будут и еще какие. Я — серый воробышек в твоей жизни. Поверь моему женскому опыту. Дин, мне тоже не легко. Я не собираюсь распространяться на эту тему, но не легко. Дин, и не начинай все сначала. Этот идиотский журнал здесь ни при чем, хотя приятного мало. Слава Богу, родители его не читают. Да нет, никто меня не шантажировал, не запугивал. Виктор? А при чем здесь Виктор? А ему-то зачем меня запугивать? Почему я должна ему не верить? Не понимаю, объясни. Он провокатор? Ты что-то темнишь, Денис. Я же сказала, не встретимся. Почему провокатор? Нет, объясни по телефону. Ну, как знаешь, все, Денис. Давай не драматизировать, все было отлично. Все было отлично и я тебе благодарна за все. Пока, точнее, прощай.

Она вешает трубку. Тут же звонок. Она берет трубку
и тут же вешает. Звонок. Еще звонок.
Входит Даша, звонки продолжаются.

Д а ш а. Почему ты не берешь трубку?

Л е н а. Не хочу.

Д а р ь я. Может быть, это папа?

Е л е н а. Это не папа.

Д а ш а *(берет трубку)*. Алле, нет, это ее дочь и не звони-
те сюда больше никогда. Вам ясно? Никогда.

Затемнение.

Сцена девятнадцатая

Ночь. Черкасский-старик, Андрей Черкасский и Борис Михайлович Давыдов. Выпито изрядно. Сцена в столовой.

С т а р и к Ч е р к а с с к и й (*возбужденно читает*).

Генерал! Наши карты — дерьмо. Я пас.
Север вовсе не здесь, но в полярном круге.
И экватор шире, чем ваш лампас.
Потому что фронт, генерал, на юге.
На таком расстояньи любой приказ
превращается рацией в буги-вуги.

Генерал! Ералаш перерос в бардак.
Бездорожье не даст подвести резервы
и сменить белье: простыня — наждак;

это, знаете, действует мне на нервы.
Никогда до сих пор, полагаю, так
не был загажен алтарь Минервы.

Генерал! Мы так долго сидим в грязи,
что король червей загодя ликует,
и кукушка безмолвствует. Упаси,
впрочем, нас услыхать, как она кукует.
Я считаю надо сказать «мерси»,
что противник не атакует.

Входит Варвара Петровна.

В а р в а р а П е т р о в н а. Сережа, не рычи, третий час
ночи.

А н д р е й. Мусенька-кукусенька дай ему прорычаться.
Адреналин. Полезно для здоровья. *(Он ее нежно целует.)* Спи
дорогая, спи, не сердись.

Она уходит.

А н д р е й. Ну, отец...

Ч е р к а с с к и й *(продолжает чтение по книге)*.

Генерал! Я боюсь, мы зашли в тупик.
Это месть пространства косой сажени.
Наши пики ржавеют. Наличие пик –
это еще не залог мишени.
И не двинется тень наша дальше нас
даже в закатный час.

Генерал! Воевавший всегда как лев,
Я оставляю пятно на флаге.

Генерал, даже карточный домик — хлев.
Я пишу вам рапорт, припадаю к фляге.
Для переживших великий блеф
жизнь оставляет клочок бумаги.

(Он закрывает книгу.) Вот так, ребята, а написано в шестьдесят восьмом году по поводу Чехословакии, однако звучит и сегодня, правда, Борька?

Д а в ы д о в. Звучит. Умел он, блин, найти незаменимые слова. «Нобеля» ему не зря подбросили, хотя, что они в его стихах понимали? Ни хера они не понимали. В прозе, может быть, да. По совокупности дали, и слава Богу. У него еще и про твой Афган, Андрюха, есть.

А н д р е й. Знаю, отец просвещал. Но те меня не очень-то впечатлили.

Ч е р к а с с к и й. А эти? Генерал?

А н д р е й. Хорошо написано.

Ч е р к а с с к и й. А по сути?

А н д р е й. По сути? Я ведь понимаю, к чему ты клонишь, папа. Это сложный вопрос.

Ч е р к а с с к и й. Не такой уж и сложный, Андрюша. Ты что воюешь по убеждению?

А н д р е й. В каком-то смысле, да.

Ч е р к а с с к и й. И в Афгане по убеждению?

А н д р е й. Да, если хочешь.

Черкасский. Но почему-то ушли оттуда, стало быть, признали ошибку?

Андрей. Ушли. Отец, давай раз и навсегда. Я ведь все понимаю, и про Афган, и про Чечню, не меньше твоего, понимаю. И про многое другое. Меньше, чем дядя Боря, он историк, но понимаю. Ты знаешь, я не коммунист и никогда им не был. Я — военный командир, батяня-комбат, как Лялька говорит. Вот он историк, ты артист, а я комбат. Это моя профессия. Призвание, если хочешь.

Черкасский. Клянусь, Андрюша, вот до старости дожил, как это может интеллигентный человек по призванию стать военным, уничтожать себе подобных по призванию?

Андрей. Ну ведь можно и иначе: защищать себе подобных.

Давыдов. Себе подобных, своей страны, уничтожать себе подобных — чужой.

Андрей. Разумеется, дядя Боря, своей. Так вот, пока шарик будет вертеться и пока будут державы, страны, крохотные республики, им всегда будет нужна армия, разведка, КГБ, ФСБ или ЦРУ, не важно, мы же не в Ватикане живем, это же ясно как божий день, ни магометанство, ни иудаизм, ни христианство — не панацея. Толстовство, отец, увы, тоже не панацея. Кстати, Толстой и Лермонтов имели прямое отношение к войне и к Кавказу.

Давыдов. «Злой чечен ползет на берег, точит свой кинжал», заметьте, злой.

А н д р е й. Ну по этому вопросу я бы поспорил с Михаилом Юрьевичем, но не суть. Так вот, я был в русской армии и при коммунистах, и при Михаиле Меченом, при царе Борисе и, так называемых, либералах-демократах, в армии я и теперь, при этом дзюдоисте. Я всегда служил и служил в армии одной шестой.

Д а в ы д о в. Теперь знаменатель заметно уменьшился.

А н д р е й. Не меняет дело. Кто-то должен защищать знаменатель, каким бы малым он не стал. Хотя не скрою, за державу обидно. Давайте выпьем.

Ч е р к а с с к и й. Андрюша, оставь, не уподобляйся. Банально, слышать не могу. За державу обидно. За какую державу?. Это была не держава, а хрен его знает что.

А н д р е й. Понимаю. Однако твой любимый нобелиат — Бродский, был государственником. Да, да, парадокс, но так. И Александр Сергеевич, и твой друг Давид Самойлов, царство ему небесное, все они были государственниками.

Ч е р к а с с к и й. Андрюша, побойся Бога. Эмигрант, аполитичный эстет, диссидент, Бродский — государственник?!

А н д р е й. Да, папа, да. Ты меня с детства им пичкал. Возвращаю. По поводу отделения Украины (написано после «Пущи»).

Д а в ы д о в. Украины?

А н д р е й. Да. Украины. В Интернете наткнулся, подумал, может, тебе будет интересно, отец. Не поленился и копию сделал. Дядя Боря, дайте очки. Я, конечно, не артист, прошу простить *(вынимает текст и читает)*. Так, я фрагментарно. Ну тут, как всегда, у него начало, аппелирует к истории: Полтава. Пушкинский взгляд на это дело не Тарасошевченковский, а наоборот, вобщем, понятно:

Дорогой Карл XII, сражение под Полтавой,
Слава Богу, проиграно. Как говорил картавый,
«Время покажет им кузькину мать»...

ну ладно, тут пропускаю, вот сейчас самая главная, существенная оговорка:

Не нам, кацапам, их обвинять в измене.
Сами под образами семьдесят лет в Рязани
С залитыми глазами жили, как каторжане
Скажем им, звонкой матерью паузы метя строго:
Скатертью вам, хохлы, и рушником дорога!
Ступайте от нас в жупане, не говоря — в мундире,
По адресу на три буквы, на стороны все четыре
Прощевайте, хохлы, пожили вместе — хватит!
Плюнуть, что ли, в Днипро, может, он вспять покатит,
Брезгуя гордо нами, как оскомой битком набиты,
Отторгнутыми углами и вековой обидой.
Не поминайте лихом, вашего хлеба, неба,
Нам, подавись вы жмыхом, не подолгом, не треба.
Нечего портить кровь, рвать на груди одежду,
Кончилась, знать, любовь, коль и была промежду.
С Богом, орлы и казаки, гетманы, вертухаи,
Только когда придет и вам помирать, бугаи,
Будете вы хрипеть, царапая край матраса,
Строчки из Александра, а не брехню Тараса.

Вот так, ребята. Таким путем и таким макаром.

Д а в ы д о в. Ни хера себе загнул, «нобель-шнобель». Дай-ка глазами прочесть, генерал. Ну и сынок у тебя, Серега, любознательный. Парируй.

А н д р е й. А что ему мне парировать? Это не я писал, а его кумир, между прочим.

Ч е р к а с с к и й с т а р ш и й. Странная для него украинофобия, если можно так выразиться.

Д а в ы д о в (*читает текст, бросает*). Почему фобия, просто «славянские ручьи сольются в русском море, оно ль иссякнет?», вот вопрос. Пушкин.

А н д р е й. Вот, вот. Вопрос почище Гамлетовского. Это что касается, так сказать, убеждений и чувств. Про державу, за которую все-таки обидно... А призвание откуда? Ну был же твой брат Владимир профессиональным военным артеллеристом. Погиб под Штеттином в двадцать один год. Может быть, я в моего дядю, которого я и в глаза-то не видел. Бывает?

Ч е р к а с с к и й. Подожди, Андрей. Ты что-то путаешь, сынок, то была освободительная война. И князь Андрей у Толстого тоже погиб в другую отечественную.

Д а в ы д о в. Но до этого был, между прочим, Аустерлиц и небо над ним. Это довольно далеко от России было.

А н д р е й. Спасибо, дядя Боря. Не зря я Вас с детства уважал. Вы же тоже, кажется, воевали во флоте.

Д а в ы д о в. Воевал, Андрюшка, воевал. А потом гулачил десять лет по воле тех же самых, мать их так, кто меня на войну отправлял. Так что по чьей воле идти воевать, сынок, когда и во имя чего, это скидывать со счетов тоже нельзя.

Черкасский. Вот и я о том же. Ну, черт с тобой, призвание, понимаю, армия нужна, понимаю, но свою голову тоже надо на плечах иметь.

Андрей. Скажи, отец, коли ты такой уж резкий, а где была твоя голова, где был лично ты, Сергей Андреевич Черкасский, когда была Венгрия в пятьдесят шестом, Чехословакия в шестьдесят восьмом? Ты что, вышел на Красную площадь с плакатами протеста. Да ладно. А когда высылали из страны, сажали в психушки и прочее, твоих же любимых поэтов, писателей, художников, ты что, протестовал? Ты был готов за них живот положить? И не только ты. А все вы, либералы, ну почти все. Нет, ты играл свои роли, снимался, читал стихи. Да, ты не подличал, не орал «одобрям».

Давыдов. Андрюша, отец все-таки подписал письмо против высылки бородатого классика. Не забывай.

Андрей. Да, один раз подписал. Его подпись была среди других очень знаменитых, самых знаменитых. Их там много было, не могли же всех посадить, это было ясно. И я не осуждаю тебя, отец, так и не осуждай и ты меня. Что, я не прав, дядя Боря?

Давыдов. Ох, если бы знать, кто прав? В этом, увы, неразрешимом споре. Самое гениальное изречение двадцатого века в истории российской философской мысли: «хотели как лучше, а получилось, как всегда». Это почище Карамзинского «воруют». И заметьте, что оба афоризма имеют свои глубокие корни в далеком прошлом. Все мы, россияне, крепки задним умом, всегда опаздываем минимум на два такта. Почему? Читайте философические письма героя Первой отечественной войны Петра Яковлевича Чаадаева. Или, как там у этого «нобеля», «это месть пространства косой сажени?» А главное расположение этого пространства на этом гребаном шарике. «Да, скифы мы, да, азиаты мы, с раскосыми и жадными очами»...

Ч е р к а с с к и й. Глазами, Боря. У Блока — глазами.

Д а в ы д о в. Очами, глазами, это один хер. Но беда-то, что не до конца азиаты, как раскосые китаезы и не европейцы, хотя бы на уровне этих самых ляхов. А так, «ни богу свечка, ни черту кочерга». Был, правда, один момент в истории государства Российского, когда все могло бы измениться.

Ч е р к а с с к и й. Что за момент?

Д а в ы д о в. А ты, старый монстрила, историка прошлого столетия Костомарова читал? Нет? Темный ты, блин, как вся ваша актерская братия. Так вот, момент, ребята, этот самый был, когда Григорий Отрепьев одиннадцать месяцев государил. При нем, подлеце, поднялись ремесла, стали богаче жить. Народ стал жить богаче. Была отменена, как бы теперь сказали, паспортная система, был свободный выезд за бугор и даже таким как ты, старым мудакам-скоморохам разрешили скоморошничать и языки одиннадцать месяцев не вырывали. Но его, самозванца, на пики, а прахом этого гребаного прихвостня католиков из царь-пушки, чтобы другим не повадно было. А дальше пошло, поехало. Словом, хотели как лучше, а получилось, как всегда. Так выпьем, ребята, на дорожку, да спать.

Ч е р к а с с к и й. Забавно. Забавно.

А н д р е й. Да, спать давно пора, а то мне утром в Геншитаб за директивами. Я завтра в ночь, отец, лечу.

Ч е р к а с с к и й. Куда?

А н д р е й. В Ичкерию, отец. В Чечню эту самую.

Ч е р к а с с к и й. Андрюша, опять? Надолго?

А н д р е й. Успокойся, через месяц обратно. Работа в Москве, полная безопасность, отец.

Ч е р к а с с к и й. Прости господи, как же я их всех ненавижу.

А н д р е й. Кого, отец?

Ч е р к а с с к и й. Да всех. Всех этих правителей наших, всех времен. Всех и все ненавижу: Чечню в частности, чеченцев этих...

А н д р е й. Папа, не говори так. А сейчас сядь, не свались со стула: я, папа, женился. Женился на чеченке и жду ребенка.

Андрей усмехается, затем Давыдов смеется,
смех подхватывает Черкасский, потом все хохочут.

Ч е р к а с с к и й. Все смешалось в доме Облонских, Волконских и Оболенских.

Затемнение.

Второй акт

Сцена первая

Прошло несколько месяцев. Зима, Переделкино.
Дом Черкасского. Столовая-терраса. Некоторые изменения,
в частности, появился факс. Гудки его идут. Утро.

Ч е р к а с с к и й *(кричит)*. Варя, Даша, черт, эй, есть хоть кто-нибудь живой?

Дарья *(появляясь)*. Что тебе, дед?

Ч е р к а с с к и й. Да прими этот хренов факс. Черт, извини, не понимаю я в этой технике.

Д а р ь я. Не волнуйся, дед, все нормально. Надо просто нажать на эту кнопку *(принимает факс)*. Ура! От дяди Андрея: «Ну, дорогие молодожены, поздравляю с золотой свадьбой. Уверен в платиновой. Здоровья, счастья. Очень скоро вам нянчить еще одного Черкасского. Сказали, будет мальчик. Поклон всей семье. Ваш любящий сын Андрей. На, дед *(целует)*. И я поздравляю. Где бабуля?

462

Черкасский. Пошла причащаться. Сегодня же эта церемония. Полный бред, честно говоря.

Дарья. Почему? Сейчас многие венчаются и не молодые тоже.

Черкасский. Уступил Варваре, нечто вроде свадебного подарка.

Дарья. А кто, как это называется, шаферы?

Черкасский. Один — твой папаша, Лева. Другой — Борька, ну дядя Боря, Борис Михайлович Давыдов.

Дарья. Но они же оба атеисты, дед.

Черкасский. Агностики. Да неважно.

Дарья. Я тоже пойду в церковь, дед.

Черкасский. Никуда ты не пойдешь. Незачем цирк устраивать.

Дарья. Ну, дед, Сергуня.

Черкасский. Нет и нет. Ни Ленка, ни Лялька, ни Витька, тем паче, в церковь не пойдут. Это мое условие, иначе сбегу из-под венца, как Подколесин.

Дарья. Там до венца не дошло. Это Настасья Филипповна смылась. *(После паузы.)* Мама говорит, что Витьке уже недолго на костылях? Скоро с палкой пойдет?

Черкасский. Но хромота это уже за ним навсегда.

Дарья. Не страшно, главное, что жив остался. Позвоночник не задело.

Черкасский. Да, слава Богу.

Дарья. Дяде Андрею так и не сообщили?

Черкасский. Нет. Скрыли. Зачем его волновать понапрасну? Приедет, сам увидит. Что за мир вокруг, внучка? Не страна, а криминальная зона какая-то.

Дарья. А следствие ведется?

Она наливает кофе.

Черкасский. Ведется, да что толку. Много они нараскрывали? Да и Витька ни черта не помнит: какие-то трое, ночью, качки. Лиц, естественно, не запомнил. Беда.

Дарья. Дед, это все уже позади, слава Богу. Не расстраивайся, тебе нельзя. Ты сегодня молодожен.

Черкасский. Просто старый дурак.

Дарья. Сергунечка, не ной. Чудный день — свадьба, праздник. На носу премьера.

Черкасский. А ты не увидишь премьеру, талисман ты мой. «Храни меня, мой талисман. Храни меня во дни волненья, во дни отчаянья...»

Дарья. Может, и увижу еще.

Черкасский. Что?

Д а р ь я. Ничего. Вот дядя Андрей скоро папой станет.

Ч е р к а с с к и й. А твоему отцу спасибо, что эту штуку подарил. *(Он указывает на факс.)* Теперь с Андреем постоянная связь. Не то, что раньше. И этот дружбан твоего отца, немец, славный. Жаль, по-русски не говорит, а через переводчика не то.

Д а р ь я. Лялька наша его отлично понимает. Я бы даже сказала, что она как-то сразу начала его понимать.

Ч е р к а с с к и й. Оставь, Дашуся. Ему под пятьдесят, не меньше.

Д а р ь я. И что? А Чаплин с Уной? А Пикассо? А Майкл Дуглас? Или этот, как его, грек Зорбе, ну который у Феллини в «Дороге», так этот в восемьдесят два. Дед, в восемьдесят два, ребенка от молодой народил! Так что даже у тебя не все потеряно.

Ч е р к а с с к и й. Дашка, я бабке нафискалю. Скажу: в день венчания твоя внучка, Дарья, меня подталкивала к незаконным связям с сексуальными последствиями.

Д а р ь я. А я ей нафискалю, что ее жених перед походом в храм водку пьет. Вообще я чувствую по настроению, что с Лиром распогодилось?

Ч е р к а с с к и й. Тьфу, тьфу, тьфу *(стучит по дереву)*. Есть куски ничего, но пока только отдельные сцены. Как все вместе сложится, неясно. Неясно.

Д а р ь я. Но ты-то сыграешь?

Черкасский. Если не соберется в целое, никакая игра не спасет.

Дарья. Ладно, дед, переключись на роль жениха. Жаль, что не увижу.

Черкасский. Посмей только к церкви подойти.

Дарья. О'кей, дед. Но больше ни рюмки. Это мое условие.

Уходит. В это время входят Ляля и Миша.

Миша. Здрасьте, Сергей Андреевич.

Черкасский. «Чуть свет уж на ногах и он у Ваших ног»?

Ляля. Наше Вам, жениху, поздравляю Ваше королевское величество (*дает цветы*).

Черкасский. Рано поздравлять. Спасибо. Пойду, надо черный костюм вытащить и отпарить. Не поможешь?

Ляля. Ты вытащи, я отутюжу (*цитирует из Бродского*).

Черкасский уходит. Ляля и Миша остаются.

Ляля (*заметив водку*). Водочка (*наливает себе*). Ты будешь?

Миша. Я за рулем, Лялька.

Ляля. А я выпью. Утюг в руках удержу, а потом надо перед событием отоспаться, в форме быть.

М и ш а. У вас много гостей сегодня?

Л я л я. Только свои. Дед так решил. Только свои. Все. Ну, почти все. Так что извини, Мишель, я не приглашаю, не в правах приглашать.

М и ш а. Нет, я понимаю. Ты же не хочешь сделать меня членом семьи. Почему, правда, не понимаю?

Л я л я. Опять двадцать пять?

М и ш а. Да, Ляля, опять. На самом деле, я не то, чтобы нищий студент, как ты любишь говорить. Да, пока я в общаге, но я подрабатываю, звучу в этих сериалах мексиканских, мне уже и в наших, в мыльных предлагают.

Л я л я. Ты ж понимаешь!

М и ш а. Я отказываюсь. Жду чего-нибудь приличного.

Л я л я. Жди, Мишель, жди до второго пришествия. Сейчас не времена Тарковского и Бондарчука, а у двух, трех теперешних мэтров или двух, трех новомодных, кто будет играть заранее можно вычислить. Десяток уже известных, заметь, уже известных и попавших в обойму. Эх, Мишка, Мишка, это не шестидесятые, когда практически только и было, что свое кино. Голливуд весь мир съел и нас, в том числе. Нет, серьезно, Мишель, я желаю тебе и счастья, и удач ото всей души. Желаю, ото всей души желаю. Ты вполне этого достоин, дорогой. Говорю это абсолютно искренне: ты одаренный, ты фанат, как дед мой, но времена фанатиков, к сожалению, ухнули и помахали ручкой. Шансы проявить себя, сделать имя, карьеру, стать профи, личностью, минимальны. Минимальны. Это в дедовское время имидж себе в кино или на телевидении сделать молодому, если у него данные, разумеется, что на два пальца поплевать, дорогой. А сегодня? В ящике? Да. Если ты артист-шоумен, тогда да. Или модный телеведущий. Т. е., что остается? Старик, театр? Но сколько там платят, даже ведущему? Это я по деду знаю. Поэтому и «Щуку» бросила. Бесперспективно, Мишель, бесперспективно, милый. Обидно, но факт. Ах *(выпивает)*.

М и ш а. А быть манекенщицей лучше? В чем ты видишь перспективу?

Л я л я. Да и тут непросто. Тоже вопрос везения, но шансов сделать жизнь сегодня много больше. Надо только голову на плечах иметь. А если она есть, то не терять ее *(целует Михаила)*.

М и х а и л. Ляля, Ляля.

Л я л я. Ну что, милый, что, мой дорогой? Опоздали мы родиться. Ты, во всяком случае. Но ты фанат, дай тебе Бог, милый ты мой.

М и ш а. Ты вроде как прощаешься со мной.

Л я л я. Сегодня, во всяком случае. Что-то с моей башкой. Перебрала. Надо деду еще свадебный фрак отутюжить.

М и ш а. Ляля.

Л я л я. Все, Миша, все. Поцелуй меня в щечку и пока. И в Москву, в Москву, в Москву. «Слышите, как играет оркестр?»

М и ш е л ь. А может, вон из Москвы? А, Ляль?

Л я л я *(жестко).* Может и так, Мишель. Очень возможно. Не исключаю этот вариант. Очень возможно, что именно так и будет.

М и х а и л. Ты что серьезно?

Л я л я. Очень серьезно, мил друг. Серьезно, как никогда. Все, пошла обслуживать нашего монстра. Вон от папы факс. Отлично. Пока, Мишель.

М и х а и л. Ляля, я позвоню?

Л я л я. Позвони, если хочешь. Конечно, звони. Чао, Мишель, будь здоров.

Уходит. Входит Варвара Петровна.

В а р в а р а П е т р о в н а. Здравствуйте, Миша. А где Ляля?

М и ш а. Пошла гладить Сергею Андреевичу черный костюм.

В а р в а р а П е т р о в н а. Умница.

М и ш а. Тут, насколько я понял, факс от Вашего сына.

В а р в а р а *(быстро).* Где?

М и ш а. На столе.

Варвара Петровна читает факс.

469

М и ш а *(постояв с минуту)*. До свидания, Варвара Петровна. Поздравляю Вас.

Варвара молча читает факс.

М и ш а. До свидания, Варвара Петровна.

В а р в а р а *(рассеянно)*. До свидания, Миша, до свидания.

Михаил, постояв несколько секунд, уходит.

В а р в а р а *(целуя факс)*. Слава тебе, Пресвятая Дева Мария, щади меня и дальше. Щади меня. Пощади, умоляю тебя.

Затемнение.

Сцена вторая

Этот же день. Комната Виктора. Он в кресле-каталке. Неподалеку стоят костыли. Елена помогает ему одеться.

Е л е н а. Давай, Виктор. Вот так. Рука болит?

В и к т о р. Ничего. Нормально, Лена.

Е л е н а *(что-то доставая из шкафа)*. Эту рубашку? Или другую, посветлее? А, Витька?

В и к т о р. Все одно. Без разницы.

Л е н а. Ты кончай эти настроения. Живой, молодой.

В и к т о р. Не забудь добавить: красивый, здоровый.

Лена. Виктор, ты неблагодарная свинья. Когда я в ту ночь тебя увидела в Склифе, на столе, тебя срочно оперировал мой сокурсник, Терехов, еще счастье, что он дежурил, так он мне потом сказал: есть вероятность, что твой родич, Лена, будет передвигаться только на колесиках. У меня в глазах потемнело. Я спрашиваю: это что, без вариантов? Он говорит: ну если твой племянник не в рубашке родился. А ты скоро костыли отбросишь и своим ходом. Ну, так не будешь «Лебединое озеро» танцевать. А палка, легкое прихрамывание, это пустяки. Это даже, по-своему, романтично. Как лорд Байрон.

Виктор. Как покойный артист, этот, друг дедов.

Лена. Зато и армия теперь тебе не грозит. Ты туда, по-моему, не очень-то стремился. Я не в упрек, я-то тебя вполне понимаю. Ты лекарства принял?

Виктор. Да ни хрена эти таблетки не помогают.

Лена. Подожди, не все сразу. На, прими, запей.

Виктор. Депрессуха, Лена. Черная депрессуха.

Лена. Понимаю. Депрессухой сегодня полстраны страдают и у многих есть причины более веские. Телик смотри, или лучше не смотри. Генерал наш стал аккуратным. Каждый день по факсу. Сегодня всех поздравил. Тебя особо.

Виктор. С чего это вдруг?

Лена. Он в курсе.

Виктор. Кто ему сообщил? Черт! На хрена?

Л е н а. Нашлись доброхоты. Или от испуга перестарались, все-таки ты сын генерала Черкасского, мало ли что?

В и к т о р. Идиоты! Только меня ему там не хватает. Вот кретины!

Е л е н а. Кретины — это не то слово. Зато в прокуратуре зашевелились: следователь по особым делам твое дело взял.

В и к т о р. Блин, зачем?

Е л е н а. Что, значит, зачем? Это уголовное дело.

В и к т о р. Лена, Лена, Лена. В общем-то, я сам кругом во всем виноват.

Л е н а. Как сам?

В и к т о р. Закон бумеранга.

Л е н а. Какого бумеранга? Что ты несешь?

В и к т о р. Лена, поедешь в Германию со своим Левой и слава Богу, и поезжай. Поезжай, ma tant. Вы когда отчаливаете?

Л е н а. В ночь на завтра.

В и к т о р. И прекрасно. Чем скорее, тем лучше.

Л е н а. Для кого лучше?

В и к т о р. Для всех: для меня. Для всех. Да и для тебя, Лена, может быть, в первую очередь для тебя лучше. И для меня, понятно, тоже. Так, дай мне мои вторые ноги и попробуем спуститься.

Л е н а. Виктор, ты что-то не договариваешь? Начал, так договаривай, я не ребенок. Виктор, я настаиваю, я требую.

В и к т о р. Нет.

Л е н а. Договаривай. Я же понимаю, что это и меня касается. Я все должна знать, иначе мне и там, в Германии, покоя не будет. Договаривай. Я требую, Виктор. Понимаешь, требую.

Затемнение.

Сцена третья

Комната Дарьи. Она говорит по телефону.

Д а р ь я. Послушайте, но сегодня же воскресенье. Я понимаю, что срочно, но сегодня я никак. А чем я-то могу быть Вам полезна в этом деле? Я же на самом деле ничего не знаю, товарищ следователь, ой, простите, как Ваше имя-отчество? Так вот, Петр Иванович, что я могу знать? Знаю, что напали. Ночью. Трое, чуть ли не в масках, знаю, что избивали, палками какими-то, чуть ли не ломом. Избили, бросили, в парадном, неподалеку от этого клуба. Что брата потом случайно обнаружил жилец дома, слава Богу. Вот все, что я знаю. А что я могу знать о причине? Ровно ничего. Мама? А при чем здесь мама? Мама тем более не знает. А почему Вы спрашиваете? А как это может быть связано с ней? Да, я понимаю, что не наркотики. И правильно исключаете. Виктор — бизнесмен, он не торговец наркотиками. А что тогда? Гейский клуб, ну и что? А при чем здесь Виктор? *(после паузы).* Ясно, ясно. О, господи! Макаров? Денис, певец? Да, я его один раз видела. Он один раз был у нас, но только один. Понимаю. Понимаю, что серьезно. И Вы полагаете, это месть? Виктор его запугивал из ревности? Но покалечили-то его, Виктора. В ответ? Простите, наш Витька запугивал этого Макарова из ревности, к кому? Ну, я видела журнал «Семь дней», желтый журнальчик. Да, и снимок этот видела. Не извиняйтесь, что тут извиняться, понимаю. Значит, эта сволочь — Макаров, но Виктор бы его узнал тогда. Он навел других? Господи. Нет, мама не может свидетельствовать. Она скоро уезжает с моим отцом, со своим мужем, в Германию. Нет, не навсегда, на два года, работать. Ну, точнее, мой отец там работает. Он ученый, крупный ученый. Мама едет как его жена. Нет, меня тоже не будет в Москве, я по гранту уеду учиться во Францию. Петр Иванович, я понимаю, что все срочно. Очная ставка с этой сволочью? Нет, нет, нет, только не мама, прошу Вас. Ну, я Вас очень прошу, дайте ей спокойно уехать. Хорошо. Если это нужно, если это не коснется мамы, я готова подтвердить. Пожалуйста, завтра или послезавтра. Сегодня у нас семейный праздник. Золотая свадьба деда. Спасибо, передам.

Затемнение.

Сцена четвертая

И снова комната Виктора.

Е л е н а. Господи, господи, за что это все нам? Ужас, кошмар какой-то. Да, будь я проклята, будь проклят тот день. Ах!

В и к т о р. Ты сама из меня клещами тащила? Не убивайся. Все мы в этой истории хороши. Все трое, Лена. Я особенно.

Л е н а. Эх, Витя, Витя, Витя. Только бы старики ничего не узнали, это их доконает. Про твоего отца я и не говорю, с его-то характером. Сын — гей, сестра — проститутка. Ужас, Витька, попали мы.

В и к т о р. Надеюсь, ни черта не узнают. Я же следователю не раскалываюсь. Просто избивали: кто, понятия не имею, за что, понятия не имею. На этого, Дина, они вряд ли выйдут. Как? Что они, Шерлоки Холмсы, что-ли?

Л е н а. Когда им надо, выйдут, особенно если сверху давят. Он же в этом твоем клубе завсегдатай. Его там с тобой видели и, как ты говоришь, не раз.

В и к т о р. Если выйдут, хотя не верю, ему тоже нет смысла рот открывать. Это же верная статья: заказ на сына генерала из Чечни.

Л е н а. Из Генштаба.

В и к т о р. Тем более.

Л е н а. Какой-то сюр, и все в один день: венчание это, отъезд наш, бумеранг, этот самый, родственник.

В и к т о р. Можно сказать двойной родственник, ma tant. Почти инцест, так сплелось. «Сапоги всмятку». Все смешалось в доме Оболенских, как дед говорит *(пауза)*. Знаешь, сегодня сон видел, как всегда во сне все логично, пока его смотришь: сначала бывший

475

дедов приятель, театровед, а дальше все запуталось. Он, театровед этот, мне наяву все подарки дарил. Добрый такой, интеллигент: «какой внук у тебя, Сергей Андреевич, это что-то, ну просто с картины Рафаэля...» и всякое в таком стиле. И один раз, под сильными парами, это уже потом было, мне четырнадцать что ли стукнуло, он поддатый был, да и я в тот вечер попробовал для интереса...

Л е н а. Ты?

В и к т о р. Первый и последний раз в жизни. Так вот он попросил меня проводить его до электрички, уже темно было, ну словом, понятно. Так это началось. Я, честно говоря, и раньше-то на девочек не глядел и рассказы «про это» меня мало волновали, даже раздражали, а уж после, в общем, понятно. Сегодня сон: театровед этот, покойный, потом почему-то ты с этим Дином, потом я уже почему-то, в. военной форме, с отцом в Чечне. Сидим у костра и какие-то чучмеки почему-то поют мою песню на стихи Мандельштама. Ну ту, помнишь? «Я больше не ревную, но я тебя хочу». Бред какой-то и так красиво поют. Идиотизм. Отец говорит: «Ну видишь, сын, как в Чечне здорово, а ты со мной ехать не хотел. Как твою музыку чеченцы поют? Отслужишь, сын, поступай в Гнесинское, на композиторское. У тебя получится». И я, знаешь, ma tant, как это только во сне бывает, такой большой аккорд, что все у меня получится, что отец прав и что все в ажуре. Прости, нет ничего скучнее и бессмысленнее, чем выслушивать рассказы про чужие сны. Ладно, давай подпорки, надо расходиться.

Лена дает ему костыли, поддерживает Виктора,
потом утыкается ему головой в плечо.

В и к т о р. Спокуха, ma tant, спокуха. Прорвемся штыками, а Железняка, блин, оставим в степи. Show must go on.

Звучит музыка Фредди Меркьюри.

Сцена заключительная, пятая

Праздничный стол.

За столом Черкасский, Варвара, Даша, Виктор, Ляля, Елена, Лев Густавович, немец, господин Герман Штроссе.

Тамадой Борис Михайлович Давыдов.

Д а в ы д о в. Прошу с тамадой не спорить. Пьем за Варвару. За бабушку трех внуков.

Л я л я. Почти четырех.

Д а в ы д о в. Правильно. Мать двоих детей.

Л я л я. Кто сказал «мать» при новобрачных?

Д а в ы д о в. Я продолжаю. Бабушка, мать, затем невеста и теперь законная жена главы мафии Черкасских. Всячески, достойна, чтобы мы выпили за нее. Лев Густавович, прошу переведи мой спич этому немцу из дружественной нам европейской страны, а то он сидит без понятия, обидится еще и перестанет финансировать твой гениальный проект.

Л е в Г у с т а в о в и ч. Он притерпелся к нашей манере трепаться при нем по-русски и ничего не понимать.

Л я л я. А к этому можно притерпеться, дядя Лева?

Лев Густавович. Если вдруг захочешь, на своем опыте убедишься, Ляля.

Варвара. Что значит на своем опыте, Ляля?

Ляля. Успокойся, Варик-Варварик, потом, потом, grand maman.

Давыдов. Никакая она тебе не grand maman, блин. Она новоиспеченный, свежий блин, только что из-под венца. Так, все заткнулись или я слагаю с себя обязанности и ухожу в отставку. Проверенным путем двух граненых стаканов, запиваемых кружкой их прекрасного фашистского пива.

Штроссе (*по-немецки*). Лев, он что-то о фашизме?

Давыдов. И этот перебивает. Мне только этого фрица не хватало.

Штроссе (*по-немецки*). Я не Фриц, а Герман, Герман Штроссе.

Давыдов. Лева, объясни ему, а то и впрямь обидится. Взялся переводить синхронно, так переводи. А ты, Лялька, учи язык.

Ляля. Я быстро зашпрехаю, когда понадобится.

Дарья. Есть такой путь зашпрехать, через подушку, двоюродная. Нет, кроме шуток. Интенсивное изучение с реальным результатом. Только в двух случаях: или в тюрьме, в общей камере с аборигенами, или через подушку.

Ляля. Добрая у меня кузина, а, ma tant?

Елена. Даша, Ляля права. Извинись.

Лев Густавович. Что с тобой, дочка? Это на тебя не похоже.

Дарья (*по-английски к Ляле*). I am sorry, сестра. Предки правы. Серьезно, Ляля, извини.

Ляля. Извиняю, кузина, тем более что твой совет весьма дельный. Поскольку тюрьму я отметаю...

Дарья. От тюрьмы и от сумы...

Лев Густавович. Дарья, что с тобой? Я не узнаю тебя. Ты как-то изменилась.

Дарья. Многое изменилось, папочка, за это время и я, дорогой, не убереглась. Извини, Ляля. Извините меня. Дед, бабуля, вы особенно. Вот дура, весь праздник порчу (*плачет*). Все, сейчас вернусь. Продолжайте, дядя Боря. Сейчас вернусь. Рожу помою и вернусь. Вот дура, весь праздник порчу (*плачет*). Все, все, сейчас вернусь. (*Целует деда, убегает*).

Ляля. Правда, что это с ней?

Черкасский. Понятно что. Отец с матерью надолго уезжают.

Ляля. В конце концов, она сама на днях за кордон.

Варвара Петровна. У Даши есть сердце, Ляля.

Ляля. А у кого его нет, бабушка? «В каждой избушке свои погремушки», Варюсик.

Черкасский. На этот раз, Лялька права, Варя.

Варвара Петровна. Ну, прости меня, Лялик. Ты же мой любимый Лялик и все это знают. Прости свою старую бабушку.

Ляля. Ты никакая не старая бабушка, Варюсик. Ты — новобрачная. Вы с дедом оба потрясающие. Жаль, только что мы вас под венцом не созерцали. Вот дяде Боре и Леве повезло.

Давыдов. Ну, Лева мало что видел.

Ляля. Это почему?

Давыдов. Объясняю. Но сначала мы выпьем за Варвару. О, вот и Дарья. Значит за Варвару. Я сейчас хочу несколько слов без хохм, правда. Я ведь знаю ваших пращуров не один десяток лет. И моя с Неллей жизнь, и их протекала по соседству. Я, извините, помню и Андрея, и Ленку еще детьми. Только к концу жизни ты можешь с точностью сказать: это мои ближайшие, именно эти настоящие друзья, были и остаются. Проверено многими годами. Надеюсь, что это обоюдно. Я прав, молодожены?

Варя. Прав, Боря, прав.

Давыдов. Вот о чем я хочу сказать: пятьдесят лет — это срок. Понимаю, было всякое, жить с артистом, да еще с таким, как Сергей, с его, скажем прямо, непростым характером, не просто. Прожить пятьдесят лет, родить двух детей, воспитать трех внуков и при этом еще, заметьте, работать в издательстве редактором, я вас заверяю, хорошим редактором, это, я вам доложу, не просто. Всему этому не позавидуешь.

В а р я. Брось, Борька, я очень счастливая. Не обижай молодого, смотри, он уже злится.

Ч е р к а с с к и й. Почему злюсь? Ни черта я не злюсь. Борис прав.

Д а в ы д о в. Все Борисы всегда правы. Говорю, как историк, не будем спорить. Так вот, Варя, подобьем бабки: есть дом, есть клан, большой и, в общем, счастливый, насколько я могу судить. Все, слава Богу, живы, вопреки всему. Тьфу, тьфу, не бойтесь, не сглажу. Клан растет, увеличивается, Андрюшка постарался, да и Лена еще молодуха. Густавович в Германии ест хорошие витамины и экологически чистые продукты. Надеюсь, что и молодежь не замедлит сделать вас прадедами. Сергей во всю играет и вот, вот «Лир».

Ч е р к а с с к и й. Боря, не надо. Прошу.

Д а в ы д о в. Хорошо, я же не предлагаю пить за будущее. Я исключительно за настоящее, за сегодняшний день, за этот момент. За Варю, она всему голова.

Л я л я. За нашу «Санту-Варвару». За тебя, бабушка.

Каждый проздравлеят от своего имени.

Ч е р к а с с к и й. Борис, ты прав. За тебя, киса. Спасибо тебе за все.

В а р в а р а. И тебе, Сергей.

Д а в ы д о в. Горько, горько!

Все подхватывают: Горько, горько!

Д а в ы д о в. Так, ребята, стою я в церкви нашей, держу эту тяжеленную дуру над Варькиной головой...

В а р в а р а. Борис, прекрати, не богохульствуй!

Д а в ы д о в. Варя, ты же не кликуша. Чтобы снизить общий пафос. Меняю, как это там у вас в театре называется, жанр... Варя, можно?

В а р в а р а П е т р о в н а. Можно только без богохульства и, по возможности, меньше мата.

Д а в ы д о в. Попробуем. Итак, держу я эту штуковину весом с лагерную мотыгу, посматриваю на этого нехриста Льва, он тоже еле на ногах держится от усталости, процедура-то долгая. Священник: «Жених, поцелуй свою невесту». Серега наклоняется к Варваре, чтобы поцеловать ее, и я слышу как та сквозь зубы: «Фу, Сергей, с утра?», а Сережа ей: «Варя, клянусь, этого от твоего шафера несет». Тут мой кум, Лев Густавович, за что-то зацепился...

Л е в Г у с т а в о в и ч. У меня ногу свело.

Д а в ы д о в. Не важно. Он наклоняется, его диоптрии слетают на каменный пол и вдрызг. Служка или как он, кто он там, кусает себе губы, чтобы не расколоться. Хор, состоящий из трех пенсионеров Большого театра, сбивается и фальшивит немилосердно, словом, полный раскосец. Наш Переделкинский отец Никодим, бывший осведомитель нашего славного КГБ, пытается навести порядок и вдруг говорит: «Товарищи, товарищи, успокойтесь, вы же не дети, в самом деле». Меня уже трясет от хохота. Тогда он мне: «Господин Давыдов, Вы не в Переделкинской пивной», я ему чуть не ляпнул: «Простите, гражданин начальник», но сдержался и говорю: «Простите, святой отец» *(пауза)*. Наконец, наши поцеловались, засим церемония закончилась. А посему еще раз «горько», «горько», по стакану и стелиться.

В а р в а р а П е т р о в н а. Борька, я тебе этого никогда не прощу. И не надирайся, еще сладкий стол впереди.

Д а в ы д о в. На хрена мне ваш сладкий стол, когда такая закусь? И вообще, включите музыку какую-нибудь, а то я еще лагерные частушки начну. Вон, наш Фриц заскучал.

Ш т р о с с е. Герман, господин Давыдов, Герман Штроссе *(это по-немецки)*.

Д а в ы д о в. Густавыч, мать твою, ты ему переводишь или не переводишь, в конце концов?

Л е в Г у с т а в о в и ч. Ваш фольклор практически не переводим, Борис, но я пытаюсь.

Ш т р о с с е *(по-немецки)*. О чем он?

Л е в Г у с т а в о в и ч *(по-немецки или по-английски)*. Все о'кей, Герман, он шутит над собой, к Вам это не относится.

Ш т р о с с е *(по-английски)*. Нет, очень интересно, он очень колоритен.

Л е в Г у с т а в о в и ч. Потом переведу. *(По-русски)*. Ляля, включи музыку, в самом деле. Потанцуем, что ли?

Л я л я. Сей момент, дядя. *(Это она говорит по-немецки или по-английскиэ.)*

Гудок факса.

В а р в а р а   П е т р о в н а . Факс. Примите кто-нибудь.

В и к т о р *(он стоял неподалеку).* Я приму, ба.

Музыка танго.

Ш т р о с с е *(обращаясь к Амалии по-английски).* Разрешите, Ляля.

Л я л я . Пожалуйста. *(Танцует.)*

Лев Густавович
танцует с Леной, женой.

Ч е р к а с с к и й . Ну, Варя, вспомни молодость.

В а р в а р а . Сейчас, Сережа, минутку. Витя, это не от папы?

В и к т о р . Нет бабушка, это мне. Приятель один. *(Он отходит в сторону, перечитывает факс, прислоняется к стене, засовывает факс в карман. Начинает подниматься на костылях по лестнице.)* Дарья.

Д а р ь я . Что, тебе нехорошо?

В и к т о р . Да, голова, немного, не того. Помоги наверх подняться.

Д а р ь я . Я тебе сейчас лекарство дам?

В и к т о р . Спасибо, Дашка.

Они поднимаются наверх. Танго продолжается.

Ш т р о с с е (*Ляле по-английски*). Ну, Вы обдумали?

Л я л я. Да, Герман. Я скажу Льву, он Вам переведет, я боюсь быть не точной.

Ш т р о с с е. Я Вас люблю, я говорю это не шутя, у меня очень серьезные намерения.

Л я л я. Хорошо, хорошо, Герман. (*По-немецки.*) Так, дамы меняют кавалеров.

Пары меняются местами.
Ляля теперь танцует с Львом Густавовичем.

Л я л я. Лева, давай объясни мне про него.

Л е в Г у с т а в о в и ч. Ляля, я тебе все объяснил, насколько это возможно. Он держит этот журнал, как он у них называется, про моды, на этом дефиле твоем, куда я его же притащил, по его же просьбе, он, как это выразиться, как вы говорите, ну запал, что ли, на тебя. Слова идиотские. За эти две недели нашего пребывания не отставал ни от меня, ни от тебя. Просто заколебал меня расспросами о тебе. Уже сделал приглашение работать на его журнал. Это, Амалия, как это ни цинично звучит, гонорары вдвое, втрое больше моих. Дальше тебе решать, он готов хоть сегодня жениться.

Л я л я. Он же меня не знает.

Л е в Г у с т а в о в и ч. Говорит, узнает, и ты его.

Л я л я. Через подушку?

Л е в Г у с т а в о в и ч. Слушай, Ляля, я же тебя не уговариваю, я только перевожу. Я вроде дупла в «Капитанской дочке». Тебе решать, дело не шуточное. Я могу ему сказать: «Герман, она никуда не едет». И он поймет. Он вполне интеллигентный человек, из прекрасной семьи. Разведенный, не молод, естественно. Разница в двадцать пять лет. Ты же не интердевочка. Он же это прекрасно понимает. Ты же моя племянница.

Л я л я. А если бы дочь, Лева, тогда что?

Л е в Г у с т а в о в и ч. Не знаю. Амалия. Я просто говорящее дупло.

Л я л я. Так скажи ему, дупло, что я даю согласие. Пока на работу, а там посмотрим.

Л е в Г у с т а в о в и ч. Ты уверена, Ляля? Подумай как следует.

Л я л я. Я, Лева, уже подумала и для себя все решила. Пусть оформляет договор, ну всякие формальности.

Л е в Г у с т а в о в и ч. На работу?

Л я л я. Не только, Лева, не только.

Входит Даша.

Д а р ь я. Так, мои дорогие. Дайте и мне слово. Дядя Боря, вы же тамада или уже руина?

Д а в ы д о в. Старая гвардия, Дашка, умирает, но не сдается.

Д а р ь я. Значит так, маманя, папаня, все прочие.

Е л е н а. А где Виктор?

Дарья. Прилег у себя, устал немного. Все в порядке. Просто устал. Он и так огурцом держался. Значит так, родня. Значит, в первую очередь дед, Сергуня, я пью за тебя. Никакой ты не монстр. И не такой уж у тебя тяжелый характер, чтобы там все не говорили. Ты такой, как есть, и за это я тебя особенно люблю. У тебя на носу премьера, не бойся, я не за нее пью. Значит так, как бы это сказать, чтобы всем стало ясно, это никакая там не жертва, родители, прошу вас это понять.

Лена. Дашка, не тяни.

Варвара Петровна. В самом деле, Дашенька.

Даша. Так вот, я не поеду в Сорбонну. В конце концов, полгода учебы или год учебы там ничего в моей жизни не изменят. Дед, я твой талисман, как ты говоришь, ну типа амулета. Я, дед, остаюсь в Первопрестольной, в нашей «Санте-Варваре» и буду у тебя на премьере. И прошу вас не задавать никаких вопросов. Это решено окончательно и обжалованию не подлежит. Все, вам мой характер известен. Есть Витька, есть я, ты, бабуля, и ты дед, дай Бог, скоро все соберутся под отчим кровом, никуда мы отсюда не денемся. Все соберутся, все вернутся, кто раньше, кто позже, сюда, в наше Переделкино, в этот дом. За это прошу всех выпить.

Затемнение.

Сцена шестая

Комната Виктора. Он лежит на кровати лицом в подушку. Потом поднимает голову, надевает наушники, включает музыку. Это все тот же «show must go on».

На какое-то время выключает музыку, срывая наушники.

Затемнение.

Сцена седьмая

Ночь, столовая. Черкасский один сидит и пьет водку.
Входит на костылях Виктор.

Черкасский. Ты что, Виктор? Почему встал, один, на костылях?

Виктор молча подходит к деду, обнимает его.

Черкасский. Ты что, Витюша? С тобой что-то стряслось?

Виктор. Не со мной, дед, не со мной.

Черкасский. А с кем? Ну что ты молчишь? С кем? Ну не молчи. Говори, говори.

Виктор (*протягивает ему факс*). Это об отце был факс. Срочный. Оттуда. Об отце.

Черкасский (*долго смотрит на него в упор*). Он, жив? Жив?

Виктор отрицательно качает головой.

Затемнение.

После интермедия.
Финал пьесы.

ИГРАЯ ШЕКСПИРА

эссе

Я, как вероятно и мой герой Черкасский, сыграл-таки трагического упрямца короля и тему его запоздалого, но гениального прозрения.

И вот, когда в 2004 году мне стукнуло 70, я выпустил на ТВЦ авторский фильм – три серии под названием «Играем Шекспира». Первая – «Воспоминания о Гамлете», вторая – «Две комедии» («Комедия ошибок» и «Венецианский купец»). Третья – «Размышления о Лире».

Начав писать сценарий, я почти сразу понял, что на самом деле пишу не сценарий, а некое эссе, из которого только предстоит сделать телевизионный сценарий, сильно сократив и переработав – жанр-то совсем иной.

Фильм включил в себя и авторский рассказ, и хронику времен, пережитых мной и, главное, игру, причем, не только мою, но и многих Гамлетов и Лиров. Оттого – «Играем Шекспира!»

Эссе же «Играя Шекспира» я рискую опубликовать в этой книге.

«Гамлет»

В прошлом столетии на одной шестой нашей планеты в стране с аббревиатурой СССР в течение нескольких десятилетий абсолютной властью обладал человек, по масштабу не уступающий шекспировским монстрам. Ни Макбету, ни Ричарду Третьему, ни узурпировавшему королевскую власть злодею и братоубийце королю Клавдию, который, женившись на жене отравленного им брата королеве Гертруде, лишил законного наследника, принца Гамлета права на престол. Иосиф Сталин, отдадим ему должное, конечно же, знал бессмертную трагедию Шекспира и вполне понимал нежелательность ее исполнения на тогдашней советской сцене. И когда знаменитый артист МХАТа Б. И. Ливанов, репетирующий роль Гамлета в режиссуре В. И. Немировича-Данченко, на одном из приемов в Кремле обратился к Вождю всех времен и народов с отдающим подобострастием вопросом о том, как по мнению гения следует трактовать эту философскую роль витенбергского студента, получил исчерпывающий ответ Хозяина: «А ее вообще никак не следует трактовать, уважаемый, поскольку пьесу эту играть не надо вообще. У советского народа другие задачи и приоритеты. Надеюсь, это вам ясно, товарищ Ливанов?» И Вождь улыбнулся всем знакомой и сверх обаятельной улыбкой, от которой млела одна шестая самой счастливой страны на свете...

Улыбчивый подлец! Подлец проклятый!
Мои таблички, надо записать, что можно жить с улыбкой
И с улыбкой быть подлецом. По крайней мере в Дании.

Когда в марте 1953 года отрыдали траурные марши в Колонном зале и забальзамированное тело фараона XX века разместили в усыпальнице с останками другого гения, отлежавшего там к этому моменту уже почти 30 лет, постепенно наступила кратковременная хрущевская оттепель и робко возникли приметы хотя бы некоторой свободы в сфере культуры.

Руководитель Московского театра им. Маяковского, человек масштабного, темпераментного дарования, народный артист СССР Н. П. Охлопков сразу, ранее всех остальных понял, что «Гамлет» Шекспира наиболее актуальное сочинение из всех существующих, которое должно быть им, именно им и первым осуществлено. Постановочный талант Н. П., его бешеный романтический темперамент, точный расчет мастера безошибочно угадал художника спектакля. Им стал блистательный Рындин.

Огромные ворота на весь квадрат от пола до потолка огромной авансцены театра. Их на спектакле распахивало по крайней мере 10 человек, невидимых зрителю рабочих сцены... А за ними то королевский зал с пурпурным балдахином, то скала, на которой фосфоресцировал латами убиенный отец принца Гамлета, то многочисленные на всю высоту и ширину сцены решетки, на них и кидалась, и повисала толпа, ведомая на бунт Лаэртом, то четырехметровые колонны, увенчанные огромными как бы мраморными кистями рук, держащими факелы, освещающие спальню королевы Гертруды. Зрелище поражало воображение зрителя того, 1954 года. Живой оркестр, руководимый дирижером Ильей Мееровичем, сидел в оркестровой яме и поддерживал сочинение Охлопкова музыкой П. И. Чайковского и иной классикой. Тогдашняя публика просто сходила с ума от восторга. Кругом в театрах Москвы в основном скучная, вялая продукция соцреализма и во флагмане — МХАТе в том числе, а у «формалиста» Охлопкова театральное действо революционного масштаба!

В роли Гамлета блистал Е. В. Самойлов. Он был фантастически красив и романтичен в длинном парике до плеч, чрезвычайно пластичен, эмоционален и голосист (школа-то юрьевской Александринки и опыт игры у Вс. Мейерхольда). Словом, даже враги и завистники констатировали настоящий успех, бесспорную победу Охлопкова.

Но время той поры и театральное в том числе, стремительно менялось, принося неожиданности. В 1955 году, когда в железном занавесе, отделяющем тоталитарную державу от мира, появились щели, театральная Москва увидела «Гамлета», привезенного английской труппой. Режиссером этого «Гамлета» был ставший впоследствии легендой мирового театра Питер Брук, а центральную роль сыграл лучший Гамлет из виданных мною — молодой Пол Скофилд.

Иная эстетика, простота, глубина, аскетичность постановки, такое непривычное для российских романтических традиций толкования Шекспира — все это произвело бум в тогдашней Москве. На телевидении, на маленькой Шаболовке был организован своеобразный турнир. В живую была разыграна и показана на всю страну одна, лишь одна сцена из двух «Гамлетов» — Охлопкова и Брука. Необычность заключалась в составленных парах: наш Самойлов играл с англичанкой Мэри Юр, их Скофилд — с нашей Галиной Анисимовой. Мягкая реалистическая манера Скофилда в условиях приближенности лиц к телекамерам обернулась безусловной победой английской школы.

Критика — вечно непостоянная спутница театра — неиствовала, низвергая вчера ею же превозносимых кумиров и восхваляя новых, тем более что в данном случае они того стоили. И тогда Н. П. Охлопков, не пожелавший сдаться, придумал и почувствовал, что в его «Гамлете» должен заменить романтика Самойлова артист нового, сверхмолодого поколения. Его выбор пал на меня, 22-летнего выпускника Школы-студии МХАТ, успешно снявшегося в нашумевшем боевике М. И. Ромма «Убийство на улице Данте».

На одной из первых и, добавим, немногих индивидуальных репетиций, которые Охлопков провел с неопытным дебютантом, он посоветовал мне внимательно вслушаться и вдуматься в знаменитые монологи эстетически безупречного витенбергского студента, которые обращены им к бродячим актерам Елизаветинской эпохи, в знаменитые советы Гамлета всем актерам на все времена.

«Произносите монолог так, как я вам его прочел, легко и плавно. А если вы станете его горланить, как это у вас делают многие актеры, то это мне будет так же приятно, как если бы мои строки произносил уличный глашатай. Ибо в самом потоке, буре, я бы даже сказал смерче страсти, вы должны усвоить и соблюсти ту меру, которая придает всему легкость... Я бы отхлестал такого молодца, который старается ирода переиродить».

Словом, «цель искусства была и есть держать как бы зеркало перед природой».

Как мне кажется, эти знаменитые советы шекспировского героя, данные несколько столетий назад театральным актерам, данные внятно и подробно (я привел лишь часть из них), если вдуматься, основа системы К. С. Станиславского, от которого мы, сегодняшние, увы, практически отвернулись в погоне за сомнительными ценностями авангардного театра.

А играли Гамлета вообще кто во что горазд: и чересчур молодые или чрезмерно старые (вообще-то ему 30 лет), уродливые и кривоногие, толстые мужчины и хромые женщины... Его толковали по Фрейду и тогда он любил и даже хотел свою мать Гертруду более чем ту, к которой слова над гробом: «Я так ее любил, как сорок тысяч братьев любить не могут...» В полемике с традицией его превращали... Да мало ли во что нынче превращают в этой пресловутой полемике и в погоне за сенсацией кого угодно и во что угодно: Катерину и Кабаниху в свои противоположности, Треплева в гомосексуалиста, Нину в идиотку или суфражистку, трех сестер в опереточное трио и подводят еще при этом некую теоретическую базу, казуистически отыскивая в пьесах классиков обоснования для такого рода изысков! К примеру, Гамлет сам говорит о себе: «Я горд, мстителен, честолюбив, лучше бы моя мать не родила меня на свет...» И все это заявляет один из самых лучших людей на свете, именно людей, а не театральных персонажей. Эффект присутствия Гамлета в нашей постоянно текущей жизни подобен реальности присутствия, скажем, Понтия Пилата, обреченного Булгаковым на трагическое бессмертие и постоянную бессонницу... Так каков же Гамлет? Что следует брать в учет? Может быть, стоит все-таки прислушаться к словам Офелии и поверить ей, пусть и неравнодушной к принцу, но далеко не глупой и глубокой натуре:

Какого обаянья ум погиб!
Соединенье знанья, красноречья
И доблести, наш праздник, цвет надежд
Законодатель вкусов и приличий,
Их зеркало...

Как это все совместить в себе любому из нас, берущихся за эту роль? Не ведаю... Но ведь не носки же нюхать произнося «Быть иль не быть» этому «законодателю приличий»... А мы видели на столичной сцене и такое. Современная сцена все вытерпит, как и белая бумага... Только зачем?

Однажды на сцене Театра им. Маяковского, где шли репетиции по моему вводу в этот знаменитый спектакль, которые осуществлял помощник Охлопкова Алексей Васильевич Кашкин, с балкона неожиданно раздался голос Охлопкова: «Алёша! Пусть он (он — это я) репетирует роль в валенках. Что он мне тут балет развел! Мне не нужен второй ухудшенный Самойлов». На следующей репетиции Алексей Васильевич пожелал увидеть меня на сцене в кирзовых солдатских сапогах, что, безусловно, исключало балетную романтическую пластику самойловского толка. Появились другие интонации, иная тяжесть и даже глубина произносимого мной.

Я начал репетировать эту роль весной 56-го года, затем был летний перерыв, и фактически репетиции продолжились лишь в конце сентября в репетиционном зале. Репетировал со мной все тот же А. В. Кашкин, иногда вызывая на репетиции моих будущих партнеров, с недоверием относящихся к пробам юнца и сомнительному эксперименту своенравного Охлопкова...

Но свершилось чудо, может быть, главное чудо в моей жизни. Уже в ноябре того же 56-го года Охлопков сам на сцене и в декорациях со светом и в костюмах предоставил мне две репетиции-пробы, подобие двух прогонов с остановками на его показы и замечания.

И вот 25 ноября 1956 года в воскресенье на утреннике... Я двадцатидвухлетний впервые сыграл эту роль, ставшую для меня точкой отсчета всему, что последовало за этим в последующие полвека игры на сцене театра, точнее разных театров.

Почему Гамлет вот уже 400 лет есть имя нарицательное? Мы говорим: влюблен как Ромео, безумен как Лир, обжорлив как Фальстаф, ревнив как Отелло, коварен как Яго, жесток и злобен как Ричард Третий. А Гамлет? О, тут возможны самые разнообразные эпитеты! Благороден.

Философичен. Рыцарски смел. Изящен как изящнейший из принцев. Трагически раздвоен. Меланхоличен, порой депрессивен, нерешителен. Противоречив. Что только о нем не говорят и в самой пьесе и за ее пределами. О «Гамлете» только в одной русской литературе понаписано во всех жанрах, что всего не только не перечислишь, но даже не упомнишь. Белинский, Тургенев, Гончаров излагали иногда прямо противоположное.

«Гамлет» в Ленкоме.
Постановка Г. А. Панфилова

Как было уже замечено, неугодная в сталинский режим и период трагедия Шекспира о Гамлете, вызывавшая ненужные ассоциации, стала одной из самых актуальных и играемых в пятидесятые–шестидесятые годы прошлого столетия на многих советских сценах, в силу тех же причин.

А затем наступил перерыв. Гамлет поднадоел и стал отчего-то невостребован театром 70-х годов. Ему на смену пришли иные трагедии и комедии английского драматурга. И тут в первую очередь следует назвать «Ричарда III» в постановке Р. Стуруа, «Двенадцатую ночь» в «Современнике», «Укрощение строптивой» в постановке Игоря Владимирова с великолепной Катариной — А. Б. Фрейндлих в питерском театре «Ленсовета».

В 1984 году Ленком обращается к трагедии Шекспира «Гамлет». Обращается в другой раз. В первый — в 70-х в постановке Андрея Тарковского с Солоницыным в главной роли. Это был странный, необычный спектакль замечательного кинорежиссера. Он не стал его бесспорной победой, скорее наоборот. Да и прошел он недолго, разве что один сезон.

Тарковский решил сыграть «Гамлета» в подстрочном переводе М. М. Морозова, что уже продиктовало особую стилистику его спектакля, так сказать, трагедию в стихах.

Режиссер хотел жесткости, приближенности к нашему времени, прозоизировав во многом стихотворное сочинение Шекспира. Тарковский пригласил в Ленком гастролера со стороны, что в те годы в отличие от наших теперешних, было непривычным. Добавим, что Анатолий Солоницын, будучи прекрасным актером, не был ни поэтом как Высоцкий, не обладал красотой и уникальной пластикой Смоктуновского, ни парадоксальностью Бруно Фрейндлиха. Но была в нем, по мысли Тарковского, «вековая усталая мудрость и изначальное знание мерзостности и вероломства мира». Оттого возникала и некоторая рассудочность, и внешняя безэмоциональность исполнения, расхолаживающая зрительный зал.

Странным было и решение образа Офелии. Ее играла Инна Чурикова. Это была изначально ненормальная девушка. В трактовке Андрея Тарковского и в исполнении замечательно одаренной актрисы, Офелия представляла собой «смурную», сексуально-озабоченную до патологии молодую девицу. Ее сексуальные поползновения распространялись даже на брата Лаэрта (Александр Абдулов), да что там на брата — на отца их, канцлера Полония, блестяще исполненного в этом спектакле Всеволодом Ларионовым. Впрочем сам артист не принимал спектакля, созданного Тарковским. Он сам мне об этом говорил, когда я пришел за кулисы театра на премьере, чтобы поблагодарить коллег.

Забегая вперед, скажу: любопытно, что, в точности такая же ситуация повторится и со мной в той же роли Полония на той же ленкомовской сцене, но в другом спектакле «Гамлет» в постановке Г. А. Панфилова.

Да, спектакль Тарковского был неуспешен с точки зрения критики и в восприятии его тогдашним зрителем. Но,

на мой взгляд, в этом, пусть спорном спектакле было нечто, что нельзя забыть по сей день. Пусть немногое, но
весьма существенное.

В те 70-е, абсолютно застойные и бездуховные годы,
религиозность, христианство, столь свойственные Андрею Арсеньевичу, меня лично поразили отчетливостью
в прочтении этой действительно-таки новозаветной
трагедии философа-христианина XVI века Шекспира.
Не убий, не прелюбодействуй, не возжелай жены ближнего своего, греховность самоубийства — это очевидно
для всякого, кто читал «Гамлета». Но Тарковский пошел
дальше в своей трактовке. Вспомним, что в финальной
фазе спектакля, где действительно гора трупов на сцене
превышает всё допустимое даже у любителя таких сце-
нических эффектов классика (ведь в Отелло только три,
в Ромео — три: сам Ромео, Джульетта, да еще Парис) в
«Гамлете» целых четыре (не считая Полония, Офелии,
Розенкранца и Гильденстерна, убитых Шекспиром ранее по ходу представления), да четыре убитых за какие-
нибудь 10 минут до финала пьесы: отравившаяся вином
Гертруда, Лаэрт, попавший в собственный силок смер-
тоносно отравленной рапиры, предназначаемой принцу, убитый-таки наконец Гамлетом дядя — Клавдий и сам
принц, по приказу Фортинбраса, поднятый на почетный
помост четырьмя капитанами-норвежцами с приказом
«Войскам открыть пальбу!».

И вот после этих финальных слов трагедии Шекспира
Андрей Тарковский строит весьма важную для его замысла пантомиму. Меняется свет, звучит тихая музыка и вос-
ставший, воскресший из мертвых Гамлет — Солоницын
подходит к неподвижным, убитым соучастникам трагической интриги и, протянув к каждому из них руки, как бы
вокрешает их для пребывания в потустороннем мире, ставит их вокруг себя и обнимает по очереди: и королеву-
мать, и Лаэрта, обманно уколовшего Гамлета отравленной

рапирой, и самоубийцу Офелию, и убитого им ранее Полония, и предавших его Розенкранца, и Гильденстерна, и даже короля Клавдия — Каина-братоубийцу, обнимает каждого, как бы отпуская им совершенные грехи и призывая тем самым к духовному всепрощению и милости Божьей. Этим и запомнился мне навсегда «Гамлет» Тарковского. А еще фантастической находкой во время схватки врукопашную Гамлета и Лаэрта в сцене похорон Офелии —Чуриковой. Последняя всю эту долгую сцену лежала на чуть приподнятом помосте погребения, слушала с широко открытыми и немигающими глазами все, что говорилось или происходило над ее уже неживым телесным обличьем. Не мигая, не моргнув двумя своими огромными, так что с балкона увидишь, чуриковскими не глазами — очами!

В этом сценическом фокусе — кто видел, не забудет никогда — явно просвечивалась живая и каждому приходящая в голову на похоронах мысль: «А слышит ли, с кем прощаемся, нас, провожающих, расстающихся и всегда чувствующих себя почему-то виноватыми перед усопшим? Слышит ли он, она наши запоздалые слова, нашу невысказанную вовремя любовь: «Я так ее любил, как сорок тысяч братьев любить не могут...» Эти сорок тысяч братьев не раз и не два откликались поэтическим эхом в русской литературе и поэзии.

Однако из странных семидесятых, где лишь одиночки Гамлеты: Сахаров, Лихачев, Солженицын и, конечно же, Гамлет в полном смысле этого понятия, величайший из великих поэтов XX века, одиночка и исторический пессимист Иосиф Бродский, силились противостоять рабскому и молчаливому согласию миллионов и существующему порядку вещей, абсурдности всеобщего существования, не смогли играть в молчанку и не желали «покоряться плащам и стрелам яростной судьбы» и пытались каждый в меру своих сил «сразить их противоборством», что повергло когда-то в рефлексию и уныние Гамлета, мыслившего, по словам Мандельштама, «пугливыми шагами», конечно же, не из трусости, а опять же в силу объемности и глубины мысли. И уж коли в наших размышлениях мы вспомнили молодого Бродского, рискнув именно его именовать Гамлетом нашего времени, грешно не припомнить из его поэмы «Шествие»:

> Представить вам осмеливаюсь я
> Принца Гамлета, любезные друзья...
> Как быстро обгоняют нас
> Возлюбленные наши.
> Видит Бог,
> Но я б так быстро добежать не смог
> И до безумья.
> Ох, Гораций мой,
> Мне, кажется, пора домой.
> Поля, дома, закат на волоске,
> Вот Дания моя при ветерке,
> Офелия купается в реке.
> Я — в Англию.
> Мне в Англии НЕ БЫТЬ,
> Кого-то своевременно любить.
> Кого-то своевременно забыть,
> Кого-то своевременно убить,
> И сразу непременная тюрьма —
> И спятить своевременно с ума.
> Вот Дания. А вот король.
> Когда-нибудь и мне такая роль...
> А впрочем — нет.
> Пойду-ка прикурю.
> Гораций мой, я в рифму говорю!
> Не быть иль быть! — какой-то звук пустой.
> Здесь все, как захотелось небесам.
> Я, впрочем, говорил об этом сам.
> Гораций мой, я верил чудесам,

Которые появятся извне.

Безумие — вот главное во мне.

Позор на Скандинавский мир.

Далёко ль до конца, Вильям Шекспир?

Далёко ль до конца, милорд?

Какого черта, в самом деле

Чёрт...

Что ж, после этого воспоминая все о тех же наивных 60-х через тихие и мерзкие 70-е в переломные 80-е, в самую их серёдку — в эпоху Горбачева, Чернобыля, в начало смены вех и всяческих понятий, к «Гамлету» Панфилова в Ленкоме, где я уже Полоний, шут, по выражению Гамлета, кого репетирует, а затем сыграет ведущий актер театра и кино поколения на 10 лет младше моего, уже стареющего и редеющего не по дням, а по часам. Нет в живых многих Гамлетов прошлого, другие сильно постарели и годятся лишь на Полониев и могильщиков в этой трагедии. Да ведь и Инна Михайловна Чурикова уже не Офелия, а королева Гертруда в спектакле своего мужа Г. А. Панфилова. И Александр Збруев, моложавый король Клавдий, выглядящий ровесником своего племянника Гамлета. А юная Офелия в этом спектакле — дебют молоденькой Александры Захаровой, дочери худрука театра Марка Анатольевича, пригласившего меня, пятидесятилетнего актера на роль Полония в спектакль Панфилова в силу производственной необходимости.

Ни Всеволод Ларионов, уже сыгравший, как помнится, эту неполюбившуюся ему роль у Тарковского, ни Евгений Леонов — протагонист театра Захарова, играть Полония не захотели. А между тем Полоний — роль интересная, дающая возможность разнообразных толкований и трактовок. Однако роль нельзя трактовать, минуя главное, — режиссерскую идею и понимание этой многотрудной трагедии классика.

«Гамлет» в Ленкоме был режиссерским дебютом в театре прославленного кинорежиссера Г. А. Панфилова, не слишком искушенного в театральном деле и, скажем прямо, не обремененного знанием истории постановок «Гамлета» до него. Но в конце концов, театроведческое знание — не панацея успешного толкования и реализации собственного замысла. Тем более, что Глеб Анатольевич, справедливо утверждавший на репетициях, что сегодня ему представляется малоубедительным в серьезном спектакле существование отца Гамлета в качестве Призрака! «Призраков, как известно нам, людям XX века, не бывает», — заметил режиссер. С этим было трудно не согласиться. Но как быть, если именно потусторонний персонаж сообщает своему сыну то, без чего нет ни пьесы, ни проблемы: гуманитарий, философ, как мы бы сегодня сказали, интеллигент до кончиков ногтей должен выполнить волю именно потусторонней силы, пролить кровь и в каком-то смысле стать мстителем и палачом. А иначе к чему этот весь сыр-бор с его дуализмом и меланхолией принца?

«Так как же быть, Глеб Анатольевич?» «А все очень просто и вдвойне интересно, так как вполне современно, ужасающе современно. Гамлет, безусловно, умный политик, другим он и быть не мог, вырастая при дворе и дворцовых интригах. Он выдумал явление призрака, он просто нанял первого актера той самой бродячей труппы, что по его же, Гамлета, просьбе разыгрывают перед королем Клавдием совершенное королем злодеяние с последующим инцестом — женитьбой на вдове отравленного брата. И как начало тактической и политической затеи лишенного законного престолонаследника — приглашение за деньги актера, долженствующего сообщить Гамлету о свершенном злодеянии и потребовать мести!» — «Но позвольте, значит, для Гамлета это не новость? Получается, что он все знал и без, простите за эту старомодную глупость, Призрака, Тени?» —

«Выходит, что знал», — ответил Глеб Анатольевич. — «Еще раз простите за бестактность, но тогда как же быть с сомнениями принца: «Быть может, дух представший мне, был дьявол. Дьявол властен облачился в милый образ. И так как я расслаблен и печален, меня он в гибель вводит... С этим-то как быть, Глеб Анатольевич?»

— А это мы помараем. У Шекспира всегда и все что-то марают. Пьеса-то ведь безразмерная.

— Пьеса и в самом деле требует вымарок. Но весь вопрос в том, что марать... Сомнения и рефлексию? Тогда зачем ее ставить? Гамлет же ни Ричард, ни Макбет, в конце концов. Мы его за другое ценим и любим...

— Все это уже было и не несет ничего свежего и современного, — утверждал Г. А.

— Гамлет и в спальню матери один не придет. Он, если хотите, организует своего рода политическую оппозицию и знает, чем она чревата. Он даже своей матери не доверяет. И правильно делает. Оттого приходит к ней с вооруженной охраной...

— Предположим, что это так, хотя, конечно же, это совсем не так, но ради Христа, объясните мне, хотя я всего лишь Полоний и в конце концов не во мне дело, что дает этот фальшивый ход с нанятым Призраком дальнейшему течению пьесы? Ведь ни Горацио, ни Марцелл и сами-то ни черта не понимают, что стряслось с Гамлетом, да и он им не открывает своей тайны, узнанной от Призрака. Тогда в чем смысл этих ни к чему не ведущих ухищрений, с наймом актера на роль Призрака, извините за слово «Призрак»?

Нет, мы, положительно, не понимали друг друга с уважаемым Глебом Анатольевичем.

Когда я задавал эти же вопросы Янковскому, он отвечал мне: «Миша, в тебе говорит прошлое, романтическое толкование пьесы, где ты играл когда-то. Сейчас другое время, другая эстетика, постарайся это понять. Панфилов не мальчик и мне его концепция интересна».

— Олег, дорогой, неужели тебе интересен Гамлет без философских рефлексий, его сомнений, его борьбы с самим собой?

— Миша, ты слишком однолинеен. Вопрос пропорций и соотношений. Пойми!

Короче, я заткнулся. Я только иногда что-то записывал в дневник, не доверяя памяти и не веря услышанному.

Так, монолог «Быть или не быть» стал прологом к спектаклю, а не возникал как результат раздумий в середине представления. Гамлет, стоя у журчащего живого фонтанчика в самом начале спектакля, вскрывал себе вены, вода в чаше фонтана окрашивалась в красную краску, и произносил сакраментальный монолог. Фонтан журчал, писал водой, вызывая у сидящих в зале невольный рефлекс и желание пройтись в фойе в поисках туалета.

«Мне кажется, более того, я убежден, что монолог «Быть или не быть» и был у Шекспира в начале пьесы, правда, по неизвестным нам причинам потом оказался в третьем акте». Это не моя выдумка, так мной записано со слов Панфилова в моем тогдашнем репетиционном дневнике. Он пестрит такими афористическими находками. Я кипел. И тогда в поисках выхода желчи и досады написал там же в дневнике нечто вроде интермедии.

Интермедия на небесах

Фантастическая интермедия основана на действительных фактах: вымарки из пьесы, сделанные в Ленкоме, — чистая правда, как и то, что Михаил Чехов пустил петуха в одном из монологов Гамлета.

Шекспир Вильям — известный драматург. Первый исполнитель роли Призрака в «Гамлете».

Играя Шекспира

Р и ч а р д   Б е р б е д ж — исполнитель ролей Гамлета, Макбета, Отелло в шекспировской труппе. Когда играл Гамлета, был уже не слишком молод и несколько полноват. Шекспир оговорил сие обстоятельство специальной репликой, чтобы актер не испытывал никаких комплексов.

М и х а и л   Ч е х о в — великий русский актер, также исполнявший роль принца Датского и стяжавший большой успех в этой роли. Глуховатый голос и дикция, по его собственному признанию, мешали ему добиться идеального совершенства в роли.

Ш е к с п и р *(Бербеджу)*. Который час, Ричард?

Б е р б е д ж. Час быть честным, милорд.

Ш е к с п и р. Недурно сказано. Могло бы стать репликой...

Б е р б е д ж. Ты запамятовал, старина. Это из твоего «Ричарда».

Ш е к с п и р. Право? Приятно слышать. Так который час, друзья?

Ч е х о в. Без пяти одиннадцать, мастер.

Ш е к с п и р. Вы обещали вместе со мной посмотреть репетицию «Гамлета» в театре... в Театре имени Моспрома. Пора!

Ч е х о в. Увольте, мастер. Вчерашнего за глаза...

Ш е к с п и р. Коллега! Вот уже триста с лишним лет мы с моим драгоценным другом наблюдаем различные постановки его пьесы «Гамлет». Всякого понасмотрелись за это

507

время. *(Шекспиру.)* Помнишь, Вильям, этого эскимоса на Аляске?

Ш е к с п и р *(улыбаясь).* А в Корее, помнишь?

Б е р б е д ж. Но если серьезно — были удивительные спектакли, поражавшие глубиной постижения. Что ни говори, пьеса позволяет. Как не крути, пьеса хорошая. Кстати, и «Лир» не хуже.

Ш е к с п и р. Честное слово, ребята, верите — иногда думаю: неужто это все я понаписал?

Б е р б е д ж. Ты, ты, старина! Перестань умиляться. Не Френсис же Бэкон! Ясно — ты. *(Чехову.)* Кстати, коллега, на вашей родине мою роль исполняли очень недурно, очень.

Ш е к с п и р. «Недурно»! Если откровенно, Рич, извини, но тебе и не снилось играть, как Мочалов! Ты прости, но я всегда говорил тебе: не пялься в зал. Думай о смысле. Рассчитывать на красоту ляжек, обтянутых трико, увы, просто смешно при твоей комплекции. Даром, что ли, Гамлет дает советы актерам?!

Б е р б е д ж. Зря кипятишься, старина. Это было не так уж плохо. Меня поминают добрым словом и по сей день.

Ч е х о в. Я не хотел вас расстраивать, маэстро, но ваши знаменитые советы актерам они там, в Моспроме, вчера помарали окончательно.

Ш е к с п и р. Почему?

Ч е х о в. Длинно. И потом, это все у Станиславского есть.

Ш е к с п и р. Вот как. Стало быть, и советы — тю-тю. Что им, монолога о Гекубе мало?

Ч е х о в. Не расстраивайтесь так, маэстро... Плюньте!

Ш е к с п и р. Жалко все-таки. А потом, вдруг кто-то из зрителей этого Станиславского не читал. Обидно.

Б е р б е д ж. Вот ты все на меня рычишь, старина, а я твои советы назубок знал. Заметь, две страницы текста!

Ш е к с п и р. Ты не обижайся, Рич. Я ценю.

Б е р б е д ж. Нет, не ценишь! Сам — то Призрака только под суфлера играл! И на выходы часто опаздывал!

Ш е к с п и р. Я «Макбета» обдумывал.

Б е р б е д ж (ворчит). «Макбета». Я ведь, коллега, и Макбета у него играл. Раз, помню...

Ш е к с п и р. Ну вот, пошли воспоминания. Нет, друзья, серьезно, одним глазком глянем, что там у них. Сегодня сцена «Мышеловки». (Читает с воодушевлением.) «Взывает к мести каркающий ворон, рука тверда, дух черен, верен яд...».

Ч е х о в. Нет, мастер, не взывает ваш ворон к мести.

Ш е к с п и р. То есть?

Ч е х о в. От всей сцены у них одна пантомима осталась.

Ш е к с п и р. Как?!

Ч е х о в. А вот так. Остальное, по словам Гамлета, в цирюльню, за ненадобностью.

Б е р б е д ж *(бурчит)*. Кстати, они и эту шутку мастера туда же, в цирюльню.

Ш е к с п и р. Господи! Чем же я так им не угодил?

Б е р б е д ж. Слова, слова, слова. Несовременно, старина.

Ш е к с п и р. А что же современно?

Б е р б е д ж. Ну вот когда у тебя там: «Прекрасная мысль лежать между девичьих ног». Это и по теперешним временам подходяще.

Ч е х о в. Не-а. Публика не примет.

Ш е к с п и р. Почему?

Ч е х о в. Не расслышит. Неразборчиво.

Ш е к с п и р. Что, у актера дикция хромает? Голос глуховат? Беда.

Б е р б е д ж. А это уже камень в ваш огород, коллега. Что за характер! *(Передразнивая.)* «Краткие летописи, краткие летописи! Пусть актеров примут хорошо. Они, видите ли, обзор века», а сам случая не упустит нас обидеть!

Ч е х о в. Мастер прав. Дикция у меня страдала, голосом похвастаться не мог. Однажды на бедном Йорике петуха пустил...

Ш е к с п и р. Что вы слушаете этого толстяка, эту пивную бочку! Я тут рыдал, глядя на вас! И он рыдал! Не переставал удивляться. Я ему всегда говорил: плевать мне на эффекты и дефекты, если есть то, что в вас было! Говорю вам: рыдал!

Б е р б е д ж (*желая поддеть*). Ты и Сандро Моисси это говорил.

Ш е к с п и р. Говорил!

Б е р б е д ж. А я про что?

Ш е к с п и р. И Моисси, и Качалову, и этой бабе хромой, Саре Бернар! Ну и что?! И Скофилду скажу, когда явится, дай Бог ему сто лет жизни! Я и тебя, колода, хвалил. Когда на дело похоже, всегда хвалю! И буду! Я ведь и сам все-таки актер. Как-никак понимаю.

Б е р б е д ж. А вот об этом, старина, я бы на твоем месте не распространялся, сам знаешь.

Ш е к с п и р. Знаю, Рич, знаю. Если бы не знал, не видать тебе Отелло как своих ушей. Я не об этом. Понять не могу: что же сегодня на театре творится.

Б е р б е д ж. Ну разве только на театре? Весь мир театр.

Ш е к с п и р. А может, все-таки глянем, друзья, что там в Моспроме сегодня.

Ч е х о в. Из уважения к вам, мастер, но только в последний раз.

Б е р б е д ж. Отчего же? Премьеру я у них буду смотреть обязательно. По традиции. Коллега прав, старина: надо тебя уважить. Ну, так что там...

Михаил Козаков

На небеса доносится голос режиссера.

Р е ж и с с е р. Да, да, да! Вопрос решенный! Призрака у нас не будет. Я проверяю Шекспира на правду! Призраков вообще не бывает! Кто из вас хоть однажды видел Призрака?!! Вы мне еще про потусторонний мир расскажите!

Души Шекспира, Бербеджа и Михаила Чехова смущены...

Воспоминания увели меня чересчур далеко и в сторону. Оправдание им только в одной нехитрой мысли. К 86-му году, году премьеры Гамлета в Ленкоме все стало резко изменяться, наступало время и свободы, и вседозволенности одновременно. Играй что хочешь, трактуй как хочешь. Хорошо это или плохо? Это уже из разряда гамлетовских вопросов.

Перейдем к моему Полонию, это намного проще. Полонии вечны и примерно все одинаковы во все времена. Они всегда при ком-то, находящемся во власти и в силе. Цель всех Полониев на свете — преданно служить власти хотя бы из личной выгоды и видного служебного положения, которое они высоко ценят и не хотят с ним расставаться любой ценой. Полонии многоопытны, хитры, корыстолюбивы, что не мешает им любить семью, своих детей, заботиться о них, но прежде всего в своих собственных интересах, памятуя о своем иерархическом положении на лестнице власти. Они умны или не слишком, они болтливы по старческой привычке или, как этот, который попытался сыграть я, паутиной слов и смешных несуразиц хитрят с властьпредержащими, опять-таки добиваясь своей корысти, не стесняясь показаться лучше и простодушнее, чем есть на самом деле.

Прожив достаточно долгую жизнь, я видел много разных Полониев, но выбрал прототипом одного классического, по-своему талантливого и всем известного по детским стихам стихотворца, отца как и Полоний двух детей, о судьбе которых, надо полагать, заботился не меньше, чем персонаж Шекспира.

Вот отчего знаменитые советы Полония своему сыну Лаэрту, которого отец-царедворец вовремя отправляет в другую страну, подальше от опасностей, интриг вблизи датского престола, так практичны и подробны.

Но, конечно же, самой интересной и смешной сценой в роли царедворца Полония является сцена, когда хитрый и болтливый старик пытается объяснить ненормальное поведение принца королеве и королю, предоставив им в доказательство письмо Гамлета к Офелии.

Чем заканчивается роль Полония — известно. Его по ошибке убивает Гамлет, подумав что за ковром в спальне матери находился король Клавдий.

Надо сказать, что публика и даже ругавшая спектакль критика — А. Аникст, Н. Крымова, меня отметила, что в моей жизни случалось не часто. Статья первого называлась «Гамлет на воротах». Дело в том, что в спектакле Гамлет и король играли в футбол. Помню, на генеральной репетиции возникла довольно смешная ситуация, когда Гамлет — Янковский обращался ко мне с вопросом: «Сударь мой, вы когда-то играли на сцене?». Я отвечал не без яда: «Играл, мой принц, и считался хорошим актером...» — «Кого же вы изображали?». — «Я?» — и тут следовала моя, покаюсь, расчетливая пауза, рассчитанная на театралов, еще помнивших моего Гамлета. Пауза достигала цели, в зале раздавался смешок. «Я изображал Цезаря. Я был убит на Капитолии. Меня убил Брут». — «С его стороны было очень брутально убить столь капитального тельца», — заключал Гамлет. (Заметим в скобках, что это игра слов блестяще переданная переводчиком М. Л. Лозинским. Ахматова даже предпочитала перевод Лозинского не менее блистательному переводу Б. Л. Пастернака) Капитолий — капитально, Брут — брутально — почему-то не вызывает у современного зрителя реакции. Жаль. Но вообще-то, даже боясь показаться нескромным, констатируем, что реплизы Полония вызывали реакцию зала. Особенно в сцене с Гамлетом во втором шекспировском акте.

И вот так, во второй раз я сыграл в этой самой совершенной, на мой взгляд, пьесе на свете. Играл недолго. Не любил спектакля. Но как бы то ни было — второе свидание с шекспировским Гамлетом состоялось. Но суждено было еще и третье.

Одним из таких проектов стал «Гамлет» Шекспира в постановке знаменитого, всемирно известного немецкого режиссера Питера Штайна. Мне выпало поучаствовать в нем в роли Тени отца Гамлета. Роль небольшая, но существенная. Однако вопрос трактовки, не роли, а спектакля в целом.

Все началось с весьма презентативной пресс-конференции, данной Штайном многочисленным журналистам и телекомпаниям. Мы, актеры, при сем присутствовали для пущей, торжественности события. До «Гамлета» тот же Питер Штайн поставил с русскими актерами «Орестею», которая имела успех и объездила то, что называется весь мир, полмира во всяком случае. Ореста играл молодой талантливый московский актер Евгений Миронов. Ему предстояло стать Гамлетом девяностых, играющим на саксофоне в этом новом проекте антрепризы Шадрина. Король Клавдий — Александр Феклистов, Гертруда — Ирина Купченко, Полоний — Михаил Филиппов.

Первый актер — Владимир Этуш, одетый в женское платье и появляющийся на сцене под фонограмму песенки, исполняемой Марлен Дитрих, и прочие постмодернистские приметы нового времени наполняли спектакль. Действо свершалось на простых, но огромных площадках по квадратному периметру пространства — каре, а главные сцены — на центральной площадке в центре каре, вокруг которого располагалась публика, сидящая наподобие стадионных трибун по секторам. Для спектакля снимали огромную сцену Театра Армии. Там, на сцене и находились и декорации и 700 человек зрителей, располагавшихся на трибунах секторов.

На вопрос журналистов о концепции и трактовке знаменитый немец ответил: «Можете мне не верить, но у меня нет никакой трактовки. Спектакль будет предназначаться в основном молодому русскому зрителю, не знакомому с пьесой Шекспира». Раздался смех, все подумали, что за шуткой скрывается тайный и значительный замысел великого режиссера. Каково же было удивление будущих критиков и театроведов, когда увидев сотворенное Штайном, они поняли, что немец Штайн сказал тогда на пресс-конференции чистую правду. Было некое пластическое, достаточно простое, чтобы не сказать, примитивное решение. Сюжет был внятен, Евгений Миронов был Евгением Мироновым: искренним, обаятельным, эмоциональным парнем из соседнего двора. Он мог многим нравиться или не нравиться. Это было скорее вкусовым отношением к артисту, не к образу.

И в этом нет никакой вины Миронова — судить следует постановщика, для которого Гамлет был просто очередной им поставленной пьесой на сей раз с русскими актерами на неизвестном ему русском языке. Какая разница, чей перевод: Пастернака, Лозинского, Радловой? Поэтический строй, ритм, стиль русской речи? Что до того, не знавшему русского прославленному немцу? Все переводы почему-то смешали. Иногда даже дописывали свое. Я-то помнил, что когда Н. П. Охлопков позволил себе вставить в перевод Лозинского два-три пассажа в переводе Пастернака.— это вызвало справедливую бурю негодований тогдашней критики. Другие времена, другая культура, другие нравы, уважавшие авторское слово театра литературы.

Если продолжить тему, замечу, что в параллельно готовящемся «Гамлете» на сцене райкинского «Сатирикона», где режиссером был опять-таки всемирно известный режиссер грузин Роберт Стуруа, чехарда с переводами была мною замечена, но настали иные времена и, судя по всему, это никого, и шекспироведов в том числе, абсолютно не волновало.

Свобода? Вседозволенность?

Но мне, человеку из другой эпохи, все с самого начала репетиций Штайна казалось более чем странным, особенно безбожные и, на мой взгляд, нехудожественные переделки текста. Штайн настаивал, что в английском нет русского «Вы», а есть только «Ты». Это ему отчего-то казалось особенно принципиальным в его спектакле.

Когда я робко пытался объяснить маэстро, что и Пастернак, и Лозинский, надо полагать, знали и английский, и русский язык не хуже нас, но мало того, прекрасно ощущали, когда следует употреблять «Ты» или «Вы», добиваясь этим смыслового и художественного эффекта и приводил пример начала диалога в спальне королевы-матери и вассала-сына:

«В чем дело, мать, скажите» («Вы»)?
«Сын, твой отец тобой обижен тяжко» (на «Ты»).
Гамлет продолжает на «Вы»:
«Мать, мой отец обижен Вами тяжко».
Королева, перейдя на холодное «Вы»:
«Не отвечайте праздным языком!»
«Не вопрошайте грешным языком!»

Ну и так далее, ритмически, смыслово и стилистически безупречно сделанный перевод. На немца Штайна такого рода доводы не действовали. «Что он Гекубе, что ему Гекуба, чтоб об ней рыдать!» Я как мог честно выполнял пластический и тональный рисунок Штайна, добился права играть в одном переводе, кажется Пастернака, и, отыграв семь спектаклей, ушел из скучного для меня проекта как более чем десять лет назад покинул и ленкомовский «Гамлет» после премьерных спектаклей. Очевидно, я ненормально люблю эту пьесу Шекспира, чтобы идти на какие бы то ни было компромиссы, участвуя в ней.

На той пресс-конференции мне был задан журналистский вопрос: «Вы играли когда-то Гамлета, затем Полония, настала очередь Тени отца принца?» Я ответил: «Да. Следующей моей ролью в этой любимейшей пьесе станет роль Бедного Йорика, черепа королевского шута».

Отступление

Эх, матушка, и дался тебе этот Гамлет!
Аполлон Григорьев

Сколько раз я видел «Гамлета»? Не подсчитать. Мне кажется, эту пьесу можно смотреть (не говорю «читать!») бесконечно. В любых, даже самых отвратительных интерпретациях. Если хотите знать мое мнение, «Гамлет» не только самая крупная пьеса Шекспира, но и самая крепко скроенная им. «Гамлета» до конца не удается провалить ни одному театру, даже сыгранному в самодеятельности. Я видел «Гамлета» и в таком варианте однажды в городе Воронеже. Ты можешь быть раздражен, но публика почему-то досматривает спектакль до конца и, как правило, аплодирует. Иное дело «Буря» или «Ричард Второй». Не случайно эти пьесы, не говоря уже о «Титусе Андроннике», очень редко ставились у нас в России. Англичане-то играют все написанное их гениальным сородичем. Другое дело — как играют. Судя по всему, по-разному и с разной степенью успеха.

Нам, москвичам, на удивление повезло видеть лучшие образцы их исполнения, при этом видеть в Москве, что само по себе удивительно. Ведь был режим, казалось бы, ограничивающий международные контакты. А вот, поди ж ты! Два великих спектакля Питера Брука середины прошлого столетия игрались на мхатовской сцене: «Гамлет» в 1955 году и «Король Лир» в 1962 году. А еще «Гамлет» с Майклом Редгрейвом в те же 60-е годы, «Макбет» Питера Холла со Скофилдом в главной роли, «Двенадцатая ночь» Шекспировского мемориального театра и, наконец, «Отелло» с легендарным Лоренсом Оливье в роли Венецианского мавра на сцене Кремлевского театра. Опять же, в те же шестидесятые. Тот, кто увидел Оливье на сцене в этой роли уже никогда не сможет принять до конца ни одного исполнителя Отелло, а тем более решится его сыграть.

В театре «На Малой Бронной» А. В. Эфрос, приступая к постановке «Отелло», приглашал И. М. Смоктуновского. Тот по каким-то причинам отказался. Тогда Мастер предложил эту роль мне. Лестное предложение сыграть у самого Эфроса центральную классическую роль. Я нашел в себе силы отказаться. Эфрос был искренне удивлен. Я как мог объяснил: «Анатолий Васильевич! Если бы я был молод, то с радостью играл бы Кассио, сейчас я рискнул бы сыграть Яго, но знаю, что Вам нужен в этой роли простецкий тип и его репетирует Л. Дуров. Что же касается Отелло, как бы Вы его не решали, пусть даже черным интеллигентом в очках (иной!), я его после того, как увидел трактовку и исполнение Оливье, играть не стану ни в какой, пусть даже Вашей трактовке. Что бы я ни сделал, я буду чувствовать угрызения совести и презирать себя. «Отелло» Эфрос поставил. Н. Н. Волков и В. И. Гафт играли Мавра. Один в очках, другой, кажется, без оных. И спектакль кому-то нравился. Только не мне, видевшему Оливье.

Об этой роли Л. Оливье написано немало. Лучше всего, на мой взгляд, в замечательной книге Джона Коттрелла, одной из самых (если не самой) интересных и главных книг о театре, об искусстве актера, которые мне известны. Коттрелл часто и много ссылается на иных свидетелей, участников, критиков, рассказывая о легендарном Оливье и не только о нем. Он повествует об английском театре XX века, о театре вообще, когда к театру относились серьезно, как никогда ни ранее, ни, увы, позднее.

А сэр Лоренс Оливье сам был в каком-то смысле театром в театре. Коттрелл справедливо пишет (я сам тому свидетель), что в Москве Национальный театр стал первой западной труппой, выступившей в Кремлевском театре. В стенах Кремля «Отелло» оказали горячий прием. Спектакль завершился пятнадцатиминутной (!) овацией, вспыхнувшей с новой силой, когда черный Оливье вышел к рампе, чтобы произнести короткую речь на безупречном русском языке. И это чистая правда.

Боясь в этом эссе злоупотребить временем читателя, не в силах, однако, отказать себе использовать ряд цитат из книги Джона Коттрелла, ну хотя бы самых эффектных, дабы читатель наших дней почувствовал хотя бы отчасти, что есть театральное чудо, и как об этом умели писать, и сколь противоречиво театральное мнение даже знатоков театра, когда речь идет даже о легенде театра XX века — сэре Лоренсе Оливье. И, наконец, какой живой, не бронзовой фигурой был умница Оливье.

«21 апреля 1964 года... чернокожий и босоногий, томно поднося к носу красную розу и тихонько посмеиваясь про себя, Оливье почти бесшумно вышел на сцену “Олд Вика”, чтобы в обманчиво расслабленной манере начать великую роль, которую он избегал годами».

Оливье: «Я все откладывал, потому что, на мой взгляд, это невозможно сыграть. Объем огромный и нагрузка просто чудовищная...»

Я думаю, что Шекспир и Ричард Бердбеж напились вместе одним прекрасным вечером и Бердбеж сказал: «Я могу сыграть все, что ты напишешь, все, что угодно». И Шекспир ответил: «Отлично, я ловлю тебя на слове, друг!». А потом написал «Отелло».

Принято считать, что ни один английский актер нашего столетия не преуспел в роли Отелло. По мнению Оливье, только один человек мог добиться в ней успеха — Орсен Уэлс. «У него были все данные для Отелло, все, кроме дыхания...»

Сэр Лоренс (а ему было 60 лет, прим. — *М. К.*) два раза в неделю разминался в гимнастическом зале. Полгода он занимался ежедневными упражнениями для голоса... Через четыре-пять месяцев он мог говорить на полную октаву ниже. Мавр двигался грациозно, как бесшумный леопард. «Тщательный грим — пишет Коттрелл — отнимал у него два с половиной часа перед спектаклем и еще 45 минут после. Он, загодя, выучил текст и свободно владел им уже на первой читке. Трактовку роли он определил уже заранее» и добавим от себя — довольно неожиданно. Падению Отелло способствовал присущий ему и им самим развитый и раздуваемый тщеславный эгоизм. Мавр обманывает себя и окружающих, рисуясь благородным героем, умудренным, исполненным величайшего достоинства Черным императором среди белых, которым он служит.

Большинство критиков признало Отелло колоссальным достижением Оливье, поражающим виртуозностью. Критик Герберт Крецмер: «Сэру Лоренсу удалось с помощью Бог знает какого колдовства ухватить самую суть того, что должен чувствовать человек, родившийся с черной кожей. Его исполнение проникнуто изяществом, ужасом и высокомерием. Еще многие годы мне предстоит разгадывать его секрет».

Франко Дзефирелли назвал его «антологией всех открытий в актерском искусстве за последние три десятилетия». Ален Брайен («Сэнди Телеграф») писал о «плохой игре, на которую способен только великий актер». Брайен был вовсе не одинок. Одни восхваляли его до небес, другие считали карикатурой. Сибил Торондайк: «О, этот Отелло! Невыносимо совершенно гадкий негр!». Другой рецензент: «Отелло Оливье, казалось, вобрал в себя все те свойства, чем всегда выделялся среди актеров, обходившихся лишь некоторыми из них: магическую мужскую силу, изобретательные технические находки, обаяние, эмоциональный накал, редкий дар перевоплощения, пафос, черты комизма, широкий диапазон голоса, ярость, уважение к традиции в сочетании с готовностью экспериментировать, проницательный ум, пыл, умение показать в персонаже человеческое, умение вызвать у зрителя страх, заставить смеяться и доводить до слез, т. е. все то, что заставляет благодарную публику назвать исполнение великим».

Нетрудно понять, почему этот Отелло вызывает такие полярные отклики. Говоря о роли, Оливье подчеркивал всю важность расового различия: «Им пронизана вся пьеса. Оно в высшей степени сексуально. Я уверен, что Шекспир добивался шокового эффекта».

Это лишь то немногое, что я включил в мой рассказ из объемной, блестяще написанной и, я бы добавил, основополагающей как «Моя жизнь в искусстве» Станиславского книги Джона Коттрелла о великом актере, споры о котором продолжаются по сей день. Кто он, Лоренс? Мнения самые что ни на есть противоположные: комик, трагик, характерный актер, лишенный трагического темперамента, технарь, гений, которому все подвластно. Такое уж наше дело. О нем волен судить каждый, кому ни лень. И только одно несомненно: интерес и любовь зрителя. А все остальное — слова, слова, слова.

Гамлет Качалова, по мнению критики, был сух и рационален. Да что там! Легенду русской сцены Михаила

Чехова в роли Гамлета не принял сам К. С. Станиславский, очень высоко ставивший племянника А. П. Чехова и называвший его гениальным актером. Однако сказал: «Вы, Миша, не трагик. Трагику стоит плюнуть на пол, и зритель ахнет, а вы плюнете — не произойдет ничего. Вам не следует браться за трагические роли. Ваш удел иной». Отдадим должное К. Станиславскому, он и себя не считал трагическим артистом, однако играл Отелло в молодости.

Однако тянет играть Гамлета, Отелло, Шейлока и, конечно же, конечно, вторую вершину среди трагических и философских ролей, написанных гением — Короля Лира. Тянет, особенно тогда, когда ты не молод.

Скофилд сыграл Лира относительно молодым. Спектакль Брука и Скофилд в нем — одно из сильнейших моих театральных впечатлений. Но тот же Скофилд в «Макбете» Питера Холла оставил меня абсолютно равнодушным. Еще в большей степени я скучал и ушел с «Макбета» в толковании литовца Някрошюса после первого действия. А для кого-то Някрошюс — гений. Так и пишут — гений. Хотя его же «Гамлет» произвел на меня сильнейшее впечатление образностью режиссерских пластических и от этого кажущихся смысловыми решений. Игра фактур: огонь, лед, металл над сценой как некий топор, висящий в воздухе, инфернальная угроза, отец Гамлета в кресле-качалке. Встал, ушел, держась за отравленное ухо, а кресло вдруг полыхнуло пламенем и сгорело дотла. Ведь призрак-то из чистилища, где он обречен огню, пока не сгорят в адском пламени его земные грехи. Сны о Гамлете — таким мне показался этот очень талантливый, очень литовский, какой-то даже крестьянски-хуторской спектакль прославленного режиссера.

Другой прославленный (и не зря!) — Стуруа, ставя «Гамлета» с К. Райкиным в главной роли, придумал нюхать носки в монологе «Быть или не быть». Собственно, почему бы и нет. Разве не приходят иногда интересные мысли в уборной на толчке? Каждый из нас волен в решениях. Как сказано у А. П. Чехова в комедии «Чайка»? «Каждый пишет так, как он может и хочет». И играет. И ставит. Андрей Алексеевич Попов нашел формулу и часто ее использовал, увидев что-нибудь: «Можно и так». Умно. Не придерешься. Толерантно и ни к чему не обязывает.

А вот у меня так не получается. Наверное, я — человек страстный и пристрастный. Оттого и мучаюсь в поисках несуществующей в театре истины. Оттого и бумагу марую. Но на этом оставим воспоминания и лирические отступления.

«Комедия ошибок»

Опыт освоения Шекспировской «Комедии ошибок» в телефильме Вадима Гаузнера. Здесь дело пойдет, на первый взгляд, много проще — есть лента, снятая на «Ленфильме» в 1978 году. Я там играю двух близнецов Антифолов. Каждый из них не предполагает, что у него есть единоутробный брат. Не предполагают подобного и слуги Антифолов по имени Громио. На этой нехитрой штуке и путанице держится вся интрига комедии. Когда-то во времена Шекспира, она, очевидно, вызывала громкий смех. Ведь тогда еще не было кинематографа, который не раз отрабатывал систему героев или героинь-близнецов. Вспомним хотя бы ту же «Весну» Александрова, где героини Любови Орловой были не близнецами, но схожи как двойняшки, обладая противоположными профессиями. Одна — сухарь, ученый, другая — легкомысленная актриса. И лишь когда к обеим пришла любовь, то они слились почти в одно лицо — получилась кинодива Любовь Орлова.

Здесь стоило бы вспомнить едва ли не самую интересную из написанных на эту фабулу историй — «Принц и нищий» мудрого остроумца Марка Твена. А ну-ка, принц, поживи в шкуре бедняка из трущоб. А каково тебе, нищий, примерить одежды королевского наследника, но заодно решать проблемы государственного значения?

Скажем прямо, история Марка Твена много понятнее и ближе нам, теперешним. А вот что делать с «Комедией ошибок»? Про что играть не такую уж смешную и достаточно бессмысленную историю XVI века? С этой непростой задачей столкнулись и режиссер Гаузнер и я — исполнитель двух близнецов Антифолов. Шекспир не первый раз играл коллизией родственного сходства. Достаточно вспомнить Виолу и ее брата-близнеца Себастьяна в замечательной комедии «Двенадцатая ночь». Но там это не является главным. Там комедия ярчайших характеров. Один Мальволио чего стоит? А сэр Тоби, а Эгьюйчик, а страсти прихотливой Оливии и герцога Орсино. Там, наконец, шут с его парадоксами и мудрыми песнями.

Ничего подобного нет в «Комедии ошибок». Что-то предстояло сочинить, придумать самим. Я на сей раз безоглядно доверился фантазии писателя и сценариста Фридриха Горенштейна, режиссера Гаузнера и неуемности оператора Анатолия Иванова в решении стиля, а стало быть, и некоего смысла их сочинения.

Наши семидесятые годы предполагали некий абсурд существования. Мы удивлялись еще тому, чему было пора перестать удивляться. Белое выдавалось за черное. Здоровых объявляли сумасшедшими, сумасшедшие маразматики правили страной, вешали друг другу бляхи до пупа и взасос целовали друг друга на разного рода торжествах. Издавали книги, которые писались другими авторами, автор их читал последним. «Когда я впервые прочитал мою книгу "Малая Земля" я был очень обрадован, что она написана и вышла большим тиражом» — это высказывание автора звучало анекдотом. Все хихикали, но никого это не удивляло и тем паче не возмущало. «Мы рождены, чтоб Кафку сделать былью» — такая была присказка.

Поэтому по замыслу режиссера фильма «Комедия ошибок» — не такая уж комедия, скорей достаточно абсурдистская и по идее, пугающая абсурдизмом история. Гаузнер, художник Белла Маневич и особенно оператор Анатолий Иванов пожелали снимать эту историю в жестких фактурах горной и древней природы Грузии. Что ж, это и в самом деле снято стильно и красиво. Мое же дело было создать два характера и довести их до крайних степеней, почти страха и безумия в восприятии с ними обоими происходящего во всей этой путанице. Вот, пожалуй, и все, что можно выжать, рассказывая об этой моей шекспировской работе конца 70-х. Картину, на мой взгляд, нельзя считать удачной, но что-то останавливает считать ее провальной, хотя я не стал бы оспаривать и противоположное мнение.

Воспоминания же о съемках самые прекрасные. Грузия, горы и старинные церкви, вино, хинкали, шашлыки, отличные партнеры и, в общем, отличный текст Шекспира.

Шейлок

Актерам часто задают вопрос: « О какой роли вы мечтаете?». И в самом деле — о какой? На этот сакраментальный вопрос актеры обычно предпочитают не отвечать. Кто-то из суеверия и скромности. Кто-то по искреннему незнанию. Опять же в разные годы ты себя видишь соответственно возрасту. Скажем, в мои юные годы актерства задумываюсь: кого бы я хотел сыграть в «Ромео и Джульетте»? Я бы ответил — Меркуцио или Тибальда. Не Ромео. Играть любовь, так сказать, в ее чистом и доминирующем в пьесе проявлении меня никогда не прельщало. Скажем,

Александр Андреевич Чацкий меня, конечно же, привлекал по другим, гораздо мне более понятным и близким причинам, нежели его страсть к Софье. Любовь там один из миллионов его терзаний, заметим, к тому же оскорбленная и ревнивая любовь.

Полагаю, что в чеховских пьесах, столь привлекавших меня, где пуды любви, я — не дядя Ваня, а доктор Астров, не Тригорин, а доктор Дорн, ну в крайнем случае тот Тригорин, которого я сыграл на иврите в Израиле. Конечно же, не Тузенбах, а скорее Вершинин или даже Соленый. В «Вишневом саду» мне вообще некого играть. А вот русские типы — Кречинский в «Свадьбе» Сухово-Кобылина или Дульчин в «Последней жертве» Островского — абсолютно мое прямое дело. Комедийного характерного актера. Иное дело, что все, все перечисленное от Меркуцио до Кречинского мне не выпало сыграть. Что ж, грех жаловаться, я-таки поставил и «Чайку», и «Свадьбу Кречинского», и «Последнюю жертву», отдав свое понимание ролей другим актерам.

Когда я стал стареть (дело шло к 50-ти), я стал задумываться о своей актерской перспективе. Фауст и Арбенин в «Маскараде» Лермонтова, мольеровский Дон-Жуан уже были мной отыграны. Правда, в пятьдесят с хвостиком еще можно кой о чем помечтать и что-то для себя найти в русском и мировом классическом репертуаре. Тут тебе и Яго, и Тартюф, да мало ли. Когда дело идет к шестидесяти — проблема усложняется, во всяком случае с ролями классического репертуара. Сальери? Но гениальное эссе в стихотворной трагедии Пушкина не пьеса. Не случайно американец Шеффер, даже не сославшись на Пушкина, создал свое, достаточно пошлое сочинение «Амадей». Именно в силу разведенности пушкинского концентрата в эффектной мутной водичке бродвейской воды проект имел коммерческий успех в театре и лишь вкус и талант кинорежиссера, выходца из Чехословакии, еврея Формана поправили дело. Но это уже не Шеффер, а Милош Форман заслуженно получил «Оскара».

Так значит, ни Сальери, ни Годунов (тоже не пьеса, а гениальное сочинение поэта, драма для чтения). Правда, есть Ричард Третий, но после Рамаза Чиквадзе в поразительном спектакле молодого Роберта Стуруа мечты об этой роли отпали сами собой. Мои актерские амбиции в выборе ролей в театре всегда были достаточно высоки. Очень возможно, я как и многие актеры переоценивал свое дарование в своих претензиях на великие роли мирового репертуара. В кино у меня никогда таких амбиций не было. Там я, обычно, играл по случаю. И лишь, когда ставил сам, выбирал материал, близкий мне. И тогда возникали «Безымянная звезда», «Покровские ворота», «Тень» или «Визит дамы» по трагикомедии Фридриха Дюрренматта и многое-многое другое. Хотя авторы всегда были первосортные: Гёте, Лермонтов, Толстой, Артур Миллер, Оливер Гольдсмит. Но режиссура — это иное, ведь по первородству я актер, и по слову все того же моего кумира Лоренса Оливье, «я живу только тогда, когда я играю на сцене». Иногда по ходу игры спектакля, если спектакли были по ощущению удачными и доставляли мне самому какую-то ни с чем не сравнимую радость, я успевал подумать: «Вот сейчас, сейчас происходящее со мной и есть Жизнь! Как жаль, что она так коротка и одномоментна...» Если быть до конца честным, скажу: сама жизнь и все, что в ней случилось со мной, а случалось очень многое: и радости, и любовь, и горе, и болезни, — я эгоистически рассматривал как тот или иной жизненный опыт, пригодный для использования его на сцене как подножный корм, как материал. Может быть, и скорей всего именно поэтому я почти никогда не был счастлив и удачлив в жизни, может быть и скорей всего (что на самом деле ужасно и даже грешно), не умел сделать счастливыми даже самых близких и дорогих мне людей, особенно женщин, имевших несчастье связать со мной свою судьбу. Это запоздалое понимание и призна-ние, к сожалению, ничего бы не поменяло в моей судьбе, даже если бы я это осознал, будучи молодым. Характер — это судьба. И в этом смысле мой характер труден и, преж-де всего, для себя самого.

Родиться актером — тяжелый крест, коли под актер-ством понимать не умелое притворство, а самоанализ и самопроявление как некий смысл жизни, если таковой вообще существует. Составляя программы своих поэтиче-ских концертов, я никогда не забывал пушкинское:

Дар напрасный, дар случайный,
Жизнь, зачем ты мне дана..?

И только работа над ролями, спектаклями, стихами, которые для меня тоже ТЕАТР, спасала меня от мучивших меня депрессий и давала силу жить в течение многих дол-гих лет...

Для кого-то такого рода мое признание прозвучит па-фосно, для кого-то кощунственно, кто-то пожалеет меня, кто-то посмеется надо мной. Что ж! Вот уже много лет я пишу, рассказываю, читаю и даже играю в первую очередь для себя самого. Это не означает, что реакция зрителей для меня безразлична. Отнюдь! Нет актеров, не желающих успеха. И я не исключение. Вопрос его цены и этического оправдания.

И вот, исходя из всего вышеобдуманного и выстрадан-ного, передо мной всегда была дилемма. Что играть? За-чем играть? Как играть? С кем играть? И тогда меня зано-сило: я менял театры, города и даже страны. По остроум-ному слову Ф. Г. Раневской, «я переспал со всеми театрами Москвы». Слыл трудным, неуживчивым актером, конфлик-тным человеком. Повторюсь, характер — это судьба. Но в посвященных мне стихах Самойлова сказано: «Полухарактер — ложный поводырь». У меня же — характер и я, как это ни странно, ни о чем не жалею и жизнь свою я прожил (плохо ли хорошо?) так, как хотел ее прожить. Девизом ее я сделал фразу из письма А. Блока к З. Гиппиус, написанного в 1903 году: «Все, что человек хочет, непременно сбудется. А если не сбудется, то и желания не было. А если сбудется не то, разочарование только кажущееся. Сбылось именно то».

Под лежачий камень вода, как известно, не течет. Не роли находят тебя в театре, а ты находишь роли по себе и для себя. Одной из таких, о которых я думал многие годы была роль иудея Шейлока в странной комедии Шекспира «Венецианский купец». Заметим, что в заглавии пьесы именно — купец. Венецианский — поскольку действие комедии проистекает в любезной сердцу Шекспира Венеции. Купец же, некто Антонио, негоциант и христианин по вероисповеданию, бескорыстный до неправдоподобия, поскольку готов рискнуть ради друга и дружбы с молодым человеком по имени Бассанио фунтом мяса своего собственного тела, вписав эту неустойку в вексель, который потребовал от него ростовщик Шейлок в обмен на одолженные Антонио золотые дукаты. Шейлок, правда, говорит, что вексель сей просто шутка. И вравду, трудно предположить, что умный Шейлок (а он, бесспорно, очень умен, что замечено еще А. С. Пушкиным) допускает всерьез приведение в исполнение нелепого условия договора. Нет, скорей он по — началу хочет унизить своего врага-христианина, диктуя ему такое условие. Однако, правда и то, что вексель заверяется нотариусом, как это и было положено в республиканской Венеции.

Как я уже говорил, роль Шейлока меня привлекала довольно давно. Еще будучи актером Театра на М. Бронной в 70-е годы, я беседовал с А. В. Эфросом об этой моей задумке. Эфрос, конечно же, не собирался ставить «Венецианского купца», однако сказал кратко: «Роль, безусловно, твоя». Так что же делать, играть и ставить самому эту непростую и жанроворазноплановую пьесу? По силам ли? Однако я был преисполнен решимости рискнуть, поскольку роль Шейлока гвоздем засела у меня в мозгу...

Я поделился своей странной мечтой с моим другом Л. Г. Зориным, пьесы которого я ставил, а иногда играл в них еще в «Современнике» 60-х...

Мудрый Зорин стал очень серьезно меня отговаривать от этой затеи. Аргументы его были достаточно серьезны и весомы. «Миша, — сказал он мне, глядя сквозь очки мудрыми и грустными глазами. — Не забывай, в какой стране мы живем. И в какое время мы живем в ней. Неужели ты не понимаешь, что затея с евреем Шейлоком просто небезопасна и грозит обернуться, прости меня, дурным поступком с твоей стороны. Тебе, наверное, известно, что в гитлеровской Германии хитрый пропагандист по имени доктор Геббельс дал распоряжение, — распоряжение, Миша! — непременно ставить и поелику возможно во многих театрах эту комедию Шекспира. Ее тогда поставили сорок театров Германии, сорок! И понятно почему: иудей Шейлок — фигура гротескно страшная. Он — монстр, животной злобой ненавидящий христиан. Он идет на то, чтобы собственной рукой вырезать из тела христианина Антонио этот пресловутый фунт мяса. За что Шекспир и наказывает его проигранным в суде правом пролить хоть каплю христианской крови и позором для Шейлока — унизившись от страха перед казнью, принять чуждое ему вероисповедание... Ты что, Миша, хочешь, чтобы тебе аплодировали наши советские охотнорядцы? Тебе, полуеврею и интеллигенту мало антисемитских проявлений и скрытого государственного антисемитизма? Да, роль эффектная для актера, да, в роли есть обличающий христиан и антисемитов монолог, один из самых блестящих у Шекспира. Но положи на весы все "за" и "против" и ты по здравому размышлению поймешь, что играть эту роль тебе сейчас в наше время не следует...»

В словах моего мудрого друга был момент истины, если и не вся истина, к которой следовало прислушаться. И я оставил тогда эту мою затею, взвесив на весах, почти на тех весах, которые приносит Шейлок на судебное заседание у Дожа Венеции, тяжесть действительно опасного выбора: ставить — не ставить, играть — не играть.

Но шли годы. Изменялось время и обстоятельства. Я оказался в Израиле среди иудеев, среди еврейских актеров Камерного театра, которые к моему тогдашнему удивлению разыграли на государственной тель-авивской сцене эту как бы антисемитскую комедию Шекспира. Я написал «как бы» и не ошибся, написал сознательно и вполне обдуманно, несмотря на все справедливые резоны Зорина.

Так почему же все-таки я далек от того, чтобы обвинить «нашего друга Вильяма Шекспира» в антисемитизме? Гений, а Шекспир — Гений в полновеснейшем смысле этого затасканного понятия, не может быть антисемитом. Это, во-первых. Гений не может быть ни русофобом, ни арабофобом, он не может быть расистом по определению. В отличие от Достоевского, Гений Л. Н. Толстой сказал: «Еврея любить трудно, но надо». Заметьте: «любить»! Тогда как Достоевский устами почти святого своего персонажа, другого Льва Николаевича — князя Мышкина обличает не то, что иудаизм, но даже католическую конфессию, полагая ее хуже антирелигиозного мышления вообще. «От католицизма, — пишет Достоевский, — и пойдут все беды!». Так и хочется вздохнуть о католике и философе мудрейшем Петре Яковлевиче Чаадаеве, о нашем современнике понтифике Иоанне — Павле и вспомнить еще, ну хотя бы, мать Терезу...

Однако весь мир считает Достоевского Гением. На это в гордыне своей скажем: «А мир нам давно не указ, к сожалению. Мир платит миллионы не только за полотна Веласкеса и Эль Греко, он платит те же миллионы за попсовые изделия Уорхолла и «Черный квадрат» Малевича. Иосиф Бродский как-то заметил, что мир, сам того до конца не осознавая, существует уже в постхристианскую эру. Апокалипсис, во всяком случае, мышления начался, возможно, а точнее наверняка, может быть, даже до писаний Ф. М. Достоевского с его весьма сомнительной притчей о Великом инквизиторе в романе о Карамазовых, которым я по недомыслию был так увлечен в юности, когда Достоевский был под запретом. Но теперь-то, в XXI веке, я позволю себе консолидироваться с не самым плохим писателем, стилистом и философом, поэтом и прозаиком, гражданином мира и русским дворянином Набоковым, чье мнение для меня, во всяком случае, не менее ценно, чем мнение Бердяева и других, что зовется мнением мира. Скажем скромнее: Л. Н. Толстой нам много ближе и душевно роднее. К тому же этот «мусорный старик» и «зеркало русской революции» был величайшим из великих поэтом русского слова. Он, не поленившийся несколько раз переписать громаду романа «Война и мир», был бы просто не в состоянии надиктовывать жене литературные сочинения, абы сдать их издателю в нужный срок и получить мзду, не слишком обращая внимание на корявости и шершавости, а порой и сюжетные ляпы им сочиненного.

Черновики А. С. Пушкина — этого Моцарта по легкости дыхания и стремительности написания — другой пример писателя незаменимых слов. Кстати, заметим, что слово «жид» для Пушкина, не говоря уже о М. Ю. Лермонтове, означало совсем не тот смысл, который вкладывают в это оскорбительное для семитов слово тот же Ф. М. Достоевский, а иногда, увы, и М. А. Булгаков, весьма нами почитаемый за главные и лучшие его сочинения. И для Шекспира слово «жид», «жидовка» были не оскорблением нации, а употреблялись им в то время, когда и сам Шейлок называет свой кафтан жидовским, а себя жидом...

Милейший дядя Том из сентиментальной книги нашего детства «Хижина дяди Тома» был негром, а не афроамериканцем, как теперь говорим из политкорректности. Уже Толстой, как мы заметили, употреблял слово «еврей»...

Итак, в чем антисемитизм Шекспира? И есть ли он в том же «Купце»? Отнюдь! Вдумаемся. Антисемитизм есть в его персонаже в антагонисте Шейлоке, в купце Антонио. Да и это весьма спорно. Антонио ненавидит и оскорбляет Шейлока скорее как ростовщика, дающего в рост золото. Как честный негоциант он, лишь доведенный до крайней нужды, нарушает правило и готов заплатить Шейлоку проценты и неустойку. Это Шейлок, исторически обремененный опытом крестовых походов, насилия и надругательства над его ветхозаветной верой, признаваемой христианской церковью, но лишь формально, официально, как мы бы теперь выразились, признаваемой, но по существу гонимой и ненавидимой юдофобами — предполагает в оппоненте Антонио закоренелого юдофоба. У него есть к тому основания. Шекспир объективен, у него в пьесе все скрупулезно взвешено: «Да что там! — говорит Шейлок в знаменитом монологе. — Он поносил мой народ!». К этой сцене мы еще обратимся.

Но забегая вперед, поговорим о дочери Шейлока — прекрасной жидовке Джессике, в которую влюблен молодой христианин Грациано, обративший влюбленную девушку в свою веру. Но Джессика, ненавидящая непонятно за что обожающего ее отца, пошла дальше, украв для своего возлюбленного деньги отца, но мало того, похитив бирюзовое кольцо, подаренное молодому Шейлоку его теперь покойной и когда-то обожаемой женой Лией. И вот эта красавица иудейка, дочь чадолюбивого Шейлока, ничтоже сумняшеся, наносит удар отцу, предпочитая ему своего любовника — христианина.

Непросто писал Вильям Шекспир, неоднозначно толковал проблему взаимоотношений рас и конфессий во всей ее сложности и глубине. Он, Шекспир, будучи христианином, готов понять иудея Шейлока и в его пороках, которые не принимает, и в его достоинствах нежного отца, честного хозяина дела, а главное, в его фанатичной вере в Бога. Бог-то един. Другое дело, что обращение ко всемирной, как полагал Толстой, христианской религии (но не церкви, извратившей по его, Толстого, мнению, главное в учении Христа) иудея или язычника есть объективное благо: «Еврей придет к Христу». Напомним, что и сам богочеловек Христос был родом из еврейского Назарета, звался Иешуа, и мать его, понесшая от беспорочного зачатия, именовалась еврейским именем Мириам. Надо полагать, что Шекспиру эта азбучная истина была хорошо известна. Иное дело, что Шейлок, конечно же, молится, произнося и псалмы Давида, исполненные большого смысла и поэтически сочиненные, обращенные только к иудеям.

Когда в конце 90-х я все-таки рискнул сыграть эту волновавшую меня роль в Театре Моссовета, я пришел к режиссеру со своей жесткой трактовкой и пьесы, касаемой линии моего персонажа, и, конечно же, самой роли иудея Шейлока. И роль свою я как раз и начал с молитвы Шейлока, на иврите читая замечательный псалом Давида. Чтобы не знающие иврита понимали смысл и суть произносимого, я исполнял этот монолог на двух языках. В прологе, а затем в начале второго акта перед сценой суда, когда решается вопрос той или иной правоты противоборствующих сторон, если такая правота существует... Ибо сказано давно, а многократно подтверждается и сегодня: ненависть порождает только ненависть. Это относится и к людям, и к государствам, и к конфессиям, и к расам, будь то Палестина, Чечня, Ирак или Израиль. И все взывают к Богу, увы, к разным Богам и сегодня, словно язычники, предполагавшие многобожие. Обращается к своему Богу и Шейлок:

«Господь!

Ты отдал нас как овец на съедение и среди народов расселил нас. Продал ты свой народ за бесценок и не требовал большой цены за него. Ты отдал нас на поругание соседям нашим, на осмеяние окружающих нас. Ты сделал нас притчей у народов. Покачивают головами племена. Весь день позор мой предо мной и стыд покрыл лицо мое от голоса поносителя и обидчика, из-за взглядов врага и мстителя. Все это пришло на нас, но мы не забыли Тебя и не изменили завету Твоему. Не отступило назад сердце наше и не уклонились стопы наши с пути Твоего. Аминь.»

И все-таки центральный монолог шекспировского Шейлока звучит, на наш взгляд, шире и объемнее псалма Давида. Он один из брильянтов даже у Шекспира.

«Он (Антонио. — *М. К.*) меня позорил, он насмехался над моими убытками, издевался над моими барышами, да что там! Он поносил мой народ! Он охлаждал моих друзей, разгорячал моих врагов, а какая у него была для этого причина? Та, что я ирод. Да разве у жида нет глаз, нет рук, органов, тех же частей тела, чувств, привязанностей, страстей? Разве не та же самая пища насыщает его, разве не то же оружие ранит его, разве он не подвержен тем же недугам, разве не те же лекарства исцеляют его, разве не согревают и не старят его те же лето и зима, как и христианина? Если нас уколоть — разве у нас не идет кровь? Если нас пощекотать — разве мы не смеемся? Если нас отравить — разве мы не умираем? А если нас оскорбляют — разве не должны мы мстить? Если мы во всем похожи на вас, то должны походить и в этом. Если жид обидит христианина, что тому внушает его христианское смирение? Месть! А если христианин обидит жида, каково должно быть его терпение по христианскому примеру? Тоже месть! Вы, вы, вы нас учите гнусности — и я ее исполню и клянусь святой субботой на этот раз я превзойду своих учителей!»

В одной из рецензий про меня было: «Этот Шейлок мог быть и Шамилем». Что ж, правда и то, что играя эту роль в конце 90-х я не мог не впустить в мир своих чувствований и мыслей происходящее на дворе.

Ненависть порождает только ненависть. Обоюдно. Таков был смысл играемого мной в театре «Моссовета».

Лир

Если когда-то, мечтая о Шейлоке, мне верилось, что такое возможно когда-нибудь, то вымечтанный «Король Лир» скорее всего должен был так и остаться мечтой. Для Шейлока же я не жалел усилий. Еще живя в Израиле, я написал письмо М. А. Захарову, которого всегда чтил и любил, чей взгляд на вещи мне всегда был крайне интересен. После ухода больших режиссеров предыдущего поколения — Г. А. Товстоногова, О. Н. Ефремова, А. В. Эфроса и А. А. Гончарова, которых я чрезвычайно уважал, тем более, что с двумя из них мне посчастливилось работать долгие годы, в следующем поколении, ныне старшем — от 50 и выше, Марк Захаров, лично для меня — первейший. Это не значит, что поразительный П. Н. Фоменко менее одарен. Он замечателен и уникален. Он создал театр «Мастерская Фоменко», премьеры которого я стараюсь никогда не пропускать. Такие его спектакли, как «Первые главы "Войны и мира" и "Три сестры" — это лучшие спектакли, которые я видел за последние годы. Я ценю и с уважением отношусь к тому бесспорному факту, что Г. Б. Волчек вот уже 30 лет стоит у руля «Современника», театра, который всегда полон, а, стало быть, вполне успешен. Она в отличие от многих худруков, не боясь конкуренции, всегда была готова предложить свою сцену и труппу интересным ее делу другим режиссерам. Ими были и Г. А. Товстоногов, и Анджей Вайда, и англичанин Питер Джеймс, и литовец Туминас. У нее ставили В. Фокин и Р. Виктюк. Качество для главного режиссера театра смелое и мудрое. Тем более, что Галина Борисовна за эти тридцать лет немало переставила и сама, возила свои постановки в Германию, Израиль, США, где ее спектакли всегда вызывали живой интерес.

В Москве много театров и номинально очень много режиссеров. Но говорим мы, как правило, об одних и тех же. Кама Гинкас и Гетта Яновская, Юрий Петрович Любимов — история советского театра, говорим о Владимире Мирзоеве или Кирилле Серебренникове. Пришел в режиссуру и актер Владимир Машков, блеснувший на сцене МХАТа, уже табаковского МХАТа, английским комедийным шлягером «Номер тринадцать», на который невозможно достать билеты. Этот действительно очень смешной спектакль, несмотря на всю пустоту пьесы Куни, вот уже три года главный и, может быть, единственный бренд табаковского периода руководства главным театром России.

В Москве много маленьких экспериментальных спектаклей, идущих на малых, маленьких, малюсеньких сценах. Нынче играют всюду: на балконах, в фойе, в буфетах, разве что пока еще не играют в театральных туалетах. Удачные постановки на больших сценах чрезвычайно редки. А нормальная большая сценическая площадка испокон веков в России определяла масштаб и уровень режиссерско-актерской продукции. Ставить на большой сцене много ответственней и трудней, чем экспериментировать для 80 или ста человек зрителей в малюсеньких пространствах.

Марк Захаров никогда не уходил с большой сцены, разве что в кино для ТВ, где также добивался выдающихся успехов. Его «Обыкновенное чудо» и «Мюнхгаузен» стали классикой отечественного телекино. На своей же, ленкомовской сцене каждый его спектакль ждали с нетерпением и, как правило, даже не самые его удачные спектакли встречали живой отклик в зале и бурно обсуждали критики всех газет и толстых журналов Москвы и страны.

За эти долгие годы он, начав еще в Театре Сатиры и поставив один (но какой!) спектакль у Гончарова по книге Александра Фадеева «Разгром», определился как бесспорный лидер, вполне достойный своего театра. Его Островский в Театре Сатиры — «Доходное место» с Андреем Мироновым в роли Жадова, несмотря на его закрытие тогдашними властями, стал эталоном современного и глубокого толкования классики русского театра.

Захарову удалось собрать и воспитать едва ли не лучшую труппу в Москве. С ним в один, не слишком долгий, увы, период мог посоперничать разве что О. Н. Ефремов, у которого одновременно играли Евгений Евстигнеев и Иннокентий Смоктуновский, Олег Борисов, Вячеслав Невинный, Андрей Мягков, Андрей Попов, Олег Табаков, Петр Щербаков и многие, многие другие актеры и актрисы ярких дарований. Одна Екатерина Васильева чего стоит!

Но Ефремов собирал труппу, Захаров же ее создавал фактически вновь. Даже приглашенный из «Маяковки» Евгений Леонов именно у Марка Захарова сыграл едва ли не лучшие свои роли — Тевье-молочника и Вожака в «Оптимистической трагедии». Что же говорить об И. М. Чуриковой и череде ее потрясающих ролей в режиссуре Захарова, об Олеге Янковском, Александре Абдулове, Всеволоде Ларионове и многих-многих совсем молодых и ныне хорошо известных? Режиссерскому дарованию Марка Захарова присуща острая, смелая мысль и ярчайшая театральность в средствах выражения. Его многолетний тандем с выдающимся художником Олегом Шейнцисом венчает дело!

Вот к нему-то, М. А. Захарову, я обратился из Израиля с просьбой поставить «Венецианского купца» со мной в роли Шейлока и даже позволил себе привести веские, как мне казалось, аргументы, касающиеся трактовки «Купца» в 90-е годы уходящего века. М. А. ответил мне весьма уважительным письмом, за одно это я ему благодарен. Однако он, поняв и оценив мои резоны, написал, что никогда почему-то не брался за Шекспира и, кажется, что это правило он никогда не нарушит. Честно говоря, для меня это как раз и странно, что столь умный, с удивительной фантазией режиссер не хочет ставить, на мой взгляд, очень его автора, предпочитая подчас весьма сомнительную драматургию...

Но как бы то ни было, я получил отказ. Не успокоился и спустя годы сыграл-таки Шейлока в Театре им. Моссовета. Как сыграл? Как мог. Вообще читатель заметил, что я никогда не даю оценок мной сделанному. Ну, во-первых, это элементарно и непреложно для людей моего поколения, а во-вторых, «пораженье от победы ты сам не должен отличать» (Б. Л. Пастернак). Но я вправе любить свои те или иные роли и, как мне кажется, тем более вправе думать и рассуждать о них.

Итак, Лир! Король Лир. Роль и трагедия вселенского масштаба. После Гамлета самое поразительное имя, пришедшее к нам, благодаря Шекспиру. Есть, правда, как уже замечено, Отелло, Ромео, Ричард, да еще толстяк Фальстаф и хитрый глупец Мальволио. Но Лир почему-то, как и Гамлет, по чьему-то меткому наблюдению единственный из персонажей Шекспира, способный сочинить все сочиненное классиком, занимает особое место среди трагических персонажей мировой классики. Мой любимый Л. Н. Толстой не любил эту пьесу и нещадно ее громил. Он вообще не ценил Шекспира. Почему? В воспоминаниях И. А. Бунина есть презабавное мнение А. П. Чехова на сей счет. Они навестили больного Льва Николаевича. И, прогуливаясь по берегу Черного моря, болтали. «Антон Павлович, — спросил Бунин у Чехова. — Почему Лев Николаевич хвалит нас с вами и Шекспира ругает?». «Я думаю дело в том, — отвечал улыбнувшись Чехов, — что мы с вами для него маленькие, а Шекспир ему равновелик».

Заметим по ходу также, что наш национальный гений Толстой иногда бывал упрям именно по — лировски и своенравен тоже по-лировски, а закончил свою жизнь просто как король Лир, покинув дом, семью, мир и ушел умирать в никуда, вдали ото всех. Когда я репетировал эту роль в том же Театре им. Моссовета в режиссуре П. О. Хомского, я часто думал и о Толстом, в том числе.

«Когда б вы знали из какого сора растут стихи, не ведая стыда...» — замечательно говорила А. А. Ахматова, тоже в каком-то смысле, королева-Лир.

Когда-то давно меня удивила и поразила мысль, высказанная литератором Л. Я. Гинзбург. Она писала, что в конце жизни все думающие люди остаются, в каком-то смысле, у разбитого корыта. Даже великие люди, если они дожили до старости. И умирают они, как правило, в одиночестве, глобальном одиночестве.

В самом деле, Толстой, Цветаева в Елабуге, Мандельштам в ГУЛАГе, застрелившийся Маяковский, повесившийся Есенин, нелепо погибший Сергей Довлатов и даже «награжденный каким-то вечным детством» Борис Леонидович Пастернак. Достаточно прочитать воспоминания его сына Евгения Борисовича, то, что он услышал в конце жизни сказанное поэтом: «Видишь, Женя, я весь в дерьме и всю мою жизнь так...» У разбитого корыта. И кто?! Какие люди, какого эверестова масштаба!

Трагический упрямец король Лир едва ли не с юности волновал мое воображение. Почему? Почему не Ричард,

Макбет или Юлий Цезарь или даже грандиозный Яго? Неужели потому, что сыграть Лира «престижно»? (Как я не люблю, прямо-таки ненавижу это модное теперь слово, а, главное, само это пошлое понятие!) Нет, не поэтому. Точно не поэтому. Годунов или Матиус Клаузен из «Перед заходом солнца» Гауптмана не менее «престижны» для актера с амбициями. Нет, Лир меня прельщал движением От и До.

Вначале, этот по сути добрый и умный человек, облачен абсолютной, почти диктаторской властью. Всякая власть развращает. Абсолютная власть развращает абсолютно. В том смысле, что обладающий ею долгие годы считает свои решения, даже касаемые государственного порядка, единственно верными, мудрыми, справедливыми. Когда же мы имеем дело с упрямой натурой, а Лир, безусловно, упрям, да еще этому способствует старческая раздражительность и легко охватывающий Лира гнев, вот тогда малейшее с ним несогласие или нарушение ритуала, как его понимает король Лир, выливается в разрыв с нежно любимой им дочерью — малышкой Корделией, изгнанием из страны верного Кента, отказом дать за дочерью хоть какое-то приданое, обеспечив хотя бы материально ее будущее.

Таков Лир в начале трагедии. Таков его характер: 80-летнего, но сильного и еще достаточно крепкого мужчины. Ему в начале пьесы как бы не 80 даже, а лет 65 от силы. По ходу пьесы он станет постепенно стареть и умрет, может быть, даже столетним. Так мне казалось, так я задумал и в конце концов сыграл эту роль. Позвал меня играть П. О. Хомский, многолетний главный режиссер Театра им. Моссовета. Человек умный, одаренный, толерантный и крайне интеллигентный. Спасибо ему! Спасибо, что рискнул поставить эту неподъемную пьесу, не жалея сил (а ведь он не молод), трудился в сложных условиях современного положения дел, когда актеры вконец распоясались: кто хочет — дает согласие, кто не хочет — может отказать главному режиссеру, ставят условия и определяют сроки своих отъездов на съемки в сериалах, на работу в других местах и антрепризах, ссылаясь (и, увы, справедливо) на мизерные зарплаты в муниципальных государственных театрах. И Хомский вынужден был, ставя «Лира» (!), терпеть это и, по возможности, приспосабливаться к такому положению дел и все-таки выпустить спектакль в срок!

Мне кажется, что Павел Осипович сделал хороший, достойный, крепкий и весьма современный спектакль. Однако по-хорошему и традиционный для русской сцены. Некоторые критики его (и, разумеется, меня) оскорбительно поносили, именно оскорбительно. Да, можно не принять ни его, ни мою работу. Она, что я вполне допускаю, может кого-то из молодых критиков раздражить своей традиционностью, но не до такой же степени, чтобы докатиться в своих статьях, как это сделали господин Соколянский и господин Филиппов, до прямых оскорблений личности режиссера. Они словно торопят режиссера Хомского поскорей лечь в гроб, да и меня заодно вместе с ним. Чудаки! Молодость — это недостаток, который быстро проходит, как шутил мой пожилой педагог Школы-студии МХАТ В. Я. Станицын. Они, эти сорокалетние, глазом не успеют моргнуть, как постареют сами. И что же останется после них? Книги, которые они не в состоянии написать в силу своих сомнительных дарований? Известинец Филиппов — так тот просто не имеет хотя бы театроведческого элементарного образования. Соколянский, безусловно, одареннее, но если даже он толкует битловскую песню «Мишел ма Бел», звучащую в спектакле, когда безумный Лир («Умалишенный, видно по наряду» — говорит про Лира Эдгар своему ослепленному отцу Глостеру) появляется в рваных, грязных одеяниях с венком (так у Шекспира) на взлохмаченной седой голове с цветами на шее, как носили хиппи, которыми, возможно, был недоволен прежний властитель Лир. От этого в спектакле звучит известная песня Битлз, а критик Соколянский полагает, что Мишел — это я, Мишел Козаков, Михаил Козаков. «Ма Бел»...

Но его неуемный интеллектуализм идет и того дальше. Он расшифровывает реплику Лира к переодетому Кенту («Тебе 48 лет. Это хорошо. Это лучше, чем 84» — говорю я в спектакле) как намек интеллектуала Козакова на роман-антиутопию Орвелла «1984 год»! Интересно, как ему такое могло прийти в голову? Или это пишется, чтобы «свою ученость показать»? Опасно пророчествовать, но полагаю, что такие критики не напишут мало-мальски серьезных книг, которые хоть кто-то купит и станет читать, как когда-то читали книги Аникста, Юзовского, М. Туровской или теперь Анатолия Смелянского. Ну, разве что они докатятся до желтизны, откровенных гей-писаний и прочих пиаровских развлечений.

Я, изменив своему правилу, кажется, впервые в жизни ответил на критику, и то не в свой адрес. Я прожил достаточно длинную жизнь в театре и кино, чтобы не обращать внимания на одноразовые критические отзывы в газетах, в которые уже наутро заворачивают на рынке соленые огурцы. Но меня поражает и заставляет грустить явление теперь почти всеобщее. У нас назначают в гении, в неприкасаемые, и самая неудачная продукция этих неприкасаемых будет защищена ангажированной критикой. А есть режиссеры, которых даже неприлично хвалить, признать за ними хоть что-то — дурной тон.

К таким режиссерам относится и П. О. Хомский. Он не принадлежит к той или иной тусовке. Его, да и меня, грешного, может поносить всяк, кому ни лень. Не близки властям и покровителям, не ставим и не играем ребусов, до которых так охочи высоколобые (так они числят себя) новомодные критики, не превозносим «голубое» искусство, столь уважаемое пишущими. «Голубое и розовое» к тому же нельзя критиковать из «политкорректности». Это раз. И ни для кого не секрет, что не только у нас, но и во всем мире гейское объединение и всяческая взаимопомощь на всех уровнях давно стала притчей во языцех. Об этом весьма откровенно, смело и политнекорректно недавно говорил по ТВ замечательный художник Михаил Шемякин. Я ничего не имею против геев (среди них бывали абсолютные гении и сверхпорядочные люди еще много веков назад), но согласитесь, когда гей Теннесси Уильямс в своих мемуарах недвусмысленно говорит о том, что в искусстве художник-гей несомненно тоньше, глубже, чем художник-«натурал», а наша гей-компания возводит сие открытие в разряд абсолютных истин, мне хочется возразить им хотя бы одним из тысячи примеров: «Что А. П. Чехов менее одарен, глубок и тонок, чем Теннесси Уильямс?». Вот в какие эмпиреи меня занесло. Так что, ближе к делу, ближе к трактовке моего, нашего с Хомским Лира.

Для начала какие-то общие, но весьма важные умозаключения о пьесе, без которых не возникло бы нашей трактовки вещи, предполагающей миллион самых разнообразных, какую-то часть виданных мной в театре и кино. Если «Гамлет» Шекспира — пьеса новозаветная по всем параметрам, то «Король Лир», если внимательно вчитаться в текст, в движении и переходе от ветхозаветности к мышлению новозаветными философскими постулатами. В самом деле, Бог сначала употребляется тем же Лиром, да и Кентом, во множественном числе:

Не дайте мне сойти с ума, о Боги!
Пошлите сил, чтоб не сойти с ума...»
«О Боги, если Вам любезна старость,
Ведь немолоды Вы сами...

Лир и Кент за ним клянутся языческими Богами: Марсом и Юпитером. О каком же Новом Завете может идти речь? И брат Эдмонд-Каин предает брата Эдгара — своего рода Авеля. С той лишь разницей, что Авель будет вынужден в честном рыцарском поединке в финале трагедии убить обрекшего на ослепление и последующую смерть их общего отца Глостера, Эдмонда-Каина.

В трагедии Шекспира используется много ветхозаветных мотивов и языческих тем древнегреческой мифологии. Но вот что сразу бросается в глаза: Эдгар — крестник Лира. Что это? Небрежность или сознательное допущение Шекспира? Абсолютно убежден, что Шекспир в этом соборном многофигурном своем сочинении специально сплющивал времена!

Замечено в книге, добавим, в замечательной, подробной, доказательной книге о Шекспире Пинского, что наиболее часто и многопланово употребляется разными персонажами в разных контекстах и смыслах слово «природа». «Природа — ты моя богиня!» — так начинает свой основополагающий монолог безбожник Эдмонд. Читай: никакого другого Бога для Эдмонда нет. Но до этого и Лир воскликнет в сердцах о Корделии, «от которой природа отшатнулась со стыдом!». Лир еще скажет: «Надо переделать свою природу! Такого доброго отца...» Можно приводить еще десятки примеров, оттого желающих отсылаю к книге Пинского и к главе о Лире...

Для нас важно другое. Многозначность слова «природа» в «Короле Лире». Природа в привычном смысле употребления этого слова и фон, а подчас и смысл происходящего. Природа бушует в сцене бури, ослепляет вспышками молний, грохотом грома, вихрем и ураганом, сопровождая бурные взрывы полубезумного старика Лира, бушующего как и сама природа. Но не менее важно и второе, и третье значение слова: природа человека, природа человеческих отношений и конфликтов, природа страстей, природа политических процессов, распада государства и современных нравов и устоев. В этом смысле одним из важнейших кусков для этой всемирной трагедии нам представляется монолог Глостера в первом акте и его второй картине:

«Вот они, эти недавние затмения, солнечное и лунное! Они не предвещают ничего хорошего. Чтобы ни говорили об этом ученые. Природа чувствует на себе их последствия. Любовь остывает, слабеет дружба, везде братоубийственная рознь. В городах мятежи, в деревнях раздоры, во дворцах измены и рушится семейная связь между родителями и детьми. Либо этот случай, как со мной, когда сын восстает против отца. Или как с королем. Это другой пример. Тут отец идет против родного детища. Наше лучшее время миновало. Ожесточение, предательство, гибельные беспорядки будут сопровождать нас до могилы...»

И все это почти апокалипсическое утверждение говорит о природе ещё живого мира и о природе человеческих конфликтов. Одно понятие «природа» перетекает в ее другую ипостась. Мрачная трагедия, рассказывающая об интригах и всевозможных предательствах, о нарушении всех заповедей Нового Завета: не убий, не укради, не возжелай, et cetera, трагедия, где надругательство, пытки, выкалывание глаз, повешение и убийства ни в чем не виноватых, и гора трупов в конце. Уничтожено все семейство Лира: поубивали друг друга преступницы и своего рода близнецы старшие дочери Лира Регана и Гонерилья (одна из них, правда, закололась сама в порыве запоздалого раскаяния, но это дела не меняет. Все равно она скорее не жертва, а активная участница кровавых интриг в борьбе за власть и животные, плотские и беззаконные наслаждения плоти), повешена, предательски удавлена в тюрьме младшая, любимая отцом Корделия и, наконец, отмучившись и отмыв свои грехи, скончался и старик Лир. А до того еще смерти Глостера, Корнуэла, слуги и царедворца Освальда, гибель Эдмонда и еще, и еще нам неизвестных и погибающих в междоусобной бойне солдат разных лагерей и стран. Трагедия заканчивается грустными и жесткими словами герцога Альбани:

> Какой тоской душа ни сражена,
> Быть твердым заставляют времена.
> Последуем примеру этой тени
> И в долголетьи и в долготерпении.

Долготерпение, терпение — чрезвычайно важные слова и понятия для понимания этой вещи Шекспира. Долготерпение ветхозаветного Иова и терпение как знак добродетели в новом христианском смысле.

«Что неотложно нужно мне? Терпенье — вот в чем нужда. Терпенье нужно мне» — твердит оскорбленный отношением к его королевской особе и сединам старик-отец в сцене со старшими, восставшими против отца Гонерильей и Реганой. В этом гордеце уже начался процесс работы души и ума. Так постепенно он от ветхозаветного переходит к христианскому мировоззрению. Скоро будет буря, его покаяние и требование Лира к всенародному покаянию, а там и молитва к Христу, может быть, впервые за его долгую жизнь.

Я лишь бегло пока набросал штрихи к психологическому и философскому портрету изменяющегося по ходу пьесы великого старца Лира. Повторюсь: играть, проживать эти изменения — самое интересное в этой потрясающей роли, во всяком случае для меня, одного из его многих толкователей.

Я видел много Лиров. А когда вплотную подошел к роли, стал воскрешать в памяти и когда-то увиденное, и, что возможно, посмотрел на кино — или видеопленке. Я пересмотрел все, что удалось достать: и кинофильм Г. М. Козинцева с Юри Ярветом, и фильм (к сожалению, не спектакль 1964 года) Питера Брука все с тем же Полом Скофилдом, и телеверсию Лира-Оливье, который снимался в этой роли глубоким стариком, едва ли не старше самого Лира, и видеозапись знаменитого спектакля итальянца Джорджо Стрелера, о котором до того лишь читал в рецензиях, и что значительно важней разбор этой пьесы Шекспира — в книге самого Стрелера.

Видел я достаточно примитивные версии Лира, снятые в 90-х годах в Англии, документально-художественный немецкий вариант, где была зафиксирована игра немецких исполнителей, две из которых были женщины-актрисы, судя по всему достаточно знаменитые старухи в этой мужской роли. Что поделаешь, хороших ролей для стариков, а в особенности старух, немного. Вот поэтому, как я полагаю, и особы противоположного пола хватаются за эту роль.

Я далек от мысли объять необъятное и, пересказывая, размышлять обо всем, увиденном мною. Выберу лишь самое важное и не обязательно меня убедившее из этой горы материала.

Начну с Брука и Скофилда. Почему фильм Брука, с моей точки зрения, много слабей и однолинейнее его же спектакля 60-х годов? Ответ прост и банален: кино, особенно попытка сделать «правдивое» реалистическое кино, оскопляет трактовку театрального режиссера, даже если то сам великий Питер Брук. Театральная условность, образность, пластика, ритм, полнота диалогов и монологов в театре, исполняемых превосходными актерами и прежде всего Полом Скофилдом, почти ушла. На смену пришли настоящие снега и замки, лошади и костры, настоящее Северное море, настоящая кровь и пот, льющийся ливень и настоящие вспышки молний. И вот эта «настоящность» убила поэтику. А поскольку история Лира не история «Агента 007», то «экшен» чисто внешнего толка довольно скушен, как и в фильме Г. М. Козинцева, в его «Короле Лире». В этом смысле фабула, сюжет и даже «экшен» в «Гамлете» много эффектнее для реалистического кинофильма большого экрана. Не то «Лир». И даже игра великолепного и очень мной любимого Пола Скофилда вынужденно претерпела ряд изменений. И она стала более зажатой и однообразной в формате фильма. Диалоги и монологи отнюдь не бытового свойства (ведь очень многое написано Шекспиром в стихах!), погруженные то в скрип колес, то в ржанье лошадей, то произносимые на ходу, где-нибудь в едущей повозке, теряли и привлекательность, и смысл, убивали интонацию актера. Хотя Пол Скофилд все-таки лучший, на наш взгляд, из увиденных на экране.

Ну, а великий Оливье? Я уже писал, что он на пленке очень стар, чрезмерно стар. Суперстар. От этого суетлив, сентиментален, чрезвычайно театрален в этом специально снятом телеспектакле. Можно только догадываться о гениальности этого артиста, которым мы восхищались, видя в спектакле «Отелло» или наблюдая его игру в старом фильме «Мост Ватерлоо». Жаль! Жаль до слез. Хотя не мне жалеть величайшую театральную легенду XX века, именем которого назван зал в Национальном театре Лондона, а получивший премию им. Сэра Л. Оливье, по идее, ни о какой другой театральной премии и думать не должен. На мой взгляд, для театрального актера нет выше награды, чем эта премия. Но я бы слукавил, если бы стал писать хвалебно об этом неудачном, плохо склеенном, весьма школьном по замыслу спектакле, сочиненном для телевидения.

Когда З. Е. Гердт озвучивал Юри Ярвета в фильме Г. М. Козинцева, я, признаться, не верил, слушая раздраженные филиппики Гердта в адрес как Ярвета, так и фильма в целом. Теперь я понимаю раздражение Гердта. У Юри Ярвета удивительное лицо, глаза, голова Лира. Но мане-

ра его игры, игры опытного киноактера (всегда помнить
о камере, быть сдержанным, лучше недоиграть, чем пере-
играть и прочие установки такого рода) лишили и его, и
весь, к сожалению, тяжеловесный и скучный фильм мастера, какой бы то ни было трактовки вообще! Дело огра-
ничивается добросовестным пересказом известного сюжета при минимуме фантазии в решении любой из сцен.
Почему все единодушно выделяли образ Шута в замеча-
тельном исполнении Олега Даля? Да потому, что решив
Шута почти русским юродивым, чем-то близким юроди-
вому из пушкинского «Годунова», обрившись наголо, необыкновенно пластичный и музыкальный актер Олег Даль
сыграл удивительно ярко и очень по-своему полемически
индивидуально и многообразно эту вторую, если не третью роль в «Лире». Третью, так как одной из великих ролей в «Лире» следует назвать роль Глостера, и замечатель-
нейшую роль мерзавца Эдмонда, родного брата Яго. Однако, если мы будем честны, то вряд ли хотя бы визуально
вспомним, кто именно сыграл Глостера в фильме Козинцева, да и остальные исполнители, хотя и знаменитости,
вряд ли достигли того, что сотворили с другими ролями
в иных фильмах. И Донатас Банионис, и Адомайтис, и
кто-то еще...

Г. М. Козинцев — прекрасный режиссер и шекспиро-
вед. Чтобы убедиться в этом, достаточно прочесть его
книги о Шекспире или посмотреть того же «Гамлета».
Когда-то И. М. Смоктуновский не слишком вежливо сказал: «Козинцев не режиссер. Он книжный шкаф». В устах
актера, получившего немало наград за фильм Г. М. Козинцева, такое определение (пусть даже в шутку) звучит не
слишком благодарно и благородно. Однако поражаешься,
прочтя сотни страниц-размышлений Козинцева о «Короле Лире», его, не скажу беспомощности, но кондовости и
однообразности решений «Лира» на экране. Я склоняюсь
к тому, что «Лир» — поэтическое, соборное, условное со-

чинение драматурга не поддается киноэкранизации. Ведь не случайно ни Брук, ни Козинцев не создали в кино лучших своих работ по этой пьесе. Но у Брука в 60-х был гениальный спектакль, своего рода энциклопедия театрального воплощения шекспировского «Лира» и Шекспира вообще! И эту энциклопедию всюду, и в России в том числе, новую форму и эстетику Питера Брука растаскивали кому ни лень режиссеры разных театров мира.

Увы, Козинцев в театре «Лира» не ставил, а его театральный «Гамлет» в Александринке был менее удачен, чем последующая экранизация со Смоктуновским. Теперь понятно, отчего так мучился на озвучании мастер, человек с безупречным слухом З. Е. Гердт, озвучивший Лира-Ярвета.

И еще один последний спектакль по «Лиру», подлежащий нашему торопливому, субъективному и импульсивному анализу. «Лир» — Стрелера. Этот знаковый в XX веке спектакль был неоднократно описан, о нем есть целые диссертации. Но лишь когда ты его видишь, пусть и в телеварианте (спектакль был снят в присутствии зрителей и с их реакциями), созданном Стрелером, ты начинаешь понимать, почему он считался выдающимся и легендарным. Да, это очень, если можно так выразиться, очень итальянский спектакль. Условный, как комедии масок Гольдони или Гоцци. Лир в первой сцене, как впрочем и Глостер, с белым клоунским лицом, в балахоне, у которого клоунский же воротник, на голове золотая, нарочито картонная корона. Он очень быстро-быстро говорит. Такое ощущение, что смешит и паясничает. Элементы клоунады проходят через весь этот спектакль, разыгрываемый как бы на цирковой арене. Актеры передвигаются над грязью арены (мира) по деревянным досочкам. Карта государства — большая тюлевая ткань, которую делят и режут, отмеряют и складывают как ткань, купленную в магазине, ведя во время сей процедуры важный, неторопливый диалог, Гонерилья и Регана. Когда старик Глостер, очень похожий на Лира, они почти не отличимы в своей клоунской старости, хочет прочесть подметное письмо, он начинает видеть написанное, только надев черные очки. Эти черные очки задействованы и в другой сцене Глостера, когда он пытается как следует разглядеть Тома из Бедлама, личину которого надел на себя его сын Эдгар.

Но, конечно же, одной из самых главных и весьма убедительных в спектакле Стрелера находок, сделавшихся открытием мастера — маленькая Корделия, одевающая маску шута Лира. Когда на сцене Корделия — шут отсутствует (так и у Шекспира), когда есть шут — нет Корделии (так и у Шекспира). С тех пор, как Корделия удалилась во Францию, шут захандрил (так, опять-таки так у Шекспира). Исчезает из пьесы шут с его странной фразой:

«А я лягу спать в полдень». И через сцену возникает Корделия, королева Франции, приехавшая спасать отца с войском французского короля.

Но вот что любопытно. В спектакле Стрелера Корделия не исчезает ни на минуту, а шут только ее ипостась. Никакого шута как бы в спектакле нет. Есть любящая дочь, не покинувшая отца ни на минуту. Она переоделась шутом, эта малышка-мальчишка — шут с «припарками», свистульками и прочим детским и шутовским реквизитом. На ее фоне две яркие, сексуальные, в цветных, торчащих вокруг головы париках сестры Гонерилья и Регана кажутся двумя фуриями. Как бы куклы, но страстные, чувственные, манящие, обольстительные и обольщающие мужчин. Красавец Эдмонд — предел их вожделений, яблоко раздора. А он мечется между ними, не зная, кого предпочесть.

Ну а Лир? И он, и Глостер — старики-двойники — сыграны, безусловно, по законам этого странного, но удивительного спектакля о молодых, которые теснят к гробу, не брезгуя ничем, этих смешных, трагических и отживших свой век двух стариков. Они, молодые, разумеется, добиваются своего в азарте и ажиотаже борьбы, но в силу обстоятельств, гибнут тоже. Однако не это главное (я имею в виду их гибель), но центральной мыслью выделяется беспощадность вытеснения из жизни, почти насильственного вытеснения за гробовую черту этих придурковатых стариков, один из которых король Лир...

Рыдай, рыдай, старый клоун Лир, над телом бездыханной малышки Корделии, твоей детки, твоего шута и мамочки! Опомнился, старый дурень? Рыдаешь? Но поздно рыдать. Слезами горю не поможешь. Тогда умри от горя сам. И Лир умирает...

Я как мог набросал свое впечатление от увиденного мной на телеэкране знаменитого спектакля Стрелера, поставленного им в 60-х (может быть 70-х) годах прошлого столетия. Зачем? Чтобы самому себе объяснить, что заимствовать нам хоть что-либо сделанное Стрелером бесполезно и глупо, поскольку его решение итальянское, южное, нам, северянам, абсолютно чуждое, хотя, по-своему и восхитительное.

Ну а теперь, благословясь, попробую что-то еще рассказать о нашем и моем личном подходе к нашей русской версии в Театре им. Моссовета в 2003 году нового века.

Из чего я исходил, когда решился после долгих разговоров с П. О. Хомским репетировать роль Лира? Прежде всего нам обоим было ясно, что «Лир», как когда-то в 50–60-е «Гамлет», — самая актуальная, к сожалению, из всех трагедий о жизни, смерти, вражде, междоусобицах в наше время и особенно в современной России. На поверхности лежит раздел, распад империи на враждующие части. Как бы добровольный отказ от власти второго президента. Отказ погрязшего в гордыне (и не только в ней), но, хочется верить, не злого старого человека, который «хотел как лучше, а получилось как всегда». Но это лишь то, что лежит на поверхности. Другое и более существенное, не говорю, уже драматичное — достаточно пессимистический мой взгляд на происходящее в наше время в мире вообще. Нарушено равновесие, существует много реальностей: виртуальная, книжная, компьютерная, какая угодно, кроме реальности самой жизни, происходящего в ней. Происходящее апокалиптично, фантастично и как бы не вполне реально в силу жутких катаклизмов разного рода: природных ли, военных ли, пожаров, наводнений, кораблекрушений, наркотиков, СПИДа, моральной, нравственной, сексуальной грязи. Осмыслить хотя бы отчасти происходящее можно только условно и поэтически, как бы мрачна ни была выбранная поэтика и иные театральные средства.

Если сам Шекспир сплющивал времена, то сам Бог велел следовать этому пути. Так возник образ спектакля в декорациях Б. Бланка. Металлические многоэтажные конструкции, башни, решетки, мосты, свалка старых автомобилей, белые манекены — картина мира после некоего катаклизма, может быть, после третьей мировой. Остов мира. С одной стороны, рисунок моста около старого Тауэра, с другой — нечто вроде блока Чернобыля. Костюмы наших дней, но силуэты напоминают что-то старое и поэтому вневременное. Музыка и Д. Д. Шостаковича, и современный рэп, и трагический гимн Фрэди Меркьюри «Шоу должно продолжаться...

Теперь, из чего исходил лично я, взявшись за роль:

Первое. Я достаточно стар, опытен, но еще не развалина.

Второе. Я умею играть в стихах и в ритмизированной, не бытовой прозе Шекспира. Стало быть, есть опыт.

Третье. Мой зритель мне поверит, что в конце жизни я могу изобразить старого упрямца Лира, хотя бы потому, что кто-то еще помнит моего Гамлета, кто-то видел Шейлока, кто-то еще, что-то в этом роде.

Четвертое. Я не знаю, трагический ли я артист, не моего ума это дело, но горечи, ран от предательства и подлости у меня, увы, накопилось предостаточно. Иногда самые близкие сему весьма поспособствовали. Есть из каких копилок и залежей набрать боли, горечи и ударов, накопившихся за последнюю треть жизни.

Пятое. Я не только отец пятерых детей, я дед пятерых внуков. Тоже нужный опыт. Мне стало ясно, и это «ноу-хау» было воплощено, что Лир — старик, который очень боится сойти с ума, он постоянно говорит об этом и весьма предрасположен к старческому безумию. Стало быть, он может видеть внутренним взором своих дочерей Гонерилью, Регану и Корделию тремя маленькими девочками в детских платьицах и одновременно с подлинными тремя дочерьми говорить, как с тремя крошками, которые для него до конца жизни и спектакля так ими и останутся в его воспоминаниях и воображении. Оттого мой Лир выносит в финале задушенную Корделию в образе ребенка. Это та мера театральной условности, которую современный зритель легко примет на веру. И я не ошибся.

Шестое. Я хотел при всем вышесказанном быть психологически убедительным и разнообразным в средствах выражения. Где-то в районе, предгенеральных прогонов мне почему-то вспомнилась старуха Ф. Г. Раневская — тоже, как и Анна Ахматова, женщина-Лир. Королева-Лир. Припомнилось ее знаменитое заикание и манера говорить низким, глуховатым, значительным тембром. И это было взято мной на вооружение. «Когда б Вы знали, из какого сора...» — помните?

Седьмое и самое существенное. Я уже почувствовал, как следует вычерчивать психологическую, смысловую и формальную стороны этой роли. Я графически выстроил движение от упрямого гордеца первой картины через мнимую независимость поведения (короткая, но важная и оживленная сцена с Кентом и Шутом после охоты в замке Гонерильи) с последующим ерничаньем и взрывом старика, нежную встречу с Реганой и страшный, отчаянный удар от двух восставших на отца сестер. Прощание с Гонерильей-девочкой, прощание навсегда:

> Прощай, мое дитя!
> Я больше никогда с тобой не встречусь.
> Я не браню тебя.
> Пускай в тебе когда-нибудь
> Сама проснется совесть...

Монолог о терпении. Монолог в слезах, об их невозможности на мужских щеках и уход в Бурю, уход ото всех, от реального мира в никуда, в природу, как раненый зверь...

Сцена Бури начинается для Лира знаменитыми монологами-обращениями к стихиям:

> Дуй, ветер, дуй! Пока не лопнут щеки!
> Лей, дождь, как из ведра и затопи
> Верхушки флюгеров и колоколен.
> Вы, стрелы молний, быстрые как мысль,
> Деревья расцепляющие, жгите
> Мою седую голову. Ты, гром,
> В лепешку сплюсни выпуклость вселенной
> И в прах развей прообразы вещей
> И семена людей неблагодарных!

Как это играть? По правде — правденке, как это игралось в спектакле С. Женовача на очень-очень малой сцене, очень Малой, теперь Бронной? Декламировать? Или рвать пупок? Как? Я играю эту сцену с литаврами (медными тарелками в руках). Почти спиричуэлс, почти пение. Ведь Лир сходит с ума, возможно все. Я даже перехожу на какое-то время, на чужой язык, исполняя стихи Шекспира по-английски. У Лира в голове каша и винегрет — он заболевает всерьез. Но эти знаменитые монологи-заклинания для меня в этой сцене в конце концов второстепенны, а главным кульминационным местом, мне представляется, лировское требование, именно требование всеобщего покаяния:

> Преступник! На душе твоей лежит
> Сокрытое злодейство. Опомнись и покайся!
> Руку спрячь кровавую, непойманный убийца!
> Кровосмеситель с праведным лицом,
> Клятвопреступник с обликом святого.
> Откройте тайники своих сердец,
> Гнездилище порока, и покайтесь...

И тут я в нарушение советов, которые давал мой Гамлет актерам, прося не добавлять ничего от себя, нарушаю завет и добавляю уже от себя — Лира: «Как ныне каюсь я!»

Для меня это небольшая, но очень важная отсебятина. Лир и сам себя чувствует грешником, которому кроме долготерпения нужно и собственное покаяние. Я ничем не нарушаю замысел классика, ведь еще через несколько фраз Лир скажет, что ляжет спать, но сперва помолится. И вот этот блок (в спектакле Хомского объединили две сцены в одну) для меня чрезвычайно ответственен и смыслово, и эмоционально. Мой Лир сначала фарой от старого авто светит лучом в зрительный зал, требуя покаяния как бы от каждого присутствующего на представлении, столь же темпераментно как говорит, почти кричит, требуя немедленного покаяния и признания своих грехов. Он падает на колени, говоря: «Как ныне каюсь я!», а затем идет молиться, и молитва его, начинающаяся со слов: «Отче наш, иже еси на небеси...», начавшись опять таки по-английски: «Ou the father...», затем, тихо переходит в также хрестоматийно знаменитый его монолог-покаяние: «Вы нищие, нагие горемыки...», который заканчивается сакраментальным: «Вот тебе урок, богач надменный. Стань на место бедных, почувствуй то, что чувствуют они и дай им часть от своего избытка в знак высшей справедливости небес!». Так ветхозаветный старец превращается в старца праведного, раба небес и Христа.

В следующей сцене на ферме (у нас она стоит в начале II акта) Лир, уже окончательно сошедший с ума, устраивает суд над дочерьми, видя их взрослыми преступницами, как бы присутствующими здесь, на ферме, хотя их тут разумеется нет. Окружающим — Кенту, Шуту, Эдгару становится очевидным, что несчастный старик спятил окончательно. Они по его требованию подыгрывают в судью, свидетеля и присяжного заседателя, делая вид, что тоже видят перед собой Регану и Гонерилью. Зачем вызывать гнев безумного и причинять тому боль? И они подыгрывают безумцу, который требует медицинского вскрытия Реганы, чтобы исследовать, что у нее в области сердца и почему оно каменное. «Почему?» — Лир говорит это, заливаясь слезами и всхлипывая. Его чуть живого укладывают среди мешков с песком и он, оставшись один, засыпая от усталости, видит перед собой малышку Корделию. Ребенок приходит к нему как утешение в сновидении, как ангел-хранитель. И тогда Лир окончательно впадает в глубокий сон.

Следующая сцена в поле, сцена с ослепленным Глостером, которого безумец Лир, сначала приняв за Гонерилью с седой головой, все-таки узнает. Поделюсь с читателем, эта сцена во II акте — самая любимая моя сцена в роли. Хотя, есть ли хоть одна сцена или даже сценка в «Лире», которую я не люблю или считаю проходной? Нет. Нет ни одной такой сцены для меня в этом спектакле. Случай в моей практике почти единственный. Так как все сцены «Лира», неважно, громкие или тихие, эмоциональные, философские, гневные, нежные, простодушные и противоречивые — все они в своем невероятном своеобразии оттенков представляют для актера какой-то пир разнообразных яств. Они просто доставляют мне почти физическое наслаждение. Именно на этом спектакле я могу вслед за Лоренсом Оливье подумать во время игры: «Вот сейчас и только сейчас я живу полной жизнью. Именно это и есть самая что ни на есть жизнь, а остальное — прелюдия или грустное послесловие к ней».

Меньше всего я хочу, чтобы читатель воспринял мои признания как самовосхваление. Я же не пишу о том, хорошо я играю или плохо. Я не знаю, что при этом всем чувствует зритель. Очень может быть, что ему мои чувства и мысли безразличны и он вежливо смотрит и молчит, дожидаясь конца. Может быть... Но лишь бы он только приходил, тогда мой спектакль будет идти и далее. А это — единственное, о чем я мечтаю. Это для меня будет, если будет, высшей наградой. А критики и знатоки пусть судят меня, как им заблагорассудится. Я не обижаюсь и даже не досадую, настолько велико наслаждение хоть три раза в месяц побыть Лиром, говорить эти прекрасные слова, жить этими сладостно горькими мыслями и чувствами, изливать свою душу через эту могучую роль.

А как невероятно, опять-таки, сладостно играть сцену пробуждения Лира после долгого сна. Корделия по совету врача осторожно и нежно поцелуями, легкими как сон, будит отца. Лир не вполне понимает, где он: в раю, в чистилище, в гробу. Он поначалу принимает Корделию за райский дух. Это тишайшая и, по выражению Стрелера, самая трогательная, самая нежная сцена в пьесе. И это так и есть. «Прости меня, я старый дурень восьмидесяти с лишним лет, боюсь, я не вполне в своем уме...» — говорит старик, стоя на коленях перед своим, когда-то отторженным и оскорбленным им, королем-самодержцем, упрямцем и диктатором, любимым дитём.

Ну, а дальше итог: высшая истина, которой достигает Лир, уже воистину Большой Лир, Большой человек:

> Пускай нас отведут скорей в темницу.
> Мы там как птицы в клетке будем петь.
> Ты станешь под мое благословление,
> Я на колени встану пред тобой, моля прощенья.
> Так вдвоем и будем жить, радоваться, песни распевать.
> Мы будем узнавать от заключенных
> Все новости земли и толковать,
> Кто взял, кто нет, кто в силе, кто в опале.
> Мы в каменной тюрьме переживем
> Все лжеученья мира, всех великих,
> Все смены их, прилив их и отлив.

К этому монологу, итоговому монологу высшей земной мудрости комментариев не требуется. Ни убавить ни прибавить. Лир достигает наконец высшей истины, он познал ее. А познав истину, достигнув ее, человеку больше нечего делать на земле. Он должен уйти. И Лир уходит. Но уходит он трагически. Судьба посылает Лиру-отцу самое страшное испытание — смерть дочери. Смерть малышки Корделии.

> Собака, крыса, лошадь могут жить...
> Тебе нельзя... Тебя навек не стало...
> Навек, навек, навек, навек, навек...

И сердце старика наконец разбилось на рваные истертые кусочки мертвой ткани. И слава Богу. Он очень устал. Устал смертельно...

Я никогда не хотел играть смерть в бытовых пьесах и бытовых фильмах. Я не имею в виду жанровые пьесы, фильмы, триллеры или детективы — там игра в смерть. В бытовых правдивых фильмах или спектаклях я вообще играть не люблю. Для меня вне поэзии искусство не существует. Ведь и Гоголь, и Чехов, и Булгаков — поэты. Оттого в их пьесах или сочинениях любить, жить, умирать не стыдно. Они не бытовые, а бытийные сочинения. Надбытовые, надсобытийные.

Что же сказать о Шекспире вообще и о «Лире», в частности? Это самая высокая поэтическая трагическая пьеса из существующих на свете. Играть ее — счастье!

Вот и закончились мои рассуждения в попытке сочинить своего рода актерское эссе на тему «Играя Шекспира». Из этого, полагаю, можно и хотелось бы сделать сценарий для такого, несколько необычного телесериала. Режиссеру, не без моей или чьей бы то ни было еще помощи, следует отобрать нужное, отбросив в сторону мое наивное театроведение. Может быть, что-то, что покажется интересным все-таки оставить и, придумав форму и стиль изложения для телеэкрана, попытаться снять некий фильм. Произойдет ли это? Один Господь ведает. Хотелось бы, чего греха таить... Хотелось бы многое из уже сыгранного сыграть заново перед камерой, зафиксировать на пленке, оставить после себя (авось пригодится) фрагменты любимых шекспировских ролей, сыгранных мною за жизнь. Мне выпало такое счастье — от Гамлета до Лира. Ну, а если этого не произойдет, будем удовлетворены тем, что, даст Бог, опубликуем написанное в моей новой книге. ЕБЖ, как говорил мой любимый Лев Николаевич, с необычайной ненавистью относясь к моему необычайно любимому Шекспиру.

Михаил Козаков

P. S. Случилось так, что мне самому довелось снять трехсерийный фильм под названием «Играем Шекспира». Заметим, «играем», а не «играя», потому что фильм этот отличается от эссе. Он потребовал обращения к хронике — фрагментам ролей, сыгранных такими выдающимися актерами, как Лоренс Оливье, Пол Скофилд, Мэл Гибсон и нашими мастерами: Соломоном Михоэлсом, Евгением Самойловым, Иннокентием Смоктуновским, Владимиром Высоцким, Эдуардом Марцевичем, Юри Ярветом, Константином Райкиным, Евгением Мироновым. Разумеется, вошли и фрагменты из моих шекспировских работ. Такое авторское документально-игровое кино, за которое я получил телевизионную премию «ТЭФИ» за режиссуру за 2005 г.

ВМЕСТО ПОСЛЕСЛОВИЯ

ВМЕСТО ПОСЛЕСЛОВИЯ

Итак, итог?..

Интервью с самим собой

— Сегодня, в марте 2006 года, когда я беру у тебя интервью для финала двухтомника, ответь, ты удовлетворен своей теперешней жизнью?

— Несмотря на мои почтенные годы (ведь мне пошел семьдесят второй!), несмотря на все трудности нашей общей, мягко говоря, непростой жизни, в общем, я не имею права ныть.

Во- первых, я относительно здоров, хотя глаукома, будь она неладна, сильно отравляет жизнь. Трудно читать, писать, смотреть спектакли и т. д. Она влияет и на походку (осторожничаешь), и на преждевременное старение. Но как-то справляюсь.

Во-вторых, а, точнее, это — самое важное, здоровы (тьфу, тьфу, тьфу) мои родные и близкие, а главное (опять же, плюю через левое плечо), мои многочисленные дети и внуки. А их у меня не мало: пятеро детей и пятеро внуков. Правда, разбросаны они по всей земле. Кто-то живет в Москве, но кто-то в Америке, Грузии, Израиле. Почти со всеми связь личная и телефонная. Но главное — будучи чадолюбивым, чрезвычайно ценю и люблю их, особенно самых маленьких. Да не обидится все мое многочисленное и дорогое потомство, десятилетняя дочка Зойка — «любимая женщина механика...» — можно сказать, свет в окошке!

Но и со старшей дочкой Катей и с ее дочками я, слава Богу, иногда вижусь. Кирилл, так тот снялся в моем последнем телефильме «Очарование зла», а вот, тоже актриса — дочь Манана, играет по-грузински в Тбилиси. Но все мы по мере сил не теряем связи друг с другом.

Младший сын Миша (ему пошел семнадцатый год) учится вместе с Зойкой в американской школе в Тель-Авиве. Увлекается точными науками, но тем не менее играет в ансамбле на бас-гитаре. Зойка же увлечена живописью, немножко литературой (пишет по-английски), играет в теннис и на трубе(!).

На сегодняшний день и все мои бывшие жены, каждую из которых я ценю и люблю по-своему, слава Богу, здоровы. В который раз плюю через плечо...

— *Но ведь главным для тебя была, есть и будет твоя работа. Что ты можешь сказать по этому поводу, как говорится, «не размазывая манную кашу по белому столу»?*

— Работаю, слава Богу, много. Играю, читаю, снимаю, снимаюсь, пописываю. Стараюсь не отклоняться от курса, выбирая репертуар. В моей концертной деятельности это удается без особых сложностей. Все тот же Пушкин, Лермонтов, Тютчев, Пастернак, Тарковский, Самойлов, Бродский. Читаю сольники и «всухую», и с музыкой, и с пением. Спектакли-концерты для меня не менее важны, чем театр.

— *А что после «Лира» в театре?*

— Идеи новые есть, но тут я уже от себя не вполне завишу. Надо вписаться в планы театра, а для антрепризы искать эти проклятые деньги, если хочешь поставить и сыграть то, что просит душа. Ну, скажем, «Евангелие от Мастера» — я имею ввиду всю историю про Понтия Пилата, Иешуа Га-Ноцри, Левия Матвея и других из романа в романе М. А. Булгакова «Мастер и Маргарита». Но одно дело было, когда я выпускал тройной аудиоальбом с музыкой Шандора Каллаша — деньги для производства небольшие, другое — когда вознамерился, написав пьесу, поставить спектакль, где 15 действующих лиц, не считая массовки. Плюс декорации, костюмы, реквизит, свет и прочее.

— А тебе не страшно после сериала В. Бортко, вновь браться за тот же материал?

— Как раз, наоборот. Именно после этого сериала я решил сыграть эту пилатовскую историю. У Бортко я играть отказался.

— Тебе ведь предлагали, если не ошибаюсь, то, что сыграл В. Гафт — Каифу и Человека во френче?

— Именно. И откуда ты все про меня знаешь? Да, предлагали. Но я, слава Богу, отказался играть по этому сценарию. В нем даже Пилата полнокровно сыграть было нельзя, а ведь он давно мной вымечтан.

Найду денег — поставлю в антрепризе, не найду — не поставлю. Сегодня ведь все так. Вот «Метеор» Дюрренматта, которого тоже вымечтал и давно обдумал, предлагаю уже не антрепризе, а академическому Театру им. Моссовета. Это совершенно замечательная, умная комедия. В ответ:

«Михал Михалыч! Надо подумать. Ведь все серьезные вещи идут, как правило, на малых сценах, а у нас — 1300 мест!» Все подчинено зарабатыванию денег, везде и всюду — и в большом кино, и на ТВ, а теперь уже и в театре. С одной стороны, понятно: капитализация, рынок, рейтинг и еще Бог знает, что. Но сколько же можно всюду опускать планку и жить по принципу «нужно только то, что пипл хавает»? Как в анекдоте, « так мы страхаемся до мышей». Грустно... Но я, как могу борюсь и порой не без успеха.

Не знаю, что выйдет, но с огромным удовольствием снимал шестисерийный телефильм об эмиграции 30-х годов во Франции «Очарование зла». Там и Париж, и Москва 30-х, Цветаева, Эфрон и еще тридцать действующих лиц. В том числе сталинский нарком Ежов, его враги среди чекистов, его холуи и приспешники. Презанятная, батенька, история! Вот и снимал не по корысти, а по душе.

Мечтаю о Шолом-Алейхеме для ТВ, для него же о Шекспире. Но пока это все мечты. Хотя пытаюсь их осуществить. Но скажу прямо, сложно плыть против течения, особенно в серной кислоте.

Ладно. Поживем (если поживем!) — увидим...

— *В общем, кое-чем гордишься?*

— Не сочти меня моралистом, но гордиться сделанным не следует хотя бы потому, что пустой сосуд (ты) был наполнен совсем не тобой. Как максимум — ты иногда вправе порадоваться, поблагодарить Бога, а также сотоварищей по работе. Не последнее дело везение, сложившиеся в твою пользу во многом случайные обстоятельства и совпадения.

— *К перу тянет?*

— Иногда. Но очень много (и это прекрасно) практических дел. Ведь и зарабатывать нужно. Дети-то еще не подняты, я имею ввиду младших, да и самому, хотя мне не так много надо, пока здоров, тоже кушать хочется... Стало быть надо где-то подсняться как актеру (режиссура дает крайне мало, мне во всяком случае), ну хоть в эпизодах разных, мотаться по всем городам и весям с концертами. А к перу? Я ведь не считаю себя писателем. Просто иногда хочется что-то записать, остановить мгновение, которое, по словам Бродского, «не столь прекрасно, сколь неповторимо».

— А как с вечной проблемой одиночества, ведь живешь один?

— Сказано: «не дано человеку единому быти», вот и женимся. Беда в том, что, как правило, человек одинок и в браке. Хотя я лично всегда искренне искал счастья именно в браке. На время находил, но лишь на время. Все оправдание брака — дети. Но тут я преуспел. Хотя страх одиночества меня преследует. Помогают друзья, работа, что-то еще.

— Алкоголь?

— В том числе и он, окаянный...

— Пьянство — грех?

— Ну. На эту сакраментальную тему я когда-то записал размышление под банальным заголовком «Пить или не пить...»
Я часто, наблюдая за собой и не только за собой задумывался: почему многие актеры пьют? Губительно пьют. Гибнут от водки. Дисквалифицируются из-за нее. Губят свою карьеру, пропивают талант. И ведь знают (я в том числе), к чему ведет пьянство. Уже наутро клянешь себя, материшь, стесняешься самого себя, боишься смотреть людям в глаза. Валяешься в ногах у жены, умоляя простить тебя, объясняя, что был в беспамятстве, что это был не ты, что это — клянусь тебе — больше никогда не повторит-

ся, что ты готов лечиться, что и сам все понимаешь про свой порок, что вот даже самому тебе непонятно зачем вчера ты сам себе и людям испортил праздник, ведь праздник-то был твой и люди после твоего удачного спектакля, концерта, премьеры с любовью и благодарностью к тебе пришли тебя поздравить, а ты, как последняя свинья, бомж, водопроводчик (почему-то достается именно сантехникам), хам и матерщинник, который еще смеет называться интеллигентом, — устроил всем, любящим и уважающим тебя, — это скотское представление, показал себя в твоей истинной красе. И как с тобой жить дальше и возможно ли жить вообще с больным человеком?..

Сколько, сколько раз со мной время от времени случалось такое за мою длинную жизнь! Каким-то чудом я не спился вконец, не страдал непрекращающимися длительными запоями, а напротив, замолив грехи, начинал трудиться с утроенной силой и отдачей и даже иногда чего-то достигал, и мне даже что-то с похмелья приоткрывалось... Затем следовал новый срыв. И сказка про белого бычка...

Назвать себя всерьез больным человеком, алкоголиком, тем более генетическим алкоголиком я не могу.

Труд, ответственность перед работой, любовь к ней, наконец, как к любимой игрушке, единственному занятию, которое я любил, уж во всяком случае более всех остальных предпочитал (веселью в компаниях, сексу, деньгам, даже семейным радостям), удержало меня без особых усилий от алкоголизма. Но жизни без водки я тоже себе не представлял. Был у меня длительный период (год-два? Не помню), когда я не притрагивался к спиртному вообще. Это было условие, поставленное моей женой Региной. Настал час и я вновь стал выпивать и время от времени впадать в безумство. В таких случаях говорят: пей, но знай свою меру. Вот погляди на такого-то, он тоже пьет, пьянеет, но все в рамках приличий. Ты же делаешься часто агрессивным, не помнишь себя, ведь не помнишь или все-таки помнишь?

Не помню — отвечаю я и это истинная правда. Причем, прекрасно (с некоторой натяжкой) помню и, честно говоря, готов и сегодня в трезвом виде подписаться под всем, что вчера наговорил, и, может быть, не в такой резкой (хорошо пусть отвратительной) форме. Да, бывало и так, хотя я был вынужден потом извиняться (добавлю: исключительно из дипломатических соображений и просто за то, что был нетрезв. Пьяный человек — всегда виноватый человек).

Часто я говорил себе: пей только с теми, кто понимает и любит тебя, а главное с теми, кого понимаешь и любишь ты сам.

Но много ли таких у каждого из нас на свете? А выпить-то тянет, и, начав, никогда не знаешь, чем это все закончится. И не обязательно по твоей вине. Рядом сидят люди, которые, между прочим, тоже, как правило, пьют.

Пусть и немного, в меру. Но у них развязываются языки: и они глупой шуткой, неточностью вполне могут обнаружить свое внутреннее хамство, зависть, злобу и т. д. и т. п. А ты, уже под парами, не считаешь нужным скрыть от них замеченное тобою и тут-то начинаются застольные конфликты, которые, вполне возможно, не сегодня и даже не вчера возникли, а скрыто существовали иногда годами и лишь до времени ты или он, она сглаживали, прикрывали, скрывали истинное положение вещей... Трезвый человек все увидит и найдет в себе силы промолчать или просто-напросто отойдет в сторону, покинет собеседника и будет переживать наедине с самим собой, что подчас приводит к преждевременным инфарктам и чудовищным депрессиям...

Так какой же выход из безвыходного положения? Нет единственно верного выхода. Нет. Но разве что бросить пить и начать колоться или курить анашу. Но говорят, что и это ничуть не лучше.

Так почему же все-таки актеры пьют? Хотя, как известно, пьют люди всех профессий, особенно в России.

«Для пьянства много есть причин», как писал Маршак. Заканчивалось так: «И просто пьянство без причин».

Ну хорошо, почему пьешь ты, ты сам?

Мне иногда кажется, что в первую очередь из-за того, что Я актер.

Актер — действительно очень странная профессия. Как это ни глупо и отвратительно звучит. Актер должен, ну просто обязан, быть влюблен в себя. Даже самый умный актер, ироничный, самоироничный, понимающий относительность всего и вся и впервую очередь ограниченность своего дарования, не смеющий даже в мечтах сравниться с гениями, которых он чтит и которым поклоняется, без любви к себе обходиться просто не имеет права.

Парадокс, если актер не любит себя, не считает себя уникальной, неповторимой индивидуальностью, если он теряет эту нарциссическую любовь к себе, к своему дару, к своей «неповторимой» манере чувствовать, мыслить, говорить, двигаться, играть, то он смело может бросать свое ремесло. «Талант это вера в себя» — говорит М. Горький, вкладывая, между прочим, эту фразу в уста, как раз Актера, отравленного алкоголем...

А, скажите на милость, какой более или менее умный человек, пусть он даже и актер, может постоянно любить себя, верить в себя, уважать себя и свое искусство?! Такое под силу или идиоту, или гению!

Вот они как раз вполне могут обойтись без спиртного вообще! И обходились. Ни Толстой, ни Пушкин, ни Лермонтов, ни Грибоедов, ни Гоголь, ни Чехов в пьянстве замечены не были... Пил Есенин, пил Ефремов, а вот Станиславский и Немирович — нет, Мейерхольд — нет, Питер Брук — нет. Даже Шаляпин и Чехов алкоголиками не стали... Однако попивали и немало...

Известно, что пил и Высоцкий. И даже сидел на игле. Пил Мусоргский. Пил Юджин О'Нил.

Известно, что вполне даже благополучные знаменитые звезды Голливуда тоже этим делом грешат и даже как и наши умирают от всяких допингов. Им-то чего? Когда одна-две роли в суперкартинах обеспечивают им вполне безбедное существование... Однако многие пьют и безумствуют почище наших.

Вот и я: боюсь пить и боюсь не пить. Старая шутка не так уж глупа.

Так «Пить или не пить? Вот в чем вопрос».

Выпьешь и кажешься себе умнее, талантливее, интереснее. С похмелья приходят очень даже смелые и подчас подлинно интересные и неожиданные решения... И тогда думаешь вот еще «Бросить пить», перебьетесь...

Не мешай мне пить вино.
В нем таится вдохновенье

— писал мой покойный друг и учитель Дэзик Самойлов... Но как же страдал и он, и его близкие от этого пагубного зелья... Так стало быть: «Дай ответ! Не дает ответа...»

— *Секс — грех?*

— Кто знает! На эту тему — тысячи умнейших книг. Ничего нового я не скажу. Вообще-то, как бы, грех. И жить надо по десяти заповедям, но как писал А. С. Пушкин: «Но, *ежели его рабыня прекрасна, Господи, я слаб...*» А, если серьезно, взаимоотношения полов — это для меня один из труднейших вопросов, на который я не могу дать краткого и вразумительного ответа даже самому себе.

— *Смерти боишься?*

— Мыслей о ней. Гоню их всю жизнь. Не получается. То есть лишь иногда, когда занят важной и интересующей по-настоящему работой. Может быть, еще поэтому я — трудоголик.

— Но ведь ты религиозен, ты верующий?

— Я стараюсь быть христианином. Знаю одно: без веры во Всевышнего я бы прожить не сумел. В вере я ищу опору моему слабому и несовершенному духу. Я не церковник. Скажу более, так случилось, что я, крестившись в 15 лет, стал православным. Могло быть иначе. Я люблю католические, лютеранские храмы. Мне там даже как-то легче дышится. Да и протестанство мне не чуждо. « Я, Боже, слеповат. Я, Боже, глуховат», как писал Бродский. Когда его доставали с этими конфессиональными вопросами, он отвечал: « Я — кальвинист». Я к Богу обращаюсь и молюсь, как умею, каждый день, если не каждый час, моля Его о милости и помощи мне, многогрешному.

— О чем жалеешь? Что бы хотел изменить в прошлой прожитой жизни?

— Во-первых, жизнь не имеет сослагательного наклонения. А, во-вторых, у Пушкина:

> И с отвращением читая жизнь мою,
> Я трепещу и проклинаю,
> И горько жалуюсь и горько слезы лью,
> Но строк печальных не смываю.

— Толстой говорил «постыдных».

— Ну, уж если сам Лев Николаевич сказал, скажу «постыдных» и я. Но не смываю, Не смоешь. Но ведь и было, и даже есть много хорошего, интересного в моей сегодняшней жизни.

«Стыдно быть несчастливым!»

Поворот от «Покровских ворот», или Новейший самомучитель

Среди родовых проклятий актерского племени два наиболее очевидны. Первое — то, что никого из великих, включая Качалова и Михаила Чехова, — что ж говорить о Гарине или Раневской? — не миновала драма несыгранного. Вот и наш Козаков... Да, были юный Гамлет, Сирано, Адуев-дядюшка из «Обыкновенной истории», Кочкарев, Дон-Жуан, на ТВ — Фауст, Арбенин, уже недавно — Шейлок и потрясающий Лир. Немало. Но где — ау! — его молодой Меркуцио, Глумов? Булгаковские Шервинский или Людовик? Его же Воланд или, напротив, Коровьев? А и Пилат, всю линию коего он только что записал на диск? Может быть, Яго? Несомненно, Кречинский? Актерская кожа ранима, царапины не заживают, как при гемофилии.

Правда, есть утешение, способное и материализоваться. Мало того, что сам этот скорбный список, почти мартиролог, по-своему содержателен, говоря о диапазоне, но ведь и не сыграв того же Кречинского, Козаков его как бы все же сыграл, отдав в своем телефильме Михаилу Ефремову. Как Дульчина — Олегу Янковскому.

Два года назад Михаил Козаков был одержим идеей поставить для ТВ «Медную бабушку» Леонида Зорина, пьесу о предпоследних днях Пушкина. Денег, как водится, не хватало — набрал, говорит, ровно половину необходимого: обещали было еще, да не дали. Банк, славящийся своими презентациями и гастролями зарубежных звезд, поразмыслив, отказал: Пушкин — фигура не первостепенная. А Козакову очень надо было поставить «...бабушку».

Он когда-то ее и поставил — в уже ефремовском МХАТе, с гениальным, как утверждают видевшие, Роланом Быковым в роли Пушкина. Однако министр Фурцева вкупе со старыми мхатовцами спектакль запорола: министра пугали аллюзии («про Солженицына»), стариков раздражал Быков.

Выходит, нынешний упрямый замысел Козакова — что-то вроде реванша?

Выходит, что так. И он его одержал!

И — второе проклятие: зависимость от собственного успеха. Да, даже не то, что, в отличие от литератора, артист зависит от тех, кто его выбирает, — уж Козаков-то, неотвратимо сделавшись режиссером, брал и брал реванш за реваншем. Говорю о другом: допустим, о Бабочкине, заслоненном, поглощенном своим же Чапаевым; об Александре Демьяненко, для зрителей и — что, может быть, хуже — для режиссеров так и оставшимся Шуриком.

У Козакова есть свое счастье-проклятие — «Покровские ворота», чей исключительный успех, знаю не понаслышке, его раздражает. Когда по ТВ недавно вновь показали «Попечителей», экранизацию «Последней жертвы», и он попросил друзей заново ее посмотреть — чего уж, конечно, не сделал бы относительно «Покровских...», — я бестактно посожалел: а что ж, мол, не повторят «Фауста» и «Маскарад», «И свет во тьме светит» по

Льву Толстому, «А это случилось в Виши» по Миллеру, «Визит дамы» по Дюрренматту, «Безымянную звезду», наконец?

В самом деле, безобразное расточительство со стороны телевидения.

Прав ли он в раздражении на успех своего хита, каковое я, возможно, преувеличиваю вслед за ним, но никак не выдумываю? Не прав. Не говоря о том, что с любовью зрителя глупо спорить, тут все справедливо. И то, что вначале фильм был с яростью встречен тогдашним телевладыкой Лапиным, чье могущество подкреплялось его дружеством с Брежневым: «Вы с Зориным не можете сказать: "Долой красный Кремль!" — и делаете такие картины! Это гадость!.. Это какой-то Зощенко!» И то, как встретил фильм козаковский друг Самойлов, откликнувшийся из своего Пярну милыми домашними виршами:

> В этом фильме атмосфера
> Непредвиденных потерь.
> В нем живется не так серо,
> Как живется нам теперь...
>
> Ты сумел и в водевиле,
> Милый Миша Козаков,
> Показать года, где жили
> Мы без нынешних оков.

Оба — и поэт, и начальник — чутко восприняли, каждый по-своему расценив, признак и привилегию внутренней свободы — легкое дыхание. Не столько самих по себе «оттепельных» 50–60-х (недаром песни Окуджавы, один из этих признаков, звучат в фильме, несколько опередив по хронологии свое действительное появление на свет), сколько мечту о независимости, всегда отличавшую русского интеллигента.

Собственно, ничего неожиданного (не считая неожиданностей, которыми нас одаряет любой талант) не было в появлении «Покровских ворот» — при козаковском-то чувстве юмора, явленном в «Соломенной шляпке», в «Льве Гурыче Синичкине», в переделке «Тетки Чарлея», при его любовании актерским шалопайством. И сам — мало ль нашалопайничал в прошлой жизни? Но, быть может, не то чтобы поражу, учитывая весь в целом режиссерско-актерский послужной список Козакова, однако добавлю нечто существенное, процитировав одно письмо.

Лет двенадцать назад, когда я писал о нем книжку и, находясь в отлучке, потому письменно попросил его высказаться насчет роли Джека Бердена из телефильма «Вся королевская рать» по роману Р. П. Уоррена — о его самой-самой роли, — он ответил, в частности, следующее:

«...Теперь про Джека Бердена. Он ведь американский Гамлет. Оба, и в первую очередь Гамлет, мои *недосягаемые* идеалы. Оба умны, добры, оба сознают собственное несовершенство и терзаются этим; оба образованны, оба не делают карьеры и не могут ее сделать. Оба моногамны в любви...

Гамлет тем не менее чувствует себя человеком № 1 в этой заварухе, именуемой жизнью. Джек — нет. Он в силу все той же рефлексии понимает, что ему нужен рядом человек сильнее, действеннее его самого, и он ищет его в Хозяине, как я искал в Ефремове, в Эфросе. Поэтому так страшны у ведомых разочарования в ведущих.

...Джек был как личность, как человек много, много выше, сильнее, умнее и т. д. — меня. У меня есть его черты — но я, увы, не он. Его анализ себя не саморазрушителен; мой, за исключением редких часов эйфории, стал с годами болезненным, ибо главный счет у меня — к себе, и я не могу, как ни стараюсь, его оплатить. Мой самоанализ парализует меня... У меня такое ощущение, что от страха перед жизнью я просто-напросто окончательно поглупел, хотя ведь дураком себя не считал, но теперь и в этом засомневался. Я хотел бы быть Джеком, но вижу теперь трезво и ясно, что кишка тонка... О Гамлете и не заикаюсь...

Говорю это Тебе как на духу».

(Симпатичная привычка интеллигента в письмах, коих у меня множество, обращаться к собеседнику с заглавной буквы: «Ты», «Тебе».)

Каков?

«Новейший самоучитель» — так в «Мудреце» Островского подписал гусар-шалопай Курчаев свою карикатуру на дядюшку-дурака. «Новейший самоучитель» — мог бы подписать Козаков этот безжалостный автопортрет.

Линия его жизни — на удивление ломаная; просятся на язык однокоренные слова: «разлом», «перелом», порою даже «надлом». Будучи по природе — и отчасти вопреки зависимой актерской профессии — не только самомучителем, но и самостроителем (ежели в данном случае одно можно оторвать от другого)...

Кстати, стоп. Подчеркиваю «само» во втором из слов, слегка оспаривая легенду о детстве, словно бы навсегда обеспечившем сугубую интеллигентность, а то даже и избранничество. Как же иначе, если в доме отца бывали Ахматова, Зощенко, в честь которого и назвали младенца; друзьями дома были Шварц, Эйхенбаум, Мариенгоф?.. То есть да — бывали и были, но не стоит лепить скульптурную группу: скажем, Ахматова — и вдумчивый, тихий, благоговейно внимающий мальчик, прямо Мария у ног Христа. Мальчик был как мальчик, балованный, эгоцентричный, и тут уж вышло скорей по тому же Давиду Самойлову:

> И это все в меня запало,
> И лишь потом во мне очнулось.

Так вот, будучи самомучителем-самостроителем, Козаков, на привычно-поверхностный взгляд, порядочно наглупил, наломал дров. Еще юным выпрыгнув из родного гнезда, из МХАТа, чье училище окончил и где его ждали с ролями, ушел к «чужому дяде» — к Охлопкову, чтобы сыграть Гамлета. Сыграв и прославившись, опять бросил надежное место и вопреки уговорам — к сверстникам, в «Современник», где долгое время маялся на положении ефремовского дублера. Стал и там первачом, но годы спустя не смирился с инерцией, настигавший этот славный театр. Затем был период на Малой Бронной, главные роли в великих эфросовских спектаклях — и... Угадали. Уход. Разрыв.

А пресловутый отъезд в Израиль (сразу после показа «Тени» с ее горько аукнувшейся финальной фразой: «Аннунциата, в путь!»), который я, признаюсь, воспринял как личное горе!.. Даже не столько из-за самой по себе разлуки: времена уже были не те, в которые мы провожали, скажем, Наума Коржавина (и когда тот, уходя от нас в «Шереметьево», мелькнул поникшей спиною в последний раз, мы со стоящим рядом поэтом Володей Корниловым разом подпрыгнули, чтобы еще мгновение видеть Эмкину спину. И Володя сказал страшное: «Как в крематории»). Нет. Не верилось, что Козаков проживет без российского зрителя, эгоистически выражаясь, без нас.

Хотя... Ведь и там создал свою антрепризу, написал превосходную книгу... Неисправимый самостроитель.

Неуживчивый, скверный характер? Радостно добавлю: да попросту сволочной, и легкость такого моего заявления оправдана тем, что таковым же Козаков считает и мой нрав. Так что весьма понимаю слухи, долетавшие из Театра имени Моссовета, когда шли репетиции «Короля Лира»: стоном, мол, стонут от Козакоза. Да и он сам, говорят, на послепремьерном банкете, пришедшемся на пасхальную ночь, по-христиански смиренно просил прощения у обиженных.

Покойный критик Александр Свободин, также козаковский друг, писал, что тот агрессивен в общении и в пробивании излюбленных мыслей, добавляя, что за этим — «обезоруживающая детская неуверенность» (см. письмо про Джека Бердена). И — ох, до чего же это испытано, особенно если в застолье собирались говоруны вроде Натана Эйдельмана и меня, имярека, — пробиться сквозь нас было непросто, и я с ностальгическим, потому и отчасти печальным смехом вспоминаю глаза нашего Миши, полные страдания и упрека...

Ну, так это шуточки. А добавив к словам «перелом» и «разлом» еще и «надлом», *знаю*, что говорю.

Еще один «документ» — доверенные мне странички дневника 80-х годов; естественно, цитирую с позволения автора.

«Теперь мне до конца ясно, что я очень слабый, трусливый, малограмотный, пустой человек, дилетант в деле, которым занимался всю жизнь, которому почему-то, неизвестно почему, кое-что удавалось... Так я пришел к режиссуре. И вот теперь КРАХ. Навсегда? Не знаю. Сейчас кажется, что теперь уже навсегда».

Мало того — да, представьте, даже этого мазохизма мало.

«Вчера и сегодня я думал, что в моих прежних работах уже была и просвечивала тема сумасшествия. Даже в комедии "Покровские ворота" Хоботова упрятывали в больницу, трактованную мною как веселая психушка».

И дальнейший перечень: героя «Безымянной звезды» считали как бы помешанным. А Фауст, Арбенин? «Ну а теперь Германн и я сам. Что это — тоже цепь случайных совпадений?.. Ведь и Гамлет, с которого я начинал, на грани истинного сумасшествия».

Теперь-то невозможно не вспомнить и безумного Лира...

Требуются пояснения.

В 1983 году Козаков напечатал статью «Почему я не рискнул снимать "Пиковую даму"». Когда четырьмя годами позже появилось интервью, озаглавленное: «Почему я вернулся к "Пиковой даме"», запахло юмором, даже если и черным.

Рассказать — лишь немного погодя — о том, «как я все же так и не снял "Пиковой дамы", во второй раз прервав работу на полпути», у него уже не хватило сил. Произошел нервный срыв.

В основе «краха» был кошмар отечественного кинопроизводства, впрочем, не помешавший двум более покладистым режиссерам оба раза довести работу до конца (о художественных результатах с деликатностью промолчу). Главным, однако, стало ощущение невозможности адекватно снять загадочнейшую из пушкинских вещей; ощущение, которое вначале и подстегнуло надежду совершить невозможное.

Безумие? О да — в высоком, творческом смысле, превозмогающее даже трезвость умного человека, которому, кажется, следовало бы понимать, что невозможное — невозможно. Ту трезвость, которая в другом случае побудила полускандально уйти из спектакля Эфроса по «Мертвым душам», отказавшись играть самого автора поэмы — Гоголя, гения. До сих пор не решусь разобраться, насколько был прав или не прав Козаков, взрывая спектакль своим непокорством. Помню свой телефонный разговор с Эфросом, его усталый голос, без злобы сетующий на то, что «Миша все силы тратит на разрушение спектакля» (увы, так и не сложившегося), и даже странную в этих устах просьбу «повлиять на Мишу». Как будто бы подобное было возможно на сей раз.

Вспоминать так вспоминать: был случай, когда меня снова просили «повлиять», и это одно из моих любимых воспоминаний.

Год 1985-й, черненковский, суперзастойный, особенно унизительный — до тоски. Мне звонит тогдашняя жена Козакова Регина:

— Стасик, прошу тебя поговорить с Мишей. Завтра на своем концерте в ЦДРИ он хочет прочесть «Реквием» Ахматовой.

Неужели нынче уже надо пояснять, что это значило в те годы? Правда, Козаков решался время от времени публично читать своего любимого и тогда еще вовсе не широко известного Бродского, но — «Реквием», за одно хранение коего в рукописи еще недавно, я знаю, сажали!..

Что ж, как не понять тревоги любящей женщины. Звоню:

— Ты понимаешь, что это тебе может грозить в лучшем случае прекращением всех выступлений?

— Понимаю.

— А то, что, если это случится, уже будет невозможен обратный ход?

Нельзя будет каяться и просить прощения?

— Я все понимаю.

И на следующий вечер гордо любуюсь тем, как он, бледный от значительности происходящего, читает «Реквием». Замечательно! (Впрочем, по-моему, никто лучше его не читает поэзию — правда, в этом смысле меня поразила позже еще Светлана Крючкова.) И как пестрый зал, с немалым процентом завмагов и парикмахерш, проникается волей-неволей сознанием этой значительности...

Авторское самолюбие? Почему бы и нет? Сладость риска? Для мужчины — нормально. Но главное — ему это было необходимо, чтобы не опротиветь себе, чтобы не чувствовать себя оскорбительно несвободным. Без этого — о каком «легком дыхании» можно говорить?

И вот — «Король Лир», к которому Козаков начал путь Гамлетом, что для символики слишком прямолинейно, однако же факт. И, переходя к этой его роли, испытываю профессиональную растерянность.

Может быть, потому, что потрясение — до физического, буквального смысла — слишком свежее. Может, и потому, что надо найти повод для отдельного разговора обо всем в целом спектакле: попробуй отодрать заглавную роль от цветной тени Лира, его полудвойника Шута, блестяще сыгранного Евгением Стычкиным.

Хотя, вероятно, дело отчасти в другом. Вдруг соображаю: все, что я рассказал о Козакове, вплоть до этих строк, — как раз о его Лире. Не только о пути к этой роли, который не может не быть мучительным, но и о пути, совершаемом самим шекспировским королем. Он, являясь в трагедии старцем, словно бы еще по-юношески своенравен и самонадеян, деспотичен, как деспотична сама молодость, для которой в формуле «я и мир» ударения на «я». И — через обиды, предательства, отчаяние, через безумие — приходит к пониманию самого что ни на есть сущего.

Вообще-то Козаков по характеру своего холодного темперамента — что никак не должно выглядеть уничижительно: «холод» означает склонность к анализу и рефлексии — не раз оказывался в роли и в положении Наблюдателя. Так, между прочим, и именно с большой буквы, назван — не им, а Островским — персонаж, которого он взялся сыграть в поставленных им «Попечителях» («Последняя жертва»). Но еще раньше он сыграл это в одной из своих лучших ролей, в старшем Адуеве из «Обыкновенной истории»; в прекрасном спектакле «Современника», не в укор театру, вина за неуклонное освинение юного либералиста-максималиста возлагалась прежде всего на «обстоятельства». И лишь герой Козакова, может быть, еще не вполне осознанно для самого артиста, был поставлен в положение осознающего — и слабость поджилок прекраснодушного племянника, и заодно судьбу козаковского (и моего) поколения. Во всяком случае, тех из нас, у кого и вправду кишка оказалась тонка.

Так и пошло. Кочкарев в «Женитьбе», вдруг осознавший тщетность своей энергии. Дон-Жуан, у кого самоанализ задушил даже самую непосредственную из страстей. Арбенин как (наблюдение не мое) предвидение Печорина. И т. д. И вот, смею предположить, в нынешнем козаковском Лире впервые... Нет, не так, был еще Фауст, был страстно-трагический Шейлок — наблюдения сумной, страдательной, но стороны превратились в непосредственное страдание. Вошли внутрь души, стали ее кровотоком.

Этот Лир, несмотря на свое осовремененное одеяние, что уже вошло в театральный обычай, напоминающий стариков с полотен, скажем, Рембрандта; он, в ком мощно изображена сама по себе немощь; величественный в самые рискованные минуты, когда он, сошедший с ума (а не стыдно произнести и снижающее «спятивший»), голоногий и в терновом венце, то ли Христос, то ли пьяный Силен, когда он даже комичен, — этот самый король Лир нестерпимо интересен мне как фигура... Сказать ли: современная?

Можно сказать и так. Тем более вдруг понимаешь: у Шекспира — ситуация той самой гражданской войны, чей призрак пугает нас по сей день. В самом деле — вот оно, расколовшееся «гражданское общество», смута; враждующие распавшиеся союзы и семьи: брат, идущий на брата, дочери, отрекающиеся от родного отца. И все же коли уж эксплуатировать понятие «современность», то в несравненно более широком смысле.

В том, в каком в разговоре со мной затронул сам Козаков.

Он, повторяю, начинавший Гамлетом и долгие годы мечтавший о роли Лира, заметил: «Гамлет» — пьеса как бы новозаветная, в то время как в «Короле Лире» воплощен Ветхий Завет с его мрачным и грозным величием. Пробуя расшифровать слова, брошенные им вскользь, размышляю: а мы, нынешние, понимая «нас» опять-таки широко, как весь мир христианской цивилизации, не шагнули ли вспять — от ясного смысла Нагорной проповеди в эпоху, когда сама справедливость пробивается сквозь жестокость и хаос, порою при помощи именно этой жестокости? Или это означает, что человечеству и народам пришла пора начинать с азов нравственности — настолько она, нравственность, затерялась в «заварухе, именуемой жизнью»? И ей, нравственности, дабы стать и остаться собою, необходимо пройти тяжелейший, самомучительный путь становления и осознания?..

Станислав Рассадин

Список творческих работ
М. М. Козакова

В этом списке, вынужденно неполном (я никогда не вел свою творческую бухгалтерию), я позволил себе выделить курсивом работы, которые представляются мне самыми важными в моей творческой биографии, длящейся уже более полувека. Важными — не всегда значит лучшими, но оказавшими влияние на мое становление как артиста, режиссера, чтеца.

1953   Школа-студия МХАТ: А. Крон. «Глубокая разведка» (отрывок из пьесы). *Мехти Ага Рустамбейли (характерная роль)*. Режиссеры-педагоги В. Н. Марков, О. Н. Ефремов.

МХАТ СССР им. М. Горького: Б. Лавренев. «Лермонтов». *Поручик*. Режиссер В. Я. Станицын.

1954   Школа-студия МХАТ: Э. Лабиш. «Два труса». *Жених (острохарактерная роль)*. Режиссер-педагог А. М. Комиссаров.

1956 Школа-студия МХАТ: О. Уайльд. «Как важно быть серьезным» (дипломный спектакль). *Алджернон (комедийная роль остроумного фата).* Режиссер-педагог А. М. Комиссаров.

Московский театр им. В. Маяковского: В. Шекспир. «Гамлет». *Гамлет.* Постановка Н. Охлопкова | Н. Погодин. «Аристократы». Цыган. Постановка Н. Охлопкова | А. Арбузов. «Таня». Гость. Постановка А. Лобанова | А. Штейн. «Гостиница «Астория»». Лейтенант Ян. Постановка Н. Охлопкова.

Кино: «Убийство на улице Данте». *Шарль Тибо.* Режиссер М. Ромм. «Мосфильм».

1957 Московский театр им. В. Маяковского: Н. Погодин, «Маленькая студентка». Лев Порошин. Режиссер Б. Толмазов | Д. Угрюмов. «Кресло № 16». Валя Рябиков. Режиссер Б. Толмазов | А. Галич. «За час до рассвета» («Походный марш»). Илья Левитин. Режиссер Б. Толмазов.

Телетеатр: «В конце пути». Актер. Режиссер Л. Джукич (СФРЮ).

1958 Московский театр им. В. Маяковского: П. Кальдерон. «Спрятанный кабальеро». Дон-Карлос. Режиссер В. Ганшин | А. Софронов. «Человек в отставке». Виктор Медный. Режиссер В. Дудин.

Кино: «Трудное счастье». Николай Нагорный. Режиссер А. Столпер. «Мосфильм» | «Восемнадцатый год». (Второй фильм трилогии «Хождение по мукам».) Поручик Ооли. Режиссер Г. Рошаль. «Мосфильм».

Телетеатр: Ж.-Б. Мольер. «Проделки Скапена». Леандр. Режиссер Д. Вурос.

1959　Московский театр им. В. Маяковского: А. Спешнев. «День остановить нельзя». Жак Ру. Режиссер Н. Охлопков.

Театр-студия «Современник»: Э. де Филиппо. «Никто». Винченце де Преторе. Режиссер А. Эфрос | О. Скачков.

«Взломщики тишины». Андрей. Постановка С. Микаэляна.

Кино: «Золотой эшелон». Черемисов. Режиссер И. Гурин. Киностудия им. М. Горького | «Евгения Гранде». Шарль Гранде. Режиссер С. Алексеев. «Мосфильм».

1960　Театр-студия «Современник»: Е. Шварц. «Голый король». *Камергер*. Постановка М. Микаэлян, О. Ефремова.

Кино: «Последние залпы». Горбачев. Режиссер Л. Сааков. «Мосфильм» | «Вдали от Родины». Заугель. Режиссер А. Швачко. Киностудия им. А. Довженко | «Балтийское небо». Байсеитов. Режиссер В. Венгеров. «Ленфильм».

1961　Театр-студия «Современник»: К. Симонов. «Четвертый». Он. Режиссер О. Ефремов | В. Розов. «Вечно живые». Марк. Постановка О. Ефремова | М. Блажек. «Третье желание». Петр. Постановка Е. Евстигнеева.

Кино: «Человек-амфибия». *Зурита (характерная роль, принесшая популярность в качестве типа красавца-злодея, который предстояло преодолеть)*. Режиссеры Г. Казанский, В. Чеботарев. «Ленфильм» | «Девять дней одного года». *Валерий Иванович (участие в этом фильме в крошечной роли современного физика помогло пре-*

одолевать штамп злодея). Режиссер М. Ромм. «Мосфильм».

1962 Театр-студия «Современник»: А. Володин. «Старшая сестра». Председатель приемной комиссии. Постановка Б. Львова-Анохина |Л. Зорин. «По московскому времени». Рамазанов. Постановка О. Ефремова | Э. Хемингуэй. «Пятая колонна». Престон. Постановка Г. Лордкипанидзе.

Кино: «Суд сумасшедших». Мишель. Режиссер Г. Рошаль. «Мосфильм».

1963 Театр-студия «Современник»: У. Гибсон. «Двое на качелях». *Джерри Райн.* Режиссер Г. Волчек.

1964 Театр-студия «Современник»: Э. Ростан. «Сирано де Бержерак». *Сирано.* Режиссер И. Кваша.

Телетеатр: «Черные блюзы ЛенгстонаХьюза». *Музыкально-поэтический спектакль. Режиссер и исполнитель одной из ролей.*

1965 Московский театр «Современник»: В. Аксенов. «Всегда в продаже». *Кисточкин (тип острохарактерного героя).* Постановка О. Ефремова.

1966 Московский театр «Современник»: В. Розов (по И. Гончарову). «Обыкновенная история». *Адуев-старший (возрастная психологическая роль интеллектуала, склонного к философической иронии).* Постановка Г. Волчек.

Кино: «Строится мост». Мамедов. Режиссеры О. Ефремов, Г. Егиазаров. «Мосфильм» и Московский театр «Современник».

1967 Московский театр «Современник»: В. Розов. «Традиционный сбор». Каменев. Постановка О. Ефремова |

Л. Зорин. «Декабристы». Николай Первый. Постановка О. Ефремова | А. Свободин, «Народовольцы». Лорис-Меликов. Постановка О. Ефремова | М. Шатров. «Большевики». Стеклов. Постановка О. Ефремова.

Кино: «Выстрел». *Сильвио (эта работа в малоудачном фильме позволила местами приблизиться к психологизму в кино).* Режиссер Н. Трахтенберг. «Мосфильм».

Телетеатр: Г. Бель. «Молчание доктора Мурке». Доктор Мурке. Режиссура А. Пушкин. «Цыганы». Исполнение роли Алеко и режиссура.

1968   Московский театр «Современник»: Р. Стоянов. «Мастера». *Мастер Живко (соединение пластической выразительности с драматическим психологизмом. Тема — искусство и любовь).* Режиссер В. Цанков | М. Горький. «На дне». Актер. Постановка Г. Волчек.

Кино: «День солнца и дождя». Актер Козаков. Режиссер В. Соколов. «Ленфильм» «Звезды и солдаты». *Спиридон. (Эта интересная роль фанатика-комиссара времен Гражданской войны была, как и весь фильм, в советском прокате изрезана и переозвучена.)* Режиссер М. Янчо. «Мосфильм», «Мафильм» (ВНР).

Телетеатр: Н. Леонов. «Ждите моего звонка». Цыган. Режиссер Я. Эбнер | Ф. Тютчев. «О время, погоди!» Режиссура.

1969   Кино: «Повесть о чекисте». Белов. Режиссеры Б. Дуров, С. Пучинян. Одесская киностудия.

Телетеатр: Э. Хемингуэй. «Убийцы». Режиссура А. Састрэ. *«Удар рога». Режиссура.*

1970   МХАТ СССР им. М. Горького: Е. Рамзин. «Обратный счет». Оппенгеймер. Режиссер И. Раевский.

Кино: «Просто ужас». Профессор. Режиссер А. Полынников. Киностудия им. М. Горького | «Два дня чудес». Режиссер Л. Мирский. Киностудия им. М. Горького.

Телетеатр: В. Розов (по И. Гончарову). «Обыкновенная история». Адуев-старший. Постановка Г. Волчек.

1971 МХАТ СССР им. М. Горького: О. Уайльд. «Идеальный муж». Лорд Горинг. Режиссер В. Станицын | М. Рощин. «Валентин и Валентина». Гусев. Режиссер О. Ефремов Л. Зорин. «Медная бабушка». *Не доведенная до конца постановка пьесы о Пушкине в 1834 году с Р. Быковым в главной роли.*

Телефильм: «Вся королевская рать» (три серии). *Джек Берден (Давно желанная серьезная психологическая главная роль. Опыт кинорежиссуры без упоминания в титрах.)* Режиссеры А. Гуткович, Н. Ардашников. «Беларусьфильм».

1972 Московский театр на Малой Бронной: А. Островский. «Не от мира сего». Кучуев. Режиссер А. Дунаев.

Кино: «Гроссмейстер». Володя. Режиссер С. Микаэлян. «Ленфильм» | «Гойя, или Тяжкий путь познания». Гимарде. Режиссер К. Вольф. «Ленфильм», «ДЕФА» (ГДР).

1973 Московский театр на Малой Бронной: Ж.-Б. Мольер. «Дон-Жуан». *Дон-Жуан.* Постановка А. Эфроса.

Телефильм: «Хождение по мукам» (многосерийный телефильм). *Бессонов.* Режиссер В. Ордынский. «Мосфильм».

Телетеатр: Ч. Диккенс. «Пиквикский клуб». Джингль. Постановка А. Прошкина | Л. Толстой. «Детство».

«Отрочество». «Юность». Папа. Постановка П. Фоменко | А. Чехов. «В номерах». Скрипач. Режиссер П. Резников.

Пластинка: Ю. Коваль. «Чистый двор». Исполнение.

1974 Московский театр на Малой Бронной: Л. Зорин. «Покровские ворота». Режиссура. *Первая, доведенная до премьеры режиссерская работа в театре.*

Кино: «Исполняющий обязанности». Штерн. Режиссер И. Поволоцкая. «Ленфильм».

Телетеатр: Ч. Диккенс. «Домби и сын». Соломон Джиле. Постановка Г. Волчек, В. Фокина | О. Гольдсмит. «Ночь ошибок». Режиссура.

Телефильмы: «Соломенная шляпка». *Виконт де Розельба.* Режиссер Л. Квинихидзе. «Ленфильм» «Лев Гурыч Синичкин». *Граф Зефиров.* Режиссер А. Белинский. «Экран».

1975 Московский театр на Малой Бронной: Н. Гоголь. «Женитьба». *Кочкарев (острохарактерная, доведенная до гротеска тема пустоты в энергичной натуре).* Постановка А. Эфроса.

Кино: «Автомобиль, скрипка и собака Клякса». *Музыкант (несколько забавных эпизодов с переменой грима и облика).* Режиссер Р. Быков. «Мосфильм» | «Иван да Марья». Казначей. Режиссер Б. Рыцарев. Киностудия им. М. Горького.

Телефильм: «Здравствуйте, я ваша тетя!» *Полковник Фрэнсис Чеснэй.* Режиссер В. Титов. «Экран».

1976 Московский театр на Малой Бронной: Ю. О'Нил. «Душа поэта». Режиссура.

Кино: «Ярослав Домбровский». Полковник. Режиссер Б. Поремба. «Мосфильм», «Панорама» (ПНР) | «Театр неизвестного актера». Генрих Генрихович. Режиссер Н. Рашеев. Киностудия им. А. Довженко.

1977 Московский театр миниатюр: Р. Андерсон, Л. Зорин. «О, это беспощадное искусство». Режиссура.

Телетеатр: «Памятник». Поэты — Пушкину. Автор композиции, исполнитель и режиссер | А. Островский. «Не от мира сего». Кучуев. Режиссер А. Дунаев.

1978 Московский театр на Малой Бронной: И. Тургенев. «Месяц в деревне». Ракитин . Постановка А. Эфроса.

Телефильм: В. Шекспир. «Комедия ошибок». *Антифол (роль братьев-близнецов с интересной задачей при одном внешнем облике создать разные характеры)*. Режиссер В. Гаузнер.

Пластинки: «Поэты — Пушкину». Автор композиции и исполнитель | Л. Хьюз. «Черные блюзы». Автор композиции и исполнитель.

1979 Телефильм: «Безымянная звезда» (две серии). *Григ. Режиссер М. Козаков.* Свердловская киностудия по заказу п/о «Экран».

Телеспектакль: «Жизнь Бетховена». Россини. Режиссер Б. Галантер. «Экран».

Пластинка: Ф. Тютчев. «О время, погоди!» Автор композиции и исполнитель (совместно с Б. Ахмадулиной).

1980 Московский театр на Малой Бронной: В. Балясный (по поэме Н. Гоголя «Мертвые души»). «Дорога». Автор. Постановка А. Эфроса.

Телефильмы: «Синдикат-2». Дзержинский. Режиссер А. Орлов. «Экран» | «Государственная граница». Дзержинский. «Беларусьфильм».

Телетеатр: Ф. Тютчев. «О ты, последняя любовь!» Исполнитель (совместно с А. Каменковой). Режиссер (совместно с В. Македонским).

Пластинка: «Поэзия Пушкина» (альбом из двух пластинок). Автор композиции и исполнитель.

1981 Кино: «Товарищ Иннокентий». Зубатов. Режиссер В. Мезенцев. «Ленфильм» | «Шестой». Данилевский. Режиссер С. Гаспаров. Киностудия им. М. Горького.

1982 Телефильмы: «Двадцатое декабря». *Дзержинский (третье, наиболее удачное исполнение этой роли по сценарию Ю. Семенова).* Режиссер В. Никулин | «Покровские ворота». *Роль от автора. Режиссура.* «Мосфильм» по заказу п/о «Экран».

Телетеатр: М. Лермонтов. «Тамбовская казначейша». Поэтический моноспектакль. Исполнение. Режиссер В. Фокин.

1983 Кино: «Демидовы». Бирон. Режиссер Я. Лапшин. Свердловская киностудия.

Телетеатр: А. Островский. «Попечители» («Последняя жертва»). Наблюдатель. Автор сценария и режиссер.

Телефильм: «Если верить Лопотухину» (две серии). Режиссура *(самая неудачная моя режиссерская работа. Этим и интересна).* «Мосфильм» по заказу п/о «Экран».

Пластинки: «Тайны ремесла». Автор композиции и исполнитель | В. Шекспир. «Гамлет». Тема и вариации». Автор композиции и исполнитель.

1984 Кино: «Уникум». Гипнотизер. Режиссер В. Мельников. «Ленфильм».

Телетеатр: «Играем басни Крылова». Исполнение. Режиссер В. Фокин | И.-В. Гете. «Фауст». Часть первая. «Сделка». Фауст. Композиция и режиссура.

Телефильм: «Невероятное пари, или Истинное происшествие, благополучно завершившееся сто лет назад». Дудочка. Режиссер В. Мотыль. «Экран».

Пластинка: Н. Заболоцкий. Стихи. Автор композиции и исполнитель.

1985 Кино: «Герой ее романа». Дирижер. Режиссер Ю. Горковенко. «Мосфильм».

Телетеатр: М. Лермонтов. «Маскарад». Арбенин. Режиссура.

Пластинка: Б. Пастернак. Стихи. Автор композиции и исполнитель (совместно с С. Юрским).

1986 Московский театр им. Ленинского комсомола: В. Вишневский. «Оптимистическая трагедия». Белый офицер. Режиссер М. Захаров | В. Шекспир. «Гамлет». *Полоний (роль выстроена мной во многом вопреки режиссуре)*. Постановка Г. Панфилова.

Кино: «Храни меня, мой талисман». Актер М. Козаков. Режиссер Р. Балаян. Киностудия им. А. Довженко.

Телетеатр: И.-В. Гете. «Фауст». Часть вторая. «Метаморфозы». Часть третья. «Итог». Фауст. Композиция и режиссура | Д. Самойлов. «И мой возврат в иные времена...». Режиссер и исполнитель.

Пластинка: «Сделка». (И.-В. Гете. «Фауст»). Автор композиции и исполнитель.

1987 Пластинки: О. Мандельштам. Стихи. Исполнение (совместно с С. Юрским) «Легенда о зайце». Пародии Ю. Левитанского. Автор композиции и исполнитель.

1988 Кино: «Господин оформитель». Гильо. Режиссер О. Тепцов. «Ленфильм»,

Телетеатр: Л. Толстой. «И свет во тьме светит» (две серии). Сценарий и режиссура.

Пластинка: «Остановка в *пустыне*». Поэзия И. Бродского. Автор композиции и исполнитель.

1989 Телефильм: «Визит дамы» (две серии). Сценарий по пьесе Ф. Дюрренматта (совместно с И. Шевцовым) и режиссура. «Экран».

Телетеатр: А. Миллер. «А это случилось в Виши». Ледюк. Режиссура.

Книга: В издательстве «Искусство» вышла книга «Фрагменты».

1990 Телетеатр: «Я входил вместо дикого зверя в клетку...». Спектакль-концерт по стихам И. Бродского. Автор композиции и исполнитель.

1991 Телефильм: «Тень, или Может быть, все обойдется» (две серии). Цезарь Борджиа. Режиссура. «Мосфильм» по заказу п/о «Экран».

Камерный театр (Тель-Авив, Израиль): А. Чехов. «Чайка». *Тригорин (первая роль, сыгранная на иврите)*. Режиссер Б. Морозов.

1992 Камерный театр (Тель-Авив, Израиль): В. Шекспир. «Ричард Третий». Епископ. Режиссер О. Ницан.

1993 Камерный театр (Тель-Авив, Израиль): Ш. Агнон. «Вчера, позавчера». Ребе. Режиссер О. Ницан | Г. Пинтер. «Любовник». *Психологическая комедия с элементами абсурда. Ричард (роль сыграна на иврите и на русском).* Режиссура.

Книга: В Тель-Авиве вышла моя книга «Рисунки на песке».

1994 Школа-студия Нисана Натива (Тель-Авив, Израиль): М. Себастьяну. «Безымянная звезда». Учебный спектакль на иврите. Режиссура | А. Чехов. «Чайка». *Учебный спектакль на иврите, поставленный в жанре трагикомической поэмы о людях искусства в наши дни.* Режиссура.

Русская антреприза М. Козакова (Тель-Авив, Израиль): Б. Слейд. «Чествование». Скотти Темплтон. Режиссура | П. Барц. «Возможная встреча». Гендель. Сценическая редакция и режиссура.

Кино: «Мания Жизели». Аким Волынский. Режиссер А. Учитель. «Ленфильм».

1995 Русская антреприза М. Козакова (Тель-Авив, Израиль): Н. Коуард. «Невероятный сеанс». *Сценическая редакция и режиссура.*

Кино: «Роковые яйца». Воланд. Режиссер С. Ломкий. «Аза-фильм» (РФ), «Барандов» (Чехия).

1996 Драматический театр им. В. Комиссаржевской (Санкт-Петербург): Б. Слейд. «Чествование». Скотти Темплтон. Режиссура.

Книга: В издательстве «Вагриус» вышла моя «Актерская книга».

1997 Русская антреприза М. Козакова (Москва): Н. Коуард. «Цветок смеющийся». *Гарри Эссендайн.* Сценическая редакция и режиссура | А. Де Бенедетти. «Паола и львы». *Спектакль в стиле комедии дель арте.* Сценическая редакция и режиссура.

1998 Международный театральный проект (Москва): В. Шекспир. «Гамлет». Призрак. Постановка П. Штайна.

1999 Московский театр им. Моссовета: В. Шекспир. «Венецианский купец». *Шейлок.* Постановка А. Житинкина.

Русская антреприза М. Козакова (Москва): Ф. Дюрренматт. «Играем Стриндберг-блюз». *Сценическая редакция и режиссура.*

Телетеатр: «Поэтический театр М. Козакова». А. Пушкин, Б. Пастернак, А. Ахматова, О. Мандельштам, А. Тарковский, Д. Самойлов (всего двенадцать моноспектаклей). *Автор композиций и исполнитель.*

Кино: «Приз». Вестон. Режиссер А. Сорокин. «Мосфильм» | «Игра в стиле модерн». Феликс. Режиссеры М. Коростышевский, И. Ефимов | «Лавина». Лев Борисович. Режиссер И. Соловов,

2000 Кино: «24 часа». Коста. Режиссер А. Атанесян. НТВ-Профит | «Смерть Таирова». А. Таиров. Режиссер Б. Бланк.

Телефильм: «Ужин в четыре руки» (две серии). Гендель. Сценарий (по пьесе П. Барца «Возможная встреча») и режиссура. Премия «ТЭФИ».

Телетеатр: «Концерт для голоса и саксофона». Музыкально-поэтический спектакль на стихи И. Бродского. (Две серии.) Исполнение (совместно с И. Бутманом) и режиссура.

2002 Московский театр сатиры: А. Колкер. «Игра». Мюзикл по мотивам пьесы А. Сухово-Кобылина «Свадьба Кречинского». Сценическая редакция и режиссура.

Телефильм: «Джокеръ» (две серии). Сценарий (по мотивам пьесы А. Сухово-Кобылина «Свадьба Кречинского») и режиссура.

Телетеатр: А. Пушкин. «Барышня-крестьянка», «Выстрел», «Пиковая дама» (двадцать серий). Исполнение. Режиссер Д. Ройтберг. «АТВ» по заказу телеканала «Культура».

Пластинки: М. Лермонтов. Поэзия. Композиция и исполнение | М. Булгаков. «Понтий Пилат». Композиция по роману «Мастер и Маргарита» и исполнение.

2003 Московский театр им. Моссовета: В. Шекспир. «Король Лир». Король Лир. Режиссер П. Хомский.

Кино: «Чудная долина». Режиссер Рано Кубаева. Дед Саид.

2004 Телефильм «Медная бабушка». Автор сценария и режиссер.

Книга. В издательстве «Независимая газета» вышла моя книга «Третий звонок».

2005 Телефильм «Играем Шекспира». Три серии.

1 — Воспоминания о Гамлете.

2 — Две комедии.

3 — Размышления о Лире.

Авторская работа. ТВЦ.

Радиоспектакль «Маскарад». Режиссер и исполнитель роли Арбенина.

Спектакль-концерт «Мне снился сон» по произведениям Давида Самойлова. Автор и исполнитель.

Кинофильм «Сотворение любви». Наум. Режиссер В. Жерега

Пластинка «Любовь моя, Одесса!». Автор композиции и исполнитель

2006 Телефильм «Очарование зла» (шесть серий). Соавтор сценария и режиссер-постановщик.

Спектакль-концерт «О, ты, последняя любовь!» по произведениям Ф. Тютчева. Автор и исполнитель.

СОДЕРЖАНИЕ

ВМЕСТО ПОСЛЕСЛОВИЯ

Издательская группа АСТ

Издательская группа АСТ, включающая в себя около **50 издательств** и редакционно-издательских объединений, предлагает вашему вниманию **более 20 000 названий книг** самых разных видов и жанров.
Мы выпускаем классические произведения и книги современных авторов.
В наших каталогах — интеллектуальная проза, детективы, фантастика, любовные романы, книги для детей и подростков, учебники, справочники, энциклопедии, альбомы по искусству, научно-познавательные и прикладные издания, а также широкий выбор канцтоваров.

В числе наших авторов мировые знаменитости:

Сидни Шелдон, Стивен Кинг, Даниэла Стил, Джудит Макнот, Бертрис Смолл, Джоанна Линдсей, Сандра Браун, создатели российских бестселлеров Борис Акунин, братья Вайнеры, Андрей Воронин, Полина Дашкова, Сергей Лукьяненко, братья Стругацкие, Фридрих Незнанский, Виктор Суворов, Виктория Токарева, Эдуард Тополь, Владимир Шитов, Марина Юденич, Виктория Платова, Чингиз Абдуллаев; видные ученые деятели академик Мирзакарим Норбеков, психолог Александр Свияш, авторы книг из серии «Откровения ангелов-хранителей» Любовь Панова и Ренат Гарифзянов, а также любимые детские писатели Самуил Маршак, Сергей Михалков, Григорий Остер, Владимир Сутеев, Корней Чуковский.

Издательская группа АСТ

129085, Москва, Звездный бульвар, д. 21, 7-й этаж
Справки по телефону: (495) 615-01-01, факс 615-51-10

E-mail: astpub@aha.ru   http://www.ast.ru

Книги издательской группы АСТ вы сможете заказать и получить по почте в любом уголке России. Пишите:

107140, Москва, а/я 140

Звоните: (495) 744-29-17

ВЫСЫЛАЕТСЯ БЕСПЛАТНЫЙ КАТАЛОГ

Звонок для всех регионов бесплатный
тел. 8-800-200-30-20

РЕГИОНЫ:

- Архангельск, 103-й квартал, ул. Садовая, 18, т. (8182) 65-44-26
- Белгород, пр. Хмельницкого, 132а, т. (0722) 31-48-39
- Волгоград, ул. Мира, 11, т. (8442) 33-13-19
- Екатеринбург, ул. Малышева, 42, т. (3433) 76-68-39
- Калининград, пл. Калинина, 17/21, т. (0112) 65-60-95
- Киев, ул. Льва Толстого, 11/61, т. (8-10-38-044) 230-25-74
- Красноярск, «ТК», ул. Телевизорная, 1, стр. 4, т. (3912) 45-87-22
- Курган, ул. Гоголя, 55, т. (3522) 43-39-29
- Курск, ул. Ленина, 11, т. (07122) 2-42-34
- Курск, ул. Радищева, 86, т. (07122) 56-70-74
- Липецк, ул. Первомайская, 57, т. (0742) 22-27-16
- Н. Новгород, ТЦ «Шоколад», ул. Белинского, 124, т. (8312) 78-77-93
- Ростов-на-Дону, пр. Космонавтов, 15, т. (8632) 35-95-99
- Рязань, ул. Почтовая, 62, т. (0912) 20-55-81
- Самара, пр. Ленина, 2, т. (8462) 37-06-79
- Санкт-Петербург, Невский пр., 140
- Санкт-Петербург, ул. Савушкина, 141, ТЦ «Меркурий», т. (812) 333-32-64
- Тверь, ул. Советская, 7, т. (0822) 34-53-11
- Тула, пр. Ленина, 18, т. (0872) 36-29-22
- Тула, ул. Первомайская, 12, т. (0872) 31-09-55
- Челябинск, пр. Ленина, 52, т. (3512) 63-46-43, 63-00-82
- Челябинск, ул. Кирова, 7, т. (3512) 91-84-86
- Череповец, Советский пр., 88а, т. (8202) 53-61-22
- Новороссийск, сквер им. Чайковского, т. (8617) 67-61-52
- Краснодар, ул. Красная, 29, т. (8612) 62-75-38
- Пенза, ул. Б. Московская, 64
- Ярославль, ул. Свободы, 12, т. (0862) 72-86-61

Заказывайте книги почтой в любом уголке России
107140, Москва, а/я 140, тел. (495) 744-29-17

ВЫСЫЛАЕТСЯ БЕСПЛАТНЫЙ КАТАЛОГ

Звонок для всех регионов бесплатный
тел. 8-800-200-30-20

Приобретайте в Интернете на сайте www.ozon.ru
Издательская группа АСТ
129085, Москва, Звездный бульвар, д. 21, 7-й этаж

Справки по телефону:
(495) 615-01-01, факс 615-51-10
E-mail: astpub@aha.ru http://www.ast.ru

По вопросам приобретения книг обращаться
в Издательскую группу АСТ:
129085, г. Москва, Звездный бульвар, д. 21, 7 этаж.
Тел. (495) 615-01-01, факс: 615-51-10
E-mail: astpub@aha.ru, http://www.ast.ru

Литературно-художественное издание

Козаков Михаил Михайлович

АКТЕРСКАЯ КНИГА

В 2-х томах

ТРЕТИЙ ЗВОНОК

Том 2

Редактор *Елена Тришина*
Компьютерная верстка: *Виктория Челядинова*
Корректор *Надежда Александрова*

Общероссийский классификатор продукции
ОК-005-93, том 2; 953000 — книги, брошюры

Санитарно-эпидемиологическое заключение
№ 77.99.02.953.Д.003857.05.06 от 05.05.2006 г.

ООО «Издательство АСТ»
170002, Россия, г. Тверь, пр. Чайковского, д. 27/32
Наши электронные адреса:
WWW.AST.RU E-mail: astpub@aha.ru

Издательство «Зебра Е»
151121, Москва, ул. Можайский вал, д. 8, корп. 20
тел./факс (495) 240-11-91
e-mail: zebrae@rambler.ru

ОАО «Владимирская книжная типография»
600000, г. Владимир, Октябрьский проспект, д. 7.

Качество печати соответствует
качеству предоставленных диапозитивов